중국을 말한다

12 철기와 장검

916년~1368년

청위·장허성 지음 | 김춘택·이인선 옮김

좋은 책 좋은 독자를 만드는―
㈜신원문화사

Copyright ⓒ 2003 by Shanghai Stories Culture Media Co., Ltd.
Korea copyright ⓒ 2008 by Shinwon Publishing Co., Ltd.
All right reserved.

이 책의 한국어판 저작권은 상해문예출판사와의 독점 계약으로
신원문화사가 소유합니다.
저작권법에 의하여 한국 내에서 보호를 받는 저작물이므로
무단전재와 무단복제를 금합니다.

발간에 즈음하여

발간에 즈음하여

역사란 사람에 따라서 여러 가지 뜻으로 사용되고 있지만, 일반적으로 두 가지의 뜻이 있다. 하나는 인류가 살아온 과정에서 일어난 과거의 모든 사실과 사건 그 자체를 말하며, 다른 하나는 이러한 과거의 모든 사실과 사건의 기록을 의미한다. 즉 역사는 '사실로서의 역사'와 '기록으로서의 역사'라는 두 가지 측면이 있는 것이다.

기록으로서의 역사는 과거의 사실을 토대로 역사가가 이를 조사하고 연구하여 주관적으로 재구성한 것이다. 이 과정에서는 필연적으로 역사가의 가치관과 같은 주관적 요소가 개입하게 되며, 이 경우 역사라는 말은 기록된 자료 또는 역사서와 같은 의미가 된다.

역사는 정치, 경제, 사회, 문화 등 여러 방면에 걸친 지식이 포함되어 있는, 과거 인간 생활에 대한 지식의 총체를 의미한다. 역사를 배움으로써 우리는 인간 생활에 대한 지식의 보고에 다가갈 수 있다. 역사를 알지 못하면 현재를 살아가는 우리 자신의 정체와 우리를 둘러싸고 있는 현재의 상황을 바로 알 수가 없다. 그러므로 현재를 바로 알기 위해서 뿐만 아니라 미래를 예측하고 설계하기 위해서도 과거의 역사를 바로 알아야 한다.

이 책 《중국을 말한다》는 총 15권으로 구성되어 있으며, 중국의 원시 사회부터 마지막 왕조인 청나라가 멸망하기까지의 역사 과정을 서술하고 있다. 본서는 유구한 중국 역사의 흥망성쇠를 시대별로 나누고, 그 시대의 주요 역사적 사실과 인물들에 관한 이야기를 1,500여 편의 표제어로 엮어 구성하였을 뿐만 아니라 누구나 쉽게 읽고 이해할 수 있도록 이야기 형식으로 서술했다.

또한 당시 사회생활을 반영한 3,000여 점의 그림 및 사진 자료가 매 페이지마다 실려 있어 본문의 내용을 생생하고 깊이 있게 이해하도록 도와준다. 나아가 사진과 그림들을 문화적인 유형으로 분류하면 또 하나의 독립적인 복식문화사, 풍속사, 미술사, 과학 기술사가 될 것이다.

특히 본서의 번역에 있어서 최대한 원서의 내용과 의미를 살리고자 했으며, 중국 지명 및 인명 표기에 있어서는 독자들의 혼란을 야기하지 않기 위해 외래어표기법에 의한 중국식 발음이 아닌 우리나라의 한자음으로 표기했다. 부득이 중국식 발음으로 표기한 인명에 있어서는 한자를 병기했다. 수많은 중국 고대의 문명과 인물, 그리고 생소한 지명 등을 일일이 찾아 번역하기란 쉬운 일이 아니었다. 중국의 역사는 그만큼 방대하고 폭넓기 때문이다.

《중국을 말한다》는 중국인들이 그들의 역사를 보는 시각이다. 때문에 분명 우리와 그 맥락을 달리 하는 부분이 있다. 그럼에도 불구하고 이 책을 발간하게 된 취지는, 비록 내용 중 우리 역사와 충돌하는 부분이 있지만 중국과의 교류가 날로 늘어 가고 있고, 또 중국의 국제적 영향력이 확대되고 있는 상황에서 중국을 제대로 이해할 필요가 있다고 판단했기 때문이다. 우리의 역사를 올바로 이해하기 위해서는 밀접한 관계에 있는 주변국들이 주장하는 그들의 역사도 분명히 알아야 한다. 때문에 중국인의 세계관이 잘 드러나면서도 쉽게 읽을 수 있는 역사서를 소개하고자 하는 것이다.

청소년들과 일반인들에게 더 넓은 지식을 알려줌과 동시에 역사를 전공하는 사람들에게는 비교 분석을 통해 실증적인 연구를 하는 데 도움을 주고자 이 책을 출간하게 된 것이다.

신원문화사 대표

꿈과 추구

중국 상해 문예출판사 편집위원   허청웨이何承偉

독자들을 위해 엮은 중국 역사 백과사전

찬란한 문명사를 가진 중국은 생기와 활력이 넘치는 나라이다. 선사 시대부터 동방에 우뚝 선 중국은 오늘날에 이르기까지 끊임없는 발전을 거듭해 오고 있다. 수많은 역사가 그 땅에 살고 있는 사람들에 의해 선도되어 왔으며, 그 역사는 또한 길이길이 남아 후손들에게 지혜와 슬기를 안겨 주고 있다.

우리는 지금 매우 새로운 시도를 하고 있다. 보다 많은 사람들에게 중국 역사를 알리고 싶은 소망 하나로, 이야기 형식의 역사책을 만들고 있는 것이다. 그래서 이 책은 보통의 역사책처럼 지루하지 않다. 마치 할머니에게 호랑이 담배 피우던 시절의 이야기를 듣는 것처럼 흥미진진하다.

이 시리즈는 모두 15권으로 구성되어 있다. 제1권 〈동방에서의 창세〉, 제2권 〈시경 속의 세계〉, 제3권 〈춘추의 거인들〉, 제4권 〈열국의 쟁탈〉, 제5권 〈강산을 뒤흔드는 노래 – 대풍〉, 제6권 〈끝없는 중흥의 길〉, 제7권 〈영웅들의 모임〉, 제8권 〈초유의 대통합〉, 제9권 〈당나라의 기상〉, 제10권 〈변화 속의 천지〉, 제11권 〈문채와 슬픔의 교향곡〉, 제12권 〈철기와 장검〉, 제13권 〈집권과 분열〉, 제14권 〈석양의 노을〉, 제15권 〈포성 속의 존엄〉 등이다.

역사에 대한 현대인들의 감정에 가장 넓은 공감대를 형성하고 있는 문학 장르는 이야기이다. 사람들은 이야기를 통해 재미와 슬픔을 느끼고, 경탄하거나 한숨을 쉬기도 한다. 이야기는 한 민족의 잠재의식 속에 존재하고 있는 집단적인 기억이다. 이야기는 또한 역사적인 문화의 유전자를 독자들에게 심어 주고, 그들의 의식意識을 깨끗하게 정화淨化시켜 준다.

그래서 이 책은 이야기체를 주체로 했다. 또 기존의 역사서들이 갖고 있던 중국 중심의 전통적인 틀에서 벗어나, 세계적인 안목을 가진 일류 역사학자들의 견해를 우선시했다. 나아가 중국 역사의 발전 맥락과 세계사의 풍부한 정보를 함께 실어 이야기만으로는 부족하기 쉬운 지식의 결함을 보완했다. 이야기가 가진 감성적인 감동과 역사 지식에 대한 이성적인 의견을 통일시킨 것이다. 그래서 이 책을 읽은 독자들은 한 그루의 나무뿐만 아니라 거대한 숲도 한눈에 볼 수 있으며, 각각의 이야기가 주는 심미적인 흥미와 함께 역사적인 큰 지혜도 얻게 될 것이다.

또한 이 시리즈에는 많은 사진과 그림들을 첨부했다. 비록 편면성을 갖고 있다 할지라도 오늘날 독자들의 수요와 취향이 그것을 요구하고 있기 때문이다. 이 책 속의 사진과 그림들은 감상을 위주

발간사

로 하는 사진이나 기존의 그림과는 크게 다르며, 독자들로 하여금 생생한 역사적 사실감을 느끼게 해줄 것이다.

이 책에 실린 사진과 그림들은 그 영역 또한 대단히 넓다. 역사의 현장을 깊이 있게 재현하고, 발전과정과 변화를 입체적으로 돌출시킴으로써 본문의 내용을 생생하고 깊이 있게 이해하도록 도와준다. 따라서 이 책 속의 사진과 그림들은 중국 역사와 문화의 전면적인 정보를 알려 주고 있다고 해도 과언이 아니다. 나아가 사진과 그림들을 문화적인 유형으로 분류한다면, 사진으로 읽는 복식 문화사, 의약사, 도서 서적사, 풍속사, 군사軍事사, 체육사, 과학 기술사 등 독립적이고 전문적인 분야의 역사 사진들이라고 할 수 있다.

이 시리즈에 들어 있는 하나의 이야기, 한 장의 사진, 하나의 그림 등 모든 정보는 각각 대표성을 가진 '점點' 들이라 할 수 있다. 그러나 이 점들은 개별적으로 존재하는 것이 아니라 역사라는 거대한 수레바퀴를 잇는 연속선 위의 서사敍事 단위들이며 중국 문명의 반짝이는 광점光點들로, 중국이라는 거대한 국가의 문화적 성격들을 굴곡적으로 반사하고 있다. 따라서 이 광점들을 연결시키면 하나의 역사적인 '선線' 이 된다. 이 선과 선 사이에 날실과 씨실로 엮어진 것이 바로 신성한 역사의 전당이다. 점과 선과 면, 이 세 개가 합쳐져 중국 역사라는 거대한 탑이 완성된 것이다.

인쇄술은 중국이 자랑하는 4대 발명 중의 하나이다. 한때 중국의 도서 출판은 세계 출판 역사를 선도한 적이 있었다. 하지만 근대에 이르러 중국의 출판업은 퇴보하기 시작했고, 지금도 선진국에 비하면 출판 기술적인 측면에서 상당한 후진성을 벗어나지 못하고 있다. 따라서 우리는 이 책을 출판하는 과정에서 외국의 선진 출판 기술을 열심히 배우고 소화시키며 양자 간의 거리를 단축시키기 위해 노력했다.

우리는 이 시리즈를 만드는 과정에서 중국의 역사와 문화가 너무나 위대하여 그 어떤 찬미를 한다 해도 과분하지 않다는 것을 가슴 깊이 느꼈다. 나아가 중국의 역사와 문화는 단지 중국만의 것이 아니라 세계적인 것이라는 사실을 절감할 수 있었다.

중국의 역사에 비견해 보면, 이 시리즈의 완성은 광야에 핀 꽃 한 송이에 불과할 것이다.

그러니, 앞으로 우리가 꽃피울 세상은 한없이 넓고 아름답다.

현대인과 역사

상해 사회과학원 연구원 류수밍劉修明

지나간 역사와 오늘은 어떤 관계일까?

역사는 오늘을 살아가는 사람들에게 어떤 영향을 미치고 있는가?

과거란 지나간 세월이다. 과거의 살아 숨 쉬는 실체는 이미 없어지고 유적과 기록만 남아 있을 뿐이다. 시간은 거슬러 흐르는 법이 없다. 그렇다면 과거를 배워 도대체 무엇을 어떻게 하겠다는 말인가?

역사는 무용지물이라는 무지몽매한 개념이 개인에게만 있는 것이 아니다. 특히 과학 기술이 고도로 발달한 현대 사회에서는 역사를 현실과 동떨어졌다 하여 더욱 경시하는 경향이 있다. 또한 역사에 대한 자신의 무지를 부끄럽게 여기지 않는 사람도 적지 않다.

그러나 이런 현상을 그저 나무라기만 할 수는 없는 일이다. 다양한 양질의 자료를 통해 역사와 현시대 사람들 사이의 거리를 단축시킬 수만 있다면, 사람들은 생생한 역사 속에서 깨달음을 얻을 수 있을 것이다. 또한 역사적인 진리를 깨달아 예지叡智를 키움과 동시에, 현대 사회의 문명에 대한 인식을 더욱 깊게 하여 현시대 사람들의 인식과 실천을 한 단계 높은 차원으로 도약시킬 수 있는 기회를 만들 수 있다. 그렇게 된다면, 사람들은 오늘이 곧 역사의 계승이며 역사는 현재의 생존과 발전에 불가결한 요소임을 알게 될 것이다.

중국 역사는 생동감 있고 폭넓은 지식으로 사람들의 슬기를 키워 주는 교과서이다. 또한 독특한 성격을 가진 동방 문명사이기도 하다. 중국 역사는 그 형성과 발달 과정이 이집트나 메소포타미아 문명, 또는 인도 문명처럼 중단되거나 전이되지 않았고, 침몰되지 않았다. 비록 온갖 우여곡절을 겪기는 했지만, 여전히 불굴의 자세로 아시아의 동방에 우뚝 서 있다. 중국 역사는 시간과 공간을 포함하면서도 시간과 공간을 초월하는, 나아가 유형적이면서도 무형적인 운반체인 것이다.

영국의 철학자 베이컨은 "역사는 사람을 지혜롭게 만든다"고 했다. 역사적 경험에는 깊은 사색을 필요로 하는 이치들이 담겨 있다. 그러므로 현실을 바르게 인식하고 미래를 현명하게 내다보려면 역사를 올바르게 이해할 줄 알아야 한다. 역사를 제대로 아는 사람만이 현실을 명확히 파악할 수 있다.

문학과 역사와 철학. 이 세 가지 학문을 주간으로 하는 인문 교육은 인간의 소질을 높이는 데 특별한 가치가 있다. 그리고 이 세 가지 요소가 통합되어 있는 것이 중국 역사이다. 외국어 교육이나 컴퓨터 교육만 중시하고 인문 교육을 소홀히 하는 경향은 반드시 고쳐져야 한다.

총서總序

역사는 다양한 서적들을 통해서 연구할 수 있다. 그러나 중요한 것은 독자들의 흥미를 어떻게 이끌어 내느냐 하는 것이다. 우리는 지금 재미나는 글과 정확한 사진이 합쳐진, 이야기 형식으로 편찬된 중국 역사 서적을 독자들에게 선보이고자 한다. 이 시리즈를 주관한 허청웨이何承偉 선생은 평생이라고 해도 과언이 아닐 만큼 오랜 세월 동안 출판업에 몸담은 분이다. 또한 수많은 학자들의 자발적인 참여와 협력이 이 시리즈를 완성하게 했다.

이 시리즈는 생생한 형상과 특이한 엮음으로 누구든 쉽게 중국 역사라는 거대한 전당 속으로 들어갈 수 있게 했다. 또한 그 역사의 전당에서 지식과 도리를 깨닫고 시야를 넓혀, 과거를 거울로 삼아 미래를 꿈꿀 수 있도록 최선을 다했다. 이 책은 전통에 대한 교육과 미래에 대한 전망을 조화시켜 공부하게 함으로써, 오늘날을 살아가고 있는 사람들이 중국의 역사를 넘어서 세계 문명 발달을 선도하는 데 결정적인 역할을 하게 되기를 소망한다.

우리는 옛 선인들의 슬기로움을 가슴으로 느껴야 한다.

그들은 우리가 세계사의 주인공이 되기를 바라고 있다.

차 례

출간에 즈음하여　4

발간사 : 꿈과 추구 - 독자들을 위해 엮은 중국 역사 백과사전　6

총서總序 : 현대인과 역사　8

전문가 안내 : 중국 역사와 현대 독자와의 대화　14

찬란한 중국 역사 한눈에 보기 - 이 시리즈를 읽기 전에　16

머리말 : 916년 ~ 1368년

무쇠의 군마에서 붕괴와 소실까지 - 요·서하·금·원　20

"천하는 한 집인데 어찌 침상 옆에 다른 사람이 코를 골도록 허용하겠는가?"
송나라 태조의 호언이 아직도 귀에 쟁쟁하건만 북부 중국의 대지에는 이미 무쇠의 군마가 숲을 이루었다.
거란·당항·여진·몽골족이 일어나 천하 쟁탈에 나서서 조씨 송나라의 침상을 부수고 유라시아 대륙을 진동했다.

001 태조가 동생을 살려 주다　30
누가 수족의 정을 돌본단 말인가?

002 요나라에 두 번 출사한 한연휘　34
태조는 인재를 알아보고, 인재는 갔다가 돌아왔다

003 작은 산이 큰 산을 누르다　37
형이 타향에서 객사하니 태종은 슬퍼했다

004 황후와 장손의 겨룸　41
편애하는 자식이 강산을 지키지 못함이야

005 두 황제가 시살되다　44
왕이 술도 좋아하고 사람도 잘 죽이니 죽어 마땅하다

006 간신 야율을신　48
야율을신은 간사해 권세가 하늘을 찔렀다

007 나라를 망친 천조 황제　52
충신을 다 죽여 외환이 닥친들 무슨 재주가 있으랴

008 패업을 이루지 못하면 영웅이 아니다　56
호의호식이 어찌 대장부의 지향이라 하리

10

009 나라를 분할한 임득경　　60
대신이 득세하니 황제와 천하를 분할했다

010 몽골이 서하를 멸하다　　62
약국은 외교가 없었다

011 서하 왕국의 수수께끼　　65
서하가 멸망한 후 이 민족은 어디로 갔는가?

012 신비로운 서하 문자　　68
"모두 알 만한 글이지만 사실 한 글자도 알 수 없다"

013 함보가 원수를 갚아 주다　　72
장백산과 흑룡강 사이에서 영웅이 배출되었다

014 담력이 큰 세조　　73
위험에 직면해 두려워하지 않고 앞일을 예견했다

015 요나라를 반대한 아구다　　76
"금은 변치 않는다", 아구다는 국호를 금이라 했다

016 내가 아니면 누가 황제인가　　79
평생의 3대 소원은 독재·제패·미녀였다

017 해릉이 종실을 박해하다　　81
이색분자를 제거하려고 먼저 종실부터 죽였다

018 천하 미녀를 다 차지하려 하다　　83
"골수를 다 짜내고 천하의 자녀를 다 이산시켰다"

019 폭군이 중을 욕하다　　86
사람은 이중성이 있으니 폭군도 예외가 아니었다

020 자신을 위징에 비한 양백웅　　88
해릉이 어찌 당나라 태종이랴

021 돌아오지 못한 남침의 길　　90
오산에 주둔하려 했으나 타향에서 죽고 말았다

022 현처 오림답씨　　93
전처를 그려 29년이나 황후 자리를 비워 두었다

023 지모가 출중한 이석　　95
악한 자의 권세를 겁내지 않아 탐관들이 두려워했다

024 완안앙이 술로 도회하다　　97
완안앙은 관직이 삼공에 이르렀다

025 석거가 인재를 등용하다　　99
석거는 혜안을 가졌다

026 육친을 돌보지 않는 장종　　100
황제에 대한 실례는 죽음의 화근이 될 수 있다

027 이비의 묘한 화답　　102
외로운 달이 해 옆에서 빛을 뿌리네

028 장종이 대가 끊기다　　104
장종은 평생 총명했지만 일시 실책은 면치 못했다

029 권신이 함부로 살인하다　　105
권신이 서로 살해하는데 말발굽 소리는 가까워졌다

030 중도가 함락당하다　　107
대 금나라 제국의 종말이 이미 닥쳐왔다

031 별호를 가진 재상　　110
번화한 수도를 처량한 묘지로 만들었다

032 매국노의 파산　　112
최립은 몽골에 투항했지만 아내와 가산을 빼앗겼다

033 애종의 비애　　114
"나라가 100년 만에 나의 손에서 망할 줄이야"

034 명사수 곽하마　　117
아끼는 활을 들고 불 속에서 순국했다

035 충의지사가 순국하다　　119
위험에 직면해 죽어 군주의 은혜에 보답했다

036 말년에 시 1000수를 남기다　　121
뛰어난 원호문의 시

037 하늘이 낳은 푸른 이리　　126
와난하는 일대 효웅를 무육했다

038 원한을 산 머나룬　　128
온 가족이 참살되었는데 해도는 죽지 않았다

039 태종의 수염을 만지다 132	**054 씨름꾼의 여자 복** 172
그의 자손들은 술꾼의 후대에 머리마저 잘렸다	"준마가 어찌 야들야들한 풀을 먹지 않았을까?"
040 테무친이 핏덩이를 쥐다 134	**055 야율초재가 치국하다** 174
간난신고가 강자가 되는 자본이었다	누군가가 중원을 목장으로 만들자고 건의했다
041 아내를 빼앗다 137	**056 장자가 서정하다** 178
현처가 있으면 대업을 이룩한다	몽골 철기가 아드리아해에 이르자 유럽이 들끓었다
042 꽃다운 자매 139	**057 범을 그리려다 개를 그리다** 180
남의 아름다운 아내를 빼앗고 남편까지 죽였다	그는 아버지의 담략보다는 악습을 계승했다
043 뭇 우두머리를 평정하다 141	**058 몽가를 옹립하다** 183
한 세대 영웅이 어찌 활을 당겨 독수리만 쏘았으랴?	재능을 드러내지 않으면서 투레는 계승자를 남겼다
044 제베가 말을 헌납하다 146	**059 세 왕의 감옥** 186
도량이 넓으면 후한 보답을 받는다	"수술해야 할 부위는 고약을 붙여도 소용 없다"
045 무당을 징벌하다 148	**060 형제간의 투쟁** 189
귀신 놀음은 하늘로 통한다지만 왕권은 못 넘었다	성공한 자는 왕, 승리한 자는 영원히 도리가 있다
046 중앙 아시아를 정복하다 151	**061 원견이 있는 황후** 192
"나라의 적에게는 무덤보다 더 좋은 곳이 없다"	편할 때 위험을 예견하는 여인에게 견해 없다 말라
047 진인이 계책을 내놓다 154	**062 왕·이의 변고** 194
제세 안민하는 이가 진인이로다	이 변고로 쿠빌라이는 점차 한인 막료를 멀리했다
048 무칼리가 중원을 경영하다 158	**063 강남 물건을 가져오지 않다** 196
한 세대 영걸은 중원에서 위풍을 과시했다	"멜대에 강남 물건 대신 매화 두세 송이 꽂았어라"
049 말가죽으로 시체를 싸다 160	**064 살아서 재부, 죽어서 개밥** 198
사나이의 취미는 무엇인가? 칸의 견해를 들어보자	아허마는 권세를 부리고 교만해 미움을 샀다
050 칸의 능묘는 지금 어디에 163	**065 고분 도굴 광풍** 201
칭기즈 칸의 진짜 묘소는 아직 발굴되지 않았다	전조 황릉을 훼멸하는 건 아무것도 아니었다
051 대업을 누가 계승하는가 165	**066 별처럼 빛나는 학구열** 204
아들이 많아 누가 계승하는가에 곡절이 많았다	곽수경은 지상은 물론 하늘에서도 명성을 날렸다
052 칸의 드넓은 도량 168	**067 문헌으로 제도를 고증하다** 209
재부와 명성 중에서 그는 후자를 더 중히 여겼다	전고에 익숙지 않으면 편찬할 수 없는 책, 《통고》
053 오고타이의 공로와 과오 170	**068 신기는 오래 비우지 못한다** 212
사람에게 귀중한 건 자신을 아는 것이다	하루도 군주 없이 안 되므로 범재도 제왕이 되었다

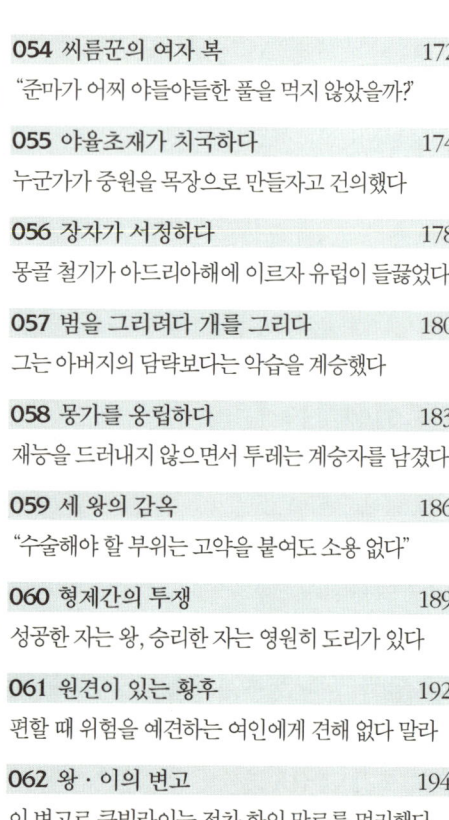

069 하이샨이 즉위하다 214
음양가의 말에 조상의 규칙을 위반한단 말인가?

070 간신 재상 테무데르 217
악한 짓을 많이 한 5조 원로는 오뚝이처럼 버텼다

071 단청에 우려를 담다 220
오로지 필묵의 정만은 세상에 남으리라

072 두아의 원통함 225
민간질고가 극 속에 녹아들었네

073 천하 최고 인기《서상기》 229
"천하 정 있는 사람 모두 인연이 맺어지기 바란다"

074 영종이 남파에서 죽다 231
일대의 현군과 재상이 돌연 역신의 손에 죽었다

075 명종이 중독되다 233
누가 형제 우정을 돌보겠는가?

076 엔테무르 가의 종말 235
권세를 얻자 날뛰니 자손이 인과응보를 받다

077 톡토가 대의멸친하다 238
장·왕·유·이·조 5성 한족을 멸하자는 건의

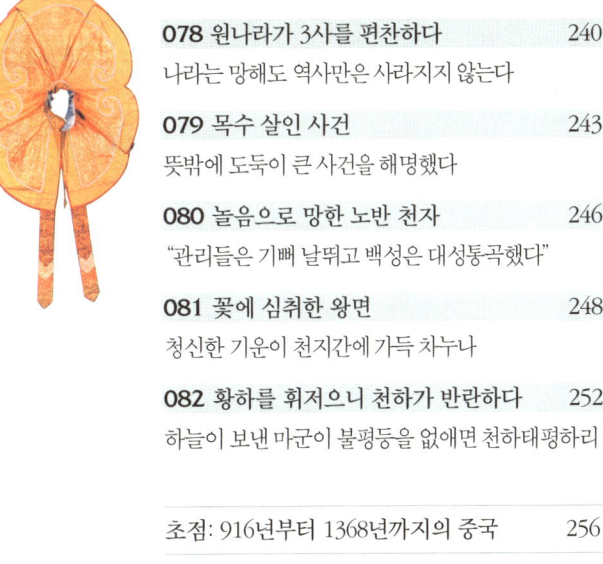

078 원나라가 3사를 편찬하다 240
나라는 망해도 역사만은 사라지지 않는다

079 목수 살인 사건 243
뜻밖에 도둑이 큰 사건을 해명했다

080 놀음으로 망한 노반 천자 246
"관리들은 기뻐 날뛰고 백성은 대성통곡했다"

081 꽃에 심취한 왕면 248
청신한 기운이 천지간에 가득 차누나

082 황하를 휘저으니 천하가 반란하다 252
하늘이 보낸 마군이 불평등을 없애면 천하태평하리

초점: 916년부터 1368년까지의 중국 256

916년부터 1368년까지의 사회 생활 및

역사 문화 백과 258

찾아보기 264

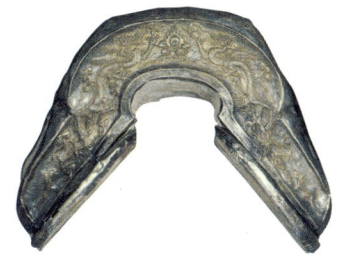

분열에서 통일로 나아가는 시기

원사元史 전문가 중국사회과학원 역사연구소 연구원 천가오화陳高華

전문가 안내

10~14세기 중기는 중국 역사상 분열에서부터 통일로 나아가는 시기다. 당시 요·서하·금·원나라 정권은 각각 거란·당항·여진·몽골 등 민족이 건립한 봉건 왕조였다. 요·서하는 북송과, 금·서하는 남송과 선후해 정립했다. 몽골은 흥기해 금나라와 남송을 멸하고 원나라를 건립, 전국의 통일을 실현했다.

거란·당항·여진·몽골은 중국 동북·서북·북방에 거주한 민족으로 일부는 유목을 위주로, 일부는 어로·수렵을 위주로 생활했다. 이런 유목민과 수렵민이 걸출한 수령 야율아보기·이원호·완예 아구다·테무친의 영솔 아래 초원·삼림을 벗어나 전장에서 지혜와 용맹을 발휘해 국가를 건립, 중국 역사상 풍부한 시편을 적었다. 그중 테무친은 특히 위대해 그 활동은 세계 역사의 발전 과정에 영향을 주었다.

요·서하·금·원 등 네 나라의 역사에서 가장 주의해야 할 점은 분열에서 통일로 나아가는 완성이다. 요·금나라는 차례로 북방에서 건국, 동북와 북방 초원의 개발을 강화했다. 서하는 서북에서 건국해 서역 및 서남의 토번과 매우 많은 연계를 맺고 있었다. 원나라는 흥기한 후 금·서하·남송의 영토를 합병했고, 토번은 속국이 되어 중앙정권 관할 아래 지방 행정 구역이 되었고, 대리大理도 투항해 운남에 내지와 같은 행정 구역을 설치했다. 중앙아시아의 위구르 지역과 그 주변 지역 역시 원나라의 관할을 받았다.

원나라는 통일된 다민족 국가로서 그 판도는 역사상 전례 없을 만큼 넓었다. 이는 실제로 그 후 청 왕조 판도에 토대를 마련한 것으로 중국 역사 발전 과정에 특히 중요한 대사다.

요·서하·금·원 등 네 나라의 건립은 거란·당항·여진·몽골 민족을 중국 정치 무대의 중요한 배역으로 등장시켰다. 이 몇몇 민족의 경제·문화 생활 역시 매우 크게 변화했다. 이 몇 왕조에서 민족 관계는 매우 복잡했다. 우선 이런 왕조의 통치자들은 민족 압박 정책(가장 저명한 것으로는 원나라의 4등인 제도임)을 실시해 민족 모순을 첨예화했다. 금·원나라 두 왕조의 붕괴는 모두 이에 밀접하게 관계된다. 이런 왕조의 통치 아래 보편적으로 민족 잡거 국면이 형성되어 각 민족 간의 경제·문화 교류가 부단히 발전했다. 이를 토대로 민족 간에 동화·융합도 추진되었다. 원나라 때에 이르러 일부 민족은 점차 소실되고(거란·당항), 일부 새로운 민족(회족)이 점차 형성되기도 했다. 지금 중국의 민족 분포는 원나라 때 이미 대체적으로 구비되었다.

이 시대 중국과 외부 세계의 연계는 전대前代에 비해 새롭게 발전했다.

요·서하·금나라와 중국 이외 세계의 연계는 제한되었고 단속적으로 이어졌다. 몽골이 흥기한 후 칭기즈 칸 테무친과 그 자손들은 3차 서정西征을 발동해 중앙아시아·서남아시아·유럽으로 통

하는 길을 개통했다. 전국이 통일된 후 쿠빌라이와 그 계승자들은 해외 교통을 적극 발전시키고 아시아·아프리카의 많은 지역과 정치·경제 연계를 건립했다. 원나라와 대외 세계와의 연계는 전대를 훨씬 넘어섰다. 외국의 사절·선교사·상인들이 속속 중국으로 왔는데 그중의 하나는 베니스 상인 마르코 폴로다. 그는 장기간 거주한 후 자국으로 돌아가 동방 여행기를 써냈다. 이 책은 유럽에서 일대 파문을 일으켰고, 지금도 지속되어 동서양 문화 교류의 미담으로 전해진다. 복건의 천주는 당시 가장 흥성한 국제 무역 항구의 하나로 '자동刺桐'이란 명칭을 외국 여행가·상인·선원들이 익숙히 알고 있었다. 아랍 지리학·의학·천문학 등 이역 문화는 중국에 전해져 중국의 전통 문화를 크게 자극했다. 화약·인쇄술 같은 중국의 일부 중요한 발명 역시 이 시기에 기타 국가에 전해졌다.

요·서하·금·원 시대의 문화 역시 자체의 특색을 가지고 있다.

첫째, 다민족 문화의 번영이다. 이전의 중국 역사상 장기간 한자를 사용하고 주로 한족의 사유 방식을 반영한 한자 서적이 유통되었다. 요·서하·금·원 등 네 나라에 한자는 여전히 중요한 문자였지만 차례로 다종 문자가 출현해 한자와 병용되었다. 예를 들면 거란 문자·여진 문자·서하 문자·위구르 문자·위구르체 몽골 문자·팔사파 문자·토번 문자 등이다. 특히 원나라 때 다종 문자를 병용했다. 한자로 된 전적 문헌 외에 기타 문자로 편찬한 전적 문헌(종교 경전·법률 문자·자전·비명 등)도 있었다. 다종 문자의 창제와 사용은 본 민족 문화의 발전에 대한 상기 민족의 강렬한 추구를 반영한다. 다민족 문자로 된 전적 문헌 중 가장 주의할 점은 《몽골 비사》의 출현이다. 이는 본래 위구르체 몽골 문자로 편찬한 것으로 추정되지만 애석하게도 원서는 이미 산실散失되어 지금은 한자 역본이 남아 있을 뿐이다. 그러나 역본으로부터 여전히 그 원모양을 상상할 수 있다. 이는 몽골족 자신이 쓴 사서로, 중국 사학사 또는 세계 사학사상 모두 독특한 지위를 가지고 있다. 동시에 이는 또 걸출한 문학 작품으로, 칭기즈 칸과 그 자손의 위대한 업적을 노래하는 영웅 서사시다.

둘째, 통속 문화의 흥기다. 통속 문화는 원본·잡극·남극·산곡·설창 예술 등 무대 출연 예술에서 집중적으로 구현된다. 이런 출연 예술은 전대에 이미 일정 규모를 형성, 원나라 시대에 이르러 크게 흥성했다. 특히 잡극은 원나라 문화 중 가장 성과가 뛰어난 것으로, 당시唐詩·송사宋詞와 어깨를 견줄 만하다. 원나라 시대 설창 기예는 후대 소설 창작 《삼국지》·《서유기》·《수호전》의 토대를 닦아 주었다. 이 밖에 또 경학과 사학 통속 저작이 출현했는데 그 목적은 사람들이 쉽게 알 수 있게 하는 것이다. 통속 문화의 흥기는 도시 경제의 발전에도 관계가 있지만 소수 민족의 문화 요구에 응하는 것도 그 목적이었다.

찬란한 중국 역사 한눈에 보기

이 시리즈를 읽기 전에

《중국을 말한다》는 재미나는 이야기, 다채로운 그림, 풍부한 지식 등을 집대성한 중국 역사 백과사전으로 중국의 역사와 찬란한 문명을 한눈에 보여 준다. 이 책을 효과적으로 이해하려면 아래 안내도를 꼼꼼하게 읽고 참조하기 바란다. 그러면 중국 역사가 한 폭의 그림처럼 눈 앞에 펼쳐질 것이다.

독창적인 구성으로 역사와 문화의 매력을 적절하게 표현하고 있음은 물론, 저자의 의도를 최대화시키고 있다.

광범위한 지식 정보와 귀중한 역사 자료에 그림과 사진이 더해져 누구라도 쉽게 이해할 수 있도록 했다.

이 책은 유구한 중국 역사를 이야기로 엮어, 읽는 이들의 흥미를 배가시키고 있다. 또한 이야기마다 각각의 대제목과 소제목을 붙여 본문의 중요 내용을 쉽게 파악할 수 있도록 했다.

또한 이 책은 단순히 이야기에만 그치지 않고 거기에 합당한 정보를 종합적으로 전달해 주고 있다. 이를테면 이야기의 감성적 느낌과 역사 지식에 의한 이성적 느낌을 결부시켜 읽는 이들에게 나무와 숲을 동시에 보도록 한 것이다. 또한 '중국사 연표', '세계사 연표', '역사문화백과', '역사 시험장' 및 그림과 사진 설명을 통해 다양한 역사 지식을 두루 섭렵할 수 있도록 하고 있다.

동시에 페이지마다 삽입된 수많은 그림과 사진은 그 내용이 풍부해서 지나온 역사를 시각적으로 느끼게 하고 있으며, 각각의 역사 단계와 사회의 발전과 변화를 입체적으로 표현해 역사책이라는 지루함을 최소화했다.

- 이야기 제목
- 이야기 번호 : 이 번호는 이야기의 순서일 뿐만 아니라 찾아보기를 보다 쉽게 이용할 수 있게 한다.
- 역사 시험장 : 본문과 관련된 역사 문화 지식에 대해 왼쪽에서 물어보고 오른쪽에 답안을 제시했다.
- 그림과 사진 : 지나간 역사를 직관적으로 재현시킨다. 이 책의 그림과 사진을 종합해 나열하면, 그것으로 중국 역사를 체험할 수 있다.

- 중국사 연표 : 본 이야기와 비슷한 연대에 중국에서 발생한 중요 사건을 기술함으로써 중국 역사 발전의 기본 맥락을 제시한다.

- 이야기 안내 : 역사 이야기를 요약하여 소개함으로써 본 이야기의 중심을 쉽게 파악하도록 도와준다.

- 세계사 연표 : 중국사 연표와 비슷한 시기에 발생한 세계의 중대한 사건을 제시함으로써 중국과 세계를 비교할 수 있도록 하고 있다.

- 출전은 설화의 주요 정황을 제시해 권말의 찾아보기에서 쉽게 찾을 수 있게 해 풍부한 정보량과 실용성을 갖추었다.

- 본 책의 역사 연대의 시작과 끝.

- 역사문화백과 : 동시기와 관련되는 정치, 경제, 문화, 과학 기술 등 다방면의 지식을 소개하였다.

- 그림, 사진 설명 : 그림과 사진에 깃든 역사 문화 지식을 기술함으로써, 그 시기 역사를 보다 실제적으로 느낄 수 있도록 하고 있다.

- 단락 제목 : 단락의 주제를 제시해 단락의 중점을 파악하기 쉽도록 돕고 있다.

- 표는 분산된 정보를 종합함으로써 통일성을 이루게 한다.

916년 〉 〉 요 서 하 금·원 〉 1368년

머리말

916년~1368년
무쇠의 군마에서 소실까지

요·서하·금·원

상해사범대학 고적정리연구소 부연구원 청위程郁
상해사회과학원 역사연구소 부연구원 장허성張和聲

"천하가 한 집안인데 어찌 침상 옆에서 남이 코를 골게 한단 말인가?"

이는 송나라 개국 황제 조광윤이 남방 소국을 평정할 때 내뱉은 호언이다. 얼마 안 되어 이 후주의 태평세상은 송나라 군사의 철제 아래 가뭇없이 사라졌다. 태조는 패기가 충천해 당세에 당할 자가 없었다. 그러나 어찌된 일인지 조씨 형제와 그들 자손은 그들 침상 한쪽에 몇 마리의 큰 호랑이가 호시탐탐 노리고 있음을 주시하지 못했다. 그 결과 거란·당항·여진·몽골 민족이 "앞 사람이 노래를 채 부르기도 전에 다투어 등장하면서" 용과 범의 쟁투를 벌이며 조씨 송나라의 침상을 부수고 피에 젖은 활극을 펼쳤다.

한 시대마다 천하 영웅이 각자 풍류를 뽐냈다

천하를 교란하는 자는 난세의 효웅이나 일대의 영웅이 아닌 경우가 없었다. 《요사》·《금사》·《원사》를 펼치면 이런 왕조의 개국 초에 참으로 걸출한 인재가 배출되었음을 어렵지 않게 볼 수 있다. 야율아보기·이원호…… 저마다 모두 호걸이요, 아구다·테무친…… 저마다 모두 영웅이다. 요나라는 거란족이 중국 북방 지역에 건립한 왕조다. 기원 916년에 요나라 태조 야율아보기는 지금의 내몽골 사르모론강 유역에 거란국을 세우고 947년에 국호를 요遼라 했다. 916년 건국부터 1125년 여진에 의해 망할 때까지 통상 요나라라 부른다. 요나라 태조는 자칭 천황제라 하여 씨족 선거제를 폐지하고 황권 세습제를 확립하였으며, 황도를 건설하고 거란 대문자와 거란 소문자를 창제하여, 엄연히 개국 황제의 풍도를 보여 주었다. 건국 이후에는 영토를 확장해 남으로 한족 지역을 점령하고, 서로 돌궐 정벌, 회흘 칸 공격, 발해 왕국을 소멸, 나중에 정벌의 노정에서 병사했다.

서하는 당항을 주체 민족으로 건립한 국가다. 1038년 대하국을 건립하면서부터 1227년에 몽골에 소멸되기까지 요·송·금나라와 대치했다. 이원호가 정식 황제로 칭할 때 서하의 영토는 동으로 황하, 서로 옥문관, 남으로 소관, 북으로 큰 사막에 이르러 서북의 한 패주라 할 수 있었다. 서하는 송나라와 해마다 싸웠는데 누차 송나라 군사를 대파하고, 또 일찍이 요나라 군사도 대파해 북송·요·서하의 삼족 정립 국면을 추진했다. 금나라는 여진족이 동북 지역에 건립한 왕국이다. 기원 1115년에 금나라 태조 완안민 아구다는 지금의 흑룡강성 아성 남쪽에 건국, 국호를 대금이라 했다. 1234년에 몽·송 연합군이 금나라를 멸하기까지 120년 동안 존재, 그사이 수차례 천도, 1153년 금나라 해릉이 연경(지금의 북경)에, 1214년에는 선종이 변경(지금의 하남성 개봉)에 천도했다. 금나라의 역사는 그다지 길지 않고 황제도 10대에 그치지만 태종은 2년도 안 되는 사이 요나라 천조 황제와 송나라 휘종·흠종을 생포하고 차례로 요나라와 북송 2국을 소멸하고 천하를 넘겨다 보며 당세에 당할 자가 없었다. 원나라는 중국 역사상 몽골족 통치자가 건립한 통일된 왕조다. 1206년, 칭기즈 칸은 사막 이북에 대몽골국을 건립했다. 그 후 수십 년간 칭기즈 칸과 그 자손들이 동서로 정벌하면서, 몽골 군사의 정예 기병은 온 유라시아 대륙을 진동했다. 1271년, 쿠빌라이는 《역경》의 "크도다, 건원乾元이여"라는 뜻을 취해 국호를 대원이라고 고쳤다. 이듬해 중도中都를 대도大都(지금의 북경)로 승격했다. 5년 후 남송을 멸하고 전국을 통일했다.

> 916년~1368년
> 무쇠의 군마에서 소실까지
> **요 · 서하 · 금 · 원**

영웅의 본색

이기는 자는 왕이요, 지는 자는 역적이라. 왕과 역적의 차이는 성패의 차이로 양자의 심리 상태나 지향에는 사실 별반 차이가 없다. 금나라 해릉은 역사학자에 의해 "무도한 군주"로 폄하되고 있는데 그 자신의 말을 보기로 하자. "짐의 지향은 세 가지노라. 첫째는 국가 대사는 모두 짐이 결정하는 것이고, 둘째는 군사를 거느리고 정벌해 그 땅의 군주를 잡아다 문죄하는 것이며, 셋째는 천하의 절색을 아내로 삼는 것이니라."《금사》 129권) 이런 자도 짝이 있으니 "일대의 천하 영웅"으로 받들어지는 칭기즈 칸도 이와 유사한 말을 한 적이 있다. "반란자를 진압하고 강적을 누르고 승전하여 그들을 송두리째 제거하고, 일체를 탈취하여 그들의 처자들이 통곡하게 하고, 그들의 준마를 잡아타고 그들의 아름다운 왕후, 귀비들을 잠옷과 침대로 삼고, 그녀들의 장미색 볼에 키스하고 그녀들의 유두 색깔의 입술을 빠는 것이야말로 사내대장부의 가장 큰 쾌락이다."《사집》)

독재·제패·미녀, 강국의 군주나 폭군은 그 지향이 대체로 같다. 명나라 사상가 황종희는 말했다. 역대 제왕은 종래로 "천하의 골수를 다 짜내고 천하의 자녀를 다 이산시켜 나 혼자 음탕한 쾌락을 누림을 당연한 일로 간주한다."《명이대방록·원군》) 이것이 바로 진정한 '영웅의 본색'이다. 해릉이 이러했고 칭기즈 칸도 이러했으니, 오만한 천하 영웅이나 풍류 제왕 가운데 이러하지 않은 자가 몇이던가? 이상한 것은, 사람들이 이런 자들을 숭배하고 그들의 이야기를 담은 궁정극을 보기 좋아하는 것이다. 혹시 "그런 자리에 이르지는 못하더라도 마음속으로 이를 바라는 것" 아닌가?

천하의 통일

"통치 계급의 사상은 모두 그 시대의 통치적 지위를 점하는 사상이다."(마르크스) 큰 권력을 가진 한 명의 큰 황제가 있다면 필연코 무수한 작은 황제가 있기 마련이다. "하늘이 높으면 황제가 멀다"는 말과 같이 백성에게는 별반 실제 혜택을 주지 않는 무수한 작은 황제들은 더욱더 우쭐거리면서 거침없이 나쁜 짓을 하게 된다. 백성이 누차 신분을 초월해 고발함은 '명주明主' 천자께서 행패를 부리는 작은 황제들을 단속해 달라는 의미에 지나지 않는다. 큰 황제가 작은 황제들을 효과적으로 제압하는지 여부는 항상 중국 사회 안정 여부를 가늠하는 표준이었다. 그런 의미에서 '통일'과 '집권'은 피를 수단으로 얻어온 것이라 하더라도 자연히 그 '대중 기초'를 가지고 '진보적 작용'을 하고 인심의 지향이나 소위 '역사적 추세'를 대표하게 된다. 원나라 세조는 천하를 통일해 수백 년간의 민족 분쟁을 종결시켰다. 각 민족의 백성은 긴 전쟁의 시달림에서 벗어나 상대적으로 안정된 환경에서 생산에 종사하게 되었다. 원나라는 13개 만호부萬戶府를 설치, 서장西藏도 정식으로 중국 판도에 들어왔다. 쿠빌라이는 무력으로 대리大理를 정복하고 당지에 군현을 설치해 남북조 시대 이래 장기간 할거하던 운남 지역을 중앙 정부에 귀속시켰다. 1360년에 원나라 정부는 또 팽호에 순검사를 설치해 팽호澎湖 군도와 대만을 관할했다.

원나라의 영토는 "북으로 음산을 넘어서고 서로는 사막의 끝에 이르고 동으로 요동에 이르고 남으로는 바다를 넘어서" 한·당나라 성세보다 더욱 광활해졌다. 원나라 황제들이 일찍이 샤머니즘을 믿었지만 쿠빌라이 이후에는 대부분 불교를 존숭했다. 그러나 기타 종교에 대해 대체로 병행하는 정책을 실시했다. 서역 문화는 지속적으로 진입해 원나라 문화에 다양성을 띤 현저한 특색을 부여했다. 대외 무역은 매우 번영해 "멀고 먼 항해의 길을 통해 세계의 나라와 통상했으므로 원나라의 천하는 그 전대에 비해 크게 강성해졌다."(《원사》 101권) 세상에 영웅이 없으니 못난 자식이 명성을 날렸다. 만약 송 왕조의 무능함이 아니라면 어찌 야율아보기나 아구다나 쿠빌라이 따위가 무력을 써 봤겠는가? 요·송·서하·금·원의 이 수백 년 역사는 민족 간에 크게 혼전하고 크게 융합하는 역사이자 한족 문명이 굴욕을 받을 대로 받은 역사다. "외부 침입을 막으려면 필히 먼저 내부를 안정시켜야 한다"고 처음 주장한 자가 송나라 황제인지 그 여부는 몰라도 "술잔으로 병권을 해제하고" "군사와 장수를 분리시키는" 군사 제도로 "내부를 안정시킨" 이 강타는 참으로 멋진 것이었다. 그러나 송나라 황제들은 승냥이나 범처럼 엿보는 요·서하·금·원에 대해서는 재삼 양보하고 재삼 참았다. 그 결과는 굴욕에 굴욕을 당하다가 망하고 말았다. 이족에 대한 송나라의 굴복, 또는 이족에 의한 최후 정복은 그 의미가 한 왕조의 흥망에만 관계되는 것이 아니라 한 문명이 흥성하다가 쇠락의 길을 걷는 힘겨운 역경을 나타내는 것이다.

몽·한 이원二元, 이족과 한족의 병용

몽골족이 중원의 주인이 되어 건립한 원나라가 중화 문명에 신선한 혈액을 주입하고 새로운 활력을 가져왔는가? "야만적인 정복자는 항상 그들이 정복한 민족의 비교적 높은 문명에 의해 정복된다." 마르크스의 명언은 확실히 정밀하다. 후세 사람들도 흔히 소수 민족 통치자들에 의해 그들이 어떻게 한족화 했는가를 강조하기 좋아한다. 마치 이렇게 말하지 않으면 한족 문명의 위대함을 충분히 과시하지 못하는 듯하다. 《원사》도 쿠빌라이가 "유학을 신용하고 이로써 한족에 의해 이족을 변화시키려 했다"고 썼다. 그러나 천가오화 선생이 말하듯이 "이 평가는 결코 정확하지 못하다. 쿠빌라이는 유학을 그다지 신용하지 않았다. 한족에 의해 이족이 변화된다고 말하기보다 차라리 이족·한족을 병용했다고 말하는 것이 낫다."(《중국정치제도통사》 8권) 문화의 침습과 융합은 흔히 상대적이다. 한족 문명의 영향을 받거나 일정한 정도로 동화된다고 하여 결코 선진적인 한족 문화에 정복된 것은 아니다. 마찬가지로 현재 우리가 지금 서방의 문명을 배운다 하여 결코 서방 문명에 정복되는 것은 아니다. 몽골인은 원나라를 건립한 후 한족 문명에 철저하게 정복된 적이 없다. 또한 소위 선진이란 것도 후세 사람의 견해일 뿐, 당시 몽골 칸의 눈에 한족 사람은 피정복자에 지나지 않았고, 만경 초원은 1000무 옥토보다 훨씬 더 장관이었는데 한족 문화가 대체 무엇이 선진적이란 말인가?

원나라 제도는 대체로 금나라 제도를 답습했지만 한족화하는 정도가 금나라만큼 심하지 않았다. 몽골 사람들은 처음에 유생을 대수롭지 않게 생각했고, 흔히 그들을 고역苦役으로 내몰았다. 후에 야율초재 등의 영향으로 비로소 한족 지역을 잘 관리하려면 유생의 협력 없이는 안 됨을 알게 되었다. 그제야 그들은 공맹孔孟의 사당을 복원하고 공자의 후예에게 관직을 주고, 과거에 합격된 유생의 노역을 면제하는 동시에 그들이 벼슬하거나 글을 가르치는 것을 허용했다. 그리고 또 국자학을 설립해 몽골 귀족의 자가 야율유가 학설을 배우게 했다. 그러나 원나라 전반을 거쳐 한족 문화에 대한 통치자들의 태도는 시종 차지도 덥지도 않았다. 유학이 일정한 중시를 받긴 했지만, 이미 독존의 지위를 상실하고 불·도교의 아래에 놓일 수밖에 없었다. 몽골 통치자들은 라마교를 신봉하고 토번 승려 파수파를 "서천의 부처, 대원大元의 제사帝師"로 존숭했다. 금빛 휘황한 각지 제사전帝師殿에 비하면 낡은 공자 사당은 그 초라함을 감출 수 없었다. 쿠빌라이는 한때 유생에 대해 호감을 가졌지만 '이단李亶 반란' 이후 점차 한족 신하들을 멀리했다. 한 황태자는 분명히 말했다. "이 선생(그의 스승 유학자 이호문을 가리킴)이 나에게 여러 해 유학을 가르쳐도 나는 무슨 뜻인지 모르지만 토번 승려가 불경을 가르치면 하루 저녁이면 바로 알아듣는다." 이로써 라마교에 대한 몽골 귀족의 자연적인 친화감을 알 수 있다. 한족 문화는 그들에 대해 항상 매우 서먹서먹했다.

원나라의 국어는 파수파가 창제한 '몽골 신자新字'다. 쿠빌라이는 이런 문자를 매우 좋아해 관청 문서는 일률로 몽골 신자를 쓰고 한문이나 색목 문자를 첨부하며, 한문 경서는 반드시 몽골어로 번역해 해석하도록 규정했다. 청나라 사람 조익趙翼은 일찍이 조소의 뜻으로 원나라 황제들이 대부분 한문을 배우지 않는다고 지적했다. 한 몽골 귀족이 지방관으로 임직해 일곱 칠七자를 쓰는데 내리 획을 그은 후 오른쪽으로 꺾는 것이 아니라 왼쪽으로 꺾어 "보는 자들이 웃었다". 사실 우스울 것도 없다. 그때의 강세 언어는 한어가 아니라 몽골어였고 몽골의 제왕 관료는 한어를 몰라도 얼마든지 편하게 사는데 하필 고생스레 피정복자의 언어를 배우겠는가? 이는 청나라 말기 중국 주재 서양인이 중국어 공부를 수치로 생각해 매판 관료의 통역을 고용하는 것이나 다름없다. 지금 일부 동아시아 사람들이 머리를 노랗게 물들이고 영어 이름자를 붙이는 것처럼 원나라 때 한족들도 자기에게 몽골 이름을 붙이기 좋아했다. 원나라 초년에 이름을 하사하는 실례가 있었는데 태조·태종·예종은 모두 한족에 이름을 하사하기 좋아했다. 원나라는 금나라의 체제를 계승했지만 사회 기풍은 금나라와 달랐다. 금나라 사람들은 한족 문명을 비교적 숭상했다. "금나라의 귀족은 한족 이름을 많이 썼지만 원나라의 한족은 몽골 이름을 많이 썼다." 당·송 이래 과거 전통은 원나라 통치자의 관심을 끌지 못했다. 몽골 시대 오고타이가 한 번 시험을 친 외에 원나라 초년에 이르기까지 오랫동안 과거를 보지 않았다. 야율초재 등의 건의 아래 인종 원우 2년(1314)에야 첫 회를 실시, 그 후 대체로 3년에 한 번씩 과거 시험을 실시했으며, 중간에 10년이나 중단되기도 했다. 매번 과거는 각지에서 몽골인·색목인·한인·남인南人 등 4등급으로 각각 75명씩 300명을 선출해 도성에 모집, 나라 등급마다 25명씩 진사 100명을 선발했다. 발표하는 날 몽골·색목인은 오른쪽에 발표하고, 한인·남인은 왼쪽에 발표했다. 한인·남인이 매우 많고 몽골인·색목인은 매우 적어, 후자는 그 선발 표준을 1급 낮추었다. 그래도 흔히 인원이 다 차지 못했다. 한인·남인의 과거 출세자가 매 3년에 50명이 안 되고, 원나라 시대 전반에 걸쳐 과거를 모두 16회 실시, 진사 급제한 자가 불과 1100여 명이므로 과거 출세한 자는 문관 총수의 4%에 지나지 않았다. 남인의 과거 출세한 자는 특히 적었고 벼슬을 한다 해도 대부분 기껏해야 주·현의 낮은 급에 머물렀다. 강남에 할거해 안정만을 기대하던 남송에 비하면, 그 지속 기간이 원나라와 비슷하지만 남송의 진사 급제한 자는 원나라의 10배에 달했다. 벼슬길이 막히자 불우한 문인들은 민간에 몰려 도리어 관한경關漢卿 같은 일대 명가들을 형성했다. 모로 처도 바로 맞는다는 말과 같이, 이 때문에 원대 문학사는 공백이 되지 않았다. 사학자 맹삼孟森은 이렇게 말했다. "유사 이래 원나라는 가장 제도를 추구하지 않는 왕조로, 말 위에서 얻어서 말 위에서 다스렸다. …… 장구한 안정 대책은 전혀 염두에 두지 않았다."(《명·청사 강의》) '가장'이라 말하면 좀 과분할지 모르지만 "법도가 느슨하고" 통치가 해이한 점만은 분명한 사실이다. 통치가 해이한 점은 "사람이 죽어도 상관하지 않는다"는 말로 형용할 수 있다. 문인의 사소한 일을 관계치 않음은

916년~1368년
무쇠의 군마에서 소실까지
요·서하·금·원

물론, 관리의 탐오도 관계치 않았다. 과거를 가지고 농담을 하는 일은 개명한 당나라나 관대한 송나라 시대에도 있을 수 없었고, 강포한 명나라나 협착한 청나라에는 더욱 불가능한 일이었다. 오직 "사람이 죽어도 관계치 않는" 원나라 때에만 가능한 일이었다. 풍류를 좋아하는 회남의 한 부호가 스스로 과거 시험을 치르고 그 시·부에 따라 장원 등 등급을 매겼다. 시험을 치른 후 성대한 연회를 베풀고 금은 재화를 급제한 자에게 상으로 주고 장원에게 대련을 써서 기념으로 남기게 했다. 유생들은 솜씨를 보일 기회가 있고, 또 약간의 실제 혜택이 있는지라 수험생이 매우 많았다.

이렇듯 조정을 무시하는 대역무도한 행동에 대해 관청은 보고도 못 본 척하며 그저 웃어넘길 뿐이었다. 원나라는 매우 관대했다고 할 수 있다. 한족 문화에 대해 힘써 배우지 않고 부러워하지도 않고 별로 선진적이라고 인정하지도 않았으므로 자비감도 없었고, 청나라 조정처럼 머리채를 땋지 않으면 목을 베는 일은 더욱이 있을 수 없었다. 한자를 모르기 때문에 실의한 문인들이 빗대어 공격해도 이른바 문자옥文字獄을 실시하지 않았고, 북위 시대 최호崔浩 국사國史 투옥 사건 같은 참사도 발생하지 않았고, 문단에는 피비린내가 많이 줄었다.

원나라 때 벼슬하려면 첫째는 '뿌리' (귀족 출신)가 있어야 하고, 둘째는 마음이 지독한 간신이어야 했다. 사람들이 선호하는 일부 부서에 임직한 아전 출신의 관료는 심지어 관원 출신보다 더 빨리 승진했다. 조정의 과거 시험은 진사 급제 인원이 매우 적어 유생들은 근본적으로 기회를 찾을 수 없었다. 전조前朝 남북 송나라는 반대로 유생들의 황금 시대였으므로 유생들은 불만을 터뜨려 "유생이 아홉이면 거지가 열이다"라고 말하거나 사사로이 귀족의 미련함과 아전들의 탐욕스러움을 조소했다. 그러나 관직을 버리고 신분을 낮추어 아전 노릇을 하기도 했다. 아전에서 관료로 진급함을 '출직出職'이라 했다. 송나라 때에도 이런 현상은 있었지만 송나라는 아전의 출직에 대해 매우 엄격하게 통제해 치적 고찰·시험 외에 또 일정한 봉사 연한 등의 규정을 실시했다. 또한 사회 전반이 유학을 중요시하므로 아전으로 출직하더라도 높이 승진할 수 없고 남의 업신여김을 받는 계층에 지나지 않았다. 원나라의 고관은 대부분 몽골·색목 귀족 세가이거나 소수의 한족 귀족이고 과거 급제한 유생은 많지 않았으므로 80%의 중·하급 관원은 대부분 아전 출신이었다. 한족 관리가 몽골어를 제대로 통달하지 못하고 몽골·색목 관원이 대부분 한어를 모르기 때문에 각급 관청에 모두 통번역을 두어 아전의 인원수는 전대에 비해 더욱 많아졌다. 뽑힌 아전들은 모집한 자, 관원이 천거한 자, 한 가지 특장으로 등용된 자, 도적을 나포해 공을 세운 자 등으로 매우 복잡했다. 하여간 벼슬하려는 자들은 흔히 아전 대오에 머리를 들이밀었고 연후에 '출직'하고 다시 한 급씩 승진했다. 이런 자들은 자질이 낮고 유학의 영향을 받지 못하고 심지어 낫 놓고 기역자도 모르므로 정치를 함에 있어 혹독하고 질서가 없으며 백성을 탐욕스럽게 착취했다. 그러므로 탐오 회뢰는 원나라의 커다란 사회 폐단이 되었다. 그러나 "학정에 대해 고소할 곳이 없었고", 정부는 정부대로 "사람이 죽어도 관계하지 않았다". 예를 들면 악한 승려 양련진가楊璉眞迦가 공공연히 송나라 황릉을 도굴했으나 그 죄가 다스려지지 않았고 법망에 걸리지도 않았다.

고금의 변천은 진나라에 이르러 전부 끝나고, 원나라에 이르러 또 한 번 전부 끝났다

원나라의 통치는 해이한 점도 있지만 또 엄격한 점도 있었다. 쿠빌라이가 남송을 멸한 후 원나라 사회생활에서 민족 등급은 점차 명확해졌다. 그 등급은 몽골인·색목인·한인·남인 등 4등급인데 소위 색목이란 '각색 명목'이란 뜻으로 위구르·토번과 중앙아시아·서아시아·유럽의 수많은 민족을 포괄하고, 한인이란 금나라 통치 아래의 한족과 한족화한 거란·여진 등의 민족을 가리키고, 남인은 주로 원나라 남송 통치 아래의 백성을 가리킨다. 크게 말하면 주로 몽골인·색목인과 한인·남인 등 2등급으로 나뉜다. 관제로 말하면 중앙이든 지방이든 한인·남인은 부직副職밖에 차지하지 못하며, 특히 중앙 기관의 수석 장관은 주로 몽골족이 차지했다. 조정에 임직한 남인은 손으로 헤아릴 정도이고, 또 북방 사람들의 차별을 받아 "절인 통닭"이라 불렸다. 남방은 미개발 지역으로 북방 사람들은 남방 관리로 가려 하지 않았고, 남방에 위임되는 자는 대부분 "보따리 장사거나 개를 잡던 백정이나 탐오를 하는 무리였다". 강남의 일부 지역에서 그들은 20세대를 1갑으로 했는데, 갑장은 반드시 몽골족으로 위세를 부리며 엄연히 한 지역의 패주 노릇을 했다. 군사로 말하면 한인·남인은 중요한 군직을 맡지 못하며, 강남의 민간에서 사사로이 병기를 감추지 못하며, 후에는 한족 군사마저 평상시 무기를 휴대하지 못하게 했다. 형법으로 말하면 불평등이 더욱 분명해 몽골족이 한족을 때릴 경우 한족은 대항하지 못하고 관청에 고소할 권한밖에 없으며, 몽골족이 한족을 때려죽일 경우 지전紙錢을 태우고 매장할 은전만 배상하면 끝이었다. 사람을 4등급으로 나눈 건 모순을 조작하기 위한 것이고, 한족을 한인·남인으로 나눈 건 한족을 분화해 몽골 귀족의 통치를 공고히 하려는 것이었다.

원나라 전반에 걸쳐 황권 전제는 더욱 심해졌다. 송나라는 그래도 "사대부와 함께 천하를 다스린다"는 멋진 말이라도 외쳤지만 원나라에 이르러서는 "아홉 유생 중 열이 거지이고" 사대부의 지위는 일락천장이 되어 군신의 관계는 표면상의 스승 친우 관계에서부터 주인과 노예의 관계가 되었다. 한인 동문충董文忠은 원나라의 중신으로 내정겹설內廷怯薛(금위군)을 맡아, 쿠빌라이의 총애와 신임을 받아 계속 칸을 좌우에서 모시고 있었다. 쿠빌라이는 중년에 늘 발이 아팠는데 하루는 추밀원이 군무軍務를 상주해 침대에 누운 채로 보고를 들었다. 보고가 끝날 때는 해가 거의 저물었는데 동문충은 그때까지 줄곧 옆에 꿇어앉아 몸을 곤추세우고 들었다. 후에 한 조정 신하가 동문충에게 말했다. "나는 본래 그대는 황제의 신변을 모시고 있으니 매우 편안하게 보낸다고 생각했는데 이렇게 고생스러울 줄은 몰랐구려! 이건 보통 사람이 할 수 있는 일이 아닐세그려." 동문충은 대답했다. "확실히 매우 피로하지요. 아침에 닭이 첫 홰를 울면 바로 일어나 황제 옆에 꿇어앉아 분부를 기다리고 저녁에 촛불을 켤 때가 되어야 떠나지요. 어떤 때는 연이어 40일이나 집에 들어가지 못하고 밤이면 비빈들과 같이 황제의 신변에서 모시고 있으면서 곤하면 황제의 침상 밑에서 졸지요. 한번은 너무 피곤해 황제의 부름을 듣지 못하고 그대로 잤는데 황제는 귀비에게 나를 발길로 차라고 했지요. 귀비가 좀 꺼려서 감히 발길질을 못하니 황제는 욕을 퍼부었지요. '동문충은 짐에게 충성을 다해 그 친아비를 모시는 것보다 짐을 더 잘 시중들지 않느냐. 넌 짐의 귀비니 그의 어미와 마찬가진데 한 번 차는 것쯤이야 뭐 꺼릴 게 있느냐?"《목암집》15권) 칸의 눈에 이 조정 고관은 노예에 지나지 않고 대신으로서 체통이란 본래부터 없었다. 슬픈 일은 "가장 충실한 가신은 가장 충실하지 못한 공복이다. 중국은 가신의 전통이 있으나 공복의 전통은 없다"(진욱록 《부상록》)는 점이다.

중국 역사에 대한 원나라의 소극적인 영향은 전쟁 파괴와 민족 압박에서 표현됨은 물론, "더욱 주요한 문제는 또 정치 사회 영역 중 몽골 통치자가 초래한 일부 낙후된 영향이다. 이런 영향은 송나라에 대해 말하면 실질적으로 하나의 역전이다. 이런 역전은 원나라에 걸쳐 작용함은 물론, 또 역사적인 전통으로 되어 명나라 때에도 작용했고 중국 봉건사회 후기의 발전 행정에 더욱 장기적이고도 거대한 영향을 주었다. 명나라의 정치 제도는 기본적으로 원나라 체제를 답습했는데 원나라의 체제란 바로 몽골과

916년~1368년
무쇠의 군마에서 소실까지
요·서하·금·원

금나라의 제도를 합친 것이다. 엄격하게 말하면 북송을 대표로 하는 중원 한족 왕조의 정치 제도는 남송의 멸망에 따라 바로 중단되었다. 경제의 발전은 양송兩宋에서부터 명나라 말년에 이르기까지 현저한 말안장 형태를 이루었는바, 이는 더 상세히 말할 필요가 없는 일이다."(주량소《원대사》) 전제주의의 강화, 당·송의 관대한 정치에서부터 명·청의 엄격한 정치로의 전환, 남보다 한 급 높던 유생에서부터 모욕하고 죽여도 되는 비천한 인간으로의 전환, 뭇사람 앞에서 쩍하면 대신의 볼기를 치는 명나라의 관습에서부터 대신이 무릎을 꿇고 상주하고 의정하는 청나라의 관습에 이르기까지 모두 원나라의 영향이 내포되어 있다. 바로 황종희가 말한 바와 같이 "고금의 변천은 진나라에 이르러 한 번 끝나고 원나라에 이르러 또 한 번 끝났다. 이 두 번의 결과를 통해 고대 성왕聖王의, 사람을 사랑하는 마음으로 측은하게 경영하는 자는 완전히 사라져 버렸다."(《명이대방록明夷待訪錄·원법原法》)

왕조의 숙명

"자고로 제왕은 혼란을 바로잡고 창건하려면 언제나 근검한 태도로 행동해야 했다. …… 천하가 안정된 후에는 또 그 멋대로 하고 욕심을 다 부린다."(《정관정요》) 만약 각 왕조의 개국 황제가 저마다 영웅이라고 말한다면 망국의 전야에 이른 이런 영웅의 자손들은 십중팔구는 어리석다. 쇠락한 왕조는 그 병증이 대체로 동일하다. 황음 무치했다. 요나라 도종 야율홍기·천조 야율연희는 조손 관계로, 한 쌍의 웃음거리다. 야율홍기의 대신 야율엄의 아내는 상당히 자색이 뛰어났는데 늘 황궁에 출입했다. 야율엄은 아내를 훈계해 말했다. "황제의 뜻을 거스르지 않도록 조심하라!' 이로써 그의 권세와 총애는 점점 더 공고해졌다."(《요사》 98권) 야율연희는 망국 전야에 "돌여불 부족의 와가訛哥의 처 음가諳哥를 맞아 들이고 와가를 본부 절도사로 임명했다."(《요사》 29권) 야율홍기는 "만년에 나태해져 관리를 등용함에 있어 스스로 선택할 수 없어 각자 주사위를 던져 이긴 자를 등용했다."(《요사》 98권) 이는 완전히 국사를 어린아이 장난으로 삼은 것이다. 위에 이런 우매한 군주가 있으면 아래에 반드시 탐관이 있기 마련이다. 요나라 재상 장효걸張孝杰은 탐욕이 끝이 없었으나 도리어 황제의 깊은 신임을 받았다. 그는 공공연히 말했다. "100만 냥의 황금이 없다면 재상의 집이라 말할 수 없다."(《요사》 110권) 서하는 일찍이 실속 있게 일하고 무예를 숭상하는 정신에 의해 건국되었다. 후에 통치자들은 가무와 여색에 젖어 "나라에는 대부분 세대에 걸쳐 국록을 먹는 집안이고 모두 서로 사치함을 비겼다."(《서하서사》 37권) "들판은 황폐해지고 백성은 도탄에 빠져 아녀자라 하더라도 모두 국세가 위험함을 알았으나 조정 대신들은 날마다 연회에 잠겨 입을 다물고 있었다."(《서하서사》 41권) 망국을 눈앞에 두고도 조정 신하들은 흐리멍덩하게 지내면서 누구도 국가의 운명을 감당하려 하지 않았다. 자연재해와 인간 재앙으로 사회 경제는 파괴되었다. "요나라는 불교로 폐하고 금나라는 유학으로 망했다."(《원사》 163권) 거란 귀족은 불교에 깊이 빠져 "일 년에 승려 36만 명을 먹여 살리고 하루에 삭발해 출가한 자가 3000명에 달했다. 헛되이 작은 은혜에 힘쓰고 근본 대계를 제쳐놓았다."(《요사》 26권) 맹목적으로 불교를 숭배하고 생산에 종사하지 않는 승려를 대량 봉양하니 백성은 그 부담을 감당할 수 없었다.

누군가가 금나라의 멸망을 한족화에 귀결시켰다. 만약 한족화의 결과 금나라 통치자들이 앉아서 향락만 누리고 무예와 용맹을 숭상하던 강대한 기세를 전부 상실했다면 "금나라가 유학 때문에 망했다"는 말은 그래도 일리가 있다고 하겠다. 금나라 역대 황제 중 장종章宗의 한문화 소양은 첫손에 꼽아야 할 것이나 금나라의 국운이 흥성에서 쇠락의 길을 걸은 때도 바로 장종 시대부터다. 당시 황하 제방이 세 번이나 터져, 이 때문에 양안의 농촌은 심각하게 파괴되었고, 여러 해 지속된 전쟁으로 국가 재정은 "수입으로 지출을 감당하지 못했다". 정부는 지폐를 남발해 "지폐로 백성을 우롱하고 또 법을 자주 바꿨다."(《금사》 47권). 이리하여 국가가 쇠약하고 백성이 빈한한 상태가 출현했다. 위소왕 때 황하 이북의 금나라 지경은 이미 "황폐해진 밭이 100여 리에 이르고 풀숲은 더욱 깊어지고 여우와 토끼가 출몰했다."(《대금국지》 23권) 선종宣宗이 남으로 천도할 때 금나라는 이미 "천명이 다해 충신이나 용장이라 하더라도 돌려세우기 어려웠다."(《금사》 108권) 아구다가 창조한 기업基業은 이렇게 범람하는 황하를 따라 영원히 흘러가 버리고 말았다. "권력이 부패를 초래한다. 극단적인 권력은 극단적인 부패를 초래한다." (아크톤) 원나라의 황권은 세상에 당할 자 없었으나 부패 역시 전조를 넘어섰다. 정부는 관직을 판매하고 회뢰는 공식적으로 실시되었다. 관리는 갖은 명목을 만들어 재물을 수탈했다. "부하가 처음 알현하면 알현 비용, 일 없이 그저 달라고 하면 꽃 뿌리는 돈, 생일이면 생일 비용, 일을 처리하면 상례 비용, 영접 배웅하면 인정 비용, 체포하면 증여 비용, 소송하면 공무 비용을 내라고 했다. 돈을 많이 얻으면 순조롭다 말하고 좋은 고장에 임직하면 좋은 땅이 차려졌다 말하고 가까운 직무에 보충되면 좋은 보금자리라고 말했다." 심지어 정사의 염결을 추진하는 관원마저 "이르는 주·현마다 장에서 흥정을 하듯이 지폐와 은을 내놓았다."(《초목자》 4권) 원나라 세조 쿠빌라이는 일찍이 대신 장덕휘張德輝에게 물었다. "군대와 관리 중 누가 백성을 더 심하게 교란하는고?" 장덕휘는 대답했다. "군대가 규율 없이 잔포하게 굴도록 내버려두면 그 해가 물론 가볍지 않지만 관리가 가렴잡세로 천하를 해쳐 천하 백성을 도탄에 빠뜨린다면 그 해는 더욱 심하나이다." 이 말을 듣자 "세조는 아무 말도 하지 않았다."(《원사》 163권) 그가 또 뭐라고 말할 수 있겠는가? 천하를 점령하려면 그는 군대의 살육을 떠나서는 안 되고, 천하를 다스리려면 또 관리의 착취에 의거해야 하니 말이다. 비록 "이득을 탐내고 무력을 좋아하는 마음이 천성적으로 뿌리박았지만" 영명한 개국 군주로서 쿠빌라이는 그래도 민중을 착취함에 '정도'를 파악해야 함을 알고 있었다. 그러나 그의 불초한 자손들은 그런 것까지 돌볼 사이가 없었다. 그 결과 다시 한 번 "관리가 핍박하니 백성이 반란하는" 전통 역사극의 재현을 피할 수 없었다. "군자의 은택은 5세를 지나면 단절된다." "500년 내에 꼭 새로운 군주가 흥기한다." 이런 참어는 재차 영검하게 증명되었다.

무쇠의 군마에 의해 흥기하여 연기 사라지듯 소실됨은 바로 요·서하·송·금·원의 역사적 귀숙이다. 낙후된 자가 선진 부족을 정복하든, 문명이 야만 부족을 동화시키든 유산을 논한다면 요·서하·송·금·원의 혼전에서부터 통일에 이르기까지 적어도 자손 후대에 더욱 큰 영토와 더욱 복잡한 인종과 더욱 전제적인 정부를 남겼다. 이런 것들이 역사의 창조자인 '민중'에 대해 어떤 좋은 점이나 위대한 의의를 가지는지, 역사학자들은 각자 도도한 웅변을 토하고 있다. "흥기하면 백성은 고통에 빠진다. 망하면 백성은 고통에 빠진다." 시인의 혜안은 이미 그 참상을 꿰뚫어보았다. 태평세월의 개가 될지언정 난세에 떠돌아다니는 사람은 되지 않으리. 역사를 자세히 읽으면 흔히 평민 백성과 황제의 최소한의 요구와 최고 이상이 간혹 이렇듯 일치함을 발견한다. 그것은 결국 "침상에서 혼곤히 잠들" 수 있다는 점에 지나지 않는다.

> 916년~1368년
> 무쇠의 군마에서 소실까지
> **요·서하·금·원**

916년 ~ 1227년 요·서하

요·북송 시대 지도

《중국 역사 지도집》 제6권 : 송·요·금나라 시대

요·서하 세계표

요> 1. 태조太祖 아보기阿保機 → 2. 태종太宗 덕광德光 → 3. 세종世宗 완완阮 → 4. 목종穆宗 경璟 → 5. 경종景宗 현賢 →
6. 성종聖宗 융서隆緒 → 7. 흥종興宗 종진宗眞 → 8. 도종道宗 홍기洪基 → 9. 천조天祚 연희延禧

서하> 1. 경제景帝 이원호李元昊 → 2. 의종毅宗 이양조李諒祚 → 3. 혜종惠宗 이병상李秉常 → 4. 숭종崇宗 이건순李乾順
→ 5. 인종仁宗 이인효李仁孝 → 6. 환종桓宗 이순우李純祐 → 7. 양종襄宗 이안전李安全 → 8. 신종神宗 이준쇄李遵頊
→ 9. 헌종獻宗 이덕왕李德旺 → 10. 말제末帝 이현李睍

1 1 1 5 년 ~ 1 2 3 4 년

금·남송 시대 지도

《중국 역사 지도집》 제6권 : 송·요·금나라 시대

금 세계표

1. 태조太祖 완안민完顏旻(아구다阿骨打) → 2. 태종太宗 완안성完顏晟 → 3. 희종熙宗 완안단完顏亶 → 4. 해릉왕海陵王 완안량完顏亮 → 5. 세종世宗 완안옹完顏雍 → 6. 장종章宗 완안경完顏璟 → 7. 위소왕衛紹王 완안윤제完顏允濟 → 8. 선종宣宗 완안순完顏珣 → 9. 애종哀宗 완안수서完顏守緒 → 10. 말제末帝 완안승린完顏承麟

| 중국사 연표 |

916년 신책 2월, 거란 수령 야율아보기가 황제(태조)로 칭하고 연호를 신책神冊이라 했다.

001

태조가 동생을 살려 주다

제위를 위한 형제 상잔의 비극은 사서에 많이 기록되어 있지만 야율아보기耶律阿保機는 반란한 동생들을 용서했다.

916년에 거란족 수령 야율아보기는 지금의 내몽골 시라무렌 강 유역에서 요遼나라를 세웠다. 요나라는 9대의 황제를 거쳐 210년 동안 존속되었다.

목엽산의 백마와 검은 소

'거란' 두 글자에는 빈철鑌鐵 또는 검이란 뜻이 포함되어 있다. 거란족은 건국 전에 오랜 발전 과정을 거쳤다. 요나라 선조는 목엽산木葉山에서 발달했다고

한다. 산 위에 있는 거란 시조의 사당에는 기수奇首 칸과 가돈可敦 황후의 채색 신상이 세워져 있고 따로 여덟 아들의 신상이 있다. '여덟 아들'이란 바로 거란 8부의 선조를 가리킨다. 신선이 백마를 타고 토하土河에서 동으로 오고, 선녀가 검은 소를 몰고 황하潢河로 내려오다가 목엽산의 두 강이 합치는 곳에서 만났다는 전설이 전해진다.

이들이 부부의 연을 맺은 후, 아들 여덟을 낳아 그 자손이 여덟 부락을 형성했다. 이 때문에 요나라 사람들은 제사지낼 때 반드시 백마와 검은 소를 사용한다. 목엽산 중턱의 큰 나무 '군수君樹'는 시조를 상징하고, 군수 앞에 심은 나무들은 조정의 조열朝列을 상징한다. 이 전설은 그들의 선조가 인간 세상에 내려온 천신으로, 거란의 강성은 바로 '천의'임을 표명한다.

요나라의 개국 공신 야율갈로

야율갈로耶律曷魯(872~918)는 자가 공온控溫 또는 홍은洪隱이다. 요나라 태조의 친족 동생으로 공신 중 '마음心'이라 존칭 받았다. 그는 동갑인 야율아보기와 어려서부터 사이가 좋았다. 야율아보기는 모략과 군사 지휘력이 뛰어난 그를 중용했고, 등극 후 그에게 '아로돈 우월'(유명한 우월)이란 지극히 높은 영예를 주었다. 전체 요나라 시대에 걸쳐 우월 칭호를 받은 사람은 셋인데, 그가 첫 번째다.

권력 다툼으로 형제가 불화하다

사서의 기록에 따르면, 요나라 태조 야율아보기는 태어날 때 몸집이 매우 컸고, 태어나자마자 바로 기었으며, 3개월 후에는 걷고 말을 하면서 자칭 "신

요나라 거란 무사 초상

| 세계사 연표 |

916년

이탈리아 교황 요한 10세와 황제 페이롤레이가 사라센 부족과의 동맹을 포기하도록 나폴리를 협박한 후, 가릴리아노 강에서 사라센 부족을 대파했다.

《요사遼史·태조기太祖紀》

선이 보우하므로 선지선각의 특이한 기능이 있다."고 말했다고 한다. 성인이 되자 키가 9척에 달하고 300근짜리 활을 당겼다. 907년, 부락 선거를 거쳐 야율아보기는 거란 8부의 수령이 되었다.

911년, 야율아보기의 동생 자갈剌葛·질자迭剌·인저석寅底石·안단安端 등이 연합해 반란을 일으켰다. 안단의 처가 이를 고했는데, 차마 동생들을 죽일 수 없었던 야율아보기는 동생들과 함께 산에서 제사를 지내며 더 이상 반란하지 않겠다고 하늘에 맹세하게 한 후 동생들을 사면했다.

다음해 가을, 야율아보기가 출정하자 그의 동생이 또 한 번 반란을 일으켜 평주平州에서 야율아보기를 저격했으나 실패하자 다시 사죄했다. 야율아보기는 다시 한 번 동생을 용서했다. 그런데 자갈 등이 다음

오락이 특색인 가무 산악

'산악散樂'은 송나라 시대 이후 넓게 전해진 정규 음악 이외의 '배우 가무 속악'이다. 그 형식은 희곡·가무·잡기 등으로 풍부하고 다채로우며 보통 악대가 반주한다. 당시 많은 귀족 관료 가족 중에는 산악 예인이 많았다. 팔자수염을 기른 악사는 두건과 두루마기에 혁대를 한 복장으로 두 줄로 서서 여러 악기를 연주한다. 하북성 선화 장광정 묘실의 벽화 〈산악도〉다.

해에 또 군사를 거느리고 소동을 일으켰고, 안단은 1000명의 기병으로 반란을 일으키려고 했다. 격노한 야율아보기가 꾸짖었다. "너희들이 모반할 때마다 용

한족 화폐와 모양이 같은 요나라 '대강통보'

거란은 요나라를 건립한 후 화폐를 주조했다. 대강통보大康通寶는 요나라 대강 연간에 주조했고, 이후에 각 제왕이 모두 연호 화폐를 주조해 모두 18종에 달한다. 모양은 한족 동전과 같고 문자도 한자를 사용했다.

팽양도烹羊圖 (내몽골 오한기敖漢旗 요나라 묘 벽화)

요나라 시대에 건축된 산서성 응현應縣 목탑이다

920년

| 중국사 연표 |

신책 5년, 1월에 요나라 태조가 거란 대문자를 반포·실시했다.

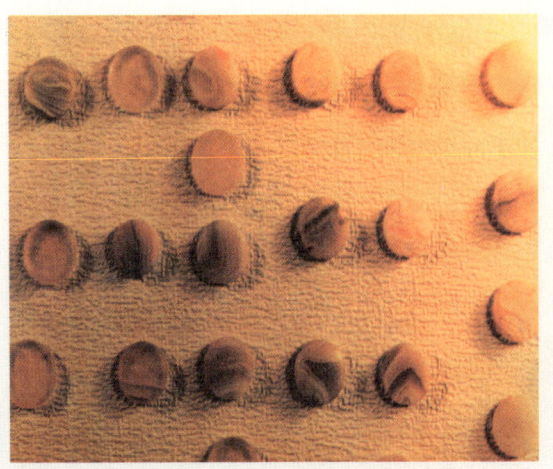

마노 바둑알
1993년, 요령성 부신 몽골족 자치현 지주산향蜘蛛山鄕 나장구羅匠溝 요나라 시대의 묘에서 출토되었다. 모두 360알로 요나라 시대의 바둑 발전 상황에 대한 문물 증거를 제공했다.

다. 부장들이 의아해하자 야율아보기가 웃으면서 말했다. "지금 추격하면 반란군은 결사적으로 반항할 것일세. 그러나 멀리 도망치게 놔두면 그들은 반드시 고향의 가족을 그리워할 걸세. 그들의 군심이 동요된 후 출격하면 단번에 성공할 수 있을 것이네."

형제의 정으로 동생을 살려 주다

다음해 봄 야율아보기는 반란군을 평정했다. 자갈은 밧줄로 자신을 결박한 후 양을 끌고 형 야율아보기의 장막 앞에 와서 사죄했다. 그러자 야율아보기는 그

서했는데 감히 또 반란을 일으킨단 말이냐?" 그리고 안단을 나포했다.

자갈은 천자로 자칭하며 군사를 거느리고 곧장 야율아보기의 행궁을 습격해 노략질을 했다. 야율아보기는 반란군을 격퇴한 후 그들을 급히 추격하지 않았

전쟁 장면이 새겨진 구리종
요나라 시대의 용맹한 거란족은 송나라 변경을 계속 교란했다. 이 종은 여러 전쟁 장면을 묘사했는데, 규모가 크고 장면이 치열해 거란의 무예 숭상 기풍을 잘 나타낸다.

●●●● 역사문화백과 ●●●●

[요나라 시대 벽화]

1993년 하북 장가구 선화 지구에서 요나라 시대 말기 한족 귀족이었던 장씨 묘를 정리하면서 비교적 잘 보존된 탁자·의자 등 목제 가구와 호두·밤 등 20여 종의 식품이 출토되었다. 그중 156㎡의 채색 벽화에는 성상도·행차도·산악도·차도도·바둑그림 등이 오색 찬연하게 그려져 있어 요나라 시대 한족의 일상생활 연구에 중요한 자료를 제공했다. 2001년 고고학자들은 요령 조양 연합향에서 요나라 시대의 대형 벽화 한 폭을 성공적으로 떼어냈는데 그 벽화는 길이 8m, 높이 2m로 거란인의 행차가 그려져 있다. 묘 주인은 절도사 신분에 해당된다. 묘 안의 진귀한 문물은 이미 도굴되었지만 벽화만은 완전하게 보존되어 아름다운 색채를 뽐낸다. 이런 벽화는 1972년 내몽골 지름맹 쿠룬기 요나라 시대 말기 묘에서 발견된 장폭 벽화, 1974년 요령성 법고현 엽무대촌 서쪽 거란 초기 묘에서 발견한 6폭 벽화와 권축화는 요나라 시대 문화 연구에 중요한 사료적 가치가 있다.

| 세계사 연표 |

920년 비잔틴 장령 존 코르쿠아우스가 여러 차례 이슬람 제국을 전승해 비잔틴 세력을 점차 티그리스·유프라테스 두 강 유역으로 추진했다.

를 몽둥이로 때린 후 풀어 주었다. 또 그는 인저석과 안단이 자갈의 협박을 받았다면서 잘못을 시인하자 돌려보냈다. 그 외의 반역 무리 300여 명은 부락 원로의 심판을 거쳐 모두 사형에 처했다.

야율아보기는 사람은 죽으면 다시 살아나지 못한다면서 그들을 처형하기 전에 큰 연회를 베풀어 먹고 마시게 했다. 그들은 술을 마시고 노래와 춤을 추고, 씨름하고 활쏘기를 하면서 하루를 마음껏 즐긴 후, 다음날 사람들 앞에서 참수당했다.

야율아보기는 많은 반란 무리를 죽였지만 자신의 형제들은 사면했다. 그가 황제가 된 후 인저석·안단 등은 큰 벼슬을 하며 여전히 부귀영화를 누렸다.

야율아보기가 혈육의 정으로 동생을 살려 준 일은 사관史官의 찬양을 받았다. 사관들은 그의 덕이 주공보다 높다고 했다.

제위를 위해 형제끼리 죽이는 일은 많았지만 야율아보기는 여러 번 그 동생들을 용서했으니 이는 확실히 쉬운 일은 아니다. 반대로, 적을 용서한다는 것은 그 자신이 강대함을 나타내는 것이기도 하다.

거란 출렵도 (오나라 호환胡瓌 그림)

| 중국사 연표 |

926년

천현 원년, 1월에 거란 군사가 발해국을 멸했다. 7월에 야율아보기가 죽고, 그의 둘째 아들 야율덕광(태종)이 즉위해 연호를 '천현'이라 고쳤다.

002

요나라에 두 번 출사한 한연휘

태조는 혜안으로 인재를 알아보고, 떠난 인재는 다시 돌아왔다.

요나라 건국 초기에 한인 한연휘韓延徽는 사신으로 두 번 요나라에 갔는데, 많은 건의를 해 요나라의 제도 확립에 크게 공헌했다.

태조가 인재를 알아보다

한연휘는 원래 유주幽州 유수광劉守光 수하의 관리로, 유수광이 그를 요나라 사신으로 보냈다. 요나라 태조 야율아보기를 처음 만난 한연휘는 사신의 신분을 지키기 위해 무릎을 꿇지 않았다. 이에 크게 노한 야율아보기가 그를 억류해 초원으로 끌고 가 말을 방목하게 했다. 황후 술율씨述律氏가 야율아보기에게 말했다. "한연휘는 현명한 자 같사오니 중용함이 마땅하옵나이다." 이에 태조가 한연휘를 불러 군국대사를 묻자 막힘없이 대답했다. 만족스러워한 야율아보기는 예의를 갖추어 그를 등용시켰고, 한연휘는 실위室韋·당항 등의 전쟁에서 좋은 계책을 내어 큰 신임을 얻었다. 그는 또 점령 지역에 성곽과 거리를 건설해 투항하는 한인들이 요나라 사람과 결혼해 정착하면 더는

한족 문화의 영향인 다도茶道 (요나라 장문조張文藻 묘 벽화)

| 세계사 연표 |

926년 잉글랜드 국왕 에드워드가 죽고 아델스탄이 계승했다. 아델스탄은 대외 확장에 힘써 그 세력이 잉글랜드 남부에 이르렀다.

《요사遼史·한연휘전韓延徽傳》 출전

길상의 의미를 가진 요나라 건통 7년 4봉鳳 구리거울
봉황은 한족의 길상물로 요나라 구리거울에 표현되었다. 이외에 구름·연주무늬도 있는데 이는 거란에 대한 송나라 문화의 영향을 설명한다.

도망치지 않을 것이라고 건의했다.

거란에 오래 머문 한연휘는 고향 생각이 간절해 고향 생각을 담은 시 한 수를 지은 후 후당後唐으로 도망쳤다. 후당으로 돌아온 지 얼마 안 되어 그는 장수 왕함王緘과 불화해 고향 유주에 있는 친구 왕덕명王德明

요나라 흰 유약 화구花口 사발
높이가 9cm이고 지름이 24.5cm인 이 사발은 1992년 7월 내몽골 자치구 적봉시 아루훌친기 요 야율우의 묘에서 출토되었고, 현재 기旗 문물관리소에 소장되어 있다. 입구가 5개의 꽃잎으로 구성되었고, 몸체가 얇고 투명한 유약을 얇게 발랐다. 묘 주인은 황족이자 중신으로 이 사발의 가치를 설명하고 있다.

의 집에 숨어서 화를 피했다.

왕덕명이 그에게 앞으로의 계획을 묻자 그가 대답했다. "난 거란으로 돌아가 힘을 바치려네."

덕명이 죽을 곳을 찾아가는 것이 아닌가 하며 걱정하자 연휘는 웃으며 말했다. "거란이 나를 잃은 건 양손을 잃은 것이나 마찬가지니 내가 돌아가면 무척 기뻐할 것일세."

백학이 돌아오다

과연 한연휘가 도망친 후 태조는 그를 무척 그리워

요나라 시대 조각의 진품
화엄사華嚴寺에 있는 요나라 시대의 이 조각상은 조형이 자연스럽고 아름다우며 선이 유연하다. 가장 경건적인 이 조각상은 합장한 채 이를 드러낸 보살상으로, 예술 가치가 최고에 달한다. 이 조각상은 당나라 회화 풍격을 계승했다.

916~1368 요·서하·금

영하, 은천 하란산 동쪽 기슭

| 중국사 연표 |

938년

회동 원년, 11월에 석경당이 16주를 거란에 할양했다. 요나라 태종이 조서를 내려 상경을 수도로 정하고 유주를 남경으로 승격, 남경을 동경으로, 연호를 회동會同으로 고쳤다.

요나라 시대 5경 분포도

5경 중 상경이 도성이다. 상경 임황부臨潢府(내몽골 바이린 좌기 임동진)는 918년 건설되어 938년에 명명했다. 동경 요양부遼陽府(요령성 요양시)는 919년 수건되었으며 938년 명명했다. 남경 석진부析津府(북경시 교외)는 938년에 유주를 남경으로 했다. 중경 대정부大定府(내몽골 영성현)는 1007년에 건설했으며, 서경 대동부大同府(산서성 대동시)는 1044년에 운주를 서경으로 승격했다. 5경을 중심으로 전국을 5도, 즉 상경도·동경도·중경도·남경도·서경도로 구분해 군사·상업·교통의 중심으로 요나라 시대 각 민족의 경제·문화 교류에 중요한 역할을 했다.

했다. 하루는 꿈에 백학이 장막에서 날아올라 공중을 맴도는 것을 본 태조는 다음날 아침 시종을 보고 기뻐하며 말했다. "한연휘가 돌아올 때가 됐네."

거란에 돌아온 한연휘는 도망친 이유를 묻는 태조에게 다음과 같이 대답했다. "부모를 잊으면 효도가 없는 것이고, 군주를 버리면 충성스럽지 못하나이다. 신은 고향에 부모를 뵈러 갔사오나 항상 폐하를 잊지 않고 있었기에 돌아왔나이다." 그의 대답에 태조는 크게 기뻐하며 '샤레' 란 이름을 하사했다. 이는 거란 말로 '돌아왔다' 는 뜻이다.

그리고 한연휘를 수정사령守政事令·숭문관 대학사崇文館大學士로 임명, 국가의 내정과 외교를 모두 결정하게 했다.

한연휘는 태조·태종·세종 3조에 모두 임직, 요나라의 법도는 모두 그의 건의 아래 결정되었으니, 그 공이 매우 컸다. 죽은 후 유주에 묻혔는데, 사람들은 그를 '숭문령공崇文令公' 이라고 불렀다.

문리도門吏圖 (요나라 시대 그림)
하북성 선화 요나라 시대 묘의 10호 장광정 묘 후실에 그려진 아치문 동서 벽화이다.

역사문화백과

[요나라 시대 여자들 사이에 유행한 '불장']
얼굴은 노랗게, 눈썹은 붉게, 입술은 검게 하는 것을 '불장佛妝' 또는 '물장物妝' 이라 불렀다. 겨울에 괄루栝蔞(박과의 여러해살이 풀)를 얼굴에 바르고 이를 지우지 않고 보습만 하다가 봄에 씻으면 얼굴이 백옥처럼 희어진다고 한다.

| 세계사 연표 |

938년 베트남 양정예楊廷藝 부장 오권吳權이 군사를 일으켜 교공선矯公羨을 죽이고 남한南漢의 지원병을 격파했다.

003

《요사遼史·야율배전耶律倍傳》 출전

작은 산이 큰 산을 누르다

형보다 못한 동생

형이 타향에서 객사하자 태종은 슬퍼하며 눈물을 흘렸다. 본래 한 뿌리에서 자랐건만 어찌 이다지 힘들게 하느뇨?

요나라 태조 야율아보기와 황후 술율씨는 슬하에 큰아들 야율배耶律倍, 둘째 야율덕광耶律德光, 셋째 야율이호耶律李胡를 두었다. 태자로 책봉된 장자 야율배는 총명하고 시 짓기와 회화, 의술·음악·서예 등 여러 방면에서 다재다능했다.

어느 날 태조가 물었다. "하늘의 명을 받은 군주는 천신을 섬겨야 하거늘 짐이 역사상 공덕이 있는 사람을 제사 지내려는데 누구를 택해야 하는가?" 야율배는 말했다. "만세에 존숭 받는 공자께 제사를 지내야 하옵니다." 이에 태조는 무척 기뻐하며 공자 사당을 짓게 하고, 태자에게 매년 봄·가을 2회 공묘에 제사를 지내라고 했다.

용맹한 둘째 야율덕광은 항상 태조와 함께 전투에 참가했는데 전공이 탁월해 병마 대원수를 제수받아 병권을 장악했다. 셋째 야율이호는 황후의 총애를 받았지만, 성정이 난폭해 사람을 잘 죽였다. 태조는 목을 움츠리고 자는 이호를 보고 말했다. "다른 자식들보다 못하구나."

어느 추운 날 태조는 세 아들에게 나무를 해 오라고 했다. 덕광은 바로 한 단 찍어서 지고 제일 먼저 돌아

기사도騎射圖 (요나라 이찬화李贊華 그림)
이찬화(898~936)의 원명은 야율배다. 요나라 시대 개국 황제 야율아보기의 장자이며 동단왕東丹王에 책봉되었다. 후에 후당 명종에게 투신해 이찬화라는 성명을 하사받았고, 후에 명종의 양자에게 살해되었다. 음양·음률을 알고 요·한나라 문장에 능하며 거란 인물과 말을 잘 그렸다. 이 그림은 표정이 살아 있는 듯하다.

| 중국사 연표 |

천록 원년, 2월 요나라 태종이 국호를 대요로 개칭, 4월 태종이 북으로 귀환 중 난성欒城에 이르러 죽었다. 야율배의 아들 야율완耶律阮(세종)이 진양鎭陽에서 즉위했다.

●●● 역사문화백과 ●●●

[들짐승 고기를 잘 먹는 요나라 사람들]

요나라는 양이 많고 돼지를 사육하지 않는다. 육류는 소·양 위주이며, 어로·수렵의 소득이 많은 비율을 차지한다. 송나라 사신의 기록에 따르면, 국연의 요리는 낙타·곰의 기름·양·돼지·꿩·토끼 고기 순이고, 그 다음엔 소·사슴·기러기·오리·곰·오소리 절인 고기를 올린다. 매년 이른 봄에 황제는 얼음을 깨고 고기를 잡은 후, 첫 물고기로 연회를 크게 베풀어 신하와 함께 즐긴다. 당시 물고기는 100여 근이나 되어 소만큼 컸다고 한다.

거란인 인마도引馬圖 (요나라 묘 벽화)

동단왕출행도東丹王出行圖 (요나라 이찬화李贊華 그림)
《선화화보宣和畵譜》 8권: 야율아보기의 장자인 이찬화의 처음 이름은 돌욕突欲이고, 후당 동광同光 연대에 동단왕으로 책봉되었다.

왔고, 야율배는 마른 나무를 골라 잘 묶어서 두 번째로 돌아왔다. 하지만 이호는 나무를 되는 대로 묶어 가지고 오다가 많이 떨어뜨려 얼마 남지 않았다.

이것을 본 태조가 말했다. "맏이는 재치가 있고 둘째는 민첩한데, 셋째는 형들보다 못하다."

둘째 동생이 형을 압도하다

장자 야율배를 태자로 책봉했지만 태조는 여전히 망설였다. 926년, 태조는 발해를 멸한 후 그 지역을 동단국東丹國이라고 칭하고 태자를 동단왕으로 봉해 다스리게 했다. 그리고 그를 인황왕人皇王으로 칭하고 연호를 세우도록 허락했다. 야율

| 세계사 연표 |

947년 고려 최광윤이 빈공 진사의 명의로 진晉으로 가다가 거란에 나포되어, 관직을 제수받았다. 거란이 군사를 일으켜 고려를 침공함을 탐지하고, 몰래 서신을 보내 30만 대군으로 거란을 방비하게 했다.

기마족 생활의 표현 (왼쪽 사진)
이것은 내몽골에서 출토된 요나라 고기비늘무늬 은주전자이다. 어깨가 낮고 앞뒤에 궁형 손잡이가 있다. 휴대하기 편리하고 조형이 아름답다. 당시 거란족의 금은 공예 기술의 수준은 매우 높았다.

치성광 9요도 熾盛光九曜圖 (요나라 시대 인쇄 정품)
산서성 응현 불광사 석가탑에서 출토된 이 유물은 요나라 시대 저명한 출판지出版地 남경의 인쇄물이다. 현존하는 최대 입식 부처 채색 화상인데 선이 유창하고 조각 수준이 높다.

배는 발해의 제도를 답습해 그 법도대로 중앙에 대량의 재물을 수송해서 태조의 칭찬을 받았다. 이는 태자의 정치 경험 축적에는 유리했으나 그 지역이 너무 멀고 외져서 야율덕광이 전국 권력을 장악할 기회를 주게 되었다.

태조가 죽은 후 황후 술율씨가 집권해 둘째 야율덕광에게 황위를 계승하라고 주장했다. 덕광은 천하 병마 대원수로 이미 군사 실권을 장악했기 때문에 그와 맞설 자가 없었다. 야율배는 대세가 기울어짐을 보고 어머니 태후에게 의지할 수밖에 없었다. 그리하여 야율덕광이 제위에 등극했는데 그가 바로 태종이다.

맏형이 타향에서 죽다

태종은 한때 황태자였던 형에 대해 안심할 수가 없었다. 그래서 동평東平(요령성 요양시)을 남경南京으로 개칭한 다음 야율배와 백성을 입주시키고 군사를 파견해 계속 감시하게 했다. 야율배는 다른 뜻이 없음을 나타내기 위해 궁중에 장서각을 크게 짓고 시 짓기와

요나라 시대 부녀가 해산 시 풀 위에 엎드리는데, 이는 유목 민족의 유풍이라 전해진다

| 중국사 연표 |

1004년 통화 22년 요나라는 송나라를 대거 공격, 12월에 쌍방이 단연澶淵에서 결맹, 송나라는 매년 거란에 은·비단 30만을 공납하기로 응낙했다.

산혁후약도·죽작쌍토도 (요나라 무명씨)
1974년 요령성 심양 법고 서남 45km의 성적산 요나라 시대 묘에서 출토되었다. 관 양측 묘 벽의 이 그림은 산수·수목·누각·인물을 그린 〈산혁후약도山奕候約圖〉와 참대·참새·토끼를 그린 〈죽작쌍토도竹雀雙兔圖〉이다.

글쓰기로 세월을 보냈다.

당시 요나라와 대치하던 후당 명종 이사원李嗣源은 이 일을 알고 사자를 보내 야율배가 후당에 투항하도록 권유했다. 야율배는 말했다. "내가 천하를 양보하고도 의심을 받으니 차라리 타국에 망명해 명성을 얻는 것이 낫도다."

그는 바닷가에 큰 나무를 세우고 시 네 구절을 썼다. "작은 산이 큰 산을 누르니 큰 산은 힘이 없도다. 고향 사람들 보기 부끄러우니 타국에 투신하리라." 그리고 가족과 서적을 가지고 바다 건너 후당에 투신했다.

후당 명종은 천자의 예로 그를 영접하고, 이李씨 성에 찬화贊華란 이름을 하사한 후, 회화군懷化軍 절도사로 위임했다.

야율배는 그 후에도 어머니와 동생을 잊지 못해 항상 사신을 보내 인사를 올렸다.

명종의 양아들 이종가李從珂가 부친을 시살하고 자립하자, 야율배는 태종에게 비밀리에 사람을 보내 이를 정벌하라고 했다. 그러자 이길 가능성이 없다는 것을 안 이종가는 야율배에게 자기와 함께 죽자고 했다. 야율배가 응낙하지 않자 이종가는 그를 살해했는데 그때 야율배는 겨우 38세였다.

그 소식을 들은 태종은 몹시 상심해 그 시신을 요양에 옮겨다 매장한 후, 문무文武 원황왕元皇王의 시호를 내렸다.

요나라 시대 물고기 모양의 청자 등
요나라 시대 자기는 기이한 꽃봉오리로 당·5대 북방 도자기 전통 외에 민족의 풍속을 결합해 많은 지방과 민족 특색을 띤 실용 공예품을 창조했다. 백자·청자·요 삼채가 주류를 이루고, 사발·접시·잔·대야·함·병·주전자·단지 외에 목이 긴 병·봉황머리 병·닭 벼슬 모양의 병과 여러 형태의 접시가 있다.

| 세계사 연표 |

1004년 신성 로마 제국의 폴란드 공작 볼레슬라브가 보헤미아를 점령하자 이를 황제 헨리 2세가 퇴출하도록 핍박해 전쟁이 15년 동안이나 지속되었다.

004

《요사遼史·야율옥질전耶律屋質傳》 출전

황후와 장손의 겨룸

편애하는 아들을 위해 손목을 잘랐으나 그 아들이 강산을 지키지 못함에야……

손목을 자르다

요나라 태조가 죽은 후 황후 술율평述律平이 섭정했다. 사서는 그녀를 "결단성이 있고 모략이 있으며 수완이 뛰어난 여인"이라고 기록했다.

태조 장례 시 황후는 울면서 구천에서 만날 수 있도록 순장을 요구했다. 친척과 백관들이 이를 말리자 그녀는 칼로 자신의 오른 손목을 잘라 태조의 영구에 넣었다. 이로부터 '정렬貞烈'이란 미명을 얻고 궁중 위세를 강화했으며, 그 후 요나라 군주의 폐립을 조종하려고 했다.

세종이 등극하다

야율배가 후당으로 도망친 후 그의 아들 야율완耶律阮은 요나라에 남아 있었다. 태종은 야율완을 아들처럼 아끼며 영강왕永康王으로 봉했다. 946년, 태종이 정벌 도중 병사한 후 여러 장수들은 영강왕을 황제로 옹립하려 했으나 이호李胡와 태종의 아들 수안왕壽安王이 조정에 있어 주저했다.

영강왕이 숙위 안단安摶을 불러 상의하자 안단이 말했다. "대왕께서는 인황왕의 적장자이고 천하가 모두 대왕을 옹호하니 지금 결단을 내리지 않으면 후회하시나이다." 그리고 안단이 군중에서 이호가 이미 죽었다고 헛소문을 퍼뜨리자 모두 믿었다. 이렇게 태종의 조카 야율완은 영구 앞에서 장수들의 옹립으로 제위에 등극했는데, 그가 바로 요 세종이다. 세종은 영구를 국내로 호송하게 하고 자신은 대군을 거느리고 북진했다.

편애하는 아들은 가업을 못 지키다

세종의 할머니 술율평은 셋째 아들 이호를 책립하려 했는데 야율완이 먼저 제위에 오르자 몹시 화가 났다. 태종 재위 시 이호는 어머니의 권세를 등에 업고 황태제에 책봉되어 등극을 기다렸다. 그런데 지금 조카가 등극했으니 어찌 가만히 있으랴.

술율씨가 이호에게 군사를 거느리고 세종을 공격

묘법연화경妙法蓮花經 (요나라 각본)
이 목판 경본은 1974년 산서성 응현 목탑 내에서 발견되었다. 그 내용은 대승불교의 가장 중요한 경전인 '법화경'이다. 중국 불교 천태종은 이를 '법화종'이라고도 부른다. 종이는 누렇고 딱딱하며 두루마리 책자로 길이가 1110.8cm다. 이 그림은 첫 장인데, 첫 머리에 석가모니가 영취산에 가부좌해 설법하는 그림이 있다.

당나라 두우의 《사통史通》, 남송 정초의 《통지通志》, 원나라 마단림의 《문헌통고文獻通考》

| 중국사 연표 |

1044년

태평 13년, 요나라 흥종이 친히 군사를 거느리고 서하를 공격했으나 패배했다.

하라고 명했지만 세종의 선봉에게 대패했다. 이호는 분한 마음에 세종의 신하의 가족을 모두 가두고 말했다. "만약 내가 야율완을 이기지 못한다면 이자들을 먼저 죽일 테다." 태후는 이호의 군사가 패하자 친히 황하潢河를 사이에 두고 세종 군사와 맞섰다.

세종은 이호에 대해 불만이 있는 조정 중신 야율옥질耶律屋質이 태후의 신임을 받고 있음을 알고 태후에게 편지를 보내 이호와 이간질하려 했다. 편지를 받은 태후는 야율옥질과 이호를 불러 상의하자 야율옥질이 말했다. "태후께서 태조를 도와 천하를 평정하셨으므로 신은 죽음으로 모시려 하나이다. 지금 최선의 방책은 화해하는 것이옵니다. 그런데 싸움을 벌이면 민심이 동요해 나라에 큰 해를 끼치니 태후께서 결단을 내리소서." 이에 태후가 "내가 그대를 믿지 않으면 어찌 편지를 보이겠는가?"라고 하자 야율옥질이 대답했다. "이호와 영강왕은 모두 태조의 자손이니 영강왕이 제위에 오르지 못할 것도 없나이다."

요나라 말기 목조 건물의 발전

각원사關院寺는 요나라 응력 16년에 건설되었다. 주전 대웅보전은 내부가 넓고, 창문 격자에 사교미四交米·구문毬文·삼교릉三交菱衣·사방격斜方格 등의 무늬를 넣어 요나라 말기의 목조 건물의 발전을 반영한다.

요나라 시대 도금 용무늬 은관
요령성 건평 장가영자 요나라 시대의 묘에서 출토되었다.

이 말에 이호가 대노했다. "내가 여기 있는데 어찌 그가 황제가 될 자격이 있단 말인가!" 야율옥질이 "그대는 성정이 잔혹해 만약 즉위한다면 옹호하는 자가 없을 것이외다."라고 대답하자 태후가 이호에게 말했다. "내가 너를 너무 아꼈구나. 속담에 '편애하는 자식은 가업을 지키지 못하고, 힘들게 얻은 며느리는 살림을 맡기지 못한다.'고 했다. 너를 책립하기 싫어서가 아니라 너의 성정으로는 황제 자리를 지킬 수 없다."

양쪽 모두 이로운 화해

이리하여 태후는 야율옥질을 통해 세종에게 화해를 청했지만 승전한 세종이 강경한 태도로 나왔다. 그러자 야율옥질이 말했다. "강경하게 나가면 난을 풀기 어렵나이다. 신이 보건대 서로 기분이 상하는 말을

●●● 역사문화백과 ●●●

[와루타 궁장 제도 – 황족 사유재산제]

와루타斡魯朵는 고대 돌궐어로 장막이란 뜻이다. 거란어에서 황제 궁장을 지칭하는데 독립적인 군사·경제 단위도 포함한다. 모든 요나라 군주는 모두 자기의 와루타를 소유했으며, 간혹 황후도 소유했다. 와루타는 직속 군대·백성·노예와 주·현을 포함하며, 황제가 죽은 후 그 노예는 황제에 속하지 않고 가족 후대가 상속한다. 이는 거란인의 유목 관습에 따라 형성된 것으로 황제의 노예는 주로 궁장 보위를 책임지며 전시에는 황제를 따라 출정해 공을 세우면 측근 중신이 된다. 소속 주·현은 본궁에 조세·노역을 제공하고 병사를 보충한다. 백성·노예는 대대로 궁적에 속해 그 본인이 재상이 되더라도 황제의 허락이 없으면 독립하지 못한다. 황족이 상대적으로 독립된 이러한 사유재산제도는 야율씨 실력을 확충하려는 목적이며, 후에 몽골의 와이타斡耳朵와 겁설怯薛(궁에서 번갈아 가며 숙직을 하는 집사) 제도에 직접 영향을 주었다.

| 세계사 연표 |

1044년 고려가 요나라에 사자를 보냈다. 미얀마 포감국(파간 왕조) 아노라타 국왕이 재위했다.

요나라의 자기 베개
이것은 요나라 생활용품으로 말안장 형태이고, 속이 비었다. 유약 색깔과 무늬는 대모(바다거북의 일종) 등무늬와 매우 비슷하다.

요나라 시대 청백색 옥패
내몽골 나이만기 진국陳國 공주 묘에서 출토되었다.

적게 하고 화해를 청하는 것이 상책이옵니다." "오합지졸인 그들이 어찌 나의 적수가 된단 말인가?"라는 세종의 물음에 "이호가 적수가 못 된다 해도 이곳 사람들의 가족이 모두 그의 손에 있어 죽음을 면키 어렵나이다." 하고 대답했다. 한참 생각한 세종이 말했다. "그러면 어떻게 화해한단 말인가?" "태후와 만나 서로 불만을 이야기하지 않으면 화해는 어렵지 않나이다. 만약 화해가 되지 않으면 그때 싸워도 늦지 않나이다." 그러나 양쪽이 다시 만나자 감정을 억제하지 못한 태후가 야율옥질에게 말했다. "자네가 방법을 내놓게." 야율옥질이 물었다. "과거 인황왕이 계실 때 어떻게 태종을 황제로 책립했나이까?" 태후는 대답했다. "그것은 태조의 유지였네." 야율옥질은 또 세종에 물었다. "대왕께서는 어찌하여 황제로 자칭하면서 먼저 태후께 고하지 않으셨나이까?" 야율완이 말했다. "인황왕은 본래 황제가 되어야 했지만 핍박에 못 이겨 망명하셨네. 그러므로 태후를 믿을 수가 없었네." 야율옥질은 정색했다. "인황왕이 부모의 나라를 포기하고 후당에 투신한 것은 인륜에 어긋납니다. 또 태후께서는 선제의 유지를 빙자해 신기神器를 함부로 전수하셨나이다. 두 분이 서로 양보하지 않으시니 싸우려면 빨리 싸우소서."

이 말은 언뜻 불손하게 들렸지만 사실은 각자 50대의 곤장을 치는 것으로 양쪽의 체면을 다 세워 주었다. 태후는 눈물을 흘리며 말했다. "과거 태조 때 여러 동생이 반란을 일으켜 나라가 큰 피해를 입어 그 원기를 지금도 회복하지 못했노라. 어찌 다시 서로 살육한단 말인가." 세종도 말했다. "부친께서 황제가 못 되었지만 아들이 황제가 된다면 제가 이제 누구를 원망하겠나이까." 그러자 주위 사람들이 모두 감동하여 눈물을 흘렸다. 그때 옆에 있던 이호가 소리를 질렀다. "내가 여기 있는데 야율완이 어찌 황제가 된단 말이냐?" 그러자 야율옥질이 말했다. "과거 태종을 황제로 책립한 것은 예법에 어긋나옵니다. 하물며 태제께서는 혹독하고 잔인해 인심을 많이 잃었나이다. 지금 모두가 영강왕을 옹호하는데 어찌 바꿀 수 있겠나이까?" 태후는 이호에게 말했다. "모두 네가 인심을 잃었다 하니 자업자득이로다."

야율완은 훗날 제위에 올랐지만 태후와 이호가 항상 마음에 걸렸다. 후에 그들이 또 '폐립'을 시도함을 알게 되자 조금도 주저함 없이 두 사람을 변경에 연금했다.

길상을 뜻하는 요나라 '첩승' 패물
고인들은 능형의 기하도안을 '승'이라 하여 길상의 의미를 두었다. 첩승疊勝은 겹쳤다는 의미로 '쌍희雙喜'와 같다.

916~1368 요·서하·금

족제비 43

| 중국사 연표 |

1063년 청녕 9년, 거란 황태숙 야율중원이 반란을 일으켰으나 패하여 목숨을 잃었다.

005

두 황제가 시살되다

'자는 왕'은 술도 좋아하고 사람도 잘 죽이니 죽어 마땅하다.

요나라 세종은 즉위 후 몇 년 후에 반란군에게 시살弑殺되었다. 그러자 태종의 아들 수안왕 야율술율이 반란군을 진압하고 황위를 계승했다. 그가 바로 목종이다. 그러나 목종 역시 비명에 죽고 말았다.

지혜가 출중한 요나라 소 태후

소 태후(953~1009)는 이름이 작綽이고 아명은 연연燕燕이며 북원추밀사 겸 북부 재상 소사온蕭思溫의 딸이다. 그녀는 총명하고 지혜가 출중했다. 17세에 경종 야율현의 귀비가 되고, 보령 원년(969) 5월에 황후로 책봉되었다. 경종이 오랜 시간 병을 앓자 군국대사를 대리했다. 건형 4년(982) 9월, 경종이 죽고 12세의 장자 야율융이 등극했는데 그가 바로 성종이다. 그녀는 황태후로 추존되었으며 황제를 대신해 섭정을 했다. 정책을 실시함에 있어 뽕나무 벌목을 금지했고, 황무지를 개간하고 한족 관원을 중용했다. 일찍이 송나라와의 전쟁에서 승리해 '단연지맹澶淵之盟'을 체결했다. 이때부터 거란과 송나라는 100여 년간 큰 충돌이 없었다.

암살을 시도한 야율유가

세종 천록 2년(948), 조정 중신 야율유가耶律劉哥와 그의 동생이 태종 서자 야율천덕耶律天德의 모반에 가담했는데, 이 일을 알게 된 석자石剌라는 자가 야율옥질에게 밀고했다. 세종은 이 일을 야율옥질에게 맡겨 심리하게 했는데, 야율유가가 강력하게 부인하자 증거가 없어 잠시 미뤄 두었다. 후에 야율유가는 자기 집에 세종을 청한 후, 소매 속에 단도를 감추고 술을 따랐다. 야율유가가 긴장한 것을 눈치 챈 세종은 위병에게 그를 잡게 한 후 친히 심문했다.

그러나 야율유가는 하늘에 맹세하며 억울하다고 했다. 세종이 심문을 포기하려 할 때 야율옥질이 야율석자와 야율유가를 대질시키자 그제야 야율유가는

거란 왕자 기사도騎射圖 (요나라 이찬화李贊華 그림)

| 세계사 연표 |

1063년 베네치아가 확장한 산 마르크 성당은 서유럽의 전형적인 비잔틴 양식 건물이다.

모반을 실토할 수밖에 없었다.

다음해 야율옥질은 또 태녕왕 야율찰할耶律察割의 모반 시도를 세종에게 고했으나 세종이 자신의 옹립에 큰 공을 세운 야율찰할을 신임했기에 그는 무사할 수 있었다.

목종이 등극하다

951년, 세종은 후주 정벌 도중 그 부친 인황왕 야율배의 행궁에서 제사를 지냈다. 군신이 모두 취한 밤에

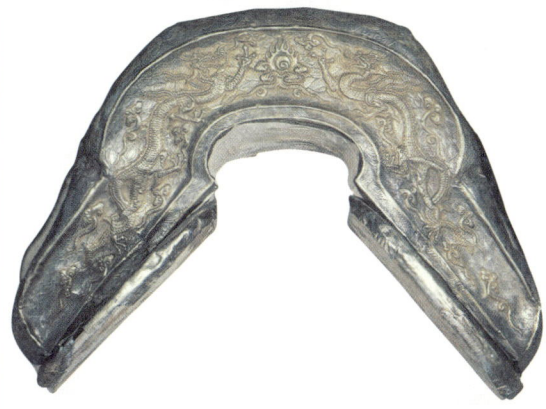

요나라 시대 도금 마구 장식물

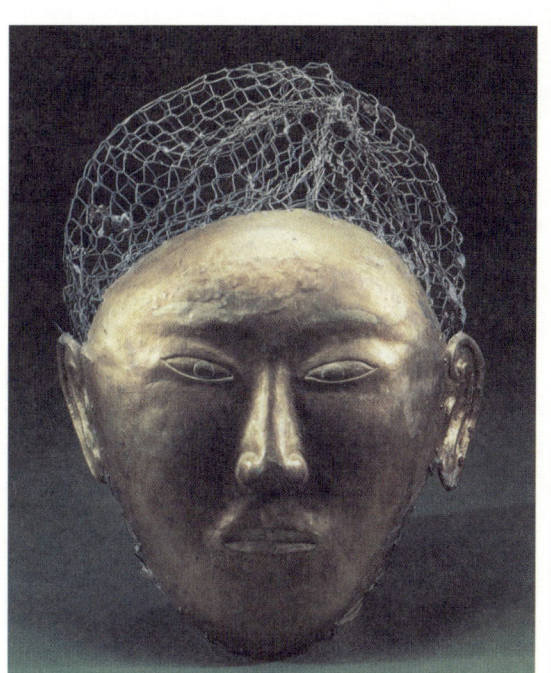

요나라 진국 공주의 도금 가면 (위 사진)

요나라 부부의 합장 묘 (왼쪽 사진)
1980년대에 내몽골자치구 통료시 나이만기 청룡산진 스부거투 촌 북산에서 출토되었으며 경종의 손녀 진국 공주와 부마의 묘다. 부부는 금꽃 은베개를 베고 도금 은관을 썼으며 금꽃 은신을 신고 호박 목걸이를 걸었다. 또 전신이 그물로 싸였으며 은띠에 여러가지 장신구를 달았다. 또 1000여 점의 부장물을 발견되었는데, 이는 출토 문물이 가장 많고 가장 완전히 보존된 묘로, 요나라 정치·경제·문화와 거란 풍속 연구에 중요한 자료와 증거를 제공한다.

중국사 연표

1077년 대강 3년 6월, 요나라 북원추밀사 야율을신耶律乙辛이 황태자를 모살하고 반역을 시도했다.

야율찰할은 군사를 거느리고 장막에 침입해 세종을 죽였다. 야율옥질은 이날 자색 옷을 입었는데 누군가가 "자색 옷 입은 자를 놓치지 마라." 하고 소리치자 즉시 옷을 갈아입고 사람을 보내 여러 왕을 소집한 동시에 금위군을 조직해 도적을 토벌했다.

태종의 장자 수안왕 야율술율은 군사를 거느리고 도착했으나 주저하며 감히 진압하지 못했다. 그러자 야율옥질이 이해관계를 따져가며 설명했다. "대왕은 태종의 아들이니 역적들은 대왕을 잡기만 하면 절대 용서하지 않을 것입니다. 이럴 때 대왕께서 진압하자고 외치지 못하면 신하들이 앞으로 누구를 군주로 모시겠습니까? 천하는 누가 이끌어 가겠습니까?"

야율옥질의 말에 수안왕이 군사를 정돈시키자 여러 왕들도 차례로 도착했다. 다음날 새벽 반란군을 포위했는데, 야율찰할은 목숨을 잃었다.

반란이 평정된 후, 수안왕이 등극했는데, 그가 바로

역사문화백과

[사계절 황궁]

거란 건국 후 황제는 민족 관습대로 계절마다 수렵을 했는데, 사계절 황궁은 그 주둔지를 가리킨다. 《요사》는 요나라 군주의 행적은 일정치 않다고 기록했다. 거란의 황제는 봄에는 장춘주長春州(부여 타호성)에서 거위를, 혼동강(제2 송화강)에서 물고기를, 여름에는 영안산이나 탄산에서 매 사냥을, 가을에는 경주慶州(요령 임서현)에서 사슴을, 겨울에는 영주永州(요령 라무룬 강과 로하 강 합류 지점)에서 범을 사냥했다. 수렵을 할 때 문무백관이 수행했는데, 한족 관원은 한두 명뿐이었고 그 외에는 남아서 일상 업무를 처리했다. 매년 여름과 겨울에는 수렵 주둔지에서 대신 회의를 소집해 국사를 상의했다.

불교 명찰 화엄사 상사 대웅보전

산서성 대동시 경내에 위치하고 있으며 요나라 흥종·도종 때(1031~1101) 건설했다. 채색 조각과 조각상 등은 요나라 시대 불교의 대표작이다. 금나라가 서경을 공격할 때 크게 파손되었으나, 금나라 희종 천권 3년(1140)에 수리한 이후 상사·하사로 구분했다. 현재 하사에 위치한 박가교 장전과 상사의 대웅보전은 모두 요·금나라 시대의 원래 건물이다. 박가교 장전薄迦教藏殿은 요나라 중희 7년(1038)에 건설한 장경전이다. 요나라 시대 조각상에 대해 금나라 대정 2년(1162) 비문에 '3세 여러 부처, 10방 보살, 성문·나한, 일체 성현'이라고 밝혔다.

최초 목조 누각, 최대 관음상

천진시 계현 서관구 북쪽의 독락사獨樂寺에 위치하는데 당나라 시대에 건설해 요나라 시대에 개수했다. 관음각은 높이가 23m로 중국에 현존는 최초의 목조 누각이다. 그리고 관음보살은 흙으로 만들었는데 중국의 현존하는 최대 관음 소상이다. 관음의 머리에 10개의 작은 관음을 조각해 '11면 관음'이라고도 한다.

역사 시험장 〉 요·금나라 시대 단오절에는 무엇을 먹었는가?

| 세계사 연표 |

1077년

하인리히 4세는 게르만 제후의 핍박에 못 이겨 이탈리아 북부 카노사에서 3일 동안 맨발로 노천에 서서 교황에게 파문을 취소해 줄 것을 간청해 교황의 사면을 받았다.

요나라 삼채 마갈 주전자
1975년 내몽골 통료시 과좌중기에서 출토되었다. 길이는 30cm이고, 높이가 22.3cm이다. 짐승 머리에 물고기 몸으로, 연꽃 위에 놓여 있다. 마갈摩羯 물고기는 인도 신화에 나오며, 강물의 정화와 생명의 근본으로 평가된다. 조형이 아름답고 선이 유창하며, 전체에 황·녹·백 3색 유약을 칠해 요나라 삼채 중 우수한 작품이다.

목종이다. 그는 야율옥질에게 말했다. "짐의 목숨은 그대 덕분에 살아났네." 그러면서 야율찰할 역당의 재산을 모두 야율옥질에 하사했으나 그는 단호하게 사절했다.

잠도 잘 자고 사람도 잘 죽이다

술을 좋아한 목종은 등극 후에는 더욱 절제를 못해 정사를 제대로 돌보지 못했다. 그래도 한 가지만은 잊지 않고 항상 대신들에게 말했다. "짐이 취했을 때는 정사를 잘못 처리할 수 있으니 그대들은 짐이 깨면 다시 상주하게."

목종은 성정이 잔인해 사람을 많이 죽였는데, 그의 본기本紀에는 그가 사람을 죽인 일이 20여 군데나 기록되어 있다. 주변 시종들은 툭하면 그의 칼 아래 귀신이 되었다. 한번은 목종을 가까이에서 보필하던 신하 희가喜哥가 일을 제쳐두고 집에 갔다 하여 목종은 바로 희가의 아내를 죽였다. 또 꿩을 관리하는 자가 꿩 한 마리를 상하게 하고서 두려워 도망치자 목종은 그를 잡아오게 한 후 죽이려 했다. 그때 대신 이랍갈夷臘葛이 용서하라고 권하자 목종은 단칼에 그자를 죽인 후 그 시체를 이랍갈에게 던지며 말했다. "그대의 옛 친구를 받아 두게."

이렇게 사람을 마구 죽이면서도 목종은 신하들에게 말했다. "죄가 있으면 물론 죽여야 하지만 짐이 노해 무고한 자를 죽이려 할 때 그대들은 나에게 간해 제지해야 하네."

목종은 하루 종일 술을 마셨고 취하면 바로 쓰러져 잤는데, 사람들은 그를 '자는 왕'이라 불렀다.

목종은 또 사냥을 좋아했다. 어느 날 곰 두 마리를 잡고 즐거워하며 한껏 마시더니 대취한 후에 바로 쓰러져 잠이 들었다. 오래전부터 그를 증오하던 하인들은 그 기회를 이용해 그를 죽였다. 사서는 그의 자업자득이라고 썼다.

현존 최고 목조 탑식 건축 (오른쪽 아래 그림 포함)
요나라 시대 석가탑으로 다층 처마 양식이며, 산서성 응현 불궁사 내에 있다. 5층 6처마, 암층暗層 4층으로 모두 9층이다. 내부는 2층 베란다식 구조인데 900여 년이 지난 지금도 매우 견고하다.

916~1368 요·서하·금

쑥떡과 대황大黃탕

| 중국사 연표 |

1083년 대강 9년에 야율을신이 요나라를 반역하고 송나라에 투항하려다 발각되어 죽었다.

006

간신 야율을신

도종은 미욱해 처자를 죽이고 야율을신耶律乙辛은 간사해 권세가 군주를 진동했다.

꿈에 일월을 먹다

야율을신은 《요사遼史·간신전奸臣傳》에서 첫 자리를 차지한다. 야율을신은 그의 모친이 그를 임신했을 때 꿈에 양과 박치기를 해 양의 뿔과 꼬리를 끊어 버렸다고 한다. 이에 점쟁이가 말했다. "이는 길조인데, '양羊' 자의 두 뿔과 꼬리를 없애면 왕이 되니 뱃속 아이는 장차 왕이 될 것이다." 야율을신이 어릴 때 양을 방목하다 산비탈에서 잠들었는데, 그의 아버지가 깨우자 그는 화를 내며 말했다. "왜 깨우는 거예요? 꿈에 신선이 해와 달을 주어 달은 다 먹고 해를 겨우 한 입 뜯었는데. 그 해를

요나라 시대의 여 작가 소관음
소관음은 요나라 도종 야율홍기의 의덕 황후이며, 사후 시호는 선의宣懿. 음악을 좋아했으며, 비파를 잘 타고 시에 능하며, 작사·작곡도 했다. 시 〈복호림응제伏虎林應制〉, 〈군신 동지 화이 동풍 응제君臣同志華夷同風應制〉 등을 지어 도종의 칭찬을 받았다. 후에 수렵을 간해 총애를 잃고 《회심원回心院》 사詞 10수를 지어 원망과 답답한 마음을 토로했다. 태강 초년에 야율을신 등의 무고로 죽었다. 도종 때 진사 왕정은 《분초록焚椒錄》에 그 피해 과정을 자세히 기록했으며, 그녀의 다른 작품도 기록했다. 이 그림은 청나라 시대 《마태화보》에 실려 있다.

요나라 벽돌 조각 예술의 진품 각산사탑
각산사탑覺山寺塔은 산서성 영구현성 동남 15km 각산 산허리에 위치하고 있다. 북위 효문제 태화 7년(483)에 건설했으며, 건물은 3축선을 형성하고, 각 축선은 전후 3층 정원을 형성한다. 중축선에 산문·종고루·전전·중전·동전이 있다. 사탑은 요나라 대안 6년(1090)에 건설했다. 13층의 높이에 평면은 8각형으로 같은 연대의 고대 건물 중 표준 건물이다. 탑 내 중심에 팔각형 탑보가 있고, 그 중심에 팔각형 탑심 기둥이 있다. 안에 목조 부처 1존, 네 벽에 벽화가 있다. 주변에 가무기歌舞伎 벽돌 조각이 있는데 요나라 시대 벽돌조각의 예술의 진품이다.

| 세계사 연표 |

1083년 하인리히 4세가 로마를 점령하고 교황 그레고리우스 7세가 살레르노로 퇴각했다. 하인리히 4세가 클레멘스 3세를 교황으로 추대했다.

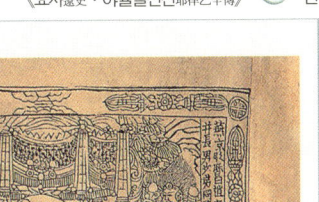
《요사遼史·도종혜비소씨전道宗惠妃蕭氏傳》
《요사遼史·야율을신전耶律乙辛傳》
출전

다 못 먹었잖아요!' 그의 아버지는 이후부터 그에게 양몰이를 시키지 않았다. 이 이야기는 후세 사람들이 지어냈을 수도 있다. 왜냐하면 야율을신은 후에 도종의 황후와 황태자를 해쳤기 때문이다.

오직 달만이 그 정을 안다

요나라 도종의 황후 소관음簫觀音은 재능이 많았다. 뛰어난 외모에 구변이 출중하고 시문에 능했으며, 특히 음악을 잘해 작사·작곡은 물론 비파도 잘 탔다.

당시 추밀사 야율을신은 소 황후의 본가와 권력을 다투고 있어 소황후를 모해하기 시작했다.

소 황후는 〈회심원回心院〉 사 10수를 지어 작곡하고 악관 조유일趙惟一에게 연주하게 했다. 궁중에 또 단등單登이라는 시녀도 역시 비파를 잘 탔는데, 조유일과 총애를 다투었다. 소 황후가 두 사람에게 28조를 타게 했는데, 단등은 조유일보다 못하자 몹시 분개했다. 그녀의 여동생 청자淸子는 유부녀였지만 야율을신과 사통하여, 황후가 조유일을 총애한다고 야율을신에게 귀띔했다. 그러자 야율을신은 사람을 시켜 10

요나라 불화佛畵

산서성 삭주시 응현 불궁사 석가탑 제4층 석가좌상 내에서 요나라 시대 경권·불화 92점(조)의 비장秘藏을 발견했다. 대부분 연경 조각 인쇄로 제작 기간은 100여 년이고, 목판이어서 10~11세기 연경 문화의 역사적 성과다. 그림은 부처가 경을 강의하는 장면을 생동감 있게 기록했다.

요나라 중경中京 유적지

내몽골 적봉시 영성현 대명진에 위치하며, 요 성종 통화 25년(1007)에 건축했다. 요나라 번성 시기의 제2의 도성으로, 외성·내성·황성의 3중으로 된 성인데, 외성은 동서 4200m이고, 남북 3500m이다. 내성은 외성의 중부에 위치하고 회回자형이다. 황성은 내성의 중북부에 위치하며 길이와 너비가 모두 1000m이다. 그 북쪽 토성은 내성의 북쪽 토성과 일체가 되어 있다. 황성에 사당·문화전·무공전·대전 등의 건물이 있고, 성 내에 탑이 하나 있다. 명나라에 의해 파괴되었으며, 그곳에서는 대명성大明城이라고도 한다.

| 중국사 연표 |

천경 4년 7월 여진 완옌 아구다가 군사를 거느리고 영강주寧江州를 점령한 후, 10월에 출하점出河店에서 요나라 군사를 대파했다. 또 12월에는 빈주賓州·함주咸州·상주祥州를 점령했다.

요나라 시대 11면 관음상
천진 계현의 독락사 관음각에 위치하며, 요나라 통화 2년(984)에 제작되었다. 높이는 15.4m로 밑판을 포함하면 16.27m이다. 머리에 10개의 작은 조각상이 있는데 각각 자비·길상·분노·폭소의 모양을 해 11면 관음상이라 명명했다.

직 유惟, 한 일一 3자를 한데 모으면 '조유일'이 된다면서 소 황후와 조유일이 사통한다고 했다. 이에 대로한 도종은 야율을신에게 이 사건의 심리를 책임지라고 했다. 야율을신이 간통으로 고해, 조유일은 구족을 멸하고 소 황후에게는 자결을 명했다.

소 황후는 너무 억울해 임종 전 도종을 한번 만나려 했으나 도종은 응낙하지 않았다. 소후는 멀리 그의 거처를 향해 절을 한 후 〈절명사絶命詞〉 1수를 짓고 들보에 목을 매어 죽었는데, 그때 겨우 36세였다.

태자의 억울한 사건

야율을신은 소관음을 해친 후 소 황후의 아들 야율준耶律濬마저 제거하려 했다.

그리고 야율을신은 친신의 여동생을 도종의 황후로 천거했는데 이런 야율을신의 소행은 일부 대신들의 분노를 자아냈다.

황태자 야율준은 총명하고 무예가 출중했다. 7세 때 도종을 따라 사냥을 했는데, 세 발을 쏘아 세 발 다 맞혔으며 사슴 10마리를 만나자 그는 9마리를 맞혔다. 도종은 기뻐하며 말했다. "짐의 집안은 대대로 사격술이 뛰어나 천하에 이름을 날렸네. 이 아이는 나이가 어려도 조상의 유풍을 잃지 않았네." 그는 8세에 태자로 책봉되었고, 18세 때 북남 추밀원사를 겸했다.

모후가 모해를 받은 후 태자는 몹시 울적해 했다.

●●● 역사문화백과 ●●●

[수박의 전파]
요나라는 회흘을 격파한 후 수박을 연북燕北에서 재배했는데 서역에서 왔다 하여 '서과西瓜'라고 불렀다. 금나라가 요나라를 멸한 후 수박은 남으로 이동해 하남 등지에서도 재배했으나 맛은 그다지 달지 않았다. 금나라 세종 때 송나라 범성대范成大가 사신으로 와서 맛을 보고 "맛은 담담하고 즙이 많다."라고 썼다. 그 후 품종이 개량되고 남송 때 남방에 전파되었다.

수의 음탕한 애정시를 짓게 한 후, 〈10향사十香詞〉라고 이름을 지어 단등에게 전했다. 단등은 필적을 청하는 척하며 소 황후에게 〈10향사〉를 베껴 쓰게 했다. 그러자 소 황후는 이를 베껴 쓴 후, 시까지 한 수 지었다. "궁중에는 오직 조씨 댁의 화장만 있는데 흩어진 잔 구름은 한 왕을 그르치네. 오직 달만이 그 정을 알리니 비연飛燕이 소양昭陽에 들어감을 엿보았더라."

야율을신은 소후가 친히 쓴 시편을 보고 즉시 도종을 찾아가 황후를 무고했다. 그는 〈10향사〉를 황후가 조유일을 위해 쓴 것이고 칠언 절구 중 조씨趙, 오

| 세계사 연표 |

1114년 신성 로마 제국 작센 공작 로테일과 마인츠, 쾰른 2대 주교가 반란을 일으켰다.

야율을신의 친신 부검점副檢点 소십삼簫十三이 야율을신에게 말했다. "태자는 인심을 얻고 있어 일단 등극하면 저희가 죽어도 묻힐 곳이 없게 됩니다." 야율을신은 소십삼 등에게 나서서 도궁사都宮使 야율찰랄耶律察刺와 소홀고簫忽古가 도종을 폐하고 태자를 황제로 옹립하려 한다고 무고하게 했다. 그러자 도종은 이를 믿어 태자를 연금하고 야율연가를 보내 심문하게 했다. 태자가 하소연했다. "나는 이미 태자로서 조만간 황위를 계승할 텐데 왜 모반을 꾀하겠소이까? 그대가 부황에게 해명해 주시외다." 그러나 야율을신이 이미 야율연가마저 매수한 줄을 어찌 알았으랴.

야율연가가 오히려 황제에게 태자가 죄를 시인했다고 보고하자 도종은 대로해 태자를 서민으로 폐하고 변경으로 유배시켰다. 태자는 출발 전 하늘을 우러르며 탄식했다. "내가 도대체 무슨 죄를 지어 이 지경에 빠졌단 말인가." 소십삼은 야율준을 상경上京(내몽골 바이린 좌기)으로 압송했고, 야율준은 얼마 후에 야율을신이 파견한 자에게 암살당했다.

그러자 야율을신은 도종에게 태자가 병사했다고 말했다. 도종은 비감한 마음이 들어 야율준의 처를 도성으로 불러오려고 하자 야율을신은 일이 발각될까 봐 태자의 처마저 죽였다.

미욱한 도종은 간신의 계략에 빠져 자신의 황후와 태자마저 해쳤다.

권력이 점점 커진 야율을신은 더욱

불경을 사리로 하는 요나라 도금 사리탑
경주慶州 백탑은 석가불 사리탑으로 내몽골 자치구 바이린 우기 경주성 유적지에 위치하며, 벽돌 목조 구조 누각이다. 조형이 웅장하고 장식이 아름답다. 탑 내에 진귀한 요나라 불교 문물이 대량 보존되어 있는데, 그중 은제 도금 사리탑은 불경을 사리로 보존해 이를 '법사리法舍利'라고 한다.

조형이 기이한 요나라 관음사 백탑
천진 계현성 서남쪽 독락사 정남 300m 지점에 위치하며, 요 청녕 4년(1058)에 건설되었다. 원명은 어양군탑漁陽郡塔이다. 명나라 가정 12년(1533) 탑 앞에 관음사를 건설했는데 흰색이라 관음사 백탑이라 불렀다. 명·청나라 2대에 모두 개수해 원 모양을 확보했다. 높이 30.6m의 평면 팔각형이다. 기초 하부는 화강석으로 쌓고 위에 목조 벽돌 조각으로 수미좌를 축조했으며, 그 내부에 무악기 부조가 있다. 구 조각이 정밀해 요나라 음악 무용 연구에 중요 자료를 제공했다. 3층 위 벽돌 처마에는 구리 방울을 달았다. '금 봉우리에 서천의 달이 걸리고 옥 기둥이 북새의 구름을 받치누나'라는 찬양을 받고 있다.

거리낌 없이 당파를 묶어 충신을 몰아냈다. 도종은 조정 대신들이 야율을신에게 굽실거리며 그를 떠받드는 것을 직접 보고 몹시 불쾌해 야율을신을 해임하고 유배시켰다.

그러자 야율을신은 송나라에 투신하려 했으나 일이 발각되어 처형당했다.

거란인이 사용한 가죽 물주머니를 모방·제작한 것이다

| 중국사 연표 |

1124년

보대保大 4년 7월, 요나라 야율대석耶律大石이 부족을 거느리고 서쪽으로 가서 왕(서요 덕종)으로 자립했다. 요나라 천조제天祚帝가 군사를 거느리고 협산을 나섰다가 금나라 군사에 패배했다.

007 나라를 망친 천조 황제

충신을 모두 죽이니 외환이 닥친들 무슨 대책이 있으랴.

요나라 도종은 간신 야율을신의 계략에 빠져 황후와 태자를 살해했는데, 말제 천조天祚 황제 야율연희耶律延禧도 간신 소봉선蕭奉先의 속임수에 걸려 사랑하는 귀비 소슬슬蕭瑟瑟과 친 혈육 오로알敖盧斡을 죽였다.

문비가 총애를 잃다

소슬슬은 발해 왕족 출신으로 자색이 뛰어나고 재능이 많았다. 천조제는 소슬슬을 보자마자 매혹되어 궁중에 데려다가 수개월이나 숨겨 두었다. 이 일을 안 황태숙 화로와는 차라리 소슬슬을 귀비로 책봉하라고 권고했다. 이에 문비文妃로 봉했고, 얼마 안 되어 아들 오로알을 낳았다. 문비는 총명하고 우아해 황제의 깊은 총애를 받았으며, 그녀의 아들은 진왕晉王으로 책봉되었다.

천조제 집정 시 요나라는 안팎으로 위기에 처했으나 그는 사냥에만 빠져 있었다. 직언하는 충신들이 모두 소외되자 문비는 노래를 지어 간했다. "아이고머니! 사막에 시뻘건 먼지가 날리거늘, 사람을 해치지 말거라. 이민족이 두렵구나. 와신상담이 지금도 필요하거늘, 장사를 격려해 나라 위해 몸 바치게 하소서. 아침에는 사막 이북을 깨끗이 가신다면 저녁에는 연나라의 구름을 베고 누우리라." 그녀는 또 시를 지어 조정의 암흑함을 질타했다. "승상이 조정에 나오니 검의 패옥이 울리는데, 백관들이 곁눈으로

요나라 시대 목판화 〈시위도〉
요나라 시대 묘실에서 출토되었는데 풍격은 다른 요나라 시대 묘실 벽화와 비슷하다. 먼저 나무판에 칠을 하고 칼로 그림을 그린다. 지붕과 담장 없이 대문만 있는데, 문 옆에 나무·개·동자·시종이 있고 선학과 까치가 길한 분위기를 더하고 있다.

| 세계사 연표 |
1124년 노르망디 주권을 두고 영국과 프랑스가 전쟁을 벌였다.

출전
《요사遼史·소봉선전蕭奉先傳》
《요사遼史·천조문비소씨전天祚文妃蕭氏傳》
《요사遼史·천조황제기天祚皇帝紀》

도종 소문자 거란문 애책문哀册文

신책 5년(920), 요나라 태조 야율아보기는 문신 야율돌여불耶律突呂不과 야율노불고耶律魯不古의 참여 아래 한자를 모방, 거란 문자를 창제했다. 그 밖에 태조의 동생 야율질라耶律迭剌가 창제한 거란 소문자가 있다. 대문자와 소문자 구별 기준은 글자의 대소가 아니라 음의 결합 정도다. 한자와 거란어의 이중 영향으로 대문자는 표의문자와 표음문자의 혼합체가 되었다. 그 구조는 한자의 간자와 비슷하며 황제皇帝나 왕王 등 일부 글자는 직접 한자를 차용하기도 했다. 그러나 대부분의 거란 대문자는 한자와 달리 새롭게 창제한 글자다.

보며 쥐 죽은 나라가 되었구나. 외환을 키웠으니 탄식한들 무슨 소용이리오! 충신을 다 죽이니 상벌이 밝지를 못하구나. 가련하구나, 지난간 진나라의 천자여, 그래도 궁중을 돌아보며 태평을 기대하누나."

진왕이 재앙을 입다

천조제는 이런 풍자시를 읽은 후에도 전혀 뉘우침 없이 오히려 문비를 미워하기 시작했다.

문비 자매 3명 중 언니는 야율달갈리耶

거란 대문자 구리 도장 날인

거란은 건국 후 중원 제도를 본받아 관직 설치 시 관인官印을 반포했다. 이 날인은 요나라 시대 국가 제도의 중요한 물증이다.

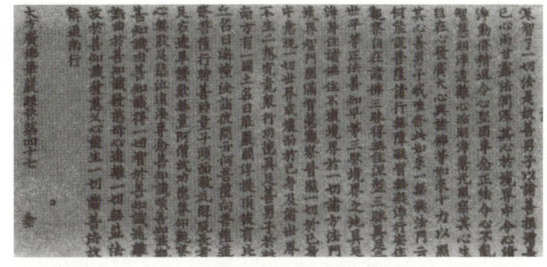

요나라 시대 거란 장경권藏經卷 (위 사진)

도종 능묘에서 출토된 전서체 비문 (아래 사진)

律撻葛里에게 시집가고, 여동생은 야율여도耶律余睹에게 시집을 갔는데, 그들은 모두 조정 중신이었다.

문비의 아들 진왕은 무예가 출중하고 성품도 좋아

●●● 역사문화백과 ●●●

[서료국]

요나라 말년 황족 야율대석耶律大石은 천조제天祚帝가 망국의 정세를 바로 세울 수 없음을 간파하고, 200여 기병을 거느리고 도망쳐 왕으로 자립했다. 요나라가 망한 후 남하해 요나라 서북 각 부락의 실력을 보존했다. 야율대석은 복국을 내세워 정병 1만여 명으로 군사를 조직한 후, 회흘 국왕을 설득해 길을 빌려 서정해 금나라 군사의 추격에서 벗어나고 10만 서역 각국의 연합군을 격파했다. 그는 치르만(우즈베키스탄 경내)에 이르러 등극한 후 여전히 요라 호칭했는데, 이를 역사상 서료국이라 부른다. 서요는 5세 88년을 경과한 후, 1218년에 몽골에게 망했다.

괄루를 얼굴에 바름을 가리킨다. 괄루 열매는 황적색으로, 피부를 윤택하고 희게 한다

| 중국사 연표 |

1125년 보대保大 5년 1월, 천조제가 당항으로 도망쳐 천덕 군사에 투신하려 했다. 2월에 천조제가 응주에서 금나라 군사에게 나포되어 요나라가 망했다.

거란 소문자 구리거울

거란 소문자 - 〈선의 황후 애책문〉
거란 소문자는 회홀 문자와 한자 반절 표음 방법으로 300여 표음 부호를 원자로 하여 상호 결합하는 방식으로 거란어를 기록했다. 그 특징은, 글자 수는 적지만 대문자보다 간편하다. 이 2종의 거란 문자는 요·금나라 시대에 병용되었다.

여러 황자 중 특출했다. 진왕은 어린 나이에도 장자의 풍도를 갖춰 조정 안팎에서 인심을 얻었다. 문비도 자연히 진왕이 제위를 계승하기를 기대했다.

천조제의 원비 귀가貴哥도 아들을 낳았는데 진왕秦王으로 책봉되었고, 귀가의 오빠이자 추밀사인 소봉선은 난릉왕에 책봉되었다. 소봉선은 겉과 속이 다른 사람으로 이를 모르는 천조제는 그를 매우 신임했다. 소봉선은 귀가의 아들이 제위를 계승할 수 있도록 진왕晉王을 제거하려고 했다. 그는 문비가 그 형부·제부와 결탁해 진왕을 황제로 옹립하고 천조제를 태상황으로 추대하려 한다고 무고했다. 그러자 천조제는 그 말을 믿고 즉시 야율달갈리와 그의 처를 죽이고 문비에게 자결을 명했다. 하지만 진왕은 그 음모에 참여하지 않았다 하여 추궁하지 않았다.

당시 요남군도통遼南軍都統으로 있던 야율여도는 이 소식을 들은 후 군사를 거느리고 여진에 투항한 후, 금나라 군사를 빌려 요나라 도성으로 쳐들어왔다. 이에 당황한

금은 기물을 좋아하는 요나라 사람
야율우耶律羽의 묘는 내몽골 적봉시에 위치하는데 요나라 시대 초기 대표적묘로, 중요 부장물만 300여 점이다. 이 금꽃 은제 만세 벼루 함은 제작이 정밀하고 무늬가 아름다운 요나라 시대의 문물이다.

54 역사 시험장 〉 화전花鈿은 얼굴에 붙이는 얇은 장식물인데, 거란 여자들의 화전은 무엇으로 만들었는가?

| 세계사 연표 |
1125년 일본 교토京都에서 큰 화재가 발생했다.

천조제에게 소봉선이 말했다. "요나라 황실의 후예인 야율여도가 요나라를 멸망시키려는 뜻이 없음에도 요나라를 공격하는 이유는 진왕을 황제로 옹립하려는 것이니, 폐하께서 나라의 앞날을 위해 아들 하나를 버리시면 여도는 자신의 희망이 없어진 것을 보고 물러갈 것이옵나이다." 천조제는 그 말에 일리가 있다고 느껴 진왕에게 자결을 명했다.

그때 누군가가 진왕에게 빨리 도망치라고 권하자 진왕은 하늘을 보며 탄식했다. "내가 어찌 내 목숨을 위해 부황의 뜻을 거역하겠는가? 나는 예절에 어긋나는 일을 할 수 없도다." 말을 마친 그는 스스로 목숨을 끊었다.

천조의 명이 다하다

진왕의 자결 소식을 들은 야율여도는 더욱 분노해 천조의 행궁으로 들이닥쳤다. 천조는 심산 속으로 물러갈 수밖에 없었다.

천조제는 일이 이 지경이 되서야 소봉선이 나라를 망쳤음을 깨닫고 소봉선에게 말했다. "바로 그대 부자가 짐의 나라와 가정을 망쳤네. 지금 그대를 죽인들 무슨 소용이 있겠는가? 속히 물러가라. 군사들이 떠들면 짐까지 연루될 것이니라." 그러자 소봉선 부자는 통곡한 후 물러갔다. 얼마 후 수하 친병들이 그들을 잡아 금나라 군사에게 바치자 금나라 군사들은 소봉선과 그 아들을 다시 천조제에게 압송해 왔다. 천조제는 이들을 살려두면 군사들이 반란을 일으킬까 두려워 그들 부자에게 자결을 명했다.

●●● 역사문화백과 ●●●

[거란의 후예는 지금 어디에?]

219년, 요나라 왕조를 건립한 거란 민족은 명나라 이후 갑자기 역사에서 사라졌다. 이 수수께끼를 풀기 위해 1995년, 중국의 학과학원과 중국사회과학원은 '분자고고학' 연구를 실시해 DNA 기술로 민족 이전 문제를 연구했다. 연구에 따르면, 운남 '본인本人'과 다우르達斡爾족은 비슷한 부계 기원이다. 즉 가장 가까운 유전 관계를 가지고 있어 거란인의 후예일 가능성이 있지만 증명을 거쳐야 한다. 다우르족의 원천에 대해 계속 논쟁이 있지만 일설에는 거란 대하씨大賀氏에서 기원했거나 독자적으로 기원했다고 한다. 운남 보산保山 지역 아阿·망莽·장蔣 씨 성의 '본인本人'은 거란 후예로 자칭하고 현재 10민족에 각각 귀속되어 있는데 그 내력 증명을 요구 중이다.

하지만 요나라의 붕괴를 막기에는 너무 늦었다. 1125년, 천조제는 산서 응주應州에서 금나라 군사에게 포위되었다. 금나라 군사가 그를 묶으려 하자 천조제는 호통을 쳤다. "버릇없이 굴지 마라! 너희들이 감히 천자를 묶을 테냐." 금나라 장수 완안누실完顏婁室은 천조제 앞에 이르자 말에서 내려 무릎을 꿇으면서 말했다. "제가 불민해 갑옷을 입고 천자를 범하려 하오니 폐하께서는 말에서 내리소서!"

그 말을 들은 천조제는 처량하게 웃더니 말에서 내렸다.

200년 전 태조가 축성한 기업은 이렇게 끝을 맺고 말았다.

황제의 호화 생활을 재현한 부장품
이 부장품은 내몽골 통료시 나이만기 요나라 진국 공주 묘에서 출토되었다. 묘 내 부장물 중 2세트의 금은 장신구를 포함해 완전한 복장이 출토되었는데 완전하게 보존되고 문물 가치도 높다. 도금 은제 관으로서 구멍 뚫린 은편으로 구성되었고, 위에 각종 은꽃을 부착해 화려하고도 정밀하다.

916~1368 요·서하·금

| 중국사 연표 |

1038년

천수예법 연조 원년 10월, 당항 수령 이원호가 이름을 낭소曩霄라 고치고 황제(서하 경종景宗)라 자칭했다. 그리고 흥경부興慶府에 도읍을 정한 후, 국호를 대하大夏로, 연호를 천수예법연조天授禮法延祚로 고쳤다.

008

패업을 이루지 못하면 영웅이 아니다

영웅이란 세상의 패주가 되어야 하거늘, 어찌 호의 호식을 사내대장부의 지향이라 하리?

송나라 인종 때 서하가 궐기했다. 1038년 당항 수령 이원호李元昊는 정식으로 제위에 오르고 국호를 대하大夏라고 했다.

이원호는 진짜 영웅이다

이원호는 소년 시절부터 큰 뜻을 품고 심신을 수련했다. 그는 평상시 흰 옷에 검은 관을 쓰고 말을 타며 창검을 휘둘렀다.

이원호가 부친 이덕명李德明의 송나라에 대한 화해 정책에 불만이 많자 이덕명이 말했다. "우리 당항족이 30년 동안 몸에 비단옷을 입은 것은 송나라의 은혜인데 어찌 경솔히 송나라를 배반한단 말이냐?" 이원호는 말했다. "영웅이란 세상의 패주가 되어야지 능라 주단이 어찌 사내대장부의 지향이란 말씀입니까?"

섬서성 일대에 주둔한 송나라 명장 조위曹瑋는 이원호의 기상이 비범하다는 말을 듣고 한번 만나 보고 싶어 사람을 보내 은밀히 이원호의 초상을 그리게 했다. 그 외모가 당당함을 본 그는 감탄했다. "과연 영웅이로군! 하지만 애석하게도 우리 송나라의 우환거리로구나."

과연 이덕명이 죽은 후 송 인종이 이원호에게 책봉 조서를 보낼 때 그는 무릎을 꿇으려 하지 않다가 송나라 사자의 독촉을 받고서야 억지로 무릎을 꿇고 조서를 받았다. 또한 그는 송나라 사자를 위한 연회에서 대청 뒷방에서 병기를 철컥철컥 두드리게 해 위협했다. 그러나 송나라 사자는 이원호가 송나라를 자극해 일을 일으키려 함을 알고 감히 말하지 못했다.

서하 강역도

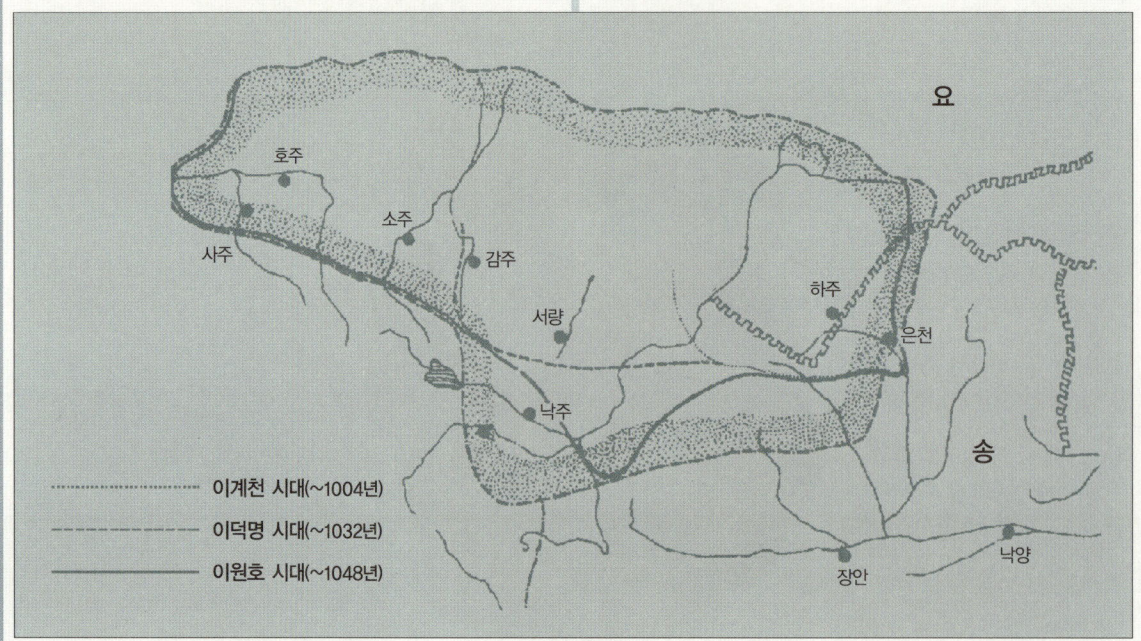

| 세계사 연표 |

1038년 카시미르 1세가 폴란드 왕위를 계승했다.

《송사宋史·하국전夏國傳》 출전

의협심이 있다고 자처하는 두 선비

이런 이원호가 송나라를 반대하는 것은 시간 문제였다. 그는 송나라를 잘 알기 위해 송나라에서 투신한 선비들을 유심히 살폈다. 그중 눈에 띄는 이들이 장원張元과 오호吳昊였다.

장원·오호는 본래 한족으로 이름에 원·호 두 글자가 없었다. 장씨는 의협심이 있는 선비로 자처하며 항상 밤에 산속을 떠돌며 쇠피리를 불어 강도들이 그를 멀리 피하게 했다.

빛이 나는 사발 주전자
1974년 하북성 삼하현에서 출토한 요나라 시대 백자로, 자기 주전자와 더운 물로 주전자를 데우는 큰 사발이다. 자기는 매우 얇으며 사발의 곡선형 입구와 주전자의 모양은 술 문화의 곧음과 휨, 양과 음의 변화를 보여 준다.

채지도采芝圖 (요나라 시대)
이 회화 작품은 1974년 산서성 응현 목탑에서 발견되었는데, 높이는 70cm이고 폭은 38.6cm로 산서성 응현 문물보관소에 소장되어 있다. 그림은 신선이 버섯을 캐는 모습인데 그가 바로 전설 속의 신농씨이다. 인물의 형상이 생동하고 선이 간결한 것이 당나라 시대의 풍격인데, 거란 화가의 작품으로 추정된다.

●●● 역사문화백과 ●●●

[서하 승려의 지위]
서하 승려는 법적으로 특권을 누렸는데, 품계로 죄를 상쇄할 수 있다. 황제나 관청은 고승에게 봉호를 주어 받들고, 최고 봉호는 '제사帝師'로, 후세에 큰 영향을 주었다.

916~1368 요·서하·금

거란인이 태양을 숭배하기 때문이다 57

1041년

| 중국사 연표 |

천수 예법 연조 4년에 서하가 송나라를 공격해, 호수천好水川에서 송나라 군사를 대파했다. 서하 군사는 인주麟州·부주府州·풍주豐州를 공략, 포로를 거란에 헌납했다.

백색 유약 피낭 모양 주전자

피낭皮囊은 유목 민족의 가죽 물그릇이다. 후에 생활이 안정되면서 자기로 가죽을 대체했다. 1992년 7월 내몽골 적봉시 아루홀친 야율우 묘에서 출토되었는데, 부드럽고 희며 유약 색깔이 투명하다. 피낭의 특징을 보유하고 있다.

언젠가 현성에 거대한 구렁이가 나타나 다리 아래에서 물을 마셔 행인을 놀라게 했다. 그러자 장씨는 그 구렁이를 돌로 내리쳐서 그 선혈이 강물을 붉게 물들였다.

장원과 오호는 평생 학문으로 자신의 비범한 재주를 자랑했지만 과거에서는 여러 차례 낙방했다. 이때 그들은 이원호가 반역의 뜻이 있음을 알고 송나라 변경 통수 군영에 찾아갔다. 그들은 자신의 뜻을 큰 바위에 새긴 후 장사들을 고용해 거리에서 바위를 끌고 다니게 했다. 두 사람은 그 뒤를 따라다니며 사람들의 주의를 끌어 변경 통수에게 알려지기를 바랐다. 통수는 그들을 접견했으나 결코 등용의 뜻을 내비치지 않았다. 그런 송나라 장수의 냉담한 태도에 두 사람은 이원호에게 투신하기로 했다.

●●● 역사문화백과 ●●●

[서하 군주의 성씨는?]

서하를 건립한 당항족黨項族은 옛 강족의 후예인데 하주夏州에 이주한 부족을 평하부平夏部라 불렀다. 당나라 말기 평하부 수령은 황소 봉기를 함께 진압해 하국공에 책봉되었고, 이씨 성을 하사받았다. 송나라 초기 이계봉李繼捧이 관할 구역을 내놓고 내지로 이주하자, 그 일가 이계천李繼遷이 요나라에 의부해 하국공에 책봉되었다. 후에 이계봉과 이계천이 연합해 송나라 군사를 격파했다. 송나라 진종 때 이계천의 아들 덕명德明이 계승해 5주 지역을 탈환한 동시에 송나라의 봉호를 접수했다. 이덕명의 뒤를 계승한 이원호는 이·조 성씨를 포기하고 복성 외명嵬名을 사용했으며, 대하국大夏國을 건립했다. 그 아들 양조諒祚(의종)는 계승 후 한족 예제를 실시하고, 다시 이씨 성을 회복했다.

취옹의 뜻이 술에 있지 않다

두 사람은 홍경부興慶府, 지금의 영하寧夏 은천銀川에 도착해 온종일 술을 마시면서 벽에 시를 써놓고 크게 "장원·오호가 여기에서 마셨노라"라고 썼다. 그러자 순찰하던 군사가 그들을 잡아다가 이원호에게 바치자 이원호는 친히 심문했다. "그대들은 과인의 지역에 들어와 놓고 휘諱(제왕의 이름)도 모른단 말인가?" 그의 물음에 그들은 이렇게 대답했다. "성씨도 내버리는데 이름을 돌볼 새가 있나이까?" 그 당시에는 이원호가 아직 공개적으로 송나라에 반대하지 않았기 때문에 종종 송나라가 하사한 조씨 성을 썼다. 그래서 두 사람이 일부러 이원호를 자극한 것이다.

이원호는 두 사람을 급히 풀어 주면서 국사를 자문했다. 그들이 이원호에게 송나라를 공격할 전반적인 계획을 알려주자 이원호는 크게 기뻐하며 그들을 중용했다.

거란인의 음식과 '색色'

요나라는 소수 민족 정권이지만 한족화가 많이 이루어졌다. 식사 장면을 보면 식기와 가구가 비교적 완전하며, 여성의 복장도 유목 민족의 흔적을 거의 찾아볼 수 없다.

| 세계사 연표 |

1041년
신성 로마 제국이 보헤미아와의 전쟁에서 승리해 속국으로 만들었다.

피낭에서 발전한 서하의 갈색 유약 꽃무늬 자기 주전자
이 주전자는 정면에 모란꽃무늬가 있고 뒷면에 원형 권족(圈足)이 있는데 피낭에서 발전한 것이다. 가장자리의 돌기는 바로 피낭을 꿰맨 흔적이다.

| 중국사 연표 |

1043년 천수 예법 연조 6년에 거란은 서하와 송나라의 정전을 추진했다. 이에 송나라는 서하와 화해하고 이원호를 하국 군주로 책봉했다.

009

나라를 분할한 임득경

권력을 잡은 신하가 국토를 분할하자고 요구했다.

서하는 말기에 이르러 분열의 진통을 겪었는데, 분열을 조장한 인물은 바로 송나라에서 투항한 장수 임득경任得敬이었다.

투항 장수가 정계 인물이 되다

임득경은 본래 송나라 서안주西安州(지금의 영하 해원현 서쪽)의 통판通判인데, 서하 군사의 공격에 직면하자 군사를 거느리고 투항해 서하에서 중용되었다. 그는 서하에서의 지위를 굳히기 위해 그의 딸을 건순제乾順帝에게 바친 후, 권세 관료와 손잡고 딸을 황후로 책립하게 했다. 하나라 인종 초년, 임득경은 여러 차례 거란 소합달蕭合達과 치와哆訛 등을 위수로 한 당항 봉기를 진압해 사평공四平公에 책봉되었다. 이렇게 그는 외척으로서 중병을 장악하는 군벌이 되었다.

1147년, 임득경은 서하 권력 중심에 진입해 국정에 참여하려 했다. 그러자 어사대부 예라궁제熱辣公濟 등이 간했다. "자고로 외척이 권력을 잡으면 나라가 혼란하나이다. 득경은 황친이긴 하지만 한족이라 그를 믿을 수 없나이다." 복왕濮王 인충도 임득경의 상경을 반대하자 인종도 그들의 의견을 따랐다. 다음해 복왕이 병사하자 임득경은 금은보화로 진왕晉王 차거察哥를 회유했다. 차거의 천거로 인종은 임득경을 상서령으로 임명하고 후에 다시 중서령으로 임명했다.

1156년, 진왕 차거가 죽은 후 임득경은 재상이 되었는데 이로써 임씨 가족은 차례로 입조해 조정의 권세 가문이 되었다. 그 동생 임득총任得聰은 전전 태위, 임

서하 인물상
이 그림은 서하의 사회 조직을 표현하는 형상으로 남녀 관원·도사·여자 형리 등이다. 그 표정과 복장은 변화가 풍부해 관원은 엄정하고 여관은 단정하며 도사는 소탈하다.

경화사慶華寺 꽃탑
하북성 내수현 북락(평촌 이북) 약 2.5km 지점에 위치한 이 탑은 조각이 많아 백화만발의 의미로 꽃탑이라 부른다. 요·금나라 시대에 건축했는데 높이 13m의 팔각 단층이다. 사면 정면에 구멍을 내고 안에 불상을 안치했으며, 경사면 벽에는 창문 모양을 냈다. 처마는 팔각형이고 꼭대기는 원추형으로 표면에 벽돌로 116개의 소형 불감을 정상에까지 쌓고 각 불감은 3개의 복숭아로 삼각형을 형성했다.

역사 시험장 〉 요나라 시대 공주가 출가할 때 장례 수레와 수의 등을 혼수로 보내는데, 무엇 때문인가?

| 세계사 연표 |

1043년

비잔틴 제국의 군사들이 정부에 불만을 품었다. 마니아지우스가 군사를 거느리고 콘스탄티노플을 공격하려다가 도중에 죽었다.

《금사金史·서하전西夏傳》 출전

득공任得恭은 홍경부윤이 되었고, 또 일가 동생인 임득인任得仁을 남원성휘사로, 조카 임순충任純忠을 추밀부도승지로 임명했다. 이렇게 임씨 가족은 서하 왕조의 군정 요직을 장악했다.

득경이 전횡하니 조정 대신들이 분개하다

세력이 커진 임득경은 자신을 초왕楚王으로 봉하도록 인종을 협박했는데 이때부터 그의 출입 의장은 황제와 거의 맞먹었다. 1165년, 임득경은 인부 10만을 징발해 녹주錄州성을 축조하고 궁전을 건설해 그의 야심을 드러냈다. 이는 조정 대신들의 반발을 일으켰는데, 어사대부 예라궁제가 임득경의 행위를 질책, 파면을 요구하자 임득경은 그를 모해하려 했다. 임씨를

서하 무사 복원도

반대하는 조정 대신과 종실은 임득경에게 보복과 박해를 받지 않은 자가 없었다.

1170년 윤 5월, 임득경은 하나라 인종에게 나라를 나누자고 제안하면서 국토의 반을 따로 통치하겠다고 했다. 인종은 군권을 쥐고 있는 임득경을 막을 수 없어 서남로와 영주靈州·나방령羅龐嶺 일대를 떼어 주었다. 그런데 또 임득경은 황제를 협박해 사자를 금나라에 파견, 자신의 책봉을 청했다.

금나라 세종이 조정 대신들의 의견을 물으니 상서 이석李石 등이 말했다. "이는 서하 내부의 문제이니 상관할 필요 없지만, 초나라를 승인하고 득경을 책봉해도 문제될 것이 없나이다." 이에 세종은 "한 나라의 군주가 어찌 국토를 타인에게 나눠준단 말인가. 이것은 틀림없이 권신의 핍박에 의한 것이지 군주의 뜻이 아닐 걸세. 하물며 하나라는 여러 해째 금나라의 속국으로 칭하지 않았는가. 서하 군주가 권신의 협박을 받아 자립하지 못할 때 사해四海의 군주인 짐이 어찌 구경만 하리오. 군사를 보내어 역적을 진압하도록 하라!" 하며 서하의 공물을 돌려보내고 초나라를 승인하지 않았다. 세종은 또 하나라 인종에게 조서를 내려, 이 일의 진상을 조사하겠다고 했다.

몸도 명예도 다 잃다

임득경은 금나라에게 거절당하자 돌변해 송나라에게 의지하려고 했다. 1170년 8월, 임득경은 송나라와 내통하고, 송나라 사천 선무사宣撫使 우윤문虞允文과 함께 금나라를 공격하기로 약정했다. 그러나 송나라의 밀사가 서하에서 체포되어 인종이 임득경의 반역 증거를 확보해 금나라에 보냈다. 동시에 인종은 임득총·임득인 등을 나포하고 임득경과 그 일당도 전부 주살했다.

이렇게 해서 서하 정권은 큰 고비를 넘겼다.

모계사회의 유풍으로, 출가 후 생로병사를 여전히 본가의 일로 생각하기 때문이다

| 중국사 연표 |

천수 예법 연조 11년 1월, 태자 영능갈寧陵嗝이 낭렬浪烈 등과 함께 서하 경종을 시살했고, 이양조李諒祚(의종)가 즉위하고 태후 몰장씨沒藏氏·재상 몰장와방沒藏訛龐이 집정했다. 송나라는 이양조를 서하 군주로 책봉했다.

1048년

010

몽골이 서하를 멸하다

몽골에 의지해 금나라에 저항하고, 금나라와 연합해 몽골에 저항하니 약소국은 외교가 없었다.

서하는 인종 이후 쇠약해져 칭기즈 칸成吉思汗이 몽골 초원에서 궐기했다. 서하는 금나라에 의지해 몽골에 저항하다가 다시 몽골에 투항해 금나라의 침략에 저항했다. 그러나 결국 몽골군에게 정복당하고 말았다.

서하부터 먼저 해결하다

오랫동안 금나라의 압박을 받은 몽골은 금나라를 무척 미워했다. 칭기즈 칸(아명 테무친)은 오래전부터 금나라와 결전하려 했으나 금나라를 공격할 때 서하의 견제를 받을까 봐 먼저 서하부터 해결하기로 했다.

1205년, 테무친鐵木眞은 친히 철갑을 입은 기마병을 거느리고 서하를 공격해 역길리성을 점령했다. 그리고 몽골군은 서하 낙사성을 지나면서 약탈하다 날씨가 더워 퇴군했다.

서하 환종은 파괴당한 성을 개수하고 대사령을 내려 도읍 흥경부를 중흥부로 개칭했으나 중흥을 실현하지 못하고, 1206년 진이군왕鎭夷郡王 안전安全에 의해 폐위되었다. 안전이 바로 양종襄宗이다.

1207년, 칭기즈 칸은 서하가 공물을 납부하지 않는다는 구실로 다시 와라해 성을 점령했으나 군량 부족으로 퇴군했다. 2년 후 다시 서하를 공격한 몽골 군사가 흑수성 이북에서부터 서하 경내에 돌입하자 서하 군사는 붕괴되고 부통수 고일高逸은 생포되어 투항하지 않고 죽었다. 몽골 군사는 계속 남진해 중흥부 외곽의 요새 극이문克夷門에 이르렀다. 몽골군은 처음에

서하 청동 도금 소

●●● 역사문화백과 ●●●●

[장원 황제]

역대 장원狀元 중 황제가 된 사람은 한 명밖에 없으니, 그가 바로 서하 천경 10년(1203) 계해과 장원 이준쇄李遵頊다. 이준쇄는 종실 제왕齊王 이언종李彦宗의 아들로, 장원 급제한 후 제왕을 계승하고 대도독으로 승진했다. 황건 2년(1211), 그는 궁정 정변을 일으켜 양종을 폐하고 자립한 후, 연호를 광정이라 개칭했는데 역사상 그를 신종神宗이라고 불렀다. 이 장원 황제는 천하 행운을 모두 타고나 권세도 있고 총명하며 박식했지만, 국운이 좋지 않아 송나라·몽골·금나라 사이에 끼어 어렵게 생존을 유지하다가 국세가 기울자 재위 13년 만에 제위를 아들에게 넘기고 자칭 상황이 되었다.

북송·요·서하의 주요 전쟁터

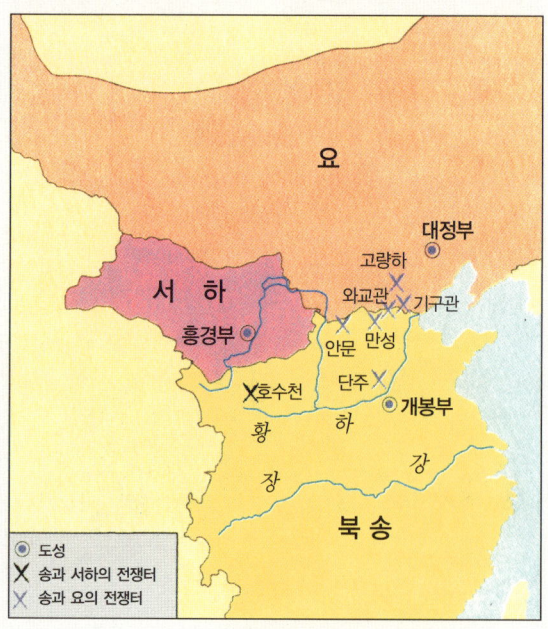

| 세계사 연표 |

1048년 이탈리아 교황 레오 9세가 선교사 독신 제도를 엄격히 실시하려 시도했으나 밀라노에서 강한 반대를 받았다.

《서하기西夏紀 28권》 출전

오랜 시련을 겪은 서하 배사구 쌍탑

은천시 서북쪽 50km 하란산 동쪽 기슭의 배사구拜寺口 내에 한 쌍의 옛 탑이 산 어귀 양쪽에 서 있는데, 측정을 거쳐 이는 서하 중기에 건설한 것임이 증명되었다. 쌍탑은 모두 13층의 팔각 밀첨식 공동空洞 벽돌 탑으로, 밑판이 있고 층마다 두 겹 처마가 나오며 벽에 채색 그림이 그려 있다. 서탑은 높이가 41m이고 층마다 8면으로 감을 설치했다. 동탑은 39m의 높이에 직선 추형으로 층층 밑면에 평좌와 감을 설치했다. 명·청 시대에 부근 건축물이 지진으로 모두 파괴되었지만 쌍탑만은 그대로 의연히 서 있다.

는 불리했으나 서하 군사가 해이해진 틈을 타 중흥부성 밑에 이르러 도읍을 에워쌌다.

양종은 친히 군사들을 독려하며 성을 지켰다. 그러자 몽골 군사는 황하의 물을 성으로 끌어들여 많은 서하 백성들을 죽였다. 양종이 금나라에 원군을 청하니 금나라 황제는 거절했다. "적끼리 싸우니 짐은 앉아서 싸움이나 구경해 보세."

12월에 황하의 제방이 터지며 성벽이 물에 잠겨 위험해졌다. 물이 계속 불어 몽골군도 물에 잠기자 칭기즈 칸은 포위를 철수할 수밖에 없었다. 칭기즈 칸이 서하에 투항을 권유하자 양종이 딸을 칭기즈 칸에게 바치며 화해를 청했다.

서하 능 석각

서하 석각은 비각·석상石像·경당經幢 등 기념비적 성격과, 비좌碑座·석마石馬·난주 등 부설·부장 성격을 띠는데 용머리·야수 등의 형상을 한 건축재료 등으로 소재가 다양하다. 조각 공예도 선조·부조·원조圓雕 등으로 각각 다르다. 그 석각들은 조각 수법이 사실적이고 인물 상태 묘사도 매우 세밀함을 알 수 있다. 예를 들면 문신의 머리, 풍만한 볼, 팔자수염, 높은 코와 깊은 눈 등이 매우 생동감 있고, 문신 허리에 드리운 띠, 무장 허리에 찬 검은 당·송 시대 석조에 비해 그들의 표정을 쉽게 상상할 수 있다.

앞길이 막막하다

1211년, 서하는 다시 정변이 발생, 황실 제왕齊王 준쇄遵頊가 양종을 폐하고 자립했는데 그가 신종神宗이다. 신종은 몽골에 의지해 금나라 침략에 저항하는 대외 정책을 실시하면서 여러 차례 몽골과 함께 금나라를 공격했으나 곤경에서 벗어나지 못했다.

1217년, 칭기즈 칸이 또 서하를 공격하자 신종은 창황히 도주했고, 후에 제위를 둘째 아들 덕왕德王에게

••• 역사문화백과 •••

[여자 군대와 싸우면 불길하다]

서하 군중에 '마괴麻魁'라 부르는 여자 군대가 있었다. 당항 각 부 또는 내부에 투쟁이 일어날 경우 흔히 가족들이 복수를 했는데, 일부 힘이 약한 부족은 건장한 여자들을 모집해 그들로 하여금 원수의 집에 불을 지르게 했다. 상대방은 보통 그 여자들을 건드리지 않았다. 이는 당항족의 씨족 외 혼인과 관계있다. 즉, 여자 병사 중 기혼자는 본 씨족의 출가한 딸이고 미혼자는 본 씨족의 장래 며느리이기 때문이다.

머리에 얇은 은판·동판 가면을 씌우고 몸에 구리 실 그물을 씌운다

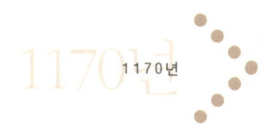

| 중국사 연표 |

건우 원년에 권세를 잡은 재상 임득경이 서남로와 영주靈州·나방령羅龐嶺을 떼어 초나라를 세우도록 서하 인종을 협박하는 동시에 사자를 금나라에 보내 임득경을 책봉하도록 청하나 금나라는 허락하지 않았다. 서하 인종은 계책으로 임득경과 그 일당을 주살했다.

서하 왕릉 유적지

서하 왕릉은 서하릉·서하 제릉, '동방의 금자탑'이라 불리기도 한다. 은천시 서쪽 교외 하란산 동쪽 기슭에 위치하는데 서하 역대 제왕 묘의 소재지다. 남북 길이가 10km, 동서의 길이는 4km로 9개 제왕릉과 140여 개의 왕공 대신 순장 묘가 있는데 부지 면적은 약 50km²에 달한다. 각 제왕의 능은 모두 독립적인 건축 군락으로 불교 건축의 영향을 받았다. 명나라 이전에 이미 파괴되어 지금은 유적지만 남아 있다.

요나라 시대 보산 1호 묘 벽화 – 비단 증송 그림

길이는 270cm이며, 폭은 190cm로 내몽골 적봉시 아루훌진 기 거란 대귀족 묘 1호 묘에서 출토되었다. 전형적인 당나라 말기 5대 한족식 화풍이다.

넘겨줄 수밖에 없었다. 헌종獻宗 덕왕이 금나라와 연합해 몽골에 저항하자, 1226년 봄 칭기즈 칸은 친히 대군을 인솔해 서하에 침입했다. 몽골 군사의 기세는 대단했고, 헌종은 공포에 떨다 죽었다. 그 조카 남평왕 현睍이 제위를 계승했으나 서하는 이미 멸망을 앞에 두고 있었다.

1226년 11월, 칭기즈 칸은 영주靈州를 포위했다. 서하 장수는 용맹하게 저항했으나 참혹한 전투 끝에 영주는 함락되고 말았다.

1227년 봄, 중흥부가 다시 포위되었고, 성에 군량이 떨어지고 지진의 피해까지 입어 황제 현은 투항할 수밖에 없었다. 이때 칭기즈 칸은 이미 중병에 걸렸는데, 1개월 후에 성을 바치라고 했다. 7월에 칭기즈 칸은 행궁에서 병사했다.

서하의 군주 현이 몽골 군영에 이르러 알현하자 몽골 장수는 칭기즈 칸의 유언대로 현을 죽인 다음 중흥부에 돌입해 약탈을 감행했다. 건국 190년째인 서하는 이렇게 멸망했다.

현존하는 가장 완전한 서하문 비석

호국사 감응탑 개수 비석으로 일명 서하비·감통탑비·천우민안비라고 한다. 현재 감숙성 무위시 문전 내에 소장되어 있다. 서하 천우민안 3년(1092) 겨울 양주涼州에 대지진이 발생해 호국사탑이 경사졌으나 시공하기도 전에 탑이 복원되었다. 서하 왕조는 보탑이 '감응'한다고 여겨 개수하고 이 비석을 세웠다. 정면은 서하문西夏文, 뒷면은 한문漢文으로 새겨져 있고 현존하는 중국 최대 서하문 비석이다.

| 세계사 연표 |

1170년 로마 교황 알렉산드리아 3세가 일체 선교사를 증명인으로 하지 않은 유촉은 모두 법률 효력을 가지지 못한다고 규정했다.

011

서하 왕국의 수수께끼
서하가 멸망한 후 그 민족은 어디로 갔는가?

출전: 이범문 李範文 《서하 당항족의 원천과 변천을 논함》

916~1368 요·서하·금

신기하게 서하국이 사라지다

서하는 중국 북송 시대 당항족을 주체로 해 건립된 국가로, 그 통치 구역은 지금의 영하·감숙·청해·내몽골 등의 일부분을 포함한다. 역사상 이를 '하국夏國' '하서河西' '당올唐兀' '목아木雅' '대하大夏' '대백상국大白上國' '백상대하국白上大夏國' 등으로 칭한다.

서하는 다민족이 함께 거주했는데 한漢·당항党項·선비鮮卑·토번吐蕃·회흘回鶻·돌궐突厥·달단韃靼·여진女眞 등의 부족이 포함된다.

서하 개국 황제 이원호는 북위의 후예라 자칭했지만 사람들은 그가 족보를 위조한 것이라고 했다. 일부 학자들은 이원호의 선조는 당항 탁발씨라고 주장하기도 한다. 더욱 주목할 만한 점은 서하가 망한 후 그 민족이 어디로 갔는가 하는 것이다.

당항은 강족의 한 갈래로, 서하 멸망 후 서하국과 그 문화는 점차 역사의 소용돌이 속으로 사라졌지만 일부의 주장처럼 하룻밤 사이 신비롭게 없어지지는 않았다.

서하왕비공양도西夏王妃供養圖
서하 시대 당항족 통치자는 회흘인과 마찬가지로 불교를 믿으면서 왕래가 빈번했다. 당시 사주沙州(돈황)는 서하에 속하지만 회흘인은 막고굴에 가서 불교상을 만들고 공양상을 그렸는데, 이 역시 자연스러운 일이었다. 회흘 귀족인 두 여자는 풍만하고 손에 꽃을 든 모습이 당나라 시대의 운치가 있다.

| 중국사 연표 |

1190년 건우 21년에 서하 골륵 무재(骨勒茂才)가 서하·한문 병용 사전 《번한합시장중주番漢合時掌中珠》를 편찬했다.

당항족의 종적

사학자들은 관련 문헌에서 당항족의 종적을 찾을 수 있다고 한다.

당항족의 통치 계급 중 일부는 원나라에 투항해 '색목인色目人'에 포함되었고 그중 일부는 중용되었는데, 원나라 숙위군 중, 서하 사람으로 구성된 하서군 3000명이 있었다. 또 일부 서하 사람은 금나라에 투항해 점차 한족에 동화되었다.

하북성 보정 성북 한장韓莊에서 출토된 서하문 '승상당勝相幢'은 명나라 홍치 15년(1502) 건설했는데, 기록된 인명 중에는 당항인의 성씨가 많은 것으로 보아 서하 멸망 후 일부 사람들이 동으로 이주했음을 증명한다. 사실 당시 서하 지역에는 여전히 많은 당항 사람이 남아 있었고, 원 성종 테무르는 1000권에 달하는 서하문 대장경을 인쇄, 영하·무위 등의 지역에 반포했다. 이로부터 이 지역에 서하의 유민이 매우 많았음을 알 수 있다.

역사의 변천에 따라 대다수의 서하 사람은 한족으로 융합되었다. 현재 영하와 감숙 등지에서 더는 서하 말을 하는 사람을 찾을 수가 없다. 단, 사천성 강정 목아木雅 지역 주민들이 주목을 받고 있는데, 1882년 영국인 바부르는 《중국 서부 여행과 고찰》이란 저서에

서하 부처 머리
1990년 영하 회족回族 자치구 하란현賀蘭縣 굉불탑宏佛塔에서 높이 29.5cm의 진귀한 부처 머리를 발견했는데, 현재 하란현 문화국에 소장되어 있다. 도기로 된 부처 머리는 두꺼운 윗입술 위에 팔자수염이 있고 아래턱에 일월구름 무늬의 수염이 그려 있어 서북 민족의 특색을 띠고 있다. 서하는 불교가 흥성했지만 불상은 매우 적게 남아 있어 더욱 진귀하다.

서하여자공양도西夏女子供養圖 (벽화. 감숙성 안서 유림굴 제29굴)

●●● **역사문화백과** ●●●

동방 금자탑

서하 왕릉은 하란산 중단 동쪽 기슭에 위치하는데, 은천시 도시 구역(서하 도읍 흥경부)과 35km 거리에 있다. 동서 길이 4.5km, 남북 길이 10km로 9개의 황제릉과 253개 배장묘陪葬墓가 있다. 1038년부터 건설했으나 후에 여러 차례 파괴되었다. 능원은 능대·헌전·월성·능성·내성 신장·동서비정·문궐 능대·각대로 구성된다. 그중 가장 뚜렷한 건축은 잔존 높이 23m에 달하는 다진 흙 둔덕인데, 팔각 7급으로 층층이 기와 조각이 쌓여 '동방 금자탑'이라 불린다. 또 8, 9개의 석상 농대석이 있다.

| 세계사 연표 |

1190년 잉글랜드의 왕 찰리는 원정 후 국사를 윌리엄에게 위임했다.

서하 갈색 유약 꽃병

높이가 39.5cm인 이 화병은 1986년 내몽골자치구 이극소맹伊克昭盟 홍경향紅慶鄕에서 출토되었으며, 현재 오르도스 박물관에 보존되어 있다. 이 꽃무늬는 모두 조각으로 된 것이다. 피어나는 꽃송이나 잎과 가지는 자연스럽고 생동감이 있다. 밑면에는 사슴무늬도 있다.

서 압록강 유역의 '미약覼藥' 어에 대한 조사 상황을 기록했다.

1931년 영국인 율분드는 논문을 발표해 사천의 서장 방언 가융어嘉戎語가 바로 서하어라고 했다. 후에 미국·독일·프랑스인들이 모두 목아 지역에 대해 조사를 진행했다.

1944년 사천대학 교수 등소금鄧少琴은 2차 목아 지역을 조사한 후 《서강목아향서오왕고西康木雅鄕西吳王考》란 책을 썼다. 그는 서하 멸망 후 일부 유민은 남으로 목아에 이주해, 심산계곡에 작은 나라를 건립했다고 유추하면서 목아에 거주하는 주민은 원시주민이 아니라 서하 유민의 후예라고 지적했다.

이외에 감숙성 남부 질부迭部 지역에 지금도 독특한 언어와 풍속을 가진 민족이 거주하는데, 이들이 서하 유민으로 추정되지만 증거가 확실치 않다.

●●● 역사문화백과 ●●●

[서하 석각 문헌 서하 비석]

감숙성 무위시 박물관에 고대 비각 진품이 소장되어 있는데, 그것은 호국사護國寺 감응탑비感應塔碑, 속칭 서하 비석西夏碑石이다. 이 비석은 1094년에 건립했으며 높이 2.5m, 폭은 약 1m로 정면에는 서하문으로 뒷면에는 한문으로 조각했다. 양면의 내용은 대체로 비슷한데, 양주성 내 호국사 불탑이 1092년 지진에 기울어져 서하 황제가 조서를 내려 수건한 일을 기록했다. 서하 비석은 본래 무위성 내 청응사 벽돌비정 내에 봉폐되어 있었는데 청나라 학자 장주張澍가 발견해 당시 이를 '천서天書'라고 했다. 1898년 프랑스인 데비아가 서하 비석 정문을 서하문이라 고증했고, 1932년 중국학자 나복성羅福成이 한문으로 번역했다. 이 2000자의 서하문은 서하 언어 문자 연구에 귀중한 석각 문헌을 제공해 서하의 역사·사회경제·토지제도·기년·관제·당시 불교 등의 연구에 공헌했다.

916~1368 요·서하·금

사면은 퉁구스어로 '무당' 이란 뜻이다

| 중국사 연표 |

1209년

옹천 4년 서하 중흥부가 칭기즈 칸 몽골 군사에 포위되었다. 서하가 금나라에 구원을 청했으나 금나라는 응하지 않았다. 서하 양종은 딸을 바쳐 화해를 청했다.

012

신비로운 서하 문자

"얼핏 보면 모두 알 만한 글이지만 자세히 보면 한 글자도 알 수 없다."

북경 거용관의 탑 내 통로 벽에 6체 문자(한漢·장藏·범梵·팔사파八思巴·회골回鶻·서하西夏) 비문이 있는데, 그중 한 문자는 얼핏 보면 한자 같지만 자세히 보면 천서天書와도 같이 한 글자도 알 수 없다. 이는 마치 상형 문자 같지만 구조가 복잡하고 필획이 대부분 10획 이상으로 한자의 영향을 크게 받았지만 한자와는 다른 독특한 문자인데, 이것이 바로 서하 문자다.

이원호가 번서를 자체 창제하다

서하 개국 황제 이원호는 무예가 출중함은 물론, 불경과 번·한 문자에도 통달했다. 서하 건국 전 해(1036)에 이원호는 대신 야리인영에게 영을 내려 서하 문자를 창제하게 했다. 《송사宋史·하국전상夏國傳上》에는 이렇게 쓰여 있다. '이원호는 번서를 자체 창제하고 야리인영에게 번역하게 해 12권을 완성했다. 형체는 방형이고 전체가 여덟 부분이며 획이 많이 중복된다.' 또 북송의 심괄은 《몽계필담夢溪筆談》에 이렇게 기록했다. '이원호가 반란하고 그 부하 우걸이 홀로 여러 해 걸려 번서를 창제했다.' 서하문은 과연 누

서하문 약방문 조각

당항인은 병에 걸리면 신에게 빌거나 무당을 청한다. 그리고 다른 방으로 옮기는데, 이를 '병을 피한다'라고 한다. 후에 한의漢醫와 장의藏醫가 들어가 그곳의 지리 조건을 이용해 초약을 대량 개발·이용했다. 이 처방에는 우슬·초·출미 등을 나열했는데, 달이는 법과 복용법은 전통 한의학과 일치한다.

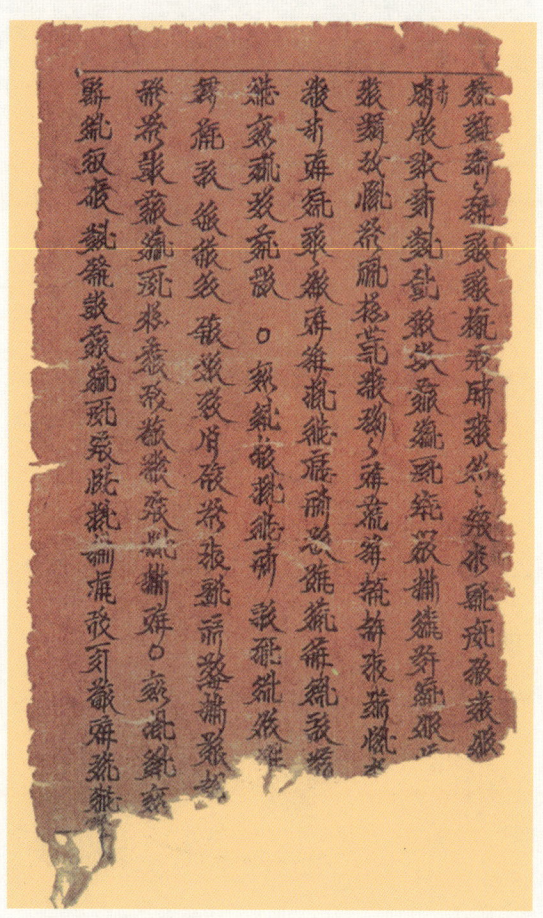

서하문 자전 – 《문해》

《문해》는 서하문 자전으로 저자 미상이다. 약 12세기에 완성되었고, 편집과 주석은 모두 《설문해자說文解字》와 《광운廣韻》을 모방했다. 서하문 연구에 귀중한 자료를 제공하는데, 현재 러시아에 소장되어 있다.

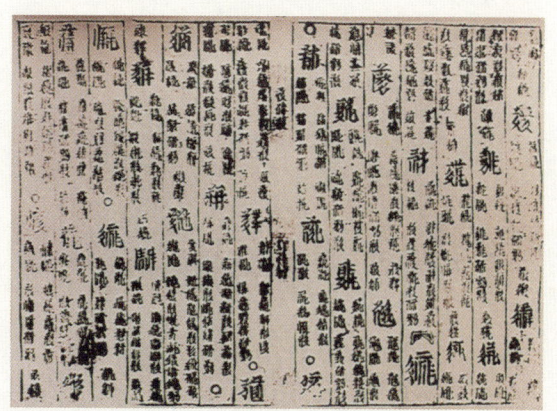

| 세계사 연표 |

1209년 신성 로마 제국의 교황이 오토의 대관 의식을 주최했다. 오토는 이탈리아 북부 부분 지역을 포기 양도했다.

출전 《서하사고西夏史稿》
《송사宋史·하국전夏國傳》

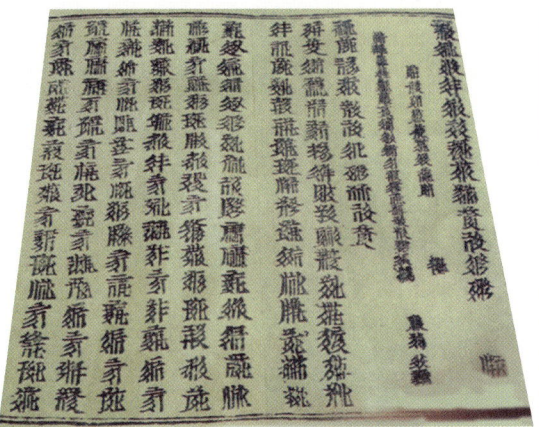

서하문 나무 활자판 불경
요나라 시대와 마찬가지로 불교가 성행함에 따라 불경 인쇄량이 급증해 활자 인쇄를 추진했다.

죽은 문자

1227년 서하 멸망 후 서하문은 여전히 서북 지역에서 유행해 '하서 문자'(몽골이 서하를 하서라고 부름)라고 불렸으며, 원 성종 대덕 2년(1298)에 선화에서 서하문《법화경》을 인쇄했다. 거용관 6체 문자 비문은 원 순제가 지정 5년(1345)에 완성했고, 명나라 때에도 서하문으로 불경을 인쇄했다.

1962년 하북성 보정 한장에서 명나라 효종 홍치 15년(1502)에 건립된 서하문 경당 2채가 출토되어 서하

서하의 중요 사료 《번한합시장중주番漢合時掌中珠》
서하 당항인 골륵 무재가 서하 건우 21년(1190)에 편찬했는데 하·한 통속어 사전이다. 목각본으로 모두 37쪽이고 원서는 현재 러시아에 소장되어 있다. 머리말에 밝힌 편찬 취지는 번·한 백성의 학습용이다. 천체·천상·지상 등 9종류로 구분되며, 각 단어에 모두 4항을 병렬, 중간 2항이 하·한 역문이다. 오른쪽 한자 옆에 서하문 주해가 있고, 왼쪽 한자 옆에 서하문 독음이 있다.

가 창제했는가? 현대 학자들은 우걸이 먼저 창제한 것을 통치자인 이원호가 제창하고 약간의 원칙을 제정했으며, 학식이 많고 전고에 익숙한 야리인영이 민간에 전해지는 서하 문자를 계통적으로 규범하고 정부의 힘을 얻어 이를 '국서'로 집행했을 가능성이 크다고 주장한다.

무력으로 건국한 이원호는 문치도 매우 중요시해 하자원夏字院과 한자원漢字院을 설립, 야리인영을 하자원 책임자로 임명했다. 서하문은 국자國字로 존숭되고 문서나 불경 역문을 모두 서하문으로 기록했다. 한자는 송나라와의 교류 때 서하문과 병용하고 기타 서번·회흘·장액과의 교류 때에는 모두 서하문을 사용했다.

●●● 역사문화백과 ●●●

[최초의 나무 활자 인쇄품]

1991년 영하 하란사 배사구 방탑을 정리할 때 고고학자들은 12만 자에 이르는 인쇄·서사 하·한 문헌과 문물을 발견했다. 그중 장문 불경 서하문 역본《길상편지구합본속吉祥遍至口合本續》은 중국 최초의 나무 활자 인쇄물이다. 그 외에《서하문서》장권은 약 7300자로, 가장 많은 권의 서하 문서다.

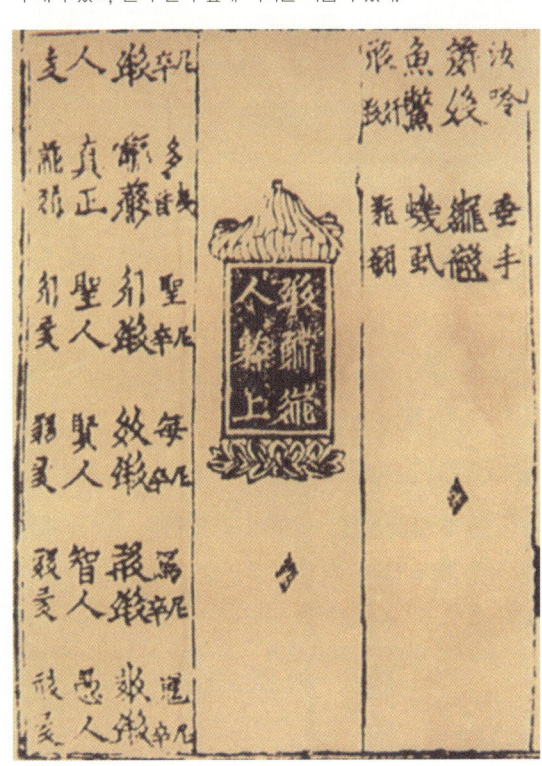

| 중국사 연표 |

1227년

보의 2년에 몽골 군사는 서하 성읍을 전부 파괴했다. 서하 황제 역굴이 투항을 청해 이로써 건국 190년의 서하는 멸망했다.

현무상玄武像 (서하 무명씨 그림)
이 그림은 내몽골의 서하 고도 흑성 유적지에서 출토되었다. 현무(일명 현무 대제는 도교의 신선으로, 검은 도포를 입고 맨발로 바위에 앉아 긴 검을 들고 있다. 왼쪽 아래에 현무(거북과 뱀)이 있고, 뒤의 왼쪽에 무사와 사녀, 오른쪽에 두 시종, 앞에 소졸이 꿇어앉아 보고한다. 흑수성에서 출토된 유일한 도교 그림이다.

신비한 면사를 벗기다

청나라 말기부터 서방 모험가들은 중국 변강에서 종종 문물을 약탈해 갔다. 1908년 러시아 코즐로프는 서하 흑수성黑水城(지금의 내몽골 에진기 동북)에서 대량의 문헌 자료를 발굴했다.

코즐로프는 황가 지리학회 회원으로 1884~1926년 사이 여섯 차례에 걸쳐 중국 서북 지역에서 발굴 활동을 했고 1907년, 1909년 두 차례에 걸쳐 서하 흑수성 유적지를 발굴했는데, 성 밖 고탑에서 "탑 속에 보물이 가득하고 2000여 권의 서적이 정연하게 서가에 쌓여 있었는데 책 표지는 모두 비단을 씌웠다"고 했다.

탑 밑의 밀실 중앙에 있는 나무 기둥 주변에 20여 개 진인 소상과 그림 조각·철동기·목기·방직물 등이 있었다.

그 후 돈황을 발굴한 프랑스 버시와 영국 스타인이 소문을 듣고 달려와 스타인은 흑수성에서 8일간 발굴 활동을 벌여 대량의 서하 문서와 러시아인이 채 못 다 가져간 벽화를 얻었다. 문헌은 현재 영국박물관에 소장되어 있다.

이런 문헌 중 《번한합시장중주》《음동》 등 자전·사전도 포함되어 있어 문서의 해독에 가능성을 부여했다. 서하 문자는 실제 한자 문명에 매우 근접하며, 문헌 중 《예기》《효경》《정관정요》 등 한문 경전의 역

망국 270년 후에도 서하인의 후예가 여전히 이 문자를 사용했음을 증명했다.

근대에 이르러 명나라까지의 서하문 비각을 발견했지만 청나라에는 이미 서하문을 식별할 줄 아는 사람이 없었다. 1870년 영국 학자가 거용관 6체 문자 비문 중 서하문을 금나라 여진 소문자로 착각하자, 1898년 프랑스인이 이를 여진 소문자가 아니라 서하문이라고 했다.

••• 역사문화백과 •••

[서하 문자]

이원호는 서하 창립 전에 새로운 문자 '국서'를 반포했는데 지금까지 6000여 자의 서하 문자를 발견했다. 이원호는 서하 문자를 강행해 실시했으나 문자가 복잡해 한자와 병행했다. 서하 멸망 후 서북 지역에서 사용되다가 청나라 때에 소실되었다. 《번한합시장중주》《음동音同》 등 자전·사전을 포함한 대량의 서하문 전적은 오랜 기간 러시아 과학원에 보관되어 있다가 1999년 중·러 합편 《러시아 소장 흑수성 문헌》이 영인본으로 출판되어서야 서하문 해독이 가능해졌다.

| 세계사 연표 |

1227년 황제 프리드리히 2세는 군사를 거느리고 제6차 십자군 동정을 실시했지만 병으로 퇴각했다. 교황은 고의적으로 도피했다는 이유로 그를 파문시켰다.

서하문 칙패 (위 사진) 흑색 유약 각자 도기 병 (오른쪽 위 사진)
11세기 서하 군주 이원호가 등극해 광운 원년(1036)에 서하문을 반포했다. 야리인영에게 명해 연역하고 한문 병용을 병행했으며, 서하 멸망 후 일부 당항인이 계속 사용했다.

이 책은 프랑스 과학원 한학 최고상인 '유련장儒蓮獎'을 수상했다. 당대 서하문 연구자 이범문李範文은 20여 년에 걸쳐 《하한 자전夏漢字典》을 편찬, 이 문자의 해독에 열쇠를 제공했다.

20세기 들어 1930년대에 소련 학자 네스크 교수는 흑수성 문헌에 매우 진귀한 서하 법령이 있음을 주장했지만, 중국 학자는 알 수가 없었다.

1989년 소련 학자 코차노프 교수에 이르러서야 율령의 서하문 영인본이 출판되었고, 1994년 중국사회과학원 민족연구소의 사금파史金波·섭홍음聶鴻音·백빈白濱이 이를 한문으로 번역한 것이 《서하 천성율령 역주西夏天盛律令譯注》이다.

1999년 상해고적출판사는 러시아과학원 동방연구소 성 페트로그라드 분소와 중국사회과학원 민족연구소 합편으로 된 영인본 《러시아 소장 흑수성 문헌》 11권을 출판해 중국 학자들이 자신들의 서하 문헌을 볼 수 있게 되었다.

문도 적지 않다.

1914년 중국 학자 나복성·나복장羅福萇은 러시아 학자에게서 《장중주掌中珠》를 구입해 서하 문자 연구에 착수, 《서하역 연화경고西夏譯蓮華經考》와 《서하국서 약설西夏國書略說》을 편찬했다.

러시아가 장기간 소장된 서하 문헌을 공개하지 않아 중국 선대 학자들은 주로 개별적인 자료에 의해 경문을 해석했다. 왕정여王靜如의 《서하 연구》 중 큰 비중을 차지하는 것도 바로 북경도서관의 서하문 불경을 번역 해석한 것이다.

거용관 운대에 새긴 서하 문자
거용관은 북경시 북쪽 군도산 협곡-관구 중부에 위치한 원나라의 유적지다. 운대는 대리석으로 축조되어 있고, 정밀한 불상과 도안을 조각했는데 6종 문자 경문 진귀하다. 이는 원나라 대도에서부터 시작해 북경 다민족 문화 교류가 많았음을 설명한다.

본명년(자기가 태어난 띠의 해) **71**

| 중국사 연표 |

1115년

수국 원년 정월에 아구다(금나라 태조)가 황제로 자칭하고, 국호를 대금大金이라 했으며, 연호를 수국收國으로 정했다. 9월에 금나라 군사가 요나라 황룡부黃龍府를 공략했다.

출전 《금사金史·시조함진기始祖函普紀》

013

함보가 원수를 갚아 주다

장백산과 흑룡강 사이에서 영웅이 배출되었다.

장백산과 흑룡강

금나라는 여진女眞족이 건립한 왕조다. 여진족의 기원은 주周·진秦 시대인데, 명칭이 여러 차례 바뀌어 5대 10국 시대부터 여진이라 불렸다.

거란인이 요를 건립한 후 여진은 요에 종속되었다. 통치를 강화하기 위해 요는 여진을 둘로 구분, 요나라에 속한 여진을 숙熟여진, 속하지 않은 여진을 생生여진이라 불렀다. 생여진은 요나라에 공물을 납부하며 백두산과 흑룡강 일대에서 활약했다.

전쟁을 평화로

완안부完顔部는 여진족 중 가장 강대한 부락이다.

금나라 최초 주조 화폐 (위 사진)
금나라 동전은 대체로 여진 문자를 쓰지 않고 대부분 한자를 사용했으며, 대부분이 연호 동전이다. 건국 후 한 시대 전조의 화폐를 사용했고, 정륭 3년(1158)에 주조한 정륭 원보正隆元寶가 최초의 동전이다.

●●● 역사문화백과 ●●●

[금나라 군사 편제 - 맹안·모극 제도]
맹안猛安·모극謀克은 부락의 군사 수령과 씨족장이란 뜻이다. 평상시에는 농업에 종사하며 군사 훈련에 참가했고, 전시에는 자체 무기로 출정했는데, 가족은 후방에 남아 농업에 종사하는 제도다. 건국 전 해(1114)에 금나라 태조는 300호를 1모극, 10모극을 1맹안으로 규정했다. 금나라 초기에 항복한 다른 부족을 맹안에 편입한 후 이 제도를 중지했다. 희종 이후 동북 지역의 맹안을 내지로 이주시켜, 부락 사이에 울타리를 세우고 각지로 분산시켜, 호수에 따라 토지를 부여했다. 그 호적은 당시 주·현에 귀속시키지 않았는데, 이를 둔전이라 불렀다. 실제로는 여진의 세습 직업 군사로, 대부분은 소작을 했으며 생산과 작전 능력이 점차 약해졌다.

금나라의 시조 함보函普는 고구려에서 삼형제가 왔다고 전해진다.

60살이 된 함보는 완안부에 투신했다. 당시 부락 간에 늘 살육이 벌어졌는데 한번은 완안부 사람이 인근 부락 사람을 죽였다. 이때부터 두 부락의 원한이 점점 깊어졌다. 완안부 사람들이 함보에게 말했다. "그대가 두 부락을 화해시켜 더는 살육하지 않게 하면 우린 노처녀를 그대에게 시집보낼 것이고, 그대는 부락의 정식 성원이 되는 것이네." 함보는 쾌히 승낙했다.

그는 상대방의 부락에 가서 말했다. "앞으로 살육의 원흉을 주살하고 완안부가 그대들에게 일정한 물질 보상을 주면 쌍방이 우호적으로 내왕하고 서로 도울 수 있습니다." 상대방이 그 조건에 동의해 쌍방은 약정했다. "이후 개인 결투를 허용치 않는다. 사람을 죽이면 반드시 그의 집에서 사람 1명, 말 10필, 암소 10두, 황금 6냥을 배상해야 한다."

일이 해결된 후 완안부는 함보에게 검은 소 한 마리를 상으로 주고 노처녀를 시집보냈다. 노처녀는 아들 둘과 딸 하나를 낳았다. 함보의 자손은 후에 완안부의 수령이 되었고, 아구다阿骨打에 이르러 금나라를 창건했다.

금나라 구리 호부
호부虎符는 중국 고대 제왕이 부하에게 병권을 수여한 후 군사 징집의 증거로 사용했다. 대부분 청동으로 주조했으며, 모양이 범 같다 하여 호부, 또는 '병부'라 했다. 흑룡강 아성에서 출토되었다.

| 세계사 연표 |

1115년 이탈리아 토스카니 여공작 마티엘이 죽으면서 유서에 그 토지를 교황에게 증여한다고 하여 황제와 교황의 분쟁을 유발했고, 토스카니의 각 성은 이 기회를 이용해 독립을 도모했다.

014

《금사金史·세조핵리발기世祖劾里鉢紀》 출전

담력이 큰 세조

위험에 직면해 두려워하지 않고 앞일을 귀신처럼 예견했다.

금나라 세조 핵리발劾里鉢은 개국 황제 아구다의 친아버지이다.

아버지를 닮아 용맹과 지략을 겸비한 세조世祖는 요나라 절도사를 역임한 후, 우선적으로 부락 내부의 분쟁을 평정했다. 그리고 아구다의 요나라 평정과 금나라 건국의 토대를 쌓아 나갔다.

참을성이 있는 세조

세조가 절도사가 된 지 얼마 안 되어 그의 숙부 발흑跋黑이 그 자리를 빼앗으려고 했다. 그러자 세조는 그의 병권을 박탈하고, 한 부락의 수령 자리만을 내주었다. 발흑은 오춘烏春 등 기타 부락의 수령과 결탁해 모반을 꿈꿨다. 그들은 또 세조의 지휘에 복종하지 말라고 그의 부하를 부추겼다. 처지가 매우 고립된 세조는 안으로 군사를 모아 실력을 강화했다.

세조는 가고加古 부락에서 갑옷 90벌을 샀는데, 이 일을 안 오춘이 사람을 보내 질책했다. "가고 부락은 나의 영지인데 그대가 어찌 나의 갑옷을 가져간단 말인가? 그대 삼촌의 두 아들을 인질로 보내거나, 아니면 모두 되돌려 보내라." 세조는 갑옷을 되팔 수밖에 없었다.

오춘을 달래기 위해 세조는 그와 통혼하려 했다. 오춘은 거만하게 말했다. "개와 돼지가 함께 있다 하여 어찌 새끼를 낳겠는가. 난 그대와 사돈 맺을 생각이 없네." 이런 모욕을 받고도 세조는 뒷날을 위해 참았다.

얼마 안 되어 부락에 "살고 싶으면 발흑에 투신하고, 죽고 싶으면 핵리발에 의부하라"는 괴소문이 돌았다. 그러자 몹시 의혹스러워 하던 세조는 멀리 떠나는 척하며 몰래 사람을 보내 도처에서 "적이 쳐들어왔다."고 소리치게 했다. 부하들은 혼란 속에서 어떤 자는 발흑을 보호하고, 어떤 자는 세조의 친족을 보호했다. 이에 그는 부하들의 충성 여부를 알게 되었다.

세조가 대담하게 살인하다

얼마 후 오춘 등이 군사를 일으켜 반란했다. 세조도 맞섰지만 발흑이 오춘과 한 편일까 봐 두려웠다. 그런데 마침 발흑이 첩의 집에서 고기를 먹다가 뼈가 목에 걸려 죽었다.

••• **역사문화백과** •••

[여진 문자]

거란문과 마찬가지로 여진 문자도 대소로 구분한다. 여진족은 처음에 거란 문자를 사용했으나, 후에 자신의 문자를 창제했다. 태조의 영에 의해 완안희윤完顔希尹과 엽로葉魯가 천보 3년(1119) 창제·반포한 것이 대문자이고, 희종 천권 원년(1138)에 새로운 문자를 반포 실시한 것이 소문자다. 현존하는 문헌과 금석, 필적 등 3종류인데, 문헌은 명나라 사이관四夷館이 편찬한 《여진역어》가 있고, 금석은 비각·마애 8곳, 필적도 매우 희소하다. 지금까지 1종의 여진 문자밖에 없어 학자들은 대문자인지 소문자인지를 연구 중이나 밝혀내지 못하고 있다.

송·금나라 문화의 빈번한 교류 (위 사진)
흑룡강 아성阿城에서 출토된 구리 거울의 뒷면으로, 나무 아래에서 두 남녀가 인사하고 있다. 이 장면은 당나라 이조위李朝威의 소설 《유의전柳毅傳》을 소재로 한 것이다.

916~1368 요·서하·금

1119년

| 중국사 연표 |

천보 3년 3월, 요나라가 아구다에 동회국 황제 칭호를 수여, 아구다는 받지 않았다. 8월에 완안희윤이 창제한 여진 문자를 반포·실시했다.

정요 제품 특징의 금나라 시대 백자기 식기

북경 해전구海淀區 남신장南辛庄 2호 묘에서 출토되었다. 유약의 색과 조형이 일치하며 백태로 얇다. 또한 유약이 깨끗하고 방울 자국이 있으며, 색깔은 온화하고 황백색을 띤다. 사발은 여섯 꽃잎 모양이며 밑굽이 작다. 단지는 볼록하고 움푹한 덮개가 있다. 이는 모두 송·금나라 시대 정요定窯 제품의 특성을 보여 준다.

세조는 눈물을 흘리며 숙부의 장례를 치렀지만 속으로 몹시 기뻐했다. 근심은 사라졌지만 반란군 세력이 강해 양군이 대치하자 세조의 부하들은 싸우기도 전에 겁에 질려 있었다. 세조는 태연히 서서 부하들을

유일한 여진 문헌 《여진역어》

금나라 여진분 저서와 역작은 소실되고, 명나라 영락 5년(1407) 사이궁 여진관이 편찬한 《여진역어女眞譯語》만 전해진다. 그 내용은 '잡자雜字'와 '내문來文' 두 부분인데, '잡자'는 여진 글자·한어 의미·한자 독음을 포함한 단어이고, '잡문'은 당시 동북 각 위·소 여진 관리가 명나라 조정에 공납한 표문이다. 여진 어휘를 한어 문법에 따라 서술한 것으로 보아 명나라 사이관 사람이 기록한 것이다.

질책하지도 않고 부하들의 갑옷을 벗기고 좁쌀죽을 먹이면서 안정시켰다.

그는 조용히 다섯째 동생에게 말했다. "오늘 싸움에서 지면 나는 꼭 죽는다. 너는 말을 타고 멀리 바라보면서 참전하지 마라. 내가 죽으면 나의 시체든 처자든 상관 말고 즉시 넷째 형에게 알려 요나라에 가서 군사를 빌려 복수하게 하라." 연후에 세조는 갑옷을 입지 않고, 북을 치며 여러 장사들에게 호령한 후 보검을 들고 스스로 적진으로 뛰어들었다.

장사들은 뒤를 따라 고함을 지르며 돌진, 적을 여지없이 무찔렀다. 결속된 후 전쟁터는 온통 시체가 널리고 붉은 피가 강을 이루었다. 이 싸움에서 세조는 검으로 적의 장수 아홉을 죽였고, 이로써 반란군은 완전히 붕괴되었다.

평범하고도 기이한 청자기 주전자

요령성 조양시에서 출토되었다. 아랫부분에 유약이 없어 회갈색이 그대로 노출되어 있고, 그 위로는 청색 유약을 발랐다. 윗부분에 "항상 술이 있다"라는 글자가 쓰여 있다.

| 1119년 | | 세계사 연표 |
영국 왕 헨리 1세가 프랑스에 진입, 로버트의 아들 클레이트와 프랑스동맹을 격파했다.

요·서하·금·원 고금 도읍 지명 대조표

	기간	고대 명칭	지금 지명
요나라	918~1120년	상경上京	내몽골 자치구 파라波羅성
	929~938년	남경南京	요령성 요양遼陽
	938~1122년	남경南京	북경北京
	938~1118년	동경東京	요령성 요양遼陽
	1006~1121년	중경中京	내몽골 자치구 영성寧城
	1044~1122년	서경西京	산서성 대동大同
서하	12세기 초에 개명	흥경부興慶府	영하회족 자치구 은천銀川
	개명 시간 미상	중흥부中興府	영하회족 자치구 은천銀川
금나라	11세기 전~1115년	상경上京	흑룡강성 아성阿城
	1119~1138년	상경上京	임황臨潢, 내몽골 자치구 바이린좌기
	1138~1153년	상경上京	흑룡강성 아성阿城
	1173~1215년	상경上京	흑룡강성 아성阿城
	1138~1150년	북경北京	임황臨潢, 내몽골 자치구 바이린좌기
	1153~1215년	북경北京	내몽골 자치구 영성寧城
	1120~1153년	중도中都	내몽골 자치구 영성寧城
	1153~1215년	중도中都	북경北京
	1215~1233년	중도中都	하남성 낙양洛陽
	1122~1153년	남경南京	북경北京
	1153~1232년	남경南京	하남성 개봉開封
	1132~1153년	남경南京	요령성 요양遼陽
	1117~1132년	동경東京	요령성 요양遼陽
	1153~1212년	동경東京	요령성 요양遼陽
	1122~1212년	서경西京	산서성 대동大同
원나라		합랄화림哈剌和林	몽골국
	1256~1264년	개평開平	내몽골 자치구
	1264~1370년	상경上京	내몽골 자치구
	1267~1368년	대도大都	북경北京

916~1368 요·서하·금

세조가 앞일을 예견하다

세조가 중병으로 임종에 이르자 그의 아내는 옆에서 자꾸 흐느꼈다. 세조는 말했다. "울지 마라, 너도 한 해 지나면 나를 따라올 것이니." 동생 숙종이 그를 보러 오니 세조는 말했다. "너는 기껏해야 3년을 살 것이다." 숙종은 밖으로 나와 탄식하며 말했다. "형님은 이런 때에도 나한테 좋은 말 한마디 하지 않으시네." 세조는 후사를 배정할 때 말했다. "맏이는 너무 나약해 거란을 대처하려면 아구다에게 의거해야 한다." 세조가 죽은 후 일 년 만에 과연 그의 처도 죽었다. 또 일 년이 지나자 숙종도 중병에 걸렸다.

숙종은 죽기 전에 탄식했다. "형님은 참으로 앞일을 귀신처럼 아는구나!"

| 중국사 연표 |

1120년

천보 4년에 금·요나라가 화해를 맺지 못하자 금나라 태조 아구다가 요나라를 공격했고, 5월에는 상경上京을 공격하자 요나라 천조제는 서경西京으로 도망했다.

015

요나라를 반대한 아구다

"요나라는 무쇠를 국호로 하여 무쇠처럼 강함을 상징했다. 무쇠는 굳세지만 녹이 슨다. 하지만 금은 변하지 않는다." 이에 아구다는 국호를 금이라 했다.

완안 아구다는 부친 세조의 기대에 부응하여 요를 평정하고, 건국 대업을 완성했다.

첫 물고기 연회

요나라의 옛 제도에 따라 황제는 매년 초 송화강松花江·눈강嫩江 일대에 가서 얼음을 깨고 고기를 잡고 매를 놓아 사냥을 하는데, 첫 물고기를 황제가 친히 낚아 연회를 거행했다.

요나라 천경 2년(1112), 천조제는 송화강에서 큰 물고기 한 마리를 낚아 신하들과 함께 '첫 물고기 연회'를 차렸고, 아구다를 포함한 주위 1000리 안 여진 부락 두령들도 모두 알현했다. 술이 얼근해지자 천조제는 각 부락 추장들이 춤을 추어 흥을 돋우라고 했다. 아구다 차례가 되자 그는 가무를 모른다는 핑계로 영

을 거절해 천조제는 그를 죽이려 했다. 그러자 추밀사 소봉선이 이를 말리며 말했다. "아구다는 예의를 모를 뿐, 아무런 잘못도 저지르지 않았는데 그를 죽인다면 다른 부락들이 불복할까봐 두렵나이다. 딴 마음이 있다 해도 그는 큰일을 성사시키지 못할 것이옵나이다."

그러나 소봉선은 사람을 잘못 보았다. 아구다는 결코 만만한 자가 아니었다. 항우가 당년에 홍문연에서 유방에 대해 우유부단해 결국 눈물을 흘리며 우희와 이별하고 오강에서 죽은 것처럼, 천조제가 아구다를 용서한 것 역시 후환을 남겨 멸망을 자초했다.

금나라 문학가 채송년 《소한노인 명수집》 (금나라 각본)
금나라 채송년蔡松年이 편찬한 사집이다. 채송년(1107~1159)은 자는 백견伯堅, 호는 소한노인蕭閑老人이고 진정眞定, 지금의 하북 정정正定 사람이다. 북송 선화 말년 부친 채정蔡靖을 따라 연산부를 수비했는데, 전패 후 금에 투항했다. 금나라 태종 천회 연간에 진정부 판관을 제수받았고, 후에 우승상으로 진급, 위국공에 책봉되었다. 시호는 문간文簡이며, 시에 능하고 화답 시가 많다. 감회를 많이 토로하여 오격吳激과 함께 '오채체吳蔡體'라고 불린다.

●●● 역사문화백과 ●●●

[요나라 시대 유명 연회 - 첫 백조 연회]
거란 풍속에 강이 녹는 초봄에 황제는 신하들을 거느리고 사냥을 즐겼다. 시위가 북을 두드려 수중의 백조들이 놀라 날면 황제가 활을 쏘고 매를 풀어 백조를 잡는다. 백조의 머리는 매를 먹이고 몸체는 황제에게 바치는데, 좌우가 만세를 부르고 주악을 연주하며 신하가 머리에 백조의 털을 꽂고 밤새도록 축하의 술을 마신다. 첫 백조를 잡은 자에게는 상을 주는데, 송시 〈거란 풍토가〉에는 "백조 한 마리에 황금 200냥"이라는 구절이 있다. 제일 큰 백조를 잡아 승진한 신하도 있다.

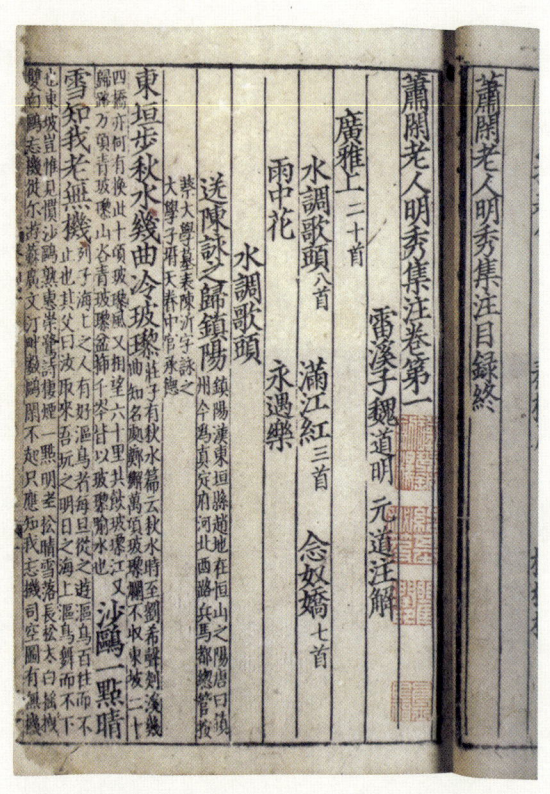

| 세계사 연표 |

1120년 프랑스가 영국과의 전쟁에서 패해 노르망디를 여전히 영국이 통치했다.

《금사金史·태조기太祖紀》 출전

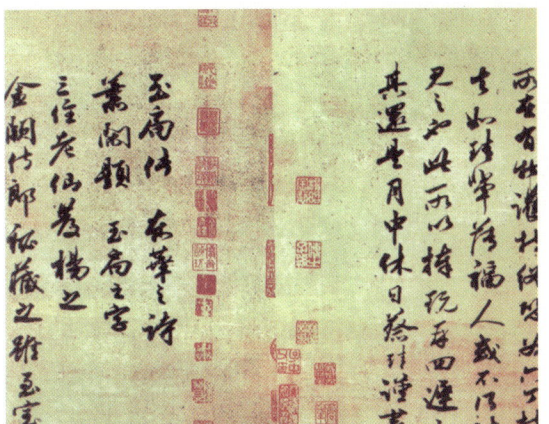

금나라 시대 문학가 채규의 유일한 보존 문장
이 사진은 채규의 《발소식이백선시권跋蘇軾李白詩卷》이다. 채규蔡珪(?~1174)는 자가 정보正甫이고, 진정眞定 사람이며, 채송년의 아들이다. 한림수찬·동지제고·호부원외랑 겸 태상승·예부낭중을 역임했다. 현존하는 시는 대부분 여로의 풍물과 서정 등이다. 원호문元好問은 금나라 문학은 "바로 정보를 정통 시조로 한다."라고 했다. 현존하는 시는 《중주집中州集》 등 46수가 있다.

용맹도, 모략도 있었다

아구다는 10세에 벌써 말을 타고 활 쏘기를 좋아했으며, 어려서부터 부친 세조의 총애를 받았다.

한번은 요의 사자가 세조의 집에 왔는데 아구다가 활을 든 것을 보고 공중을 나는 새들을 쏘아보라고 했다. 아구다가 활을 쏠 때마다 새가 한 마리씩 떨어지니 요나라 사자는 찬탄했다. "기이한 아이로다!"

••• 역사문화백과 •••

[황권을 강화하는 발극렬 보좌 제도]
'발극렬勃極烈'이란 여진 말로, 부락의 추장을 가리킨다. 이는 금나라 초기에 실행했으며, 고대 의사결정 제도를 반영했다. 그러나 실제는 황제를 보좌하는 중추 기구이다. 암판諳版·국론國論·아매阿買·화측和㭄 등 4명을 세웠는데, 후에 증가했다. 금나라 태종 때 이 제도를 개혁해 황권을 강화하는 방편으로 추진했다. 그중 암판 발극렬의 수장은 실제로 황위 계승자가 되었다. 희종 즉위 후 발극렬 보좌 제도는 폐지되었다.

세조가 전장에 나서면 어린 아구다도 종군하려 했다. 이에 세조가 허락하지 않자 아구다는 세조 몰래 여러 번이나 갑옷도 입지 않고 필마단기로 적진에 뛰어들었다. 세조는 임종 전 아구다의 손을 잡고서 신하들에게 말했다. "나의 큰아들 오아속烏雅束은 너무 연약하네. 오직 이 아들만이 요나라를 대처할 수 있네."

아구다는 용맹하고 정치적 재능도 있어 내정 외교 분야에서 많은 업적을 세웠다. 어느 해, 기황이 들어 도적이 들끓었다. 누군가가 도적들은 죽여야 한다고 주장하자 아구다는 "재물 때문에 살인하면 안 된다." 면서, 처자를 팔아 빚을 갚는 자는 3년간 조세를 면해 주도록 영을 내렸다. 이런 조치로 민심을 크게 얻은 그의 부락은 점점 강대해졌다.

아구다는 농업 생산에 힘쓰고 군사를 훈련해 요나라를 격파할 준비를 했다.

정요 백색 유약 꽃 용무늬 접시
금나라 시대의 자기로 높이는 7cm이고, 지름이 30.5cm이다. 1985년 길림성 농안현農安縣에서 출토되었고, 현재 길림성 박물관에 소장되어 있다. 조형이 간단하고 투박하며, 유약은 맑고 윤택하다. 안쪽에 반룡무늬가 새겨져 있다. 북방 민족의 문화 정신을 반영한 이 접시는 보기에는 간단하고 투박하지만, 송나라 왕조의 반을 삼켜버린 기상을 연상케 한다.

916~1368 요·서하·금

청록색

| 중국사 연표 |

1125년

천희 3년 2월에 금나라 군사가 요나라 천조제를 나포했고, 요나라가 멸망했다. 금나라 완안한과 완안종망은 두 갈래로 나뉘어 송나라를 대거 침범했다.

요나라에 대항하다

천경 4년(1114), 9월 아구다는 요나라에 대항하는 군사를 일으켰다. 그는 여진 각 부락 2500여 명을 거느리고 선서 대회를 거행했다. 그는 요나라의 각종 죄악을 열거하고 나서 요나라와 끝까지 혈전할 것을 맹세했다. 전쟁 중 그는 항상 앞장서서 대군을 이끌고 요나라 병영에 돌입했다. 첫 싸움에서 승리한 후 누군가 아구다에게 등극하라고 권하자 그는 말했다. "겨우 한 번 승전하고서 황제로 자칭하면 너무 천박하지 않은가."

10월에 아구다는 영강주寧江州, 지금의 부여현扶餘縣을 점령하고 요 군사를 크게 격파했다. 아구다는 거란·발해 백성의 반요 정서를 이용해 나포한 요나라

금나라 시대 도가 인감

동한 말년 장도릉張道陵이 오두미도를 창시해 각지에 종교의 행정 중심 도장을 설치했는데, 이를 치治라 했으며 총 24치가 있었다. 양평치陽平治는 오두미도의 총부인데, 후에 장도릉을 장천사張天師로 존칭하면서 그 인감을 아래 사진과 같은 '양평치도공인陽平治都功印'이라고 했다.

금나라 시대 생활용품 자기 베개

베개 면이 타원형이고 경사지고 속이 비어 있다. 백색 유약 바탕에 붉은색 인동 꽃을 조각했는데, 이는 한족 지역의 공예 전통을 계승한 것이다.

장수를 풀어주면서 백성을 설득하게 했다.

1115년 1월, 아구다는 정식 황제로 자칭하며 말했다. "요나라는 무쇠를 국호로 하여 무쇠처럼 굳셈을 상징했다. 무쇠는 굳세긴 하지만 나중에는 결국 녹이 슨다. 오직 금만이 절대 변하지 않는다." 이리하여 국호를 금이라 했다.

같은 해 8월, 아구다는 요의 북방 중진 황룡부黃龍府, 지금의 길림성 농안현을 공격했다. 이에 크게 놀란 천조제는 친히 70만 대군을 거느리고 정벌했다. 아구다는 장수들을 불러 놓고 통곡하며 말했다. "짐이 백성을 위해 나라를 세웠는데 요나라가 여진을 무시해 지금 그 황제가 친히 정벌하니 결사전을 하지 않고서는 이길 수가 없네." 그러자 장수들도 격앙되어 소리쳤다. "혈전으로 살아남는 수밖에 없나이다!" 금나라 군사들은 한마음으로 요나라 군사를 무찔렀다.

아구다는 56세에 죽었는데, 사후의 묘호는 태조다. 그가 창립한 금나라는 9대 120년 동안 이어졌다.

금나라 태조 아구다가 죽은 후 그의 동생 완안성完顏晟이 계승했는데, 그가 태종太宗이다. 태종은 요나라를 멸했고, 송나라 휘종과 흠종을 생포하고 중원의 광활한 토지를 점령했다.

태종이 죽은 후 태조의 손자 완안단完顏亶이 계승했고, 그가 바로 희종熙宗이다. 이때 송나라 고종은 이미 송나라 정권을 재건했다. 희종은 맹장 완안종필完顏宗弼에 의거해 남송에 대한 일련의 군사 승리를 취득, 남송으로 하여금 신하로 자처하면서 화해를 청하게 했다. 그러나 나라가 확장될수록 금나라 황실 내부 분쟁도 점점 치열해졌다.

| 세계사 연표 |

1125년

신성 로마 제국 하인리히 5세가 죽고 후대가 없었다. 마이언츠와 콜론 등지의 대주교가 교황의 도움으로 하인리히 근친의 계승을 제지하고 따로 색슨 공작 로테일을 선택했다. 이로써 게르만과 이탈리아에서 교황과 황제의 분쟁이 야기되었다.

016 내가 아니면 누가 황제인가

《금사金史·해릉기海陵紀》 출전

완안량의 평생 소원 세 가지는 첫째, 모든 국가 대사를 혼자 결단하고 둘째, 주변국을 제패하며 셋째, 천하의 미인을 모두 아내로 삼는 것이다.

"만리 강산에 도로와 문자를 통일하거늘 강남에 어찌 따로 국가를 설치하리. 백만 군사 서호 옆에 다다르니 오산의 제일봉에 말을 세우리." 이 시는 금나라 시대 해릉왕海陵王 완안량完顏亮이 지은 시인데, 기세가 웅장해 천하를 통일하려는 해릉의 포부를 나타낸다. 그러나 그는 나중에 살육에 미친 음탕한 폭군의 형상으로 역사에 이름을 남겼다.

평생 세 가지 소원

금나라 태조의 손자 완안량은 총명하고 대담했고, 그의 친구 소유蕭裕 등도 모두 음험하고 흉맹한 자들이었다.

언젠가 그는 부하 친신들에게 자신의 소원 세가지를 말했다. 첫째, 모든 국가 대사를 혼자 결단하며 둘째, 대군을 거느리고 주변국을 공격해 군주를 엎드리게 하며 셋째, 천하의 미인을 모두 아내로 삼는 것이다.

그들의 수하들도 분분히 기회를 틈타 제위를 탈취하라고 그를 부추겼다.

나 아니면 누구겠는가

희종이 직계 손자로 제위에 오른 후 완안량은 불만을 품고 제위를 탈취할 꿈을 꾸었다. 그는 조정에 친신을 심어 놓는 한편, 황제 앞에서는 충성을 표했다. 희종은 그를 충신으로 보았지만 늘 경계했다.

희종의 황후 배만裵滿 씨는 본분을 지키지 않는 여인으로 종종 국사에 참견해 황제를 몹시 화나게 했다. 완안량의 생일에 희종이 내시 대흥국大興國에게 예물을 보내라 했는데, 황후도 사사로이 대흥국을 시켜 예물을 보냈다. 이 일을 안 희종은 몹시 화가 나 대흥국에게 곤장 100대를 때리고, 황후의 예물을 찾아오라 했다. 이를 지켜본 완안량은 몹시 두려워했다.

북방 민족의 특징이 나타나는 비단 저고리

흑룡강성 아성시 경내 금나라 제국왕 묘에서 출토되었다. 자색 바탕에 황금색 무늬로 호화스러우며, 제작이 정교하다. 북방 민족 복장의 특징이 확연히 나타난다.

금나라 시대 오둔양필 전음비奧屯良弼餞飮碑

여진문은 대문자와 소문자로 나뉜다. 금나라 건국 후 태조가 완안희윤希尹에 명해 거란 문자와 한자를 모방, 여진 문자를 창제하게 한 후 천보 3년(1119)에 반포하고 실시했는데, 이를 대문자라고 한다. 천권 원년(1138), 금나라 희종이 요나라의 2종 문자를 참조해 또 소문자를 창제했다. 전해지는 문자는 1종 밖에 없어 대문자인지 소문자인지 알 수 없다. 사진은 한·여진의 두가지 문자로 된 〈오둔량필 전음비〉의 탁본이다.

전국 주민을 몽골·색목·한인·남인 등 4등급으로 구분했으며, 대우가 서로 다르다

| 중국사 연표 |

1126년 천회 4년에 금나라 군사가 송나라 변경(汴京)을 점령했다. 송나라 군주 환(桓)이 투항했다.

희종은 성격이 매우 고약해 간혹 사람들 앞에서 대신을 모욕했다. 어떤 때에는 술기운을 빌려 직접 사람을 죽이기도 했다. 심지어 그의 사위 당괄변唐括辨도 매를 맞았고, 종실과 후비 등 여럿을 죽여 많은 적을 만들었다. 이런 사람들이 완안량과 결탁해 정변을 도모했다. 완안량은 당괄변에 물었다. "희종을 폐하면 누가 황제가 되어야겠는가." 당괄변이 황실 성원 몇몇을 천거하자 완안량은 일일이 부정했다. "그대 자신이 하려는 게요?" 당괄변이 묻자 완안량은 대답했다. "나 아니면 또 누가 황제가 된단 말인가!"

제위를 대체하다

희종의 신변 친신인 내시 대흥국은 궁문의 열쇠를 쥐고 있었는데, 완안량은 지인을 통해 그를 밀실로 불러 위협하며 유인했다. 당초 나에게 예물을 보낸 일로 폐하는 너를 죽이겠다고 하셨다, 죽기를 기다리기보다는 선수를 쓰는 게 낫지 않느냐, 난 이미 대신들과 희종을 폐하기로 결정했다.

이에 대흥국은 명에 따르겠다고 했다. 완안량은 궁정 위사 아리출호阿里出虎와 홀토忽土와 내응해 주밀한 계획 아래 12월 9일 야밤 정변을 일으키기로 했다.

그날 아리출호와 홀토가 당직을 섰고, 2경이 되자 대흥국이 궁문을 열었다. 완안량은 칼을 감춘 한 무리

금나라 시대 정요 자기 닭을 탄 동자
하북 곡양 간자촌澗磁村과 동서 연천촌燕川村에 위치하는데, 중국 송·금 시대 북방 도자기 가마의 중심이다. 정요定窯는 정주定州에 위치해 붙여진 이름이다. 당나라 말기부터 자체적인 특징을 띤 백자기를 생산했으며, 북송에 이르러 그 규모가 공예 수준으로 확대되었다. 당시 5대 명요 중의 하나였는데, 원나라 이후 쇠락했다. 흑자기와 장색 유약 자기도 생산했다.

사람을 거느리고 궁중으로 뛰어들었다. 문지기는 그들 중 부마 당괄변이 있음을 보고 의심하지 않았다. 희종은 침실에서 그들의 발자국 소리를 듣고 호통 쳤다. "누구냐!" 사람들이 놀라 주춤하는데 홀토가 큰 소리로 말했다. "더 주저할 게 뭔가!" 희종은 평소 침대 옆에 놓아 두던 칼을 찾았으나 보이지 않았다. 대흥국이 이미 칼을 침대 밑에 감춰 둔 것이다.

아리출호가 먼저 희종을 칼로 찔렀고 이어 홀토가 또 찌르니 희종은 그 자리에 쓰러졌다. 완안량이 다시 한 번 찔러 선혈이 그의 몸과 얼굴에 가득 뿌려졌다. 홀토가 고함쳤다. "지금 승상을 황제로 모시지 않으면 또 어느 때를 기다린단 말인가!" 이에 즉시 전신에 핏자국 낭자한 완안량을 침상에 앉히고 절하면서 만세를 불렀다.

이렇게 완안량은 황제가 되었다.

역사문화백과

황권을 강화하는 천권天眷 신행 제도

천권은 금나라 제3대 희종의 연호 중 하나다. 요나라와 북송을 멸한 후 백성 중 거란인·발해인·한인이 많아져 원 여진 정치 제도는 통치 요구에 부합하지 않았다. 희종은 한족 문화를 좋아해 즉위 후 한족 관제를 실시했다. 우선 발극렬 제도 폐지, 요·송나라의 한족 관제 실시, 3사(태사·태부·태보)와 3성(상서·중서·문하)을 설치했다. 천권 원년(1138)에 반포해 실시했으며, 여진 귀족은 국왕 칭호를 주고 실제 직책은 없었다.

| 세계사 연표 |

1126년

잉글랜드 제후가 헨리 1세의 딸 마르셀을 왕위 계승자로 인정했다.

017 해릉이 종실을 박해하다

《금사金史·종의전宗義傳》
《금사金史·종본전宗本傳》
《금사金史·해릉기海陵紀》 출전

정적을 제거하려고 종실부터 죽였다.

해릉은 권력을 찬탈한 후 정적을 제거하기로 결심하고, 먼저 황실 중 세력이 큰 태종의 후대부터 손을 쓰기 시작했다.

종본이 모반하다

종본宗本은 태종의 여러 아들 중 실력이 있고, 우승상 겸 중서령·태부의 위치에 있었다. 희종 때 해릉은 이미 그를 제거하려 했으나 실패하고 대권을 손에 쥐자 다시 그를 제거하려 했다.

해릉은 친신 소유簫裕와 밀모해 종본을 어화원으로 청했다. 종본이 화원으로 들어서니 해릉은 이미 누대에 앉아 있었다. 종본이 문안하려 하는데 해릉이 갑자기 호통을 쳤다. "네가 모반을 하려 하느냐?" 그러자 숨어 있던 도부수들이 달려들어 종본을 죽였다.

조정 중신 종본을 무참히 죽였지만 소유에게는 나름대로의 묘계가 있었다.

그날 종본의 친구인 소옥蕭玉이 술에 취해 손님을 성 밖으로 배웅했는데, 누군가 수레로 그를 납치해 소유 동생의 집에 연금했다. 소옥이 술이 깬 후 보니 사면에 칼을 든 군사뿐이라 놀라서 울음을 터뜨리며 애걸했다. "신은 죄를 범하지 않았고 집에 칠십 노모가 계시니 불쌍히 여겨 주소서!"

이때 소유가 앞으로 나서서 그의 귀에 대고 속삭였다. "폐하께서 종본을 용인하지 않아 이미 그를 참하시고 모반죄를 그에게 뒤집어씌우려 하시네. 자네가

종본의 친구이니 이 일은 자네가 나서서 종본의 모반을 고발해야 하네. 모반에 관한 사연은 내가 다 작성해 놓았으니 반드시 써놓은 대로 고발하지 않으면 자네 집은 화를 당하네."

이에 소옥은 순순히 응낙했다. 소유는 고발장을 소옥에게 넘겨주고 그와 함께 조정으로 갔다.

해릉은 신하들 앞에서 그럴듯하게 소옥을 심문하자 소옥이 말했다. "종본이 모반하려 한 지는 이미 오래되었나이다. 그는 관상쟁이가 천자의 상을 가졌고 그의 아들도 크게 귀해질 거라고 하자 아들을 폐하 앞에 내놓지 않았나이다. 그는 또 좌승상 병덕·중서령 당괄변과 결탁해 폐하의 수렵 행차 시 정변을 일으키려 했나이다. 종본은 신에게 전마 한 필과 두루마기를 선물해 거사의 표지로 삼았나이다. 신은 미처 폐하께 상주하지 못해 먼저 비서감 소유에게 알려 폐하께 전하게 했나이다."

소옥은 제법 그럴싸하게 말하면서, 여러 종실 성원도 연루시켰다.

해릉은 이 기회를 이용해 총 70여 명의 태종 자손을 죽였는데, 이 일로 태종의 후대가 멸족되었다. 그는 또 사야斜也의 자손을 노리고 음모를 꾸몄다.

금나라 시대 귀족 장식물 열섭 (위 사진)
열섭列鞢은 여진 귀족이 허리에 다는 호화 장식물인데, 1973년 흑룡강성 수빈현 금나라 묘에서 출토되었다. 전체 길이는 37.7cm이며, 은함 아래는 황색 견사로 엮은 다면체 수정, 도금 은꽃, 타원형 옥구슬 등이 있다. 전반 열섭은 공예가 매우 정교하다.

916~1368 요·서하·금

습면濕面 제품

| 중국사 연표 |

천회 5년 3월 금나라는 장방창張邦昌을 황제로, 국호를 초楚로, 금릉金陵을 도읍으로 정했다. 12월 송나라를 대거 침범, 송나라 휘종·흠종 2제를 나포해 북으로 호송, 북송이 멸망했다. 송나라 강왕康王 조구趙構(송나라 고종가 남경) 응천부應天府에서 즉위, 남송을 건립했다.

일석이조

사야는 태조 아구다의 친동생으로, 전투에서 공을 세워 요왕遼王으로 책봉되었다. 그의 아들 여럿이 조정에서 벼슬했는데, 아홉째 종의宗義는 평장정사로 있었다. 다른 한 종실 성원 좌승상 겸 부원수 살리갈撒離喝도 매우 세력이 있었는데, 그 아들 종안宗安은 어사대부였다. 해릉은 이 두 집안을 몹시 꺼려 단번에 뿌리 뽑으려 했다.

살리갈은 전공이 혁혁하고, 수중에 병권을 쥐고 일부 장사들의 옹호를 받았다. 해릉은 그에 대해 좀 주저해 겉으로는 그를 크게 장려하고 옥대를 하사하며, 고관후록을 약속했다. 동시에 심복이자 귀비의 아버지인 달불야撻不野를 우승상 겸 우부원수로 임명, 살리갈이 군무를 관계하지 못하게 했다.

달불야와 살리갈은 종종 갈등을 빚는 관계였다. 해릉은 암암리에 원수부령사 요설遙設에게 일석이조의 계책으로 종의와 종안을 모해하게 했다.

요설은 살리갈의 필적과 인감을 모방, 그 아들 종안에게 띄우는 편지 한 통을 써서 남몰래 궁문 어귀에 놓았고, 조회 때 여러 사람 앞에서 편지를 읽게 했다. 편지는 물에 젖었는지 필적이 모호했지만 내용만은 대체로 알 수 있었다. "달불야가 항상 나와 불화해 무슨 일에든 맞서는데, 아마 폐하의 의지대로 처사하는 것 같다. 너와 종의, 모리야謀里野는 경중 완급을 잘 가려 보며 계획을 작성하라. 모리야의 말대로 먼저 달불야를 죽이면 남로에는 우려가 없어진다. 조정에서는 이라보移刺補 승상을 방비하라. 조금만 방심해도 그가 우리 계획을 간파할 것이다. 거사 날짜를 확정한 후 속히 소호掃胡에게 편지를 보내 통지하라."

이는 분명 반란의 밀모다. 모리야 역시 종실인데 연루된 것이다.

해릉은 즉시 종의와 종안을 투옥하고 심문했다.

종안은 말했다. "내가 만약 이런 편지를 받았다면 새나갈까 봐 겁을 낼 텐데, 어찌 궁문 어귀에 떨어뜨린단 말인가." 옥리가 혹형을 가했으나 그는 불복했다. 소호는 난로에 대고 지지니 부득이 승인했고, 종의도 혹형에 못 이겨 자백했다.

그는 종안에게 말했다. "죄를 덮어씌우려 하는 이상 피류의 고통을 덜 받는 게 나을 것 같다." 그러자 종안은 말했다. "이 억울함을 밝히지 않으면 난 죽어도 눈을 못 감아!" 그 결과 그대로 맞아 죽었다.

살리갈·종의·모리야와 그 가족 100여 명은 모두 주살되었다. 해릉은 이같이 냉혹하고 무정한 도살 정책으로 이색분자를 제거하고 정권을 공고히 하는 목적을 이루었다.

남북 생활 풍속의 융합을 구현하는 폐슬

폐슬은 배에 거는 직사각형 직물로, 주周대 제왕 예복에 이미 있었다. 이 문물은 무늬가 산뜻하고 호화스러우며, 매화꽃은 중원 문화의 영향을 받은 것이다.

••• **역사문화백과** •••

[금나라 복장의 출토]
1988년 흑룡강성 아성시 거원항에서 금나라 제국齊國왕 완안 안完顔晏 부부 합장묘가 발견되었다. 묘에서는 의복, 모자 등 총 33점이 있었는데, 금나라의 방직 기술, 날염 공정, 방직기 종류, 민속 미학 등의 연구에 진귀한 실물 자료를 제공했다.

| 세계사 연표 |

1127년 로타르가 프리드리히와 콘라드와의 권력 투쟁에서 이겨 독일의 왕으로 선출되었다.

018

《금사金史·후비전后妃傳 상》
《금사金史·해릉기海陵紀》 출전

천하 미녀를 다 차지하려 하다

자신만의 음탕한 향락을 위해 천하의 모든 자녀를 이별시키고, 이를 당연하게 생각했다.

해릉왕 완안량은 음탕한 호색한이었다. 그의 그런 행실은 소설집 《성세항언醒世恒言》의 23권, 《금 해릉이 지나치게 음탕해 몸을 망치다》에 자세히 묘사되어 있다. 이는 작가의 과장도 있겠지만 서술한 일은 역사 기록에 그대로 살아 있다.

아리호를 목 졸라 죽이다

해릉은 위선적이어서 승상으로 있을 때에는 사생활을 다소 절제했지만 제위에 오르자 음욕을 채우기에 바빴다. 그는 10여 명의 귀비 외에도 수없이 많은 여자가 있었다. 그리고 그녀들 중 조금만 마음에 들지 않아도 잔혹하게 살해했는데, 그 수법이 소름 끼칠 정도였다.

포찰 아리호阿里虎는 매우 예쁘게 생겼는데, 아호질阿虎迭과 완안남完顏南 두 집에 시집갔다가 남편이 죽은 후 홀로 집에 있었다. 해릉은 반역도 하기 전에 이미 아리호에게 마음이 있었는데 그녀의 시아버지가 동의하지 않았다.

해릉은 제위에 오른 지 3일 만에 바로 그녀를 궁중으로 데려와 비로 삼았다. 해릉이 또 아리호와 전남편 사이의 딸 중절重節에게 눈독을 들이자 질투에 불탄 아리호는 중절의 따귀를 때렸다. 이 일을 알게 된 해릉이 몹시 화를 내며 아리호를 죽이려 하자 황후와 비들이 말려 그만두었다.

해릉에게 냉대를 받은 아리호는 한 시녀에게 남장을 시켜 부부처럼 같이 먹고 자면서 동성애를 나눴다.

삼낭이라는 주방어미가 이를 해릉에게 고자질하니 해릉은 대수롭지 않게 생각했다.

그러자 아리호는 노기를 참지 못해 삼낭을 죽였다. 궁내에서 사람이 죽었다는 말을 들은 해릉은 삼낭일 거라고 짐작했다. "만약 삼낭이 죽었다면 짐은 아리호를 참할 것이다." 아리호는 놀라서 밥도 먹지 못하고 날마다 향을 태우면서 신령에게 기도했다. 한 달쯤 지나 아리호가 정신을 놓자 그제야 해릉은 사람을 보내어 그녀를 목 졸라 죽였다.

해릉이 음욕을 절제하지 않아 몸을 망치다
명나라 소설가 풍몽룡馮夢龍의 《성세항언醒世恒言》 중 23권은 금나라 해릉의 포악한 일생을 썼다. 이 그림은 《성세항언》에 실려 있다.

916~1368 요·서하·금

양파 83

1129년

| 중국사 연표 |

천회 7년 2월 금나라 군사가 양주揚州에 박근해 송나라 고종이 강남으로 도망치고 도읍을 항주로 옮겼다. 금나라 군사가 도강하니 송나라 조정은 바다로 망명했다.

남의 아내를 빼앗다

절도사 완안오대完顏烏帶는 해릉의 반역에 큰 공을 세웠다. 자색이 뛰어난 그의 아내 정가定哥는 결혼 전에 해릉과 사사로운 정이 있었다.

해릉이 황제가 된 후 명절이 되면 완안오대는 항상 가노를 시켜 궁으로 선물을 보냈는데, 정가도 종종 시녀 귀가貴哥를 보내 해릉과 태후에게 문안했다.

해릉은 귀가에게 "자고로 천자는 황후가 둘일 수 있으니 그대 남편을 죽이고 나의 황후가 될 생각 없는가?" 하고 정가에게 말을 전하게 했다. 정가가 수긍하

백호가 날인한 금나라 각본 《남풍증자고선생집南豊曾子固先生集》
모두 34권으로, 증공별집曾鞏別集의 중요한 판본이다. 이 금나라 각본은 명나라 최고의 풍류가인 당인唐寅이 갖고 있는데, '오군 당인 장서인'과 '당백호인'이 이를 증명한다.

금나라 귀족의 수놓은 신
신의 윗부분에 세밀하고 화려한 수를 놓았다.

지 않았다. "젊을 때 일만 해도 떠올리면 매우 난처한데, 아들딸이 다 커서 어른이 된 이때 그런 떳떳지 못한 일을 하겠나이까?" 해릉은 여전히 물러서지 않았다. "그대가 완안오대를 죽이지 않으면 난 그대의 온 가족을 주살할 테야!" 정가는 몹시 두려워 아들이 완안오대의 신변에 있어 손을 쓸 수 없다는 핑계를 대었다. 해릉은 완안오대의 아들을 도성으로 불러 벼슬을 주었다. "이 일을 더 끌 수 없겠구나." 정가는 완안오대를 취하게 한 후 가노에게 목 졸라 죽이게 했다.

정가가 사통하다

해릉은 완안오대가 죽었다는 소식을 듣고 슬픈 척하며 성대한 장례를 치렀다. 그러나 장례가 끝나자마자 해릉은 정가를 궁중으로 데려다 귀비로 봉하고, 그를 황후로 봉하겠다고 했다. 그러나 얼마 후 해릉은 정가에게 싫증을 냈다.

어느 날 정가는 홀로 누대에서 해릉과 귀비들이 수레에 앉아 가는 것을 보고 자신을 잊지 말라고 소리쳤다. 해릉이 못 본 척하자 그녀는 아예 욕설을 퍼부었지만 해릉은 여전히 못 들은 척하며 떠나가 버렸다.

정가는 완안오대의 집에 있을 때 가노 염교아閻巧兒와 사통한 적이 있는데 황제의 냉대를 받자 그를 떠올렸다. 그러나 한 남자를 궁중에 불러들이기는 쉬운 일이 아니었다. 그녀는 고심 끝에 궁중에 드나드는 비구니 셋을 매수해 염교아와 연통한 후 궁 밖에서 여자의 속옷을 많이 사 큰 상자에 넣어 궁으로 들여왔다. 문지기 태감이 기어이 검사하겠다며 열어 보니 여자의

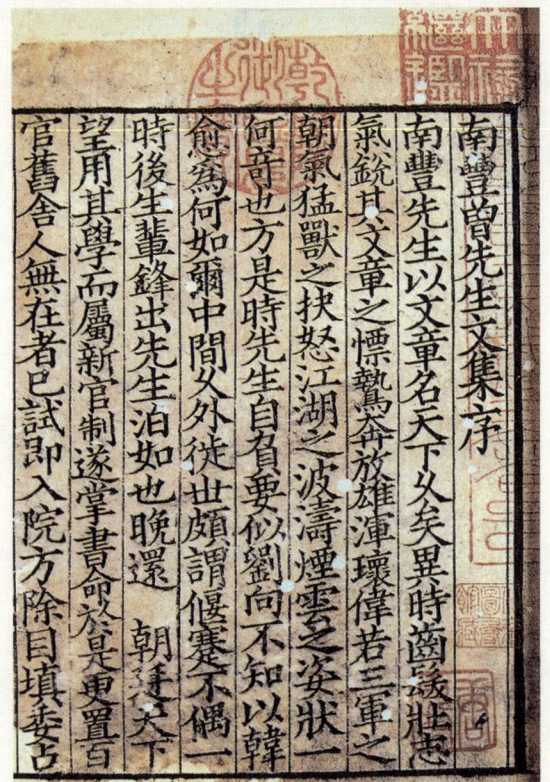

| 세계사 연표 |

1129년 유럽 상품 경제가 부흥하고 도시가 흥기하며 상업 왕래가 빈번해져 이에 적용할 정확한 법률이 급히 필요했다.

속옷뿐이었다. 정가가 사람을 보내 혼을 냈다. "너희들이 귀비의 속옷을 함부로 뒤지다니 무엇을 하는 짓이냐? 천자께 아뢰면 무슨 벌을 받을지 알아?"

문지기는 겁이 나 떨었다. "죽을죄를 지었나이다. 앞으로는 귀비마마의 물건을 뒤지지 않겠나이다." 며칠 후 정가는 염교아를 큰 상자에 넣어 궁중으로 들여오게 했다. 문지기는 물론 상자를 검사하지 않았다. 염교아는 여장을 하고 낮에는 시녀들 속에 섞여 있다가 밤이면 그녀와 정을 나누었다. 시녀 귀가는 이 일을 해릉에게 밀고했다. 그 결과 정가와 염교아는 처형당했고, 내막을 아는 자들도 주살되었다. 그리고 귀가는 신국부인으로 책봉되었다.

고부와 자매가 모두 비빈이 되다

해릉은 그가 눈독 들인 여자를 차지하기 위해서는 수단을 가리지 않았다. 정가의 여동생 석가石哥는 이미 시집을 갔는데 해릉은 그를 궁중으로 데려오려고 석가의 남편을 위협했다.

●●● 역사문화백과 ●●●

[잡극 무대 출토]

1959년 고고학자들은 산서성 후마시 금나라 동기견소董琪堅儀의 묘를 발굴했는데, 이는 최근에 발견한 가장 유명한 목조 건물을 모방한 벽돌 묘다. 묘의 평면은 대체로 정사각형으로, 천장은 무늬로 장식했고, 벽은 벽돌로, 묘실 탁자에는 모란꽃 화분과 그 양쪽에 부부가 있다. 두 옆 칸에는 각각 꽃 조각 병풍과 시동 시녀가 있다. 북북 위 중앙에 작은 무대를 설치해 채색 잡극 벽돌용俑을 한 줄로 배열했다. 이는 중국 고대 희극사 연구에 중요한 연구 자료를 제공한다.

문희귀한도文姬歸漢圖 (금나라 장우張瑀 그림. 일부분)

장우는 생몰연대 미상으로, 동한 말년 채문희가 한조에 귀환한 일을 묘사했는데, 배경을 그리지 않고 여행 장면을 중점으로 표현했다. 장거리 여행의 분위기와 북풍이 불어치는 장성 밖의 환경, 병사들이 바람을 피하는 모양, 곧게 앉은 문희의 자세와 표정으로 그녀의 절박한 심리 상태와 성격을 표현했다.

남편이 핍박에 못 이겨 그녀를 내놓자 그녀는 남편을 붙잡고 통곡한 후 궁중으로 들어갔다. 해릉은 또한 임산부를 눈독 들여 그녀에게 억지로 사향 물을 마시고 낙태하게 했다. 임산부가 애걸하자 해릉은 직접 그녀를 낙태시켰다.

그는 또 궁중에서 드러내 놓고 음탕한 놀이를 벌였는데, 《금사金史》에는 그가 "고부와 자매를 모두 비빈으로 만들었다"라고 기록되어 있다.

사관이 해릉에 대해 거침없이 적어 내려감은 그가 후에 폐위되어 서민이 되었기 때문이다. 이른바 영명한 '군주'나 '위인'에 대해 사관들은 찬미의 말도 미처 다하지 못하는 형편이니 추악한 일면에 대해서는 언급하지 않았을 뿐이다.

명나라의 사상가 황종희가 말했다. "역대의 제왕은 종래로 세상의 골수를 다 짜내고 천하의 자녀를 뿔뿔이 흩어지게 만들어 자신의 향락에 복종케 하면서도 이를 당연하게 생각한다."

해릉도 그렇고 다른 제왕도 모두 그랬다.

| 중국사 연표 |

1130년

천회 8년 금나라는 전쟁에서 계속 패하자 강북으로 퇴각했다. 금나라는 송나라에 귀환하도록 진회를 석방하고 송나라에 투항했다. 그리고 신하 유예劉豫를 대제大齊 황제로 책립하고 대명부大名府를 도읍으로 정했다.

019

폭군이 중을 욕하다

사람은 이중성이 있으니 폭군도 예외가 아니었다.

해릉은 평생 나쁜 일을 많이 했지만 좋은 일을 한 적도 있다. 그는 독단적으로 정사를 돌보았으며 미신은 배척하고 믿지 않았다.

고승도 죽음을 두려워하는가?

당시 법보法寶라고 불리는 고승이 도성에서 상당히 인기가 있어 많은 고관들이 그를 높이 모셨다. 법보가 도선을 떠나 남향할 때 조정 신하들이 만류했고, 이 일이 해릉에게도 전해졌다.

해릉은 3품 이상 대신들을 불러 말했다. "그대들이 사원에 갈 때마다 법보라는 중은 우쭐거리며 상좌에 앉는다던데, 짐은 그럴 일이 아니라고 생각하네. 부처는 본래 한 자그마한 나라의 왕자에 지나지 않았지만 부귀영화를 포기하고 수행해 부처가 되었기에 지금까지 숭배를 받는 것이네. 하물며 중이란 흔히 급제하지 못한 수재나 저잣거리의 불량배일 뿐, 지위나 신분을 따

금나라 시대 건축 연구의 실물 자료 – 정토사 대웅보전 천장

정토사淨土寺는 산서성 응현성應縣城 내 동북우東北隅에 위치하며, 고대 북사北寺라고 호칭한다. 금나라 천회 2년(1124)에 건설했고, 주 대전은 금나라 대정 24년(1184)에 건설했다. 평면은 정사각형으로 사방에 각각 세 칸이 있고, 지붕이 완만하며 옆면은 눈에 띄게 올라가 있다. 전내 천장과 누각은 조형이 아름답고 구조가 복잡하며, 금빛이 난다. 천정의 금룡은 기법이 세밀하다. 사진은 정토사 대웅보전의 천장이다.

| 세계사 연표 |

1130년

십자군이 흥기한 후 동서 내왕이 빈번해지고 상업이 크게 흥하고 동방에 거주하는 기독교도들이 대부분 아랍 사람과 통혼했다. 각지에 모두 프랑스어·이탈리아어·그리스어·아랍어가 혼성된 '프랑크어'가 통용되었다.

《금사金史·해릉기海陵紀》

지면 그들은 지방의 작은 관리보다 못하단 말일세. 그대들은 조정의 고관인데 이 얼마나 창피한 일인가!'

해릉은 또 법보를 불러 말했다. "그대는 승려인데 명리를 추구하며 도처에서 떠벌일 건 뭔가?" 법보는 겁이 나 부들부들 떨며 말을 하지 못했다. 그러자 해릉은 웃으며 말했다. "고명한 승려라는 그대 역시 죽음을 두려워한단 말인가." 해릉은 그 자리에서 법보에게 곤장 200대를 치고, 앞장서서 법보를 떠받든 관원들도 곤장 20대씩을 쳤다.

가짜 인의

해릉은 집정한 후 연경燕京, 지금의 북경에 천도하도록 조서를 내렸다. 건설을 책임진 관원이 음양오행에 따른 계획 설계도를 황제에게 보고하니 해릉은 크게 노하여 말했다. "국가의 길흉 안위가 땅에 있는 게 아니라 덕에 있거늘 하걸夏桀이나 상주商紂 같은 우매한 군주가 거주한다면 땅이 아무리 좋은들 무슨 도움이 되며, 요·순과 같은 현군이 거주한다면 무엇하러 점괘를 치며 풍수를 고르겠는가?"

보아하니 해릉은 내심 요·순을 본보기로 삼고 있었던 것 같았다. 언젠가 태자의 생일에 해릉은 신하에게 말했다. "어제 태자의 생일에 황후가 짐에게 진귀

신구도神龜圖 (금나라 장규張珪 그림)
금나라 시대 화가인 장규는 생몰연대는 미상으로 해릉왕 정륭 연간에 유명했다. 세밀한 화법으로 가벼운 물결을 묘사했고, 모래 언덕은 짙은 색으로 칠했다. 5대의 유명한 화가 황전黃筌의 사생화와 상통한다.

한 예물을 보냈는데, 그대들도 보게나." 그러고는 〈농가경작도農家耕作圖〉를 꺼내 보였다. "황후는 태자가 궁중에서 호의호식하며 농사짓는 백성의 어려움을 알지 못할까 봐 이 그림을 보낸 것이네. 황후는 참으로 현덕이 있네."

해릉은 간혹 공개적인 장소에서 낡은 옷을 입고 병사들과 함께 거친 밥을 먹기도 했다. 그는 백성의 수레가 진흙탕에 빠지는 것을 보면 위사를 시켜 밀어 올리게 한 후 먼저 보내고서야 지나갔다. 그는 평상시 대신들에게 늘 고대 현군과 자신을 비유했다.

그러나 이런 일들은 칭찬받을 만한 일 같지만 사관들은, 이런 일은 해릉이 위장해 백성을 기만하는 것이라고 기록하고 있다.

●●● 역사문화백과 ●●●

[요나라 불교도의 자발적인 사회단체 – 읍사]

읍사邑社는 대개 1000명으로 구성되어 '천인읍千人邑'이라고도 하는데, 승려와 일반 남녀, 귀천과 빈부 등 모두를 포함한다. 읍사는 천 사람이 사를 꾸려 천 사람의 마음을 일치하며, 신임을 확립하고 교도를 인도하는 것이 그 목적이다. 읍사에는 읍장·읍록 등의 직을 설치했으며, 그 성원은 모두 평등하다. 자금의 납부·관리·지출 등도 일정한 규칙이 있었다. 그 목적은 사원의 수리와 공양미의 공급 등이다. 불탑 건설을 위한 건탑읍建塔邑, 등의 설치를 위한 등탑읍燈塔邑, 불경의 강의를 위한 염불읍念佛邑, 부처 생일을 위한 탄성읍誕聖邑 등이 있다.

●●● 역사문화백과 ●●●

[거란인의 유乳 제품]

유목 민족인 거란인의 일상 식품은 영양이 풍부한 치즈였고, 우유로 부처를 공양했다. 각종 유즙은 나물을 볶거나 죽을 끓일 때 사용했다.

| 중국사 연표 |

1134년

천회 12년에 송나라 악비 군사가 양襄·한漢 6주를 수복하고 동으로 여주廬州를 중원했다. 금나라가 정치 제도를 개정했다.

020

자신을 위징에 비한 양백웅

양백웅楊伯雄은 자신을 위징에 비유하고 해릉을 허심탄회하게 간언을 용납하는 당나라 태종에 비했다. 그 결과 그는 목이 날아갈 뻔했다.

봉건 시대에 제왕의 말은 바로 법이었다. 제왕은 생사의 권한을 쥐고 전제 독재했다. 그러나 장구한 안정을 위해서는 간관諫官(왕의 잘못을 간하는 벼슬)을 설치해 체면을 유지하기도 했다.

바로 이 때문에 숱한 희비극이 발생한 것이다.

'멈춤'으로 나라를 다스려야

양백웅은 금나라의 진사다. 해릉은 등극하기 전부터 그를 높이 평가했다. 해릉은 등극 후 옛 우정을 잊지 않고 양백웅에게 황궁에 자주 드나들라고 청했다. 그러나 양백웅은 그러겠다고 한 후 가지 않았다. 해릉이 이상해서 그 이유를 물으니 양백웅은 대답했다. "재간 있는 사람은 응당 광명정대한 벼슬길을 걸어야 하나이다. 신은 평상시 남에게 의지해 벼슬하는 사람을 제일 싫어하나이다." 이에 해릉은 더욱 그를 높이 평가해 간의대부諫議大夫로 임명했다.

해릉은 등극할 때 급히 치적을 올리느라 항상 대신들과 함께 밤늦게까지 국가대사를 토의했다.

한번은 그가 양백웅에게 물었다. "군주가 천하를 다스림에 있어 어떠한 법칙에 준해야 하는가?" 그러자 양백웅이 대답했다. "가장 중요한 건 '멈춤'이옵나이다." 해릉은 아무 말도 하지 않았고, 이튿날 다시 물었다. "짐이 일부 부락 수령을 변경에 주둔케 했는데, 어제 그대의 말은 짐의 조치가 '멈춤'의 법칙에 위반된다는 뜻 아닌가?" 그러자 양백웅이 말했다. "변

경에 주둔함은 국방을 강화하는 것이니 비난할 수 없지만 신의 말은 이유 없이 시비를 일으키지 말고, 백성의 원기를 상하지 않게 해야 한다는 뜻이옵나이다."

폭군을 교묘하게 간하다

해릉은 또 귀신에 대해서 묻자 양백웅은 대답했다. "예전에 한나라 문제는 가의賈誼를 접견해 밤늦도록 이야기했는데, 백성의 어려움은 묻지 않고 귀신이 무엇인가 물었나이다. 이리해 후세 사람들이 '밤중에 창생은 묻지 않고 귀신을 물었다'고 조소했나이다. 폐하께서 신을 신용하셔서 국가 대사를 물으시니 신은 대답했으나, 신은 귀신에 관한 일은 연구하지 않았나이다."

이 말을 들은 해릉이 말했다. "말한다 하여 문제가 될 게 있는가? 짐은 저녁때면 그런 생각이 드네." 양백웅이 답했다. "신의 집에 책 한 권이 있는데, 누군가 지옥의 염라대왕에게 어떻게 해야 죄를 면할 수 있는지를 물으니 염라대왕은 '일력을 머리맡에 놓고 저녁마다 낮에 한 일을 적어라. 거기에 적을 수 없는 일이 바로 하지 말아야 할 일이노라' 하고 말했나이다." 말

금나라 시대 지폐 인쇄용 동판 (위 사진)
금나라 정원 2년(1154), 구리 원료를 절감하기 위해 조정은 채송년蔡松年의 건의를 받아들여, 지폐를 발행해 동전과 자유로이 바꾸게 했다. 지폐가 동전보다 편리하자 상인들은 동전을 지폐로 바꿔 사용했다. 처음에는 7년 기한으로 새 지폐를 바꿨는데, 후에는 기한을 없앴다. 이는 지폐 역사상 진일보로 기록된다.

| 세계사 연표 |

1134년 교황 인노켄티우스 2세가 피사에서 공의회를 열어 교황에 대항하는 아나클레투스를 파문시켰다.

출전 《금사金史·양백웅전楊伯雄傳》
《금사金史·해릉제자전海陵諸子傳》

금나라 시대 벽돌 조각 풍작 무용
1981년, 산서 신강新絳 금나라 시대 묘에서 출토된 이 벽돌 조각은 총 9폭으로 민간에서의 집단 놀이 장면을 생동감 있게 재현했다.

할 수 없는 일을 너무 많이 한 해릉은 이 말을 듣고 갑자기 변했다.

그러나 오히려 양백웅을 칭찬했다. "양백웅은 말을 할 때마다 간권을 잊지 않으니 대신이란 응당 그래야 하는지라." 그러고는 그의 관직을 더 높여 주었다.

그래도 입을 놀릴 셈인가?

이렇게 몇 번 이야기를 나누자 양백웅은 그만 자신을 직간하는 위징魏徵으로, 해릉을 허심탄회하게 간언을 용납하는 당나라 태종으로 착각했다. 그 바람에 그는 목이 날아갈 뻔했다.

해릉은 신사아보㪷思阿補라는 아들이 있어 어려서부터 태감 동승東勝의 집에 맡겨 키웠는데, 뜻밖에 세 살도 안 되어 죽었다.

해릉은 크게 노하여 태의와 유모를 죽이고, 동승도 곤장 100대를 친 후 궁에서 내쫓았다. 양백웅은 당시 동료와 함께 황자의 죽음을 의논하며 말했다. "황자의 죽음은 완전히 궁 밖에 맡겨 키웠기 때문이다. 아무리 조심해 기른다 해도 친부모 슬하보다는 못하다. 국가의 풍속이 예부터 그렇지 않았는가?"

그저 한마디 던진 그의 말을 누군가 해릉에게 전했다. 해릉은 크게 노해 양백웅에게 말했다. "그대는 한 신하에 지나지 않거늘 어찌 감히 풍속 운운하며 군주를 질책하여 궁중의 일에 관여하는가? 짐이 간혹 몸이 불편해 조회를 보지 않아도 그대는 질책하고, 짐이 한가한 틈에 가무를 좋아한다고 하여 그대는 또 잔소리를 하거늘. '주색과 사냥을 좋아하고 화려한 궁전을 짓는 일에서 군주가 한 가지만 상관되면 망국을 면하기 어렵다' 고 고서에 쓰여 있던가? 그건 여색에 빠져 국사를 돌보지 않는 군주를 가리키는 걸세. 짐의 궁중에 가무 소리가 천지를 진동한다 해서 재상이 관직을 팔아먹었는가? 아니면 관리가 뇌물을 받았는가? 그대는 간관으로서 할 말을 공개적으로 하고, 그 말을 듣지 않는다면 짐의 잘못이지만, 사사로이 논함은 도리가 아니지 않은가!"

양백웅은 이번에는 진짜 황제의 노여움을 샀는 줄 알고 꿇어앉아 빌었다. "폐하께서 지덕 성명하시니 어느 누가 감히 사사로이 논하겠나이까. 우매한 신이 실언했은즉, 이 죄 만 번 죽어 마땅하나 폐하께서 불쌍히 여겨 주소서." 그러자 해릉이 말했다. "원래는 그대를 참해야 하지만 우선 곤장 200대만 때리는 것일세." 곤장을 맞은 양백웅은 순식간에 엉덩이가 다 터졌고 숨이 간들간들했다. 이후부터 그는 절대로 아무 일에나 상관하지 않았다.

군주를 모시는 건 호랑이를 모시는 것임을 모르는 선비가 없건만 많은 선비들이 산에 호랑이가 있는 줄을 알면서도 호랑이가 있는 산으로 향했던 것이다.

1135년

| 중국사 연표 |

천회 13년 정월, 금나라 태종이 죽고 희종이 즉위했다. 11월, 상서령 송나라 왕종반王宗磐을 태사로 임명했다. 대명력을 반포·실시했다.

021

돌아오지 못한 남침의 길

오산吳山에 주둔하려 했으나 타향에서 죽고 말았다.

해릉은 평상시 사서 읽는 것을 좋아했다.

그는 등극 후 득의양양하게 신하에게 말했다. "한나라의 국토는 7, 8000리에 지나지 않지만 우리는 1만 리로 한나라보다 훨씬 더 넓네."

그러자 한 신하가 말했다. "본국은 강토는 넓지만 천하에 군주가 넷이옵나이다. 남에는 송나라, 동에는 고려, 서에는 하나라가 있어 이를 통일해야 진정 넓다고 하겠나이다."

해릉은 그 말을 듣고 송나라를 남침, 군사를 서호 옆에 주둔시키고 오산에 말을 매어 정통적인 중국 황제가 되려 했다.

사충이 직간하다

해릉은 송나라를 정벌하러 나서기에 앞서 대신들의 의견을 물었다. 그러나 그가 평상시 독단 독행하므로 대신은 감히 말을 못하있는데, 사충思忠이라는 대신은 송나라를 정복하려면 적어도 10년은 걸릴 것이라며 이의를 제기했다. 그러자 해릉은 불쾌해 하며 말했다. "어찌 그렇게 긴 시일이 걸린단 말인가?"

해릉의 물음에 사충이 대답했다. "지금 백성의 생활이 좋지 못해 원성이 높은 데다 출병할 명목이 없나이다. 그리고 장강과 회하 유역은 덥고 습해 북방 사람은 오래 있을 수 없으므로 단기간에 남송을 멸하기는 불가능하옵나이다."

이 말을 들은 해릉은 얼굴에 살기를 띨 만큼 노했지만 사충은 두려움 없이 말을 이었다. "신은 이미 늙어 4조를 거쳐 직위가 공상公相에 이르렀으니 나라를 위하는 일이라면 죽어도 여한이 없나이다."

해릉은 이 말을 듣고도 남송을 정벌할 생각에 "자고로 제왕은 천하를 통일해야 정통이라 했는데, 그대는 늙은 신하로서 그 도리를 모르는고. 돌아가 글공부하는 아들에게 물어보는 게 낫겠네."라고 말했다.

"나를 거역하는 자는 망한다"

사충이 직간하여 해릉은 몹시 화가 났으나, 그가 늙은 신하임을 고려해 죽이지는 않았다.

장강·회하 유역에서 온 기재祁宰도 남송의 정벌이

완안희윤 가족묘지 제3구역 신도
길림성 서란현舒蘭縣 자향子鄕 소성小城에 위치한 이 묘지는 총 5구역, 13만 6400㎢이다. 완안희윤完顏希尹은 금나라 개국 공신으로 관직은 상서 좌승상 겸 시중이고, 여진 문자의 창제자이다. 신도神道 양쪽에 돌사람·돌범·돌양 등이 있으며, 길림성 문물 보호 명소이다.

어로와 수렵으로 살아가는 여진족 (위 그림)
여진족은 동북 지역의 소수민족으로 어로와 수렵으로 살아갔다. 11세기에 궐기, 수령 완안아구다의 영솔 아래 1115년에 금나라를 건립했고, 10년 후 거란인이 요나라를 소멸하고, 2년 후 북송을 멸했다. 이 민족의 다른 한 갈래는 500년 후 청나라를 건립했다.

| 세계사 연표 |

1135년 잉글랜드 왕 헨리 1세가 죽고 조카 스티븐이 그 뒤를 이어 잉글랜드 국왕이 되었다.

《금사金史·해릉기海陵紀》

으로는 미워했다. 태후는 항상 시녀 복낭福娘을 보내어 해릉을 문안했고, 해릉은 복낭과 사통한 후 태후를 감시하게 했다.

태후는 항상 해릉에게 송나라를 공격하지 말라고 했기 때문에 해릉은 몹시 짜증을 냈다. 태후는 이런 일들을 추밀사 사공師恭에게 알렸는데, 복낭이 이를 해릉에게 전했다. 그러자 해릉은 밖에서 군사를 장악하고 있는 사공이 태후와 손잡고 남벌을 방해할까 의심이 들어 태후를 죽이라고 명했다.

이후 조정에서 더이상 남벌을 공개적으로 반대하는 사람이 없었다.

군사를 일으켜 송나라를 정벌하다

송나라를 정벌하기 위해 해릉은 백성의 재산을 끌어 모으고 남경南京, 지금의 개봉으로 천도했다. 그는 전국의 병력을 동원하고, 20세 이상 50세 이하 남자는 모두 징병했다. 자녀가 많은 가정이라 해도 아들 하나 남기지 못하게 했다. 그는 영을 내려 백성의 집을 허물고 그 목재로 배를 만들어 민간의 노새나 말을 대대적으로 징용했다. 심지어 죽은 사람의 시체에서 기름을 짜냈다. 해릉은 타국을 정복하기 위해 자국의 국고를 텅 비우고, 천하를 소란에 빠뜨렸다.

1161년 9월, 해릉은 군사 60만을 네 갈래로 나누어 남하했다. 회서·회동의 남송 군대는 소식을 듣자마자 흩어져 강남으로 도망쳤다.

그해 11월, 해릉은 갑옷을 입고 친히 작전을 지휘하며 화주에서 배를 만들어 장강을 건너 채석진采石鎭으로 공격하려 했으나 송나라 장군 우윤문虞允文의 수군에 패해 금나라 군사의 선박은 산산이 흩어졌고, 병사들은 대부분 장강에 빠져 죽었다.

금나라 군사가 붕괴되자 해릉은 과주瓜洲로 옮겨 도강해 진강鎭江을 점령하려 했다. 그런데 완안옹完顏

여진족의 성지
금나라 태조 아구다의 능은 여진족의 성지다. 그중 영신전 내에 아구다의 관과 병기, 말 등 부장물이 있다. 송나라 휘종과 흠종, 그 비빈과 신하들은 바로 이곳에서 망국의 굴욕을 받았다. 이 신전은 1100년 동안 이어져 온 여진족의 숭배 장소로, 전내에 아구다와 6명의 공신 신상이 있다. 여진의 후예는 이곳에서 제사를 지낸다.

불가능한 이유를 말했다. "태조는 요나라를 정벌하고 송나라로 공격할 때 수하에 인재가 많아도 중국을 통일하지 못했는데, 지금의 문무 관원은 모두 그때보다 못하며, 군사를 일으키면 반드시 민심이 흩어집니다. 그리고 남방은 도처에 강이 있는데 북방 사람은 수전에 능하지 못하고, 지형도 기병 작전에 불리합니다."

이런 말들을 믿지 않은 해릉은 화를 내며 기재를 죽이고 그의 집을 멸했다.

황태후 도선徒單 씨도 남벌을 반대했다. 해릉은 생모가 아닌 태후에게 겉으로는 효도하는 척했지만, 속

아니다. 원나라 시대 서민은 어두운 색깔의 모시나 모직으로만 옷을 지어 입을 수 있었다

1138년

| 중국사 연표 |

천권 원년에 금나라는 여진 소문자를 반포·실시했다. 5월에 경의·사부 2과로 진사 과거를 치렀다. 8월에 새로운 관제를 반포했다. 10월에 봉국封國 제도를 결정했다.

雍이 요양遼陽에서 병변을 일으켜 군사를 거느리고 자립했다는 소식이 전해왔고 그는 빨리 송나라를 멸하고 북으로 귀환하려 했다.

이리하여 3일 내에 도강하라 명했으나, 군심이 이미 동요해 병사들이 뿔뿔이 도망쳤다. 해릉은 병사가 도망치면 군관을 죽이고, 하급이 도망치면 상급을 죽이라고 영을 내려 저마다 두려움에 떨게 했다.

승안 보화
길이가 4.8cm인 이 보화는 흑룡강성 서부에서 출토되었다. 위에 '승안承安'이라는 글자가 있고, 오른쪽에는 '보화寶貨 한 냥 반', 왼쪽에는 서명이 있다. 《금사》에는 금나라 승안 2년부터 5년까지 주조했다고 기록되어 있다.

주위 사람이 모두 반란하다

천부장 당괄 오야烏野는 절서도 병마도통 완안원의完顔元宜를 찾아가 말했다. "우린 방금 회하에서 패전해 하마터면 포로가 될 뻔했네. 그런데 또 3일 내로 도강하라니, 우리를 죽음으로 내모는 게 아닌가? 요양에서 새로운 천자가 즉위했다니, 함께 대사를 도모해 군사를 거느리고 북으로 귀환하는 게 어떤가?"

완안원의도 이미 많은 부하가 도망쳐 문책받을 것을 걱정하던 터라 선수를 쓰기로 하고 부하들에게 말했다. "내일 도강하여 성공하지 못하면 참한다 하니, 이는 분명 죽음으로 내모는 것이다. 헛되이 죽을 바에는 차라리 완안량을 죽이고 북상해 새로운 천자에게 의지하자."

금나라 군사는 모두 완안원의를 따라 해릉의 대영으로 돌진했다. 해릉은 한창 자고 있었는데 갑자기 장막 밖이 소란해지자 송나라 군사가 공격하는 줄 알았으나 곧 부하들의 반란임을 알게 되었다. 그러고는 급히 활을 쏘려 하는데 활을 손에 채 잡기도 전에 이미 화살에 맞아 쓰러졌다.

반란군 장수와 군사들이 달려들어 그를 목 졸라 죽였다. 해릉의 물품은 병사들이 털어갔고, 시체는 불태워졌다. 완안원의는 사람을 남경으로 보내 열두 살 되는 태자 광영光英을 죽인 후에야 군사를 거느리고 북으로 돌아갔다.

짙은 낙타색 능라비단 꽃무늬 통바지
금나라 왕 완안안 부부 묘에서 출토된 통바지로 길이가 142cm다.

천세만세 악취를 풍기다

해릉은 장수와 재상을 거쳐 황제에 이르렀지만 죽은 후 서민으로 강등되었고, 시체마저 조상의 묘에 들어가지 못했다. 그는 죽을 때 겨우 40세로 한창 큰일을 할 나이였지만 야심이 지나쳐 국력과 민심을 돌보지 않고, 송나라를 섣불리 정벌해 오산에 주둔하려다 타향에서 죽어 공적은 물거품이 되고 천고에 악명만 남겼다.

| 세계사 연표 |

1138년 신성 로마 제국의 콘라드가 게르만 왕으로 당선되었다.

022 현처 오림답씨

《금사金史·후비전后妃傳 하》 출전

세종은 재위 29년간 계속 황후의 자리를 비워 두어 전처에 대한 추모의 정을 표시했다.

해릉이 남하해 송나라를 정벌할 때 완안옹完顏雍은 기회를 틈타 북방에서 병변을 일으켜 제위에 등극했는데, 이를 세종이라 불렀다.

세종은 등극하자마자 천하에 사면령을 내리고 조서를 반포해, 해릉의 10대 죄상을 폭로했다.

재산을 털어 재앙을 면하다

세종은 어릴 때 오림답씨烏林答氏와 약혼했다. 오림답씨는 처녀 때부터 단정하고 정숙해 종족의 존경을 받았다. 오림답씨는 세종에게 시집온 후 시부모에 효도하고 가사를 훌륭히 돌보는 현숙한 주부였고, 부부 간에도 매우 화목했다.

세종의 부친은 송나라 정벌 시 송나라 황제의 용품이던 백옥대 하나를 빼앗았는데, 세종은 이 옥대를 무척 좋아해 감춰두고 남에게 보이지 않았다.

오림답씨가 세종에게 말했다. "우리 같은 집안에 이런 보물을 감춰두면 좋지 않으니 그것을 천자에게 바치는 것이 좋을 듯 싶습니다." 세종은 그 말에 일리가 있다고 생각해 옥대를 희종에게 바쳤다.

그것을 본 희종의 황후는 옥대를 손에서 놓기 아쉬워했고 황제도 몹시 기뻐했다.

희종은 만년에 시기심이 있어 술에 취하기만 하면 항상 종족을 죽였지만 세종은 태평 무사했다.

해릉이 반역 후 종족 내 대호에 대해 의심이 심해 세종은 매우 견디기 어려워했다. 그러자 오림답씨는 집에 감춰 둔 보물을 해릉에게 바치라고 권했다. 그리하여 오늘 물소 뿔로 장식한 보검을 바쳤다면, 내일은 옥으로 조각한 다기茶器 용품을 바쳤다. 해릉은 세종이 자기를 두려워한다고 판단, 점차 그에 대한 경각심을 늦췄다.

금나라 시대 조각판 인쇄 정품 《금장》

《금장金藏》, 즉 금나라 시대 조각판 《대장경大藏經》은 노주 백성 최법진崔法珍이 팔을 자르며 의연하게 인쇄한 것으로 전해진다. 인쇄 기간은 금나라 황통 9년(1149)부터 대정 13년(1173)까지 25년이며, 총 16만 8113판, 6980권이다. 현재 중국 국가 도서관에 4500권이 소장되어 있고, 국내 주요 도서관·박물관·해외 수집가도 소장하고 있다.

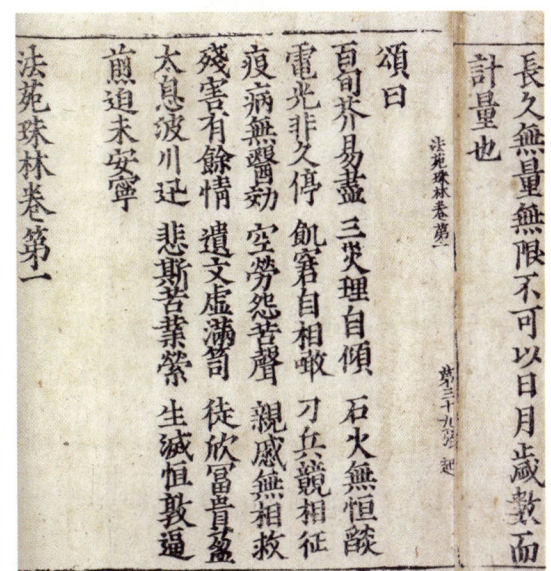

••• 역사문화백과 •••

[노구교 새벽달]

항일 전쟁은 북경의 노구교盧溝橋를 당시 노구하盧溝河라 부른 데서 시작되었다. 이 다리는 금나라 세종 대정 29년(1189)에 착공해 장종 명창 3년(1192)에 준공했으며, 길이가 266.5m이고, 폭은 7.5m, 교각은 10개가 있으며, 아치가 11개로 매우 견고하다. 양쪽에 있는 281개의 모든 난간에 큰 사자를 조각한 후, 그 사자 안에 표정이 각각 다르고 생동감이 있는 작은 사자를 조각했다. 고대 행인들은 이곳에서 새벽달과 새벽별을 보며 종종 향수에 젖었다.

916~1368 요·서하·금

| 중국사 연표 |

1139년

천권 2년에 금나라는 하남·섬서의 땅을 송나라에 반환했다. 금나라 희종이 모반죄로 완안종반·완안종준·완안창 등 대신을 죽였다. 완안종간을 태사로 임명해 삼성三省 일을 주관하게 하고, 완안종필을 도원수로 임명했다.

죽음으로 뜻을 밝히다

해릉은 세종의 많은 보물을 얻고도 세종의 부인 오림답씨를 눈독 들였다. 그는 오림답씨가 자색이 훌륭하다는 소문을 듣고 조서를 내려 입궁하게 했다.

당시 세종은 제남濟南에서 벼슬을 하고 있었는데, 오림답씨는 이번에 입궁하면 해릉에게 능욕당하리라 짐작하고 죽음을 맹세했다. 그러나 만약 제남에서 죽는다면 해릉이 세종을 죽일 것이 분명하므로 조서를 받들고 제남을 떠난 후 자결해야 세종이 화를 면한다는 생각이 들어 이렇게 말했다. "내가 어떻게 해야 하는지 알고 있으니 당신은 연루되지 않을 거예요." 그리고 그녀는 왕부의 노복 장근언張僅言을 불러 말했다. "너는 내가 떠난 후 태산에 가서 기도를 드려라. 나는 대왕에게 미안한 일을 하지 않았으므로 신령님께 나의 마음을 분명히 알려야겠다."

●●● 역사문화백과 ●●●

과일 설탕절임의 유래

거란인은 오래전부터 과일 설탕절임이 오래 보존된다는 사실을 알았다. 이런 전통은 북방에서 답습한 것으로 현재 북경 특산물인 과일 설탕절임도 그 전통에서 유래된 것으로 추정된다.

오림답씨가 제남을 떠난 후 수행하는 위사들은 모두 그녀가 진정 해릉을 만나지 않을 것임을 아는지라 그의 자살을 방지하기 위해 힘썼다. 중도中都(북경)에서 멀지 않은 양향良鄕에 이르자 위사들이 보호가 해이해진 틈에 오림답씨는 목을 매어 자결했다. 이에 해릉은 이 일을 모두 세종이 꾸민 것으로 의심했다.

세종은 등극한 후 오림답씨를 몹시 그리워하며, 그녀를 소덕 황후로 추존하고 항상 황후의 능에 찾아가 통곡하며 제사를 지냈다.

언젠가 태자의 생일에 세종이 동궁에서 연회를 베풀었는데 예국 공주가 춤을 추며 흥을 돋우자 갑자기 세종이 눈물을 흘리며 말했다. "이 아이의 어미가 바로 작고한 황후일세. 짐이 황후를 다시 세우지 않는 까닭은 바로 그 덕행을 따를 사람이 없기 때문일세." 세종은 29년의 재위 기간 동안 황후의 자리를 비우는 것으로 전처를 추모했다.

금나라 시대 명의 장원소

금나라 의학자인 장원소張元素는 자가 결고노인潔古老人이며, 역주易州(하북성 경내) 사람이다. 금나라의 다른 한 명의名醫 유완소劉完素와 거의 동시대 사람이다. 장원소는 약리학에 정통했으며, 상한傷寒(티푸스)을 잘 치료했다. 《금사》의 기재에 따르면, 명의 유완소는 상한이 8일째 낫지 않고 두통이 나며 맥이 약해 어쩔 줄을 몰랐다. 장원소가 찾아가 보니 완소는 본 척도 하지 않았다. 원소가 병을 짚어 내고 약 사용의 부당함을 지적, 완소를 탄복하게 했다. 후에 원소의 건의대로 약을 쓴 결과 병이 나아 그 후 명성을 크게 날렸다. 저서에 《의학계원》《진주낭》《약주난경》《의방》 등이 있다.

| 세계사 연표 |

1139년

로마 교황 이노센트가 시칠리아 왕 로지르와의 전쟁에서 패해 나포되었다. 얼마 안 되어 로지르의 왕국과 국왕 칭호를 인정하는 조건으로 석방되었다.

023

《금사金史·이석전李石傳》 출전

지모가 출중한 이석

이석李石이 악한 자의 권세를 겁내지 않아 탐관들은 모두 두려워했다.

세종이 제위에 등극한 건 모사 이석의 공로를 빼놓을 수 없다.

화를 지적하다

이석은 후덕하고 말수가 적었으며, 건식이 많았다. 해릉海陵이 연경燕京에 궁실을 지을 때 이석이 황궁 건설을 책임졌다. 해릉이 연경으로 천도한 후 이석은 조회에 나가 해릉을 알현했는데, 해릉은 이석을 가리키며 말했다. "자네 갈왕葛王(세종 즉위 전 봉호)의 외삼촌 아닌가?" 이석은 이 말에 살기가 있음을 예감했다. 그는 해릉이 종실을 미워함을 잘 알기에 임기가 차자 바로 병을 핑계로 환향해 은거했다.

금나라 시대 명의 유완소

유완소劉完素(1120~1200)는 자는 수진守眞, 호는 통원처사通元處士이다. 하간河間(하북성 경내) 사람이어서 '유 하간'이라 불렸다. 금나라 시대 명의名醫로 중의 역사상 '금·원 4대가' 중 하나고, '한량파寒凉派'를 창시했다. 주요 저서로 《소문현기원병식素問玄機原病式》《선명론방宣明論方》 등이 있다.

해릉은 세종을 믿지 못해 송나라를 정벌하기 전에 동경 부류사 고존복高存福에게 세종을 감시하게 했다.

세종이 도성에서 병기와 갑옷을 만들자 고존복은 해릉에게 보고했고, 해릉은 고존복에게 세종을 없애라고 명했다. 고존복과 이언융李彦隆은 세종을 청한 후 살해하려고 했으나 고존복의 하인이 이를 세종에게 밀고했다. 그러자 세종은 몹시 당황해 했고, 이석은 그에게 먼저 손을 쓰라고 했다. 이에 세종은 군무를 상의한다는 명의로 고존복과 이언융을 청안사淸安寺로 청해 나포했다.

악한 자를 원수처럼 미워하다

세종이 즉위한 후 신하들은 모두 상경上京, 지금의 흑룡강 아성현阿城縣에 도읍을 정하라고 권했다. 세종이 주저하자 이석이 "해릉이 멀리 장강·회하 지역에 있고, 천하가 대란하고 도적이 도처에서 일어 민중은 이 위험한 국세를 만회하기를 기대하나이다. 폐하께서 직접 중도에 가서서 전략 요지로 천하를 호령해 만세의 기업을 닦으셔야 하옵나이다. 뭇 관료의 의견에 미혹되지 마소서."라고 말하자 세종은 비로소 결심하고, 그날로 중도로 가서 도읍을 정했다.

이석은 악한 자를 미워하고, 권세를 두려워하지 않았다. 재상 합희合喜의 조카 선자온單子溫이 탐오했을 때 이석은 상주해 탄핵했는데, 마침 이때 합희도 황제를 뵈려고 대전 밖에서 기다렸다.

한참 후에 이석이 나오자 합희가 그렇게 오래도록 있었던 이유를 묻자 이석은 정색하며 말했다. "천하의 탐관오리를 다 죽이지 못했기 때문이외다!" 이 말이 전해진 후 탐관들은 모두 두려움에 떨었다.

한국汗國 통치자의 장막 꼭대기가 금빛이기 때문이다

| 중국사 연표 |

1140년

천권 3년에 완안종필은 계약을 파기하고 금나라 군사를 거느리고 남침, 송나라 유기劉錡 군사가 순창順昌에서 금나라 군사를 대파했다. 악비가 중원에 진군해 언성·영창 등지에서 금나라 군사를 대파, 송나라 조정은 악비를 핍박해 회군하게 했다.

금나라 시대 채색 유약 도자기 인형
이 인형들은 전통적인 민족 색채를 띠고 있으며, 지금도 민간에서 장난감으로 전해진다.

당시 북방에는 언제나 이민족이 침입하자 조정은 백성을 동원해서 변경에 깊은 도랑을 파서 방어하려 했다. 그러자 이석이 말했다. "고대 장성은 북방의 침입을 막기 위함이었는데, 결국 백성만 괴롭히고 소용이 없었나이다. 북방 사람들을 덕행으로 감화시키는 방법밖에 없나이다. 도랑을 파서 방어하려면 또 군사를 보내 지켜야 하는데, 장성 이북엔 모래 바람이 심해 몇 해가 못 가 도랑이 전부 메워질 것이나이다. 백성을 괴롭히는 일을 하면 아니 되옵나이다." 조정은 그의 의견을 받아들였다.

산동·하남의 주둔군과 당지의 백성들이 토지 쟁탈로 분쟁했을 때 당국은 국가의 근본인 군대를 지지하려 했다. 이석은 애써 의견을 물리치며 말했다. "군대와 백성은 모두 중요하지만 국가는 법규를 우선해야 하나이다. 법규대로 공정하게 결단해야 아랫사람들이 함부로 범하지 못하고 안정을 오래 확보할 수 있나이다." 그는 관원을 파견해 군민 분쟁을 타당하게 처리했다.

말년에 어리석게 행동하다

이석은 조정에서 공훈을 많이 세웠으나 갈수록 말이 많아져 황제의 반감을 샀다. 세종은 사사로이 대신들에게 말했다. "이석은 늘그막에 어리석어지고 상주도 타당치 못하니 그에게 사심이 있는지 모르겠네. 이후 국가 대사는 경들이 많이 애써 주게."

이석이 젊었을 때 가계가 빈한해 세종의 모친이 부조했는데, 그때 이석은 단호히 거절하며 말했다. "국가가 사람을 써야 할 때이니 난 분발해 노력할 뿐 좀 가난해도 상관없습니다." 그런데 큰 벼슬을 한 뒤에는 기한이 지난 수표로 녹봉을 타서 조사를 받아 동료들의 비웃음을 사기도 했다. 작은 이득을 위해 평생 명성을 버렸으니 참으로 애석한 일이다.

살토혼 모극 인감
높이가 5cm이고, 길이는 6.1cm로, 길림 구태시 경양촌에서 출토되었다. '살토혼모극인撒土渾謀克印', '소부감조少府監造', '대정大定 9년 7월'이라는 글이 전서체로 새겨져 있고, 손잡이에 '상上'자를 새겼다. 맹안과 모극은 여진의 부락연맹이고, 수령은 '발극렬勃極烈'이다.

●●● 역사문화백과 ●●●

여진 진사과 장원
금나라 초기 조정은 의도적으로 여진 문화를 장려해 한족 주민의 행동, 기호, 복장 등이 여진족을 닮아 갔고, 여진족도 한어를 구사했다. 이에 여진 귀족은 한족 문화 교육을 하기까지도 했다. 금 세종은 유학 경전 공부를 제창하면서 여진 풍속 문화의 확보를 주장했다. 대정 13년(1173) 여진 진사과 과거를 실시해, 여진인 도단일徒單鎰이 첫 장원이 되었다. 이는 첫 소수민족의 문자 과거 시험에 따른 장원이다.

1140년

| 세계사 연표 |
프랑스 루이 7세와 교황 이노센트가 부를리 대주교 구역을 놓고 분쟁이 발생했다.

024

《금사金史·완안앙전完顏昻傳》 출전

완안앙이 술로 도회하다

해릉의 독재가 심하자 완안앙完顏昻은 미친 척하며 도피했지만 관직이 삼공에 이르렀다.

해릉海陵은 의심이 심해 대신들을 박해했는데, 심하면 목을 잘랐다. 대신 완안앙은 대취해 주정하는 것으로 이 재난을 피했다.

악비가 계책에 걸리다

완안앙은 전조의 공신으로 일찍 아구다를 따라 남정북전하며 혁혁한 전공을 세웠다. 태조가 그에게 금패를 하사해 그는 '금패 낭군'이라 불렸다. 그는 용맹과 지모로 여러 차례 남송 명장 악비와 겨루었다.

1139년 여름, 악비는 10만 대군을 이끌고 동평東平을 공격했다. 완안앙은 5000명을 거느리고 응전했는데, 성을 비우는 계책으로 성 밖 뽕나무 숲에 군기를 잔뜩 세워 두고 자신은 정병을 거느리고 응전했다. 악비는 적의 허실을 몰라 조심스럽게 수일간 대치하다 배를 타고 강을 거슬러 올라 철수했다.

깊은 밤이 되자 완안앙은 갑자기 북으로 철수했다. 장수들은 불만이었다. "군사들이 진흙탕 속에서 굶주리며 지쳤는데 이제 또 급히 걸으니 이건 너무한다." 완안앙은 눈을 부릅뜨고 친히 북을 치며 영을 내렸다. "북소리가 멎고 움직이지 않는 자는 참한다!" 이리하여 금나라 군사는 군영을 버리고 북으로 20여 리 철퇴해서야 멈추었다.

그날 밤 악비는 송나라 군사를 거느리고 왔으나 허탕을 쳤다.

장수들이 완안앙에게 축하하면서 승리의 비법을 묻자 이렇게 말했다. "며칠 동안 큰 비가 그치지 않아 그들은 배 안에서 무사했을 것이고 우린 육지에서 고생이 막심하고 화살도 비에 젖어 못 쓰게 되었지. 송나라 군사가 강을 따라 내려가면 진짜 도망가는 것인데 강을 거슬러 올라가니 우리를 유인하는 것이라 짐작했네." 장수들은 모두 탄복했다.

악비는 또 10만 대군으로 비주邳州를 포위했다. 성안에 군사 1000명밖에 없어 장수들이 몹시 당황해 완안앙에게 사람을 보내어 구원을 청했다.

완안앙은 말했다. "속히 가서 성 밖 서남쪽 1장 깊이의 도랑을 흙으로 메우라 하게." 수비 장수는 그의 말대로 했다. 악비는 과연 이곳에서부터 지하도를 파서 성을 공격할 계획이었는데 성에서 이미 방비함을 보고 포기했다.

완안앙도 동시에 군사를 풀어 구원하니 악비는 철퇴할 수밖에 없었다.

916~1368 요·서하·금

●●● 역사문화백과 ●●●

[우물 안에 앉아서 하늘을 보다]

여진의 옛 풍속에 범인은 모두 동굴에 가두었다. 금나라 초기 감옥도 이런 관습으로 땅을 파서 만들었다. 중원 점령 후에는 주·현에 깊이가 3장이고, 3층으로 된 지하 감옥을 만들었는데, 사형수를 아래층에, 절도와 유배수는 중간에, 태형수를 상층에 가두고 밖에 성을 쌓고 도랑을 팠다. 송나라 휘종과 흠종도 이런 감옥에 갇혔었다. 그래서 송나라 소설에는 "2제(휘종과 흠종)가 우물에 앉아 하늘을 보았다"는 말이 등장한다. 희종 때 지하 감옥을 없앴다.

금나라의 동칙銅則 (위 사진)
칙則이란 현재의 저울추와 비슷하다. 이는 금나라 대정 15년(1175) 상방서尙方署에서 만들었으며, 무게는 3962.58g이다. 전체에 화훼 도안이 새겨 있다.

말린 소똥과 말똥 97

| 중국사 연표 |

1142년

황통 2년에 송·금나라는 국경을 구분하고, 송나라 고종이 '신하 구(構)'의 명의로 맹세표를 올렸다. 금나라가 강왕(康王)을 송나라 황제로 책봉했다.

술로 목숨을 지탱하다

해릉이 남하해 송나라를 토벌할 때 완안앙은 우군 대도독이었지만 작전에 크게 힘쓰지 않았다.

해릉이 죽은 후 완안앙은 해릉의 아들을 죽이고 북으로 회군해 세종을 옹호했다.

그가 양주(揚州)에서 도성으로 돌아오자 그의 부인은 연회를 열어 그를 영접했으나 그는 술을 조금만 마시고서 바로 침대에 누워 휴식했다. 완안앙의 부인은 해릉의 외사촌 누나이다. 해릉이 집정할 때 완안앙은 술을 너무 좋아해 한번 취하면 며칠씩 일어나지 못했다. 해릉은 일찍이 그를 훈계하면서 다시는 취하도록 마

금나라 시대 예술 박물관 – 숭복사 미타전

숭복사(崇福寺)는 산서성 삭주시 동대가에 위치하며, 주전 미타전(彌陀殿)은 금 황통 연간에 건설했다. '미타전' 편액은 금나라 대정 24년(1184)에 쓴 원형이다. 대전은 2m의 대 위에 건설했고, 전체 높이는 21m이다. 문과 창문은 매우 정밀하며 도안 무늬가 삼각무늬·동전무늬 등 15종에 달한다. 이는 금나라 시대 건축 장식 연구에 매우 높은 가치를 지닌다. 전반적으로 미타전은 건축·벽화·소상·유리·창문·편액을 일체화하여 금나라 시대 예술 박물관으로 불린다. 사진은 문살이다.

담갈색 도금 능라 허리띠
금나라 제후 왕 완안안 부부 묘에서 출토된 허리띠로 길이가 403.6cm, 폭이 7.1cm이다.

시지 못하게 했으나 그는 기회만 있으면 대취했다. 그런데 그날따라 술을 보고서도 마시지 않자 부인은 그 이유를 물었다.

그가 대답했다. "사실 난 술을 마시고 싶지 않네. 그러나 그때 내가 술로 위장하지 않았다면 그대의 동생 해릉이 오래전에 나를 참했을 것이네. 지금 명군이 계시는데 자신을 아껴야 하지 않겠나."

완안앙은 여러 대에 걸쳐 벼슬하며 삼공에 이르렀고, 가난한 친척이 찾아오면 항상 도와주었다.

그는 일찍이 집 안의 재물을 모두 타인에게 증여했다. 누군가 자식들에게 물려주라고 하니 그는 말했다. "사람이란 각자 명이 있는 법이고 자식들은 자립하면 되는데 왜 자식의 소나 말 노릇을 하겠는가!" 그는 참으로 소탈한 사람이었다.

이로써 완안앙이 상당히 세상일을 깊이 아는 사람임을 알 수 있다. 그러나 그에 대한 사서의 평가는 좋지 않다. 사서에서는 그를 가리켜 총명하고 사리에 밝아 일은 잘 처리했지만 대신의 도에 어긋난다고 했다. "문신은 간언으로 죽고 무장은 전장에서 죽지" 못했다는 것이다.

| 세계사 연표 |

1142년

프랑스 루이 7세가 샹파뉴 백작의 영지를 공격해 베트리 성당을 불태웠다.

025

《금사金史·석거전石琚傳》 출전

석거가 인재를 등용하다

'사람을 아는 것'이 가장 어려운 일, 석거石琚가 천거하는 자는 흔히 모두 맡은 직무를 감당했다.

황제의 친척같다

금나라 제도에 따르면, 황실의 연회에는 친왕, 공주, 부마를 제외한 사람은 참가할 자격이 없었다.

한번은 세종이 내연을 거행할 때 대신 석거를 상석에 앉혔다. 이에 황제의 친척들은 불만스러워 수군거렸다. 세종은 그들의 뜻을 알아차리고 말했다. "짐의 부자와 여러 친척이 안전하게 살아 있고, 오늘 이곳에서 연회를 즐길 수 있는 건 바로 이 사람 덕일세!" 그런 다음 석거의 여러 공로를 열거했다. 그제야 모두 탄복해 땅에 엎드려 사죄했다.

석거는 장군 가문 출신으로, 그 부친 석얼石扆은 노왕魯王을 따라 청주를 공격했는데 저항에 부딪치자 노왕은 병사들에게 불을 지르고, 약탈하라고 명했다. 그때 석얼은 만약 공략하는 성마다 죽이고 빼앗으면 다른 성들에서 필사적으로 저항할 것이라며 강력하게 말렸다. 이 말에 노왕은 급히 영을 내려 백성을 교란하는 자는 군법으로 다스린다고 선포했다.

석거는 부친의 유풍을 계승해 침착하고 글을 잘 지었다. 그가 진사에 장원 급제해 현령으로 있을 때 윗사람이 탐오해 법에 걸리고 관원들도 모두 연루되었지만 석거만은 결백해 호평을 받았다. 세종은 석거의 사람됨을 높이 평가했고, 그를 이부상서로 임명했다.

사람을 아는 것이 제일 어렵다

석거는 이부에서 10년을 지내면서 많은 국가 대사에 참여해 세종의 중용을 받아 황태자 윤공允恭의 스승이 되었다.

석거는 태자소사의 신분으로 태자가 정사를 배우게 하도록 황제에게 건의했다. "폐하께서 신을 신임하셔서 태자의 스승으로 임명하셨나이다. 신은 태자를 천하의 근본으로 삼아 백성의 상황을 알고 정치에 관심 두게 하려고 건의를 드린 것이옵나이다."

세종은 계속 황후를 책봉하지 않았는데 만년에 남양군왕 이석李石의 딸 원비를 황후로 책봉하려고 석거의 의견을 물었다. 그는 좌우를 물리친 후 물었다. "원비의 황후 책봉은 문제 없지만 동궁의 황태자는 어찌 하시겠나이까?" 세종이 되물었다. "무슨 뜻인가?" 그러자 석거는 말했다. "친아들이 있는 원비가 황후 자리에 오르면 황태자의 지위가 위험하지 않겠나이까?" 이 말에 일리가 있다고 느낀 세종은 더는 황후 책봉 이야기를 꺼내지 않았다.

석거가 늙어 퇴직한 후 세종은 그를 몹시 그리며 재상에게 말했다. "사람을 아는 것이 제일 어려운 일이네. 석거가 조정에서 천거한 사람은 모두 직무를 잘 감당하니 석거는 사람을 가장 잘 안단 말일세."

풍설송삼도風雪松杉圖 (금나라 이산李山 그림 일부분)

이산은 평양平陽, 지금의 산서 임분 사람으로, 생몰연대는 미상이다. 대정 임분주 절도사와 태화 연간 비서감을 역임했으며, 왕정균 부자와 교제했다. 이 그림은 그의 대표작으로 재야 문인의 한적한 정취를 표현했다.

916~1368 요·서하·금

끓는 고기 탕이나 죽

| 중국사 연표 |

1149년 천덕 원년 12월에 금나라 해릉왕 완안량이 희종을 시살하고 제위에 등극, 연호를 천덕으로 고쳤다.

026

육친을 돌보지 않는 장종

황제에 대한 실례는 죽음의 화근이 될 수 있다.

황제는 부인과 아들이 많아 가정에서 분쟁도 많았다. 세종은 가정과 나라를 잘 다스려 명주로 불렸다. 사서에는 그를 총명하고 인자해 "작은 요순"이라 불렸다고 기록되어 있다. 그러나 그는 자신의 두 친아들이 자기 손자의 손에 죽을 줄은 생각지 못했다.

세종이 가장 좋아하는 아들은 황후 오림답씨가 낳은 장자 윤공允恭으로, 세종은 그를 태자로 책립했으나 윤공은 즉위하기도 전에 병사하고 말았다. 세종은 황위를 손자 완안경完顔璟에게 물려주었고, 그가 바로 장종章宗이다. 장종은 글쓰기를 좋아하고 재능도 있었지만 기량이 부족해 그의 삼촌과 백부를 싫어했다.

영도가 모반하다

삼촌 영도永蹈는 원비 이씨의 소생인데, 장종은 즉위 후 그를 위왕衛王으로 봉하고 후에 다시 정왕鄭王으로 봉했다. 영도는 장종의 책봉에 매우 불만스러워했다. 그러자 가노 필경수畢慶壽는 곽간郭諫이라는 관상을 잘 보는 사람을 영도에게 소개했고, 영도는 곽간을 청해 자신과 처자의 관상을 보게 했다.

곽간은 말했다. "대왕은 상모가 비범하고, 왕비와 두 아들은 장차 크게 부귀해질 것입니다. 대왕은 원비의 장자여서 다른 왕들과는 다릅니다."

그 말에 영도는 마음이 움직여 최온崔溫과 마태초馬太初 등을 불러 천상을 논하고 길흉을 예측했다. 최온은 말했다. "축丑년에 병란이 일 것인데, 토끼띠인 사람이 내년 봄에 군사를 거두어 천하를 얻게 될 것입니다." 그러자 곽간은 옆에서 부추겼다. "소인이 어젯밤에 천상을 관측하니 붉은 기운이 자미를 범하고 흰 무지개가 달을 꿰뚫으니 이는 군사 병변이 일어남의 표시입니다." 영도는 이 말을 믿고 모반하기로 결정했다. 그는 태감 정우아鄭雨兒와 결탁해 장종의 동정을 감시하게 하고, 곽간과 마태초를 군대에 파견해 유세하게 했다.

영도의 가노 동수는 이를 중대한 일로 여겨 경거망동하지 말라고 권유했지만 영도는 듣지 않았다. 동수가 다른 한 동사자 천가노千家奴와 이 일을 이야기했는데, 천가노는 자기도 연루될까 봐 조정에 고발했다. 이에 대노한 장종이 영도 무리를 엄하게 심문하자, 우승상은 속히 판결해 인심을 안정시키자고 건의했다. 그러자 황제는 조서를 내려 영도와 왕비, 두 아들, 딸에게 자결을 명하고 최온·곽간 무리는 모두 주살했다. 이 일은 장종에 매우 큰 자극을 주었고, 이로써 여러 친가들을 엄히 방비했으며 그들에 대한 의심이 더욱 깊어졌다.

금나라 시대 명의 장종정
장종정張從正(약 1156~1228)의 자는 자화子和, 호는 대인戴人이고, 수주 고성考城, 지금의 하남 난고蘭考 사람이다. '금·원 4대가' 중 하나이며, '공하파攻下派'의 창시자다. 금나라 흥정 연간(1217~1222)에 태의로 등용했는데, 얼마 후 사직했다. 유완소 학설을 새롭게 해석했고, 보약의 남용을 반대했다. 저서는 《유문사친儒門事親》이 있다.

| 세계사 연표 |

1149년 시실리 왕 로제르는 헝가리 부족, 세르비아 부족과 함께 만누엘을 공격했다.

《금사金史·완안영도전完顏永蹈傳》
《금사金史·완안영중전完顏永中傳》
출전

원나라 시대 긴급 배달 영패
원나라 시대에 몽골 역참과 한족 역참을 설치했다. 몽골 역참은 통정원을 관할했고, 한족 역참은 중서성 병부를 관할했다. 그 외에도 공문 긴급 배달 급체포急遞鋪를 설치했다. 사진은 급체포의 영패다.

영중이 억울하게 죽다

영도는 자초한 죽음이지만 영중永中은 좀 억울했다. 영중의 어머니 장씨는 그를 낳은 후 바로 죽었는데, 세종은 즉위 후 장씨를 원비로 추인했다. 1179년 세종은 황후 오림답씨의 묘를 곤후릉으로 옮기고 영중의 어머니 원비 장씨를 함께 매장했다.

장종이 즉위한 다음해 그 어머니가 병사했다. 그런데 그의 숙부·백부 등 몇몇 친족들이 시간을 지체하며 장례에 오지 않았다. 장종은 그들이 일부러 그런다고 여겨 몹시 화를 냈고 늦게 도착한 삼촌 영성永成과 영승永昇에게 각각 1개월의 녹봉을 삭감했다.

영중은 외지에서 한창 독감을 앓아 한 달이 지나서야 달려왔다. 장종은 쌀쌀하게 백부에게 말했다. "일이 다 끝난지가 언젠데 이제야 온 것이요?" 영중은 이 일이 죽음의 화근이 될 줄은 몰랐다.

영도의 모반이 진압 당한 후, 장종은 여러 왕에 대한 통제를 강화하면서 영중에게 부관 여럿을 파견해 감시했다. 영중은 사냥, 연회 등의 모든 행동에 제약을 받았는데, 한 관원이 사사로이 영중을 방문했다가 곤장 100대를 맞고 파직 당하기까지 했다.

영중은 자기가 세종의 장자이고, 나이도 반백이 넘었으며 명색이 군왕인데 행동의 자유마저 없다며 간혹 원망의 말을 했다. 그러자 그 말이 바로 황제의 귀에 들어갔다.

영중의 넷째 아들 아리합만阿離合懣은 몇 마디 투덜거렸다가 바로 고발되어 옥에 갇혔고, 둘째 아들 신도문神徒門도 시로써 마음의 울분을 토로했다가 역시 혹리의 심문을 받았다. 얼마 안 되어 가노 덕가가 또 영중의 '모반'을 고발했다. 그 내용이 영중이 첩 서설에게 다음과 같은 말을 했다는 것이다. "내가 천하를 얻는다면 나의 아들은 바로 왕으로 책봉되고 그대는 귀비가 되는 것이네." 이에 장종은 영중을 체포해 그의 죄를 백관에 공포하면서도 그럴듯하게 말했다. "영중은 말로 죄를 범했을 뿐 영도의 모반 행동과는 구별되네." 그러자 참지정사 마기馬琪가 말했다. "영중과 영도는 죄상은 다르지만 황제를 멸시한 것은 같나이다." 장종이 물었다. "영중은 어찌해 항상 불평의 소리를 하는가?" 좌승상 청신淸臣이 대답했다. "그는 일찍부터 모반을 생각했기 때문이옵나이다." 황제의 비위를 맞추기에 급급했던 이 대신들은 후환을 없애려고 영중을 사형에 처하라고 하자, 그들과 생각이 같았던 장종은 조서를 내려 영중에게 자결을 명했고, 영중의 두 아들도 함께 참했다.

장종은 이처럼 의심되는 친족들을 다 죽이고서 무사할 줄 알았지만 얼마 안 되어 그는 그에 상응하는 결과를 맞게 되었다.

●●● **역사문화백과** ●●●

[여진족의 성명]
여진족은 성, 이름, 자가 있으며 아명이 또 있다. 장종은 성이 완안, 이름이 경, 아명은 마달갈이다. 이름은 본명과 한족 이름이 있는데, 태조 아구다의 한족 이름은 민旻이다. 본명은 호칭이고, 문서에는 한족 이름이 사용되었다.

| 중국사 연표 |

1153년 3월에 금나라 해릉왕이 연호를 정원으로 고치고, 연경을 중도로 옮겨
5경의 명칭을 규정하고 사직 제도를 제정했다.

027

이비의 묘한 화답

두 사람이 흙 위에 앉으니 외로운 달이 해 곁에서 빛을 뿌리네.

금나라는 장종 때 전성기를 맞았다. 장종은 금나라 황제 중 한문 수준이 가장 높았다. 그는 시를 짓고 그림 그리기를 좋아하고, 또 그러한 미녀를 더욱 좋아했다. 이사아李師兒는 바로 장종이 가장 총애한 귀비였다.

재주와 자색을 겸비하다

이사아는 출신이 미천했다. 그녀는 가족이 죄를 범해 궁중의 노비가 되었다. 문인 장건張建이 당시 궁중에서 궁녀들에게 글을 가르쳤다. 강의할 때 남녀유별 규정대로 검은 병풍으로 가로막아 선생과 학생이 서로 얼굴을 보지 못하고 문답했는데, 이사아는 목소리가 아주 좋았다.

장종 《고제희告諸姬》 서
금나라 장종은 한족 문화를 중요시하고, 특히 서예·회화를 좋아했다. 서예는 송나라 휘종의 글씨체를 본받았다. 장종은 이름이 완안경(1168~1208)이고, 아명은 마달갈麻達葛이며, 세종 완안옹의 손자, 완안윤공의 아들이다. 태자 완안윤공이 일찍 죽어 태손으로 책립했는데, 세종이 죽은 날 영구 앞에서 즉위해, 이듬해 연호를 명창明昌으로 고쳤다. 유학을 제창하고, 여진족과 한족의 통혼을 제창해 민족 융합을 추진했다. 1206년 남송 승상 한탁주韓侂胄가 금나라를 토벌하자 장종은 이를 격파하고, 송나라를 핍박해 한탁주를 죽인 후 화해하게 했다. 1208년 11월 병사했으며, 19년 동안 재위했다. 향년 41세이고 묘호는 장종, 시호는 영효 황제이다. 장종은 도릉道陵(북경시 방산구 대방산 동북)에 매장했다.

장종이 누가 제일 빨리 배우는가 물으니, 장건은 이사아가 제일 빠르다고 했다. 태감 양도梁道도 이사아가 재질과 자색을 겸비했다면서 비로 삼으라고 권했다.

한문에 정통하고 시를 짓고 그림을 그리며, 노래와 춤에도 능하고, 총명하여 상대방의 마음도 잘 알아주는 이사아를 장종은 총애해 얼마 후 숙비로 봉했다.

장종과 이비가 황가 화원(지금의 북경 북해공원)에서 노니는데 경화도 화장대 앞에 앉아 달을 보던 장종은 시흥에 겨워 한 행을 읊었다. "두 사람이 흙더미 위에 앉았어라二人土上坐." 그러자 이비는 별 생각 없이 바로 받아 아래 글귀를 지었다. "외로운 달이 해 곁에서 빛을 뿌리네孤月日邊明." 장종은 손뼉을 치며 묘하다고 칭찬했다. '토土' 위에 '인人'이 둘이니 '좌坐' 자가 되어 글자 풀이에 눈앞의 정경이 일치되는데 이비가 자신을 월月에, 황제를 일日에 비유해 '명明' 자를 만들었으니 그 의미가 절묘하고 깊었던 것이다.

원비가 총애를 받다

장종과 이사아는 행복해 보였지만 황제는 나름대로 번뇌가 있었으니, 황제의 가정은 역사 이래 가장 태평하지 못했다. 장종은 황후가 죽은 후 이사아를 책립하려 했는데 대신들이 분분히 상서해 반대했다.

그 이유는 이사아가 출신이 미천해 황후로 책립하

●●● 역사문화백과 ●●●

[요나라 시대 계관 주전자]
요나라 시대 식기 중 가장 민족적 특색을 띤 것은 거란인의 물을 담는 피낭 모양의 계관 주전자다. 휴대하기 편하며 유목 수렵 생활의 특징을 띠고 있다.

| 세계사 연표 |

1153년 비잔틴 제국이 헝가리 부족과 화해했다. 노르망디 사람들이 제국 본부를 공격하고 함대로 군사를 수송, 콘스탄티노플 부근에 상륙했다.

《금사金史·후비전后妃傳 하》 출전

정밀하고 아름다운 금나라 광혜사 화탑

광혜사廣惠寺 화탑은 하북 정정현 민생가 동쪽에 위치하며, 다보탑이라고도 한다. 당나라 덕종 정원 연간에 건설했고, 금나라 대정 연간에 수리했다. 현존하는 화탑은 금나라 건물이다. 주탑과 부속 소탑으로 이루어져 있고 모두 벽돌이다. 주탑 밑층 사각에 각각 6각형 소탑이 있고, 소탑이 주탑을 둘러싸서 정교하고 화려하다. 주탑은 높이가 31.5m로 4층이며, 안에 석불을 모시고 밖에 팔각 수직선을 중심으로 각종 부조와 불상을 조각했다.

면 황제의 위엄에 손상된다는 것이다. 장종은 부득이 이사아를 원비元妃로 봉하고, 황후처럼 여기며 더욱 총애했다.

이사아가 총애를 받으니 자연히 그 집 식구들도 출세했다. 그녀의 부친은 금자광록대부·상주국으로 임명되었고, 강도인 그녀의 오빠 희아喜兒와 건달 동생 철가鐵哥도 모두 출세해 조정에서 거들먹거리며 많은 뇌물 사건과 연류되었다. 하지만 대신들은 감히 분노를 털어놓지 못했고, 장종도 이사아의 교태에 빠져 그저 못 본 척했다.

어느 날, 장종이 궁중에서 연회를 베풀었는데 누군가 출연하는 배우에게 물었다. "나라에 최근 무슨 길조가 있는고?" 그 배우가 대답했다. "대감께선 최근 봉황이 나타난 걸 모르십니까?" 그 사람이 말했다. "그런 일이 있긴 한데 자세한 상황은 어떠하냐?" 배우

는 다시 대답했다. "봉황은 네 곳으로 날아가는데 그 상징이 서로 다릅니다. 위로 날면 비가 알맞게 내리고, 아래로 날면 오곡이 풍성하고, 밖으로 날면 사방의 나라가 알현하러 오고, 안으로 날면 관직이 높아집니다." 장종은 이런 말들이 누군가 여자 덕에 출세함을 빗대어 비유함을 알아챘지만 그저 웃어넘겼다.

한번에 부귀가 날아가다

장종의 황후와 비는 모두 다섯 황자를 낳았는데 모두 빨리 죽었다. 이비가 장종에게 여섯째 황자를 낳아주자 장종은 연회를 크게 베풀었다. 황자는 주세가 되자 바로 갈왕葛王으로 책봉되었다. 세 살 때 장종이 승려 도사를 청해 현진관에서 황자를 보우하도록 하늘에 기도 드렸다. 그때 문무백관이 술을 올리며 축하했는데 두 살도 안 된 아이가 또 죽었다.

장종은 죽을 때까지 아들이 없었고, 아들에 의지해 귀해지는 시대에 장종이 죽자 이비도 힘을 쓸 수 없게 되었다. 새로운 황제의 뜻에 의해 누군가가 이비의 죄명을 고발했다. 얼마 안 되어 그녀는 핍박에 못 이겨 자결했고, 그의 어머니도 피살되었으며 형제들도 파직·유배되어 부귀가 한번에 날아갔다.

●●● **역사문화백과** ●●●

[거란 대소문자]

요나라는 건국 이후 한자를 참조해 두 가지 문자를 만들어 거란어를 기록했다. 신책 5년(920) 야율노불고耶律魯不古·야율돌려불耶律突呂不이 대문자 30000여 자를 창제했고, 후에 야율질라耶律迭剌가 거란 소문자를 창제해 표음문자 초급 단계에 이르렀다. 요나라는 거란 문자와 한자를 병행했으나 금나라는 거란 문자, 여진 문자, 한자를 병행했다. 명창 2년(1191) 금나라 장종은 거란 문자를 폐지했으나 서요에서는 계속 사용되었다. 명나라 때 거란 문자를 아는 사람이 없었다. 거란 소문자는 표음문자로 일찍 발견되어 연구하는 학자가 많아 그 성과도 뚜렷했지만, 대문자는 연구 초기로 논문도 많지 않다.

| 중국사 연표 |

1161년

대정 원년 6월 해릉왕이 변경汴京으로 천도했다. 9월 해릉왕이 32총관을 통솔해 송나라를 공격했다. 10월 동경 유수 조국공 오록烏祿이 요양에서 즉위해 연호를 대정으로 했는데 그가 바로 세종이다. 11월 해릉이 채석기에서 패하고 뒤이어 부장에게 피살되었다.

출전 《금사金史·완안영제전完顔永濟傳》

028

장종이 대가 끊기다

장종은 총명했지만 친 혈육이 계승자의 박해로 어머니 뱃속에서 죽을 줄은 생각하지 못했다.

장종은 영도·영중 두 숙부·백부를 죽이고 자신의 지위를 굳힌 후 황위를 자식에게 넘기려 했으나, 여섯 아들이 모두 요절하고 결국 황자가 하나도 남지 않았다.

위소왕이 황제가 되다

다행히 장종이 좋아하는 두 궁녀 가賈씨와 범范씨가 임신을 했다. 그러나 장종은 이미 병이 깊어진 후였다. 장종은 숙부 중 위소왕衛紹王 완안영제를 제일 좋아했는데, 영제가 나약하고 단순해 보였기 때문이다. 이에 장종은 영제를 계승자로 정하는 동시에 유촉을 공포했다. "궁녀 가씨·범씨가 모두 임신했으니 만약 그중 하나가 남자라면 숙왕叔王은 이를 황위 계승자로 정하고 만약 둘 다 남자라면 그중 하나를 선택하라."

장종이 죽은 후 이사아는 유서에 따라 대신들과 상의한 후 위소왕을 황제로 옹립했으나 위소왕은 이사아에게 원한을 품고 있었다. 장종 생전에 위소왕과 함께 공치기를 한 적이 있는데 위소왕이 급히 돌아가려 하니 장종이 불쑥 말했다. "숙왕은 주인이 되고 싶지 않은가 보네, 왜 빨리 돌아가세요?" 옆에 섰던 이사아가 장종에게 말했다. "폐하, 이런 말을 어찌 장난처럼 하시나이까?"

위소왕은 이때부터 원한을 품은 것이다.

태아가 어머니 뱃속에서 죽다

위소왕은 등극한 후 얼마 안 되어 조서를 반포했다. "가씨는 해산 기일이 이미 3개월이 지났으나 분만하지 않았고, 태의의 진단에 범씨는 지난해 이미 태기 손상이 있었는데 지금까지 조리해 몸은 회복되었으되 태아는 불행히 유산했노라. 현재 범씨가 출가해 비구니가 되려 하니 그 선택에 따를 수밖에 없노라. 다행히 가씨는 아직 희망이 있으니 일찍 생산하도록 선제의 영혼이 보우하길 바라노라. 현재 이 일을 천하에 알려 짐의 성의를 표하노라."

목적을 이루자 바로 창궐하다

내막을 아는 사람은 이 조서가 위소왕의 수작임을 알았을 것이다.

과연 얼마 안 되어 황제는 또 조서를 내렸다. "이사아는 그 모친 태감과 밀모해 가씨가 병으로 구토하고 복중에 딴딴한 덩이가 있다 하자, 궁녀 가씨를 임신으로 가장케 했으니 참으로 죄악이 크도다. 장종의 병이 위중한 기간에 이사아는 제대로 시중을 들지 않고 그 어미, 형제와 음모를 꾸몄노라. 현재 그 일이 발각되어 대신의 심사를 거쳤고 그 자신도 인정했노라. 법률에 따라 극형에 처해야 하나 짐은 그가 선제를 오래 모심을 고려해 죽음을 사면하려 했노라. 그러나 왕공백관이 법대로 하자고 주장해 지금 이씨와 가씨에게 자결을 명하는 관대함을 표시하며, 공모자는 규정대로 주살을 판결해 징벌하노라!"

이사아와 가씨를 제거한 후 위소왕은 급히 자신의 장자를 황태자로 책립했다. 이 사건은 위소왕이 무너지고 선종이 즉위한 후에야 시정되었다.

선종은 말했다. "장종은 성덕이 총명하신데 어찌 궁녀의 임신 여부를 모를 수 있겠는고?" 장종은 총명했지만 친 혈육이 이미 정해진 계승자 때문에 어머니 뱃속에서 요절할 줄은 생각하지 못했다.

| 세계사 연표 |

1161년

잉글랜드 국왕 헨리 2세가 즉위한 후 왕권을 확대했다. 헨리는 각지 제후의 1000여 개 성보를 철거하고 봉건 제후가 점령한 토지를 회수했다.

029

《금사金史·호사호전胡沙虎傳》 출전

권신이 함부로 살인하다

궁정 정변이 빈번하고 권신이 서로 살해하는데, 몽골 군사의 말발굽 소리는 이미 가까워졌다.

위소왕은 장종의 후대를 멸족시킨 후 황위를 아들에게 넘겨주기도 전에 권신 호사호胡沙虎의 손에 죽었다.

범을 길러 화근을 남기다

호사호는 황태자의 호위를 맡았다가 후에 군대에서 벼슬했다. 그는 몸이 웅장하고 힘이 장사였는데, 술주정뱅이에 탐오하는 등 성정이 좋지 않았다. 그러나 오히려 위소왕의 중용을 받았다. 대신들이 여러 차례 탄핵했지만 그는 황제의 근신을 이용해 죄책에서 벗어났다.

당시 몽골 군사가 매년 침입해 중도 부근에서 크게 노략질을 했다. 위소왕은 호사호에게 부원수의 중임을 맡겨 5000의 군사를 거느리고 성북에 주둔하게 했다. 그러나 호사호는 군사를 돌보지 않고 종일 술을 마시고 사냥을 하며, 또 무리의 군관과 결탁해 모반을 하려 했다. 황제가 사자를 보내어 그를 질책하자 매에게 먹이를 주고 있던 호사호는 매를 내던져 죽이고는 정변을 결심했다.

호사호는 군사를 셋으로 나누어 도성으로 진군했다. 그는 먼저 기병 한 명을 동화문東華門에 보내어 소리치게 했다. "몽골 군사가 북관에 들어와 우리 군사와 격전하고 있다." 그는 이렇게 해서 성문을 열고 대흥부윤 남평南平을 밖으로 꾀어냈다. 그리고 남평이 말을 타고 나오자 호사호는 창으로 그를 찔러 죽이고 친히 동화문에 당도해 성문을 불태우게 했다. 성안의 병사들은 대세가 호사호에게 기움을 보고 문을 열어 투항했다.

도원수라 하며 태감 이사충李思忠을 보내어 위소왕을 죽였다.

호사호는 원래 자신이 황제가 되려 했지만 완안씨가 아니어서 남들이 복종하지 않을까 봐 걱정했다. 그러자 우승상 도단익이 말했다. "장종의 형 익왕은 나이가 쉰 살인데 너그러워 원수께서 옹립하면 만세의 공을 이룩할 것입니다." 호사호는 그런 늙은이 하나쯤 쉽게 다루리라고 여겨 익왕 완안순完顏珣을 황제로 옹립했다. 역사상 이를 선종宣宗이라 부른다.

앞문으로 범이 나가다

이때부터 호사호는 공신으로 자처했고, 선종은 그를 태사·상서령·도원수로 봉했다. 호사호는 내정외교를 전부 손아귀에 넣어 권세가 하늘에 닿았다.

몽골 기병이 도성에 쳐들어왔지만 그는 보고하지

호사호는 입궁한 후 국고의 재화를 꺼내어 부하들에게 포상하고 기생을 불러 연회를 베풀었다. 그는 자칭 감국

916~1368 요·서하·금

연음도宴飲圖 (금나라 시대 묘 벽화, 모사본)

1165년

| 중국사 연표 |

대정 5년 1월, 금·송나라가 화의해 송나라가 조카 황제를 자칭하고 해해海·사泗·당唐·등鄧·상商·진秦 등 지역을 금나라에 할양했다. 세납 공물은 금은 20만 냥, 비단 20만 필이다.

않았다. 그때 한 재상이 그 일을 보고하자 선종이 호사호에게 보고하지 않은 이유를 물었다. "신이 따로 처리했으니 폐하께선 근심하실 필요 없나이다." 그리고 그는 그 재상을 찾아가 따졌다. "어찌하여 상서령인 나와 먼저 상의하지도 않고 바로 상주한단 말입니까?" 이에 겁을 먹은 그 재상은 용서를 빌었다.

원수 우감군 고기高琪가 몽골 군사와의 전투에서 계속 패하자 호사호는 화가 나서 질책했다. "오늘 출병해 패전한다면 군법에 따라 그대의 목을 자르리라!" 하지만 다시 패한 고기는 호사호에게 목숨을 잃을 것이 자명해지자 군사를 거느리고 성내에 돌입해 호사호의 저택을 포위했다.

호사호는 후원으로 도망쳐 담을 넘으려다 다리가 부러졌다. 이때 군사들이 달려들어 그를 죽였다. 호사호는 겨우 2개월간 상서령을 지내다가 이렇게 목숨을 잃고 말았다.

뒷문으로 이리가 들어오다

고기는 호사호의 수급을 들고 조정에 올라가 죄를 청했다. 원래 호사호의 만행을 못마땅하게 생각했던 선종은 오히려 고기를 좌부원수로 봉했다.

하지만 고기도 호사호 못지않았다. 그는 조정 권력을 손에 쥐자 자신에게 의부하지 않는 관원들을 핍박했으나 대신들은 그가 두려워 아무 말도 하지 못했다. 태부감신 유무遊茂는 고기의 권세가 너무 크니 억제해야 한다고 선종에게 조용히 권했다. 선종도 속으로는 고기가 못마땅했지만 때가 아니라고 생각해 모르는 척하며 말했다. "그에게 중임을 맡겼으니 그의 권세가 커지는 것은 당연한 게 아닌가!"

유무는 황제의 의도를 알 수 없어 집에 돌아와 생각하니 덜컥 겁이 났다. 그래서 이번에는 고기에게 빌붙으며 권했다. "제가 보건대 폐하께서 이미 상공의 권세가 너무 커져서 꺼리고 있으니 상공께서 저를 중용하시면 제가 폐하를 안심시키겠소이다. 그러면 남들도 아무 말 못 할 것입니다." 하지만 고기는 유무가 비밀리에 상주한 일을 알고 있었다. 이에 유무는 곧장 100대를 맞아 하마터면 목숨을 잃을 뻔했다.

권신은 명이 짧다

감찰어사 완안소란完顔素蘭도 비밀리에 선종에게 상서했다. "고기는 큰 공로도 없고 대신들의 평도 좋지 못합니다. 그는 그저 죽음이 두려워 호사호를 죽였을 뿐이옵니다. 지금 그가 현능한 자를 질투하고 충신을 해치는 등 호사호보다 더 나쁜 행동을 해 백성들이 분노하고 있나이다. 폐하께서는 이런 자를 어찌 가만 두나이까? 사직과 백성을 위해 이 간신을 처단하시옵소서." 선종은 소란의 건의에 동의했으나 결단을 내리지 못했다. "짐이 다시 고려함세." 그리고 절대 누설하지 말라고 주의를 주었다.

후에 고기는 그의 부인과 다투었는데, 그의 부인이 자신의 죄악을 공개할까 봐 가노 새불賽不을 시켜 부인을 죽이고 그 죄를 새불에게 씌워 개봉으로 보내 죽였다. 그 일이 발각되어서야 선종은 비로소 조서를 내려 고기를 죽였다.

이처럼 빈번한 궁정 정변과 권신의 투쟁은 금나라 내부 정치의 혼란을 반한 것이다. 봉건 체제는 이미 유지할 수 없을 지경에 다다랐다. 이때 몽골 기병의 말발굽 소리가 가까워지고 있었다.

●●● 역사문화백과 ●●●

[거란 혼례 중 모계 사회 유풍]

요나라 시대 황제의 황후 영접 전례는 여성이 주최했는데, 공주 출가 시 장례 수레·제사용 양·수의 등을 보냈다. 출가 후 생로병사를 본가의 일로 간주했기 때문이다.

| 세계사 연표 |

1165년 이탈리아 북부 베니스·베로나·베첸사·트레비소 등이 동맹을 맺어 게르만 황제에 저항했다. 후에 밀라노·크레모나·만듀아 등의 도시도 가담했는데 이를 '롬바르드 동맹'이라고 했다.

030

《금사金史·완안승휘전完顔承暉傳》

중도가 함락당하다

중도가 함락당해 대금 제국의 종말이 다가왔다.

몽골 대군이 성 아래에 이르자 침식을 잃은 금나라 선종은 굴욕적으로 화해를 청하려 했다. 몽골군은 대량의 금은재화와 어마 3000필, 수놓은 옷 3000점, 동남동녀 각 500명, 공주 1명을 요구했다. 금나라는 비싼 대가를 치르고 몽골 군대를 한시적으로 철수하게 했다.

창망히 도주하다

몽골 군대가 철수한 후 선종은 여전히 두려움이 가시지 않아 중도 연경燕京, 지금의 북경을 떠나 남경南京, 지금의 개봉에 천도하려고 했다. 그러자 좌승상 도단일徒單鎰이 권유했다. "거가가 일단 움직이면 북로는 모두 상실되나이다. 지금 가장 좋은 방안은 병력을 집중하고 도성을 지키는 것이옵니다. 어찌 조종의 능묘를 버리고 도망하겠나이까." 다른 한 관원도 말했다. "하남은 지역이 협소하고 토지가 척박한데 만약 송·하 연합군이 공격한다면 하북의 땅마저 잃게 되나이다. 여러 왕에게 요동·하남을 지키게 하고 폐하께서는 중도를 떠나면 안 되옵나이다."

태학생 400명도 천도를 반대해 상주했으나 선종은 기어이 떠나려고 했다. "연경은 식량이 부족하니 조정 백관은 잠시 남경에 머물다가 2년 후 양곡이 충족되면 돌아와도 늦지 않네." 그리고 1214년 5월, 선종은 조서를 내려 천도했다. 3000필의 낙타에 궁실의 보물을 가득 싣고 3만 대의 수레에 관청 문서를 싣고 앞서며, 황제는 신하들과 함께 창망히 남경으로 도망했다. 이 천도가 바로 금나라의 멸망을 의미했다.

승휘가 순국하다

선종은 출발 전에 완안승휘完顔承暉를 상서 우승상 겸 도원수로, 말연진충抹撚盡忠을 좌부원수로 임명해 태자 수충守忠과 함께 중도를 지키게 했다.

7월에 몽골 군사가 남하하자 선종은 태자를 남경으로 소환했고, 승휘와 진충盡忠은 중도 보위전에서 각각 임무를 맡았다.

1215년 1월 몽골 군사가 중도를 포위하자 승휘는 조정에 급보를 보내 중도를 잃으면 요동·하북은 모

금나라 중도 수관 유적지
수관은 고대 성벽 밑으로 강물이 들어오던 수로 건물이다. 북경 우안문 밖에 위치하며 정남북 방향의 목·석 구조로 현재 기초 부분만 있다. 수관은 원대 초기에 이미 사용되다가 중·말기에 폐기되었다.

●●● 역사문화백과 ●●●

[땅을 분봉해 보호하다]

금나라가 책봉한 친왕(제후 왕)은 대부분 황실 종친이었고, 군왕·국공 아래 외성·외족 관원을 봉하기도 했지만 땅은 없이 녹봉만 있었다. 금나라 말기 몽골군의 압력을 받자 선종은 신각지 호걸이 1도 1주를 수복하면 바로 당지의 작위를 주고, 심지어 공작도 아끼지 않고 수여했다. 흥정 4년(1220) 2월 선종은 하북·산동·하동에 9공을 책봉하고 각로 선무사를 겸하게 했는데, 이를 '9공 봉건'이라고 했다. 그 목적은 그들이 몽골 군사에 대항해 잃은 땅을 수복하게 하려는 것이다. 금나라 말년에 9공 중 일부는 송나라에 투신하거나 몽골에 투항하고, 일부는 계속 몽골에 저항하다 죽은 자도 있다.

1189년

| 중국사 연표 |

대정 29년 1월, 금나라 세종이 죽고 황태손 완안경(장종)이 즉위했다. 6월에 노구교盧溝橋를 건설했다.

금나라 명의 이고

이고李杲(1180~1251)의 자는 명지明之이고, 호는 동원노인東垣老人이며 진주鎭州, 지금의 하북 정정正定 사람이다. 그는 '금·원 4대가' 중 하나로 '비위 학설'의 창시자이며 장원소를 스승으로 모셨다. 무절제한 식욕, 정서의 실종, 노역 등으로 비위와 정기가 쇠약해져 병변을 유발한다고 하며, 발열에서 '외감'과 '내상'을 구분하고 사기와 정기의 변증 치료를 구별했다. 저서에 《비위론脾胃論》《내외상변혹론內外傷辨惑論》《난실비장蘭室秘藏》 등이 있다.

두 확보하기 어렵다고 하면서 신속한 지원을 청했다. 선종은 조서를 내려 중도 부근의 장령에게 군사를 지원케 하고 어사중승 이영李英에게 양초를 호송하게 했다. 하지만 몽골 군사는 지원병을 각각 격파했다. 이영은 술에 빠져 대사를 그르치고 패주覇州에서 전군이 복멸했으며, 양초는 모두 몽골 군사에게 빼앗겼다. 게다가 남경의 군정 대권을 총괄하는 고기高琪가 승휘의 성공을 질투해 더 이상 중도에 구원병을 파견하지 않아 중도는 위급해졌다.

승휘는 어려서부터 경사를 숙독한 선비였다. 그는 장기간 군대에 복무한 진충에게 군사 지휘권을 위탁하고 자신은 대사를 주관했다.

중도가 함락되려 하자 승휘는 진충과 일을 상의하려고 상서성으로 갔는데 진충은 수하 심복들과 남으로 도망칠 일을 계획 중이었다. 이에 노한 승휘가 진충의 친신 원수부 경력관 완안사고完顏師帖를 불러 말했다. "중도와 생사를 같이하겠다고 나와 함께 맹세한 진충이 도망칠 궁리를 하니, 그 출발 날짜를 자네는 모르지 않겠지?" 사고는 말했다. "오늘 밤에 바로 출발하오이다." 승휘는 사고 또한 이미 행장까지 다 꾸렸다는 말에 크게 노해 그를 참수하게 했다.

승휘는 비분에 잠겨 가족 사당에 가서 선조에 하직 인사를 올린 후 부하들과 술을 마시며 말했다. "일이 이 지경에 이르렀으니 오직 죽음으로 국가에 보답하는 수밖에 없네." 그는 유서를 써서 상서령사사尙書令師史 안석安石에게 주며 조정에 보고하라고 했다.

유서에서 승휘는 국가대사를 논하고 나서 고기가 권세를 이용해 개인적인 복수를 하니 결국 국가를 해칠 것이라고 지적하면서 자신이 중도를 보전하지 못한 죄를 아뢰었다. 그런 다음 노복에게 가산을 모두 나누어주고 노비들을 해방시켜 주었다.

노비들의 통곡을 뒤로하고, 승휘는 태연하게 술잔을 들며 안석에게 말했다. "나는 어려서부터 유가 경전의 정통 교육을 받아 평생 검소하게 생활하며 헛된 명예를 탐하지 않았네." 말을 마친 그가 술을 마시더니 안석에게 떠나라고 재촉했다. 안석이 문밖으로 나오자 뒤에서 통곡소리가 들려 돌아보니 승휘가 독약을 마시고 자결했다.

진충이 나라를 망치다

그날 밤 진충은 성을 버리고 떠나갔다. 당시 중도에 있던 비빈들은 진충이 남으로 도주함을 알고 행장을 꾸려 성문 어귀에서 기다리면서 함께 데려가기를 고대했다. 진충은 성문을 나서면서 이렇게 말했다. "내가 한 걸음 앞서가며 길을 열 터이니 돌아와서 그대들

| 세계사 연표 |

1189년 중국 제지술이 중앙아시아·바그다드·다마스커스·북아프리카 등지로부터 프랑스에 전해졌다. 프랑스 남부의 데라울트 성이 중국 제지술로 공장을 세워 종이를 제조했다.

을 영접하리." 비빈들은 그 말을 곧이들었다. 진충은 친신과 애첩을 거느리고 성을 나와 남쪽으로 도망치며 뒤도 돌아보지 않았다.

몽골군의 그림자도 보이지 않을 때에야 진충은 신변의 친병들에게 말했다. "그 아낙네들을 데리고 떠나면 우리가 어찌 여기까지 도망칠 수 있단 말인가?" 진충이 도망친 그날 몽골 대군은 중도에 입성했다.

진충이 남경으로 도망친 후 선종은 그에게 책임을 추궁하지 않고 여전히 그를 고관으로 등용했지만 이미 멀리했다. 진충은 그의 형 오리야吾里也에게 말했다. "근래에 황제는 나를 본 척도 하지 않는데 이는 필시 고기가 이간질하기 때문입니다. 만약 나에게 다시 병권을 쥐라고 한다면 난 반역이라도 서슴지 않을 겁니다!" 얼마 후 누군가 진충이 모반한다고 밀고했다. 황제가 진충을 잡아 엄하게 심문하자, 진충은 자기의

형과 한 말을 털어놓았다. 선종은 분개하며 말했다. "진충이 중도를 잃고 식구만 데리고 남경으로 도망쳐 와도 짐은 그 죄를 다스리지 않았는데도 짐을 죽이겠다고 하니 그 죄 만 번 죽어 마땅하다!" 이리하여 진충 형제는 함께 주살되었다.

선종은 마치 자신은 아무 잘못도 없는 듯 말했다. "국가 대사는 바로 고기와 진충 같은 자들이 망쳤구나!" 해릉왕 천도 이래 중도는 줄곧 금나라의 수도였다. 중도의 함락은 대금 제국의 종말을 예고했다.

●●● **역사문화백과** ●●●

[송골매와 응로]

요나라 시대 황제의 봄철 방조 사냥에 송골매를 이용했다. 응로鷹路는 상경에서부터 5국부로 통하는 송골매 공납 통로인데, 요나라 시대 중기 이후, 5국부의 반란으로 응로가 막혔다.

●●● 요·금·원나라의 중요 과학 성과 일람표 ●●●

나라	과학자	학과	성과
요나라	직로고直魯古	의학	침구에 능했다. 저서:《맥결脈訣》《침구서針灸書》
요나라	야율서성耶律庶成	의학	역서:《방맥서方脈書》, 진동 요법에 능함
요나라	가준賈俊	역법	《대명력大明曆》 제정
금나라	양운익楊雲翼	수학	저서:《구고기요勾股機要》《상수유설象數類說》《적년잡설積年雜說》
금나라	이치李治	수학	천원술(방정식) 연구, 《측해원경測海圓鏡》《익고연단益古演段》
금나라	조지미趙知微	천문. 역법. 수학	《대명력大明曆》 재편
금나라	성무기成無己	의학	《주해상한론注解傷寒論》《명리론明理論》
금나라	유완소劉完素	의학	한량파 창시,《소문현기원병식素問玄機原病式》《내경운기요지론內經運氣要旨論》 등
금나라	장자화張子和	의학	공하파 창시,《유문사친儒門事親》
금나라	이고李杲	의학	보토파 창시, 내상학 이론 창시, 저서:《비위론脾胃論》
금나라	장원소張元素	의학	저서:《진주낭珍珠囊》《의학호원醫學戶源》
원나라	곽수경郭守敬	천문.역법.수학.수리	《수시력授時曆》 편제, 천문의기 20종 창제 개진,《추보推步》《의상법식儀象法式》 등
원나라	왕정王禎	농학	《농서農書》《제민요술齊民要術》 이래 농업 생산성과 총화
원나라	주진형朱震亨	의학	자음강화주장, '양음파'.《격치여론格致余論》《상한변의傷寒辨疑》
원나라	두묵竇默	의학	침구 저명.《표유標幽》《지미指迷》
원나라	섬사贍思	수리	《하방통의河防通議》
원나라	양휘楊輝	수학	《상해구장산법詳解九章算法》《양휘산법楊輝算法》 등
원나라	주세걸朱世杰	수학	《산학계몽算學啓蒙》《사원옥감四元玉鑒》

간단한 의식은 물에 지전을 던진다. 공식적인 의식은 제물을 갖추고 종이 말을 태우며 제사를 지내고 제물을 나누어 향수한 후 출항한다

| 중국사 연표 |

태화 6년 5월 송나라가 군사를 일으켜 북상했다. 10월 금나라가 송나라를 대거 정벌했다. 이 해에 몽골의 테무친이 칸으로 칭했다.

031

별호를 가진 재상

별호를 가진 재상이 번화한 도성을 거의 처량한 묘지로 만들었다.

완안합주完顏合周는 금나라 황실의 종친으로, 선종 때 관직이 원수좌감군에 이르렀다. 완안합주는 군인 출신이지만 글쓰기를 좋아했는데, 그가 지은 시는 조잡해서 사람들의 웃음거리가 되었다. '참새 참정'은 바로 그의 별호다.

일을 망치고도 남다

완안합주는 시도 잘 쓰지 못하지만 싸움은 더욱 못했다. 중도가 몽골 군사에게 포위되었을 때 선종이 그에게 군사를 더 내어주었지만 대패하고 말았다. 선종은 노하여 그의 작위를 박탈하고 곤장 80대를 쳤다.

일 년 후 완안합주는 명을 받들고 섬서로 가서 몽골 군사에 저항했는데, 적 앞에서 혼비백산해 중진 동관潼關을 잃고 말았다. 재삼 패전하니 참해야 마땅하지만 100명에 달하는 황족들이 상서하며 용서를 빌자 선종은 말했다. "완안합주는 지난번 싸움에서 중도에 이르기도 전에 이미 붕괴되었으니 주살해야 마땅하다. 짐이 관대히 처리했으나 또 패전, 나라를 욕되게 했으니 국법이 용서하지 못한다."

선종은 말은 이렇게 했으나 결국에는 가볍게 파직 처리했다.

적벽도赤壁圖 (금나라 무원직武元直 그림. 일부분)
무원직의 자는 선부善夫이고, 생몰연대는 미상이며, 금나라 시대의 화가다. 경물은 사실주의 의미가 풍부해 험준한 절벽과 파도치는 급류, 바람에 흔들리는 나무, 높게 펼쳐진 하늘은 소식이 쓴 "달 밝고 바람 맑은" 경치를 재현했다.

| 세계사 연표 |

1206년

테오도르 1세와 셀주크 터키인이 동맹을 결성, 라틴 국가 내부 모순을 이용해 이간을 도발한 후 라틴 왕조와 평화 조약을 체결했다.

《금사金史·완안합주전完顔合周傳》

참새가 참정하다

완안합주는 집에서 몇 년 보내고 나서 적막감을 견디지 못해 재기하려 했다. 이때는 이미 애종의 집정 시대로, 몽골의 기병이 남경(개봉)에 이르렀고 성내에 식량이 매우 부족했다. 그러자 완안합주는 백성의 집에 적어도 100만 석의 좁쌀이 있으니, 그것을 거두자고 했다. 그리고 애종은 완안합주를 참지정사로 임명해 좌승상 이혜李蹊와 함께 민간의 식량을 거두게 했다.

완안합주는 친히 〈괄속방문括粟榜文〉을 적어서 집집마다 보존 양곡을 보고하되 성인은 1석 3말, 어린애는 절반, 그 외의 양곡은 일률적으로 공가에 바치며 양곡 총수를 문에 써 붙이되 거짓이 있으면 엄하게 징벌한다고 했다. 완안합주가 작성한 방문은 틀린 자가 가득했는데, 작雀자 뒤에 이而자를 써야 하는데 아兒자를 붙여 썼다. 그 부하는 알면서도 감히 고치지 못하고 그대로 붙였다. 이에 사람들은 아예 그를 '작아 참정雀兒參政(참새 참정)'이라 불렀다.

백성의 식량을 빼앗다

참새 참정이라는 별명을 가진 완안합주는 적에 대해서는 두려워하면서도 백성에 대해서는 매우 지독했다.

그는 백성을 훈계하며 말했다. "남은 양곡을 바치지 않아 성안의 군량이 떨어지면 그대들의 아내와 자식을 삶아먹을 테다." 그러면서 그는 36구역에 모두 혹리를 보내어 식량을 거둬들였다. 그중 완안구주完

금 벽사 향낭 (위 사진)
고인들은 향으로 사악한 기운을 물리친다고 믿어 항상 향낭을 휴대했다. 사진은 원나라 시대의 금 향낭이다.

顔久住라는 자가 특히 잔인했다. 고부간인 두 과부가 식량 6말을 보고했는데 수색한 결과 3되가 더 나오자 구주는 과부를 묶어 고문했다. 과부는 울면서 말했다. "나의 남편은 전쟁에서 죽었소이다. 시어머니를 부양하기 위해 난 겨로 요기할 수밖에 없었으니 용서해 주세요." 하지만 구주는 들은 척도 하지 않고 과부를 때려죽이고 말았다.

이 소식을 들은 백성들은 분했지만 그가 두려워 아예 남은 식량을 몰래 화장실에 버렸다. 보다 못한 일부 내신들이 이혜를 찾았다. 이혜는 눈썹을 찡그리며 말했다. "나도 어쩔 수가 없으니 참정 완안합주와 말하십시오." 완안합주는 머리를 흔들며 말했다. "속담에 '꽃도 상하지 않고 꿀도 빚는다'고 했지만, 꽃을 상하지 않고서야 꿀을 어떻게 빚겠소이까. 지금 도성이 위급한데 국가가 중요합니까, 백성이 중요합니까?" 사람들은 더 이상 말하지 못했다.

병사들이 곳곳을 수색했지만 3만 석의 식량밖에 거둘 수 없었고, 성안에는 굶어죽은 백성의 시체로 가득했다. 참새 참정은 번화한 도성을 처량한 무덤으로 만들었다. 그러자 황제는 어쩔 수 없이 국고의 쌀을 내에 백성들에게 죽을 공급했다. 한 사대부는 탄식했다. "지금 죽을 줄 바에는 애초에 식량을 빼앗지 말 걸." 이런 우매한 관료와 황제는 보통 백성의 고혈을 짜내어 백성을 못살게 해놓고는 다시 백성을 구제한다는 생생을 내곤 했다.

●●● 역사문화백과 ●●●

[거란 생육 풍속 습관]
거란인은 생육을 매우 중요시하여 해산 전에 불교 의식과 원시종교 의식을 거행했다. 또 양의 뿔을 잡고 힘껏 흔들게 했는데, 대체로 진통·마취 작용을 한다고 믿었다.

| 중국사 연표 |

1213년

정우 원년 8월, 금나라 장군 호사호는 정변을 일으켜 위소왕을 죽였다. 9월에 금나라 선종 완안순이 즉위해 연호를 정우로 개칭했다. 10월, 몽골 군사가 세 곳으로 금나라를 공격해 중도를 포위했다.

032

매국노의 파산

최립崔立은 몽골에 투항했지만 아내와 모든 가산을 빼앗겼다.

1232년 몽골 군사의 위협 아래 애종은 남경에서 도망치면서도 겉으로는 항전하러 간다고 했다. 출발하기 전에 애종은 수비하는 군사들을 격려해 말했다. "국가의 종묘가 여기에 있으니 장사들은 짐을 따라 출정하지 않지만 성지를 잘 지키면 장래에 꼭 큰 상을 내릴 터이다."

두 재상이 무능하다

이런 빈말 한마디만 던지고서 황제는 떠나가 버렸다.

성의 수비를 책임진 자는 참지정사 겸 추밀사 완안신노完顔申奴와 부추밀사 완안사념아불完顔斜捻阿不인데, 이 두 사람을 사람들은 '두 재상'이라고 불렀다.

황제는 밖에서 연이어 패전했고, 남경 성내는 민심이 황황하고 식량이 턱없이 부족해 사람을 잡아먹는 참상까지 발생했다. 누군가 두 재상에게 물었다. "지금 민심이 불안하고 황제도 안 계시는데, 무슨 방법이 있으십니까?" 그러자 두 사람은 눈물을 흘리며 말했다. "우리도 별다른 재주가 없소이다. 여러분이 방법

원나라 시대 균요 두 손잡이 세 발 화로 (위 사진)
균요는 하남 우주禹州에 위치하고 있으며, 고대 균주鈞州에 속해 명명되었다. 송·원 시대 유명한 북방 도자기 가마다. 균요 자기는 청자기로 유약에 동 함량이 풍부한 공작석을 섞어 색채가 매우 아름답다. 이는 2액 분상 유약으로 전체에 하늘색과 적갈색 무늬가 어울리며 해당화, 장미, 노을 등의 모양을 나타낸다. 원나라 시대에 균요 외에 이를 모방한 작업소가 하남·하북·산서·내몽골 등지에 분포되어 균요 체계를 형성했다. 이 문물은 내몽골 혹홋트시 동쪽 교외 풍주 유적지에서 출토되었다.

을 대 주십시오."

두 재상이 무능하자 성을 수비하는 서면원수 최립崔立은 이 기회를 이용해 반란을 일으켰다. 그는 200여 명의 무사를 거느리고 승상부로 들어가 검을 뽑아들고 소리쳤다.

"도성이 무너지기 직전인데 두 상공은 어찌 처리할 생각이오? 앉아서 백성이 굶어죽기만 기다린단 말이오?" 그러자 두 상공은 황망히 말했다. "무력은 행하지 말고, 할 말이 있으면 하시오." 그러나 최립은 더 이상 듣지 않고 두 상공과 여러 조정 신하들을 죽였다.

최립이 도성을 바치다

최립은 원래 저잣거리의 무뢰한으로 사원의 취고수였는데, 전란의 기회를 타서 관직에 올랐다. 그는 병변을 일으킨 후 스스로 태사·군마도원수·상서령이 되고 자신의 아내를 왕비라 부르게 했다.

최립은 어의를 입고 적의 군영에 와서 친히 몽골 군사의 통수에게 투항서를 바쳤다. 상대방을 부친이라 부르며 아들 황제 자리라도 얻으려 했던 그는 또 방어 설비 일체를 불태워 가짜 투항이 아님을 증명해 보였다. 그는 남경에 있는 관료 부인들을 모두 중서성으로 모이게 하고, 매일 그중 몇을 골라 음욕을 채웠다.

재물에도 탐을 낸 그는 성안의 금은을 대대적으로 수탈했고, 돈 많은 부인에게 혹형을 가해 금은재화를 내놓게 했다.

이에 많은 부인이 맞아 죽거나 자결했다. 후에 최립

1213년

| 세계사 연표 |

이탈리아 로마 교회 세력이 극에 달했다. 이노센트 3세는 황제 프리드리히를 굽박해 에게르 황금 조서를 반포하고, 교직 선거에 대한 불간섭을 승낙하게 했다. 게르만 주교가 로마에 상소함을 허용했다.

《금사金史·애종기哀宗紀》 출전

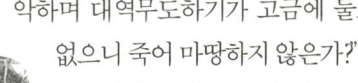

돈황 막고굴 6체 문자 석각
원나라 지정 8년(1348)에 조각했으며, 범·장·한·팔사파·회숙·서하 6체 문자로 암唵·마嘛·니呢·팔叭·미𡅏·우吽 6자 진언을 새겼다.

은 아예 황태후 등 황실 성원 500여 명을 몽골 군영으로 보냈다. 몽골 군사는 기회를 타 성내에 돌입했다.

최립이 성 밖에서 환영하는데, 뜻밖에 몽골 군사가 최립의 집에 먼저 뛰어들어 그의 처첩과 금은재화를 모두 약탈했다.

최립은 집에 돌아와 통곡했지만 이미 소용이 없었다.

괴화나무가 영검을 나타내다

최립의 수하에 이기李琦라는 도위가 있었다. 이기의 아내는 나이 스무 살에 자색이 뛰어났다. 최립은 그녀를 차지하려고 이기를 성 밖으로 파견했다. 이기는 최립이 늘 이런 수단으로 남의 아내를 강점한 것을 알기 때문에 외출할 때마다 아내를 데리고 다녔다. 최립은 손쓸 기회가 없으니 죽여야겠다고 생각했다.

이기는 미리 이백연李伯淵 등과 연합해 밤중에 성문에 불을 지르고 혼란한 틈을 타 최립을 죽였다. 그리고 시체를 말꼬리에 매달고, 황궁 앞으로 끌고 가 주위의 구경꾼들에게 소리쳤다. "최립이 음탕하고 포악하며 대역무도하기가 고금에 둘도 없으니 죽어 마땅하지 않은가?"

그러자 사람들이 일제히 대답했다. "난도질을 해도 분이 아니 풀리외다!" 그리하여 그의 머리를 베어 승천문에 매달아 애종에게 제사지냈다. 분노한 군사들은 최립의 심장을 도려내어 그 자리에서 나눠 먹었다.

최립의 시체는 궁전 앞 늙은 괴화나무에 매달렸는데, 나뭇가지가 그 무게를 못 이겨 부러졌다. 그것을 본 사람들은 괴화나무가 영검해 악인이 몸에 감기는 것을 싫어하기 때문이라고 말했다.

〈24효도孝圖〉
원나라 사회는 암흑하고 탐관오리가 횡행했다. 이에 곽거경郭居敬이 고대 우순虞舜·한문제漢文帝·증삼曾參·동영董永 등 24인의 효행을 바탕으로 《24효孝》를 편찬했는데, 사회에 널리 유행했다. 이 그림은 당시 〈승진도〉처럼 민간 유희의 일종이다.

●●● 역사문화백과 ●●●

[요나라 시대 귀족 가면]
요나라 시대 귀족은 죽은 후 가면을 씌웠다. 가면은 먼저 얼굴 모양대로 나무 모형을 조각한 후에 은박이나 동박을 모형에 씌우고 망치로 두드려 만든다.

916~1368 요·서하·금

유자 상속제다

| 중국사 연표 |

1214년

정우 2년 금나라 선종은 몽골에 화해를 청하고 공주를 칭기즈 칸에게 바치면서 금·비단·마필 등도 바쳐 중도의 포위를 해제했다. 5월 변경에 천도했다.

033

애종의 비애

"조상이 나라를 세운 지 100년 만에 나의 손에서 망할 줄이야!"

애종 완안수서完顏守緖는 금나라 말기의 황제다. 금나라는 이때 이미 서산에 지는 해로, 애종의 노력에도 불구하고, 결국 멸망의 길에 이르렀다.

애종의 등극

망국 군주의 자리이긴 하지만 당년에는 매우 어렵사리 쟁탈한 것이었다. 선종은 아들이 셋인데 장자 수충守忠을 황태자로 책립했으나 후에 병사했다. 수충의 아들을 황태손으로 책립했으나 역시 또 요절했다. 이에 삼자 완안수서를 태자로 책립하고 차자 수순守純을 영왕英王으로 봉했는데, 그 어머니 방비龐妃는 음험하고 교활해 늘 수순이 태자로 책봉되지 못한 일을 불만스러워 했다.

선종이 임종 시 신변에 늙은 부인 정씨가 있었는데 선종은 그에게 한마디 말하고는 죽었다. "빨리 태자를 불러 후사를 주최하게 하라."

그날 밤 황후와 방비가 문안하러 오자 정씨는 방비가 일을 일으킬까 봐 그녀에게 말했다. "폐하께서 지금 변을 보시니 먼저 다른 방에 좀 앉으소서."

방비가 방 안에 들어간 후 그녀는 즉시 문을 밖에서 잠갔다. 황후는 선종이 이미 죽은 줄 알자 급히 대신을 불러다 유서를 낭독하고 태자를 옹립했다.

황태자 완안수서가 입궁했을 때 영왕 수순이 한 발 앞서 와 있었다. 황태자는 급히 3만 친병을 동화문에 주둔시켜 만일의 사태에 대비했고, 동시에 4명의 위병을 파견해 수순을 연금한 후 급히 선제의 영구 앞에서 등극을 선포했다.

미친 사람의 참언

애종은 용좌에 앉은 후 황후를 황태후로 모셨다. 백관이 덕륭전에 와서 경하하는데 돌연 큰 바람이 불며 단문 위 기왓장이 처마 밑으로 떨어져 군신이 불길함을 느꼈는데 또 상복을 입은 남자가 승천문을 향해 웃기도 하고 울기도 했다.

구경꾼이 어찌해 웃고 우는가 물으니 그는 말했다. "내가 웃는 건 재능 있는 장수와 재상이 없기 때문이고, 내가 우는 건 금나라가 이제 망하기 때문이외다." 대신들이 분노해 그자를 죽이려 하자 황제는 말했다.

"그만 두게. 이 사람이 악담으로 비방하기는 했어도 구태여 따질 필요가 없네." 관리는 곤장을

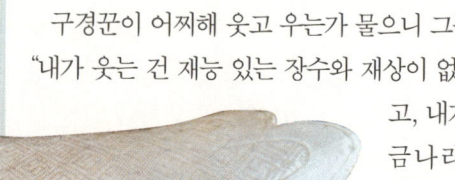

청화 유약 인물 조형 자기 베개
1981년 안휘성 악서현에서 출토된 이 베개는 높이가 18cm이고, 현재 현문물관에 소장되어 있다. 베개 면은 흰 구름 형상이며, 사면에 난간과 18명의 크고 작은 인물을 조각했는데, 그 신분이 서로 다르다. 전반적으로 아름다운 생활에 대한 추구를 보여 준다.

| 세계사 연표 |

1214년
고려의 탐라군耽羅郡이 '제주濟州'라는 명칭으로 사용되기 시작했다.

《금사金史·애종기哀宗紀》 출전

친 후 그를 쫓아냈다.

몽골 군사의 끊임없는 공격으로 애종은 남경을 지켜낼 수 없음을 깨닫고 성을 버리고 도망치려 했다.

1232년 6월, 몽골 사신 당경唐慶 등이 남경에 와서 애종에게 제위를 취소하고 몽골 신하로 칭하는 동시에 투항을 상의하러 가자고 청했다. 애종이 병을 핑계로 응하지 않자 당경은 횡포하게 굴었다. 금나라 장사들은 홧김에 무기를 들고 밤중에 사관을 습격해 일행 30여 명을 죽였다. 애종은 몽골 군사가 가만있지 않으리라 짐작해 남경을 버리고 도망쳤는데, 황후와 비빈마저 거느리지 않고 총총히 떠났다.

관노가 난을 일으키다

애종은 도망친 후 귀덕歸德, 지금의 하남 상구시에 이르렀다. 귀덕에서 금나라 군대 내부에 또다시 변이 생겼다. 당시 성안에 군사는 많고 군량은 적어 귀덕 지부 여로환女魯歡은 친병에게 성 밖으로 나가 군량을 해결하도록 청했다. 애종은 억지로 수긍했지만 우려가 되어 원수 관노官奴에게 말했다. "여로환이 친병을 밖으로 보냈으니 조심하게." 성내에는 관노가 통솔하는 충효군 450명과 통병원수 마용馬用 산하의 700명밖에 없었다.

관노가 군사를 풀어 노략질을 하자 좌승상 이혜李蹊가 관노를 모반으로 상주하니 애종은 말했다. "짐이 그를 평민에서 통수로 뽑았으니 그는 배은망덕하지 않을 것이네." 그리고 애종은 사이가 좋지 않은 마용과 관노의 화해를 위해 상서성에서 연회를 베풀었다. 그러나 관노가 기회를 타서 마용을 죽이고 여로환, 이혜 등 관원 300여 명도 죽였다.

이렇게 관노가 병권을 독점하게 되자 애종도 관노의 작위를 높여 주는 수밖에 없었다. 권력이 더욱 세진 관노는 이제는 황제마저도 안중에 두지 않았다. 행동의 자유마저 잃은 애종은 슬피 흐느꼈다. "자고로 망하지 않는 나라는 없고 죽지 않는 군주도 없었지만, 짐이 사람을 잘못 등용해 관노의 죄수가 되었구나." 그리고 애종은 관노를 제거하기로 결심했다.

애종은 관노를 평장정사로 봉한 뒤, 근시들과 밀모해 관노가 알현할 때 근시관을 시켜 검으로 찌르게 했다. 관노는 부상을 입고 도망치다가 추격당해 계단 아래로 떨어져 죽었다.

애종이 제위를 포기하다

1233년 애종은 채주蔡州, 지금의 하남성 여남현으로 도망쳤다. 채주는 남송과 인접해 있었는데, 이때 몽골은 이미 금나라를 멸하기로 남송과 약속했다.

애종은 송나라에 사자를 보내 화의를 청했다. 송나라에 간 사자가 말했다. "몽골은 40여 개 나라와 서하

원나라 시대 왕 어사 수로 유적지
섬서성 경양현涇陽縣에 위치한다. 원나라 때 서대어사 왕거王琚가 수로를 파서 경하涇河의 물로 관개해 섬서 황하 지류에 경하 관개 구역을 형성했으며, 후세에 이를 왕 어사 수로라 했다.

916~1368

요·서하·금

남기지 않는다 115

| 중국사 연표 |

1225년 정대 2년에 금나라와 서하가 화의를 달성, 서하는 금나라를 형으로 섬겼다.

원나라 시대 영하 백팔탑百八塔
영하 청동협시 협구산 황하 서안에 위치한다. 거대한 삼각형 라마탑 군락으로 산세를 따라 계단식으로 건설했으며, 1·3·5·7 기수로 12행을 배열했고, 그중 3·5행이 각각 2행으로 총 108탑이다. 최상단의 탑이 라마탑으로 높이는 2m 정도인데 벽돌로 쌓은 후 회칠을 했다. 밑판은 팔각형의 서미좌이고, 정상은 구슬 식이다. 그 밖에 탑은 형태가 모두 같고 형체가 작다. 이는 불교 밀종 《금강정경金剛頂經》 중 곤로사나 108존 법신과 관계있다.

하루 황제

도 멸하고, 이제 금나라를 멸하려 하는데 금나라 다음에는 바로 송나라의 차례다. 입술이 없으면 이가 시린 것은 당연한 이치다. 금·송나라가 연합한다면 둘 다 유리하다." 하지만 과거에 금나라에게 당한 송나라는 몽골과 함께 금을 멸하고 땅을 분할할 생각(송·몽 협의: 금나라를 멸한 후 하남은 송나라, 하북은 몽골이 차지함)만 했다. 이익에 눈이 어두운 송나라 군신은 금나라의 평화 협의를 완강하게 거절했다.

금나라의 장령들은 대세가 기울었음을 보고 몽골이나 송나라에 투항했다. 채주는 겹겹이 포위되고 성 중에 군량이 떨어져 주민들은 배를 곯았다. 그러자 애종은 관청의 말을 잡아 군사들을 먹이면서 탄식했다. "짐은 고관 10년, 태자 10년, 황제 10년을 지냈으니 이제 죽어도 한이 없도다. 다만 100년이나 전해 온 나라가 짐에 이르러 망해 망국 군주가 되는 일이 안타깝도다. 보통 망국 군주는 포로가 되어 모욕을 받았는데, 짐은 결코 그렇게 되지 않으리라!' 그러면서 애종은 그날 밤 황위를 황족 동면원수 완안승린完顏承麟에게 양도했다. 승린이 사양하자 애종이 말했다. "짐은 몸이 둔해 말을 타고 잘 달리지 못하네. 그대는 몸이 빠르고 전략을 잘 아니 도망쳐 국운을 끊기지만 않게 하면 되네. 이것이 바로 짐의 소원일세."

다음 날 아침 승린이 제위에 등극하고 백관이 경하를 마치자 성남에는 이미 송나라 군사의 기치가 세워지고 함성이 천지를 진동했다. 애종은 상황이 위급해지자 목매어 자결했고, 내성을 지키던 승린은 애종의 비보를 듣고 울며 제사 지냈다.

그러나 울음소리가 멎기도 전에 성은 이미 함락되었다. 군사를 인솔해 시가전을 벌이던 승상 완안중덕이 부장에게 말했다. "폐하께서 붕어하셨으니 내 어찌 싸운단 말이냐. 나는 적의 손에 죽느니 차라리 강에 뛰어들어 자결할 걸세!' 그러고는 강에 뛰어들어 자결했다. 여러 장수들이 말했다. "재상이 순국하는데 우리라고 나라를 위해 충성하지 못한단 말인가?' 그리하여 400여 명의 장사들이 강에 뛰어들어 자결했다. 승린은 적의 손에서 죽었고, 이로써 금나라는 멸망했다.

●●● 역사문화백과

[원시 종교 샤먼교]
샤먼교는 교리가 없는 원시 종교인데, 퉁구스어로 무당을 '샤먼'이라고 칭해 유래되었다. 원래의 뜻은 불안하고 미친 듯이 춤을 추고 점을 친다는 의미다. 여러 북방 민족에 모두 샤먼교의 색채가 있었다.

| 세계사 연표 |

1225년 프랑스 루이 8세는 그 정복 지역에서 많은 토지를 떼어 왕족과 혈족을 분봉했다. 그 후 왕권은 큰 장애물에 직면했다.

034

《금사金史·곽하마전郭蝦蟆傳》 출전

명사수 곽하마
화살을 다 쏘자 불길 속에서 순국했다.

홀로 외로이 성을 지키다

1233년 초 애종은 채주로 도망친 후 성을 지키지 못할까 봐 공창鞏昌, 지금의 감숙 농서현으로 가려고 점갈완전粘葛完展을 공창 행성으로 임명했다. 애종이 죽은 후 완전은 군사를 거느리고 성을 지키며 새로 즉위하는 금나라 황제를 기다렸다. 수덕綏德(섬서 경내) 통수 왕세현은 대세가 기울자 투항을 결심하고 곽하마에게 사람을 보내 함께

애종이 죽고 나라가 망했다는 소식에 각 주의 장수들은 앞 다투어 몽골에 투항했는데 공주鞏州, 지금의 감숙성 농서현隴西縣의 곽하마郭蝦蟆는 외로이 3년간이나 성을 지켰다.

뛰어난 활 솜씨로 적을 물리치다

곽하마와 그의 형은 모두 명사수로 소문이 났다. 선종 때 형제는 종군했는데, 서하 군사와의 접전에서 100m 밖의 주장을 쏘아 죽였다. 후에 성이 함락되자 생포되었는데, 서하인은 그의 사격술을 알고 투항시키려 했다. 하지만 두 형제는 복종하지 않고 탈옥했으나 그의 형은 추격병에게 잡혀 죽고, 곽하마는 금나라에 돌아와 공주 검할鈐轄로 임명되었다.

1223년 서하 보병과 기병 10만 명이 봉상鳳翔(섬서 경내)을 공격했다. 금나라 원수 합희는 곽하마를 총지휘관으로 임명했다. 두 사람이 성을 순찰 할 때 한 서하 장군이 멀리 앉아서 사격 거리 밖이라고 안심하며 큰 소리로 욕을 퍼붓고 있었다. 합희는 곽하마에게 물었다. "저 사람을 맞힐 수 있겠나?" 곽하마는 거리를 측정하고 나서 말했다. "물론입니다."

곽하마는 평상시 상대방의 갑옷이 가리지 못한 곳을 골라 쏘곤 했는데 백발백중이었다. 그는 상대방이 팔을 쳐드는 것을 보자 즉시 화살을 날렸는데 바로 겨드랑이를 맞혀 그 자리에서 죽었다.

서하가 퇴군할 때 곽하마는 이를 추격해 회주會州를 공략했다.

그는 500명의 장사를 거느리고 붉은 두루마기를 입고 회주성 밖 남산에서 말을 달려 돌진했는데 서하 군사는 미처 방비하지 못해 신병이 하늘에서 내린 줄 알고 성을 버리고 도망쳤다.

명가의 유작 – 주벽산 은용 쪽배
원나라 시대의 은제 기물 장인 주벽산朱碧山이 제작한 쪽배 모양의 술잔이다. 쪽배는 나뭇가지 모양이며, 노송나무 무늬를 조각했다. 이 기물은 원나라 시대의 은 주조 공예의 기술과 예술 수준을 설명해 준다.

| 중국사 연표 |

1232년 천흥 원년 몽골 군사가 균주鈞州 삼봉산에서 금나라 군사를 대파하고 뒤이어 변경汴京을 포위했다. 금나라 애종이 변경에서 도망쳤다.

공창을 공격하자고 했다. 그러자 곽하마가 말했다. "국가가 위험에 직면했는데 죽음을 무릅쓰고 구원하지는 못할망정 서로 죽여야 하겠는가?"

왕세현은 공창을 공략한 후 몽골에 투항했다. 그는 20여 차례나 사자를 보내 곽하마에게 투항을 권유했으나 그는 준엄하게 거절했다.

곽하마는 외롭게 성을 3년이나 지켰다. 1236년 10월, 몽골 군사가 성을 공격하자 곽하마는 군사를 거느리고 혈전하다가 심한 상처를 입었다. 그는 오래 버티지 못할 줄 알고 성안의 쇠붙이를 모아 큰 대포를 주조하고, 소와 말을 잡아 군량으로 삼고 가옥과 축적된 물자를 모두 불태웠다. 그는 또 집 문어귀에 장작을

원나라 시대 장기 놀이 그림
산서성 홍동현 광승사 내 원나라 시대 수신묘 벽화. 원나라 시대에 창작된 것으로 당시의 장기는 현대 장기와 매우 비슷했다.

거용관 과가탑過街塔
원나라 시대 불탑으로 원나라 순제 지정 2년(1342) 건설했다. 교통 요충지 또는 사묘 입구 등에 건설한 높은 대를 가리킨다. 대 밑에 통로를 내어 사람과 수레가 통행하게 하고 대 위에 하나 또는 여러 개의 라마탑을 건설한다. 원래 3개를 엎어 놓은 사발식 보탑이 있었는데 원나라 말기 명나라 초기에 지진으로 파괴되고 대만 남아 속칭 '운대雲臺'라 부른다. 대 밑의 통로 벽에는 불상, 4대천왕상, 장식 도안 조각 외에 범·장·한·팔사파·회흘·서하 등 6체 문자로 새긴 《다라니경주陀羅尼經咒》과 《조탑공덕기造塔功德記》가 있다.

쌓아 놓고 처자와 장교들의 아내를 가두었다. 곽하마는 그곳에 불을 지른 후 병사들과 함께 최후의 저항을 했다. 병사들이 화살을 다 쏘자 곽하마는 몸을 날려 불 속으로 뛰어들었다. 곽하마는 홀로 장작 꼭대기에 올라 문짝을 방패로 삼아 몽골 군사에게 화살 2,300발을 날리니 매번 명중했다. 화살을 다 쏘자 그는 활을 안고 불에 뛰어들어 순국했다.

성내에는 단 한 사람의 투항자도 없었다.

●●● **역사문화백과** ●●●

[요나라 시대 건축의 방향]
거란인이 태양을 숭배하기 때문에 요나라 시대 가옥, 장막, 사원은 대부분 동향이다. 요나라 시대에 건설한 대동 화엄사, 북경 대각사도 동향으로 이는 불교와 거란 풍속의 융합을 반영한 것이다.

| 세계사 연표 |

1232년 신성 로마 제국 프리드리히는 명령을 반포해 봉건 제후가 자기의 권력을 경내 도시에 확장하는 것을 허용했다.

035

충의지사가 순국하다

위험에 직면해 죽음으로써 군주의 은혜에 보답했다.

《금사金史·양옥연전楊沃衍傳》 출전

죽음으로 보답하다

"사람이 군주의 일에 죽지 않고 집에서 죽는다면 대장부가 아니로다." 금나라 장군 양옥연楊沃衍은 생전에 이렇게 맹세했고, 그대로 실행했다.

양옥연은 하급 관리 출신으로 몽골과의 작전에서 전공으로 원수좌감군으로 발탁되었다. 양옥연이 무주武州, 지금의 산서성 삭주朔州 자사를 지낼 때 몽골군이 성을 공격했는데, 그가 군민을 지휘해 27일간 밤낮으로 사수해 몽골군이 끝내 철수했다. 그리고 그는 몽골군과 싸울 때마다 승전했다.

1222년 몽골군이 대거 공격하니 산서 행성은 진지 이외의 지역은 불태워 없애도록 영을 내렸다. 양옥연은 말했다. "만약 밀밭을 불사르면 명년에 백성이 무얼 먹는단 말인가?" 그는 군대를 인솔해 백성의 밀 수확을 엄호했다. 1232년 금나라 군사는 균주鈞州, 지금의 하남성 우주禹州 삼봉산三峰山에서 참패했고, 양옥연은 균주 성내로 퇴각했다.

그의 부장 태류승呆劉勝은 몽골군에 투항했는데, 몽골군 원수는 태류승에게 입성해 양옥연에게 투항을 권고하라고 했다.

태류승이 양옥연에게 투항하면 몽골군 통수가 고관을 약속했다고 알리니 양옥연은 마음이 움직이는 척하며 태류승에게 가까이 와서 이야기하자고 말한 후 갑자기 칼을 뽑아 태류승을 찌르며 외쳤다. "나는 비천한 출신이지만 조정이 내게 박하게 대하지 않았는데 배반한다면 이건 내 얼굴에 먹칠하는 게 아니냐?"

그는 남경 쪽을 향해 울며 절했다. "조정을 볼 면목이 없으니 죽는 길밖에 없나이다." 말을 마치고는 들보에 목을 매어 자결했다.

화상의 충효

대장군 진화상陳和尙 역시 사내대장부였다. 그는 20여 세 때 몽골 군사에게 나포된 적이 있는데, 몽골군 통수가 그를 중용하려 했으나 기회를 틈타 말을 빼

조맹부의 10찰 중 하나 – 금옥 같은 작품

조맹부趙孟頫는 시·서·화는 물론, 음률에 통하고 조각도 잘했다. 그중 서예가 가장 능했는데, 이 서찰은 그의 작품 중 가장 뛰어난 것이다.

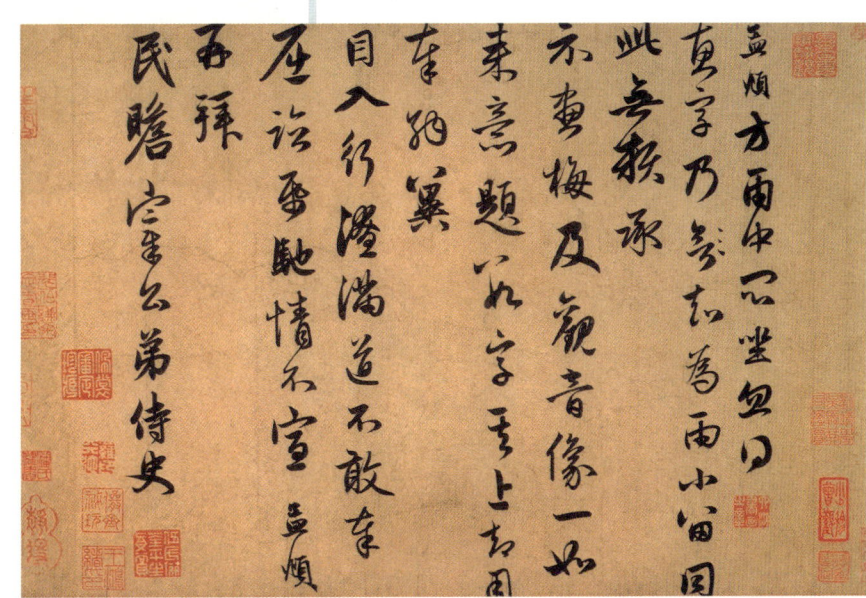

916~1368 요·서하·금

1233년

| 중국사 연표 |

천흥 2년 1월, 금나라 애종이 귀덕歸德에 이르렀다. 금나라 도성 서면 원수 최립崔立이 정변을 일으키고, 변경汴京을 몽골에 바쳤다. 그 해에 송나라는 몽골과 연합해 금나라를 공격해 채주蔡州를 포위했다.

앗아 남으로 도망치며 노모를 모시고 금나라로 돌아왔다. 그는 일개 무장이지만 독서를 좋아해 틈만 나면 장막에서 《사서오경》을 읽었다. 동료들은 그를 수재로 간주했다.

진화상이 통솔하는 충효군은 회흘·내만·강·혼 등 소수민족과 송나라에서 도망친 범죄자와 전쟁포로로 구성되어 있었다. 이런 사람들은 싸우기를 좋아하고 통제하기 어려웠다. 하지만 진화상은 훈련을 통해 충효군을 규율이 엄하고 전투력이 강한 군대로 만들었다. 그들은 싸움이 벌어질 때마다 늘 앞장섰고 행동이 신속했다. 또 지나는 곳마다 백성의 물건에는 절대 손을 대지 않았다.

1228년 몽골군이 대창원大昌原, 지금의 감숙성 영현寧縣에 침입하니 진화상은 명을 받들어 출전했다.

그는 먼저 목욕하고 입관하듯이 속옷을 갈아입은 후 갑옷을 입고 400명의 장사를 거느리고 적진으로 돌입, 8000명의 적을 대파했다.

이는 금·몽 접전 20년 이래 금나라의 첫 승리로, 금나라 군사의 사기를 크게 고무시켰다. 애종은 친히 상을 내리며 진화상을 영원대장군으로 삼았다. 충효군의 명성이 일시에 천하에 날렸다.

호남아여, 내세에 합작하세

삼봉산 작전 후 진화상은 잔여 부대를 거느리고 균주鈞州로 퇴각했다. 그리고 성이 함락되고 전패한 후 그는 구석에 숨었다. 몽골군의 살인 약탈이 잠잠해지자 그는 걸어 나와 몽골 병사에게 말했다. "나는 금나라 대장이다. 너희 통수를 만나 할 말이 있다." 그러자 몇몇 몽골군이 그를 몽골군 원수의 장막으로 안내했다. 그러자 그는 큰소리로 말했다. "내가 바로 충효군 총령 진화상이다. 대창원大昌原에서, 위주衛州에서, 도회곡倒回谷에서 그대들을 상대로 전승한 자가 바로 나

다. 오늘 나는 이 자리에서 분명하게 죽으려 한다. 천하에 나를 이해할 사람이 꼭 있을 것이다." 몽골군 통수가 그에게 투항하라고 하니 그는 단호히 거절했다. 무릎을 꿇으라 하니 그 역시 거절했다. 병사들이 그의 다리 힘줄을 잘랐으나 끝내 무릎을 꿇지 않았다. 또 칼로 그의 입을 베고 귀까지 베었으나 그는 여전히 욕설을 퍼부으며 용감히 죽어 갔다.

몽골군 통수도 그의 정기에 감동하여 그의 묘 앞에 마유주를 한 잔 부으며 말했다. "호남아여, 훗날 다시 만나면 우리 함께 손잡으세."

충렬지사들은 국가에 보답하려 하나 대세를 돌려 세울 힘이 없었다. 그러나 두려움 모르고 순국하는 장사들의 정신은 필경 찬양할 만한 것이다.

정밀하게 조각한 상아 곡판
아판은 희곡 음악의 중요한 타악기로, 3개가 1조로 이루어지며 크기는 같다. 바깥 두 개는 외면에 모란꽃 가지와 불가 8보를 새겼는데, 그중 하나에 법륜·법라·산당·보개를 새기고 다른 하나에 연화·보병·쌍어·반장을 새겼다.

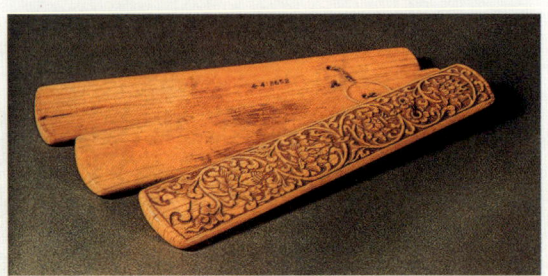

●●● 역사문화백과 ●●●

[온돌]
날씨가 추운 북방에 온돌은 매우 보편적인 난방 방식이었다. 여진족은 모두 온돌을 사용했고 금나라 시대 초기에는 황궁에서도 온돌을 놓았다. 황제는 늘 신하들과 함께 온돌에 앉아 국가 대사를 토의하고 후비와 함께 술을 마셨다. 이 분야의 시도 적지 않다. 당대 고고학 발굴 중 금나라 온돌 유적지가 많이 발견되었다. 1979년 금나라 포유로 옛 성터 유적지에서 완전한 온돌·부엌·굴뚝을 발견했다. 러시아 원동 빈해성 우수리스크 옛 성터에서도 여진인 온돌용 연기 통로를 발견했다.

| 세계사 연표 |

1233년

교황 그레고리 9세가 프랑스에 '이교도 재판소'를 설립하고 도미니크 일파에게 '이단' 정찰 권한을 부여했다. 루이 9세가 이를 크게 지지했다.

036

《금사金史·원호문전元好問傳》 출전

말년에 시 1000수를 남기다

금나라 사람들의 시는 별로이지만 원호문元好問만은 예외였다.

"초췌한 모습에 관을 쓴 초나라 죄수여, 돌아갈 마음 장강 한수 따라 밤새도록 흐르누나./청산은 역역한데 고향의 모습 꿈이던가, 나뭇잎은 누런데 가을의 비바람 소슬하구나./가난 속에서 시를 지으니 운율이 장난치는데, 함부로 써내려가니 눈물은 없어도 근심을 기탁하리./늘그막에 형제가 서로 만나 앉으니 소식을 나눠 먹으며 만사를 지나치네."

청나라 조익趙翼은 이렇게 말했다. "당나라 이래 율시에서 눈물겨운 구절은 소릉少陵의 10수 연聯을 제외하고는 유산遺山의 시에서 흔히 보인다." '소릉'은 시성 두보를 가리키고 '유산'은 바로 금·원나라 시인 원호문(1190~1257)을 가리킨다.

원호문은 평생 망국과 파산의 곡절을 겪었는데, 그의 시는 진지하고 슬프며 두보의 유풍이 강하다.

소년 재자

원호문은 태원 수용秀容에서 출생하고 유산遺山에서 글을 읽어 자칭 유산 산인이라 했다. 그의 선조는 북위 선비 황족 탁발씨拓跋氏로, 북위 효문제가 낙양으로 천도한 후 원씨로 고쳤다. 당나라 문인 원결元結은 원씨 일족의 명인이다.

원호문의 선조는 송나라에서 벼슬했고, 조부는 금나라 진사로 중하급 관리를 지냈다. 부친 원덕명元德明은 급제하지 못하고 집에서 책을 가르쳤는데, 저서로 《동암집東岩集》이 있다. 원호문은 어릴 때 숙부 원격元格의 양자로 들어갔다. 원격은 지방관으로 농성현령을 지냈는데, 원호문을 친자식처럼 데리고 다니면서 가르쳤다. 원호문은 7세에 시를 지어 신동이라 불렸고, 후에 숙유宿儒를 스승으로 모시고 경사를 정통했다.

예부시랑 조병문은 원호문의 《금대琴臺》 등의 시를 읽고서 "근대에는 이런 작품이 없도다"라고 한탄했다. 이리하여 명성이 도성까지 알려졌다.

1214년 3월 3일 몽골군이 금나라 흔현성忻縣城을 점령, 10여만 명이 죽었는데 원호문의 형 호고好古도 죽었다. 2년 후 몽골군이 태원을 포위하자 원호문은 노모를 모시고 하남 삼향으로 도망치며 갖은 고생을 했다. 이때 원호문은 슬픔이 솟구쳐 시를 지었다.

"세찬 서풍이 낡은 옷을 꿰는데 망망한 전야엔 슬픔이 가득하구나./흩날리는 먼지를 다 씻고서야 비는 멈추는데 다 자란 초목은 가을이 온 줄 모르누나./타오르는 봉화에 고향의 소식 끊긴 지 오래인데 모루

금나라 시대 원호문 《중주악부》 사진 (원나라 각본)
《중주악부中州樂府》 1권으로 금나라 시대 사詞 총집이다. 원호문元好問의 자는 유지裕之, 호는 유산遺山이고, 태원 수용秀容 사람이다. 금나라 시대의 문학가, 사학자, 국사원 편수, 남양령, 행상서성 좌사원외랑 등을 역임했으며, 금나라 멸망 후 벼슬을 하지 않았다. 시·사·문·곡·소설·문학비평 등 분야에 모두 조예가 깊어 금·원나라 시대에 위망이 높았다. 시 총집 《중주집中州集》 10권에 악부를 부록, 후세에 단독으로 간행한 것이 《중주악부》다. 목록에 금나라 시대 사인 36명, 사 113수, 실제 114수를 수록했다. 전란 중 금나라 사는 많이 산실, 수록된 사는 극히 적은 부분에 지나지 않으나 편자의 수준으로 명가 작품을 수록, 중요한 문헌 가치가 있다.

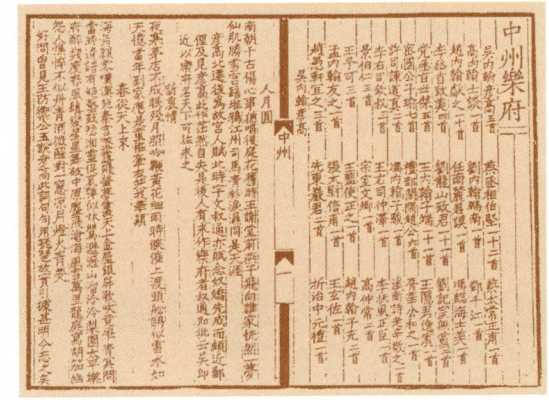

916~1368 요·서하·금

황도파黃道婆

1234년

| 중국사 연표 |

천흥 3년 정월 금나라 애종은 동면원수 완안승린에게 제위를 양도하고 목을 매어 자결했다. 채주성이 함락되고 말제 승린이 피살되어 금나라가 멸망했다.

금나라 시대 희극 출연
산서성 적산 마촌 단씨 묘에서 발견되었다. 묘는 14개이고, 묘실은 조각 벽돌로 장식했으며, 그중 남쪽 벽에는 4, 5명의 잡극형상이 있다. 그리고 북과 피리 등의 악대 반주 아래 4명이 각종 동작을 하고 있다. 중국 고대 희극 연구의 중요한 실물 자료다.

소리 오히려 나그네 마음 기약하네./백년의 세상사 이 땅에 찾아 드는데 석양에 나는 기러기 늦기도 하구나."

포위된 성에서 10개월간 귀신을 이웃으로

원호문은 공명에는 마음이 없어 금나라 선종 흥정 5년(1221)에야 과거에 급제했으나 정치 분쟁으로 관직에 입선되지 못했다. 그때 나이 32세였다. 그 후 낙양으로 이주해 10년간 많은 시를 지었다.

••• 역사문화백과 •••

[금·원나라 시대에 성행한 제궁조]
제궁조諸宮調는 설창 중 창唱을 위주로 하는 곡예의 표현 형식이고, 북송에서 만들어졌다. 금·원나라 때에 성행했고, 약간의 각이한 궁조 곡으로 구성되어 명명되었다.

금나라 애종 정대 원년(1224), 원호문은 박학굉사과에 급제해 유림랑·권국사편수랑을 제수받고 남경으로 갔다. 그리고 정대 3년 진평鎭平 현령을 제수받았으나 얼마 안 되어 사직했고, 정대 4년에는 내향內鄕(하남 경내) 현령을 제수받았으나 이듬해에 모친이 사망해 사직하고 현내 백록원에 3년간 거주했다. 정대 8년(1231)에 또 남양南陽(하남 경내) 현령을 제수받았다. 몇 달 후 남경에 이주, 상서성령사를 담임했다.

금나라 애종 천흥 원년(1232) 몽골군은 2차로 남경성까지 왔는데, 성 내에는 역병이 돌아 100만에 달하는 수비 군사와 백성이 죽었고, 12월 애종은 남으로 도망쳤다.

이듬해 수비 장수 최립이 성문을 열고 투항을 청했고, 원호문도 '좌우사 낭중'으로 임명되었다. 원호문은 야율초재耶律楚材에 상서해 금나라 문인 54명을 바쳤고, 얼마 후 금나라가 망했다(천흥 3년 1234년). 원호문 등은 산동 요성聊城에서 관제를 받고 2년 후에는 관성冠城, 지금의 산동성 관현冠縣으로 이주했다. 후에 관제가 풀리자 산동 문인들이 모두 방문했고, 그의 문학 창작은 또 하나의 초고에 들어섰다.

지금은 중원의 한 백성이다

원나라 태종 10년(1238)에 관제를 마치고 원호문은 고향으로 돌아와 독서하며 "지금은 중원의 한 백성이다"라고 자칭했다.

유민遺民 생활 속에서 그는 고향에 '야사정野史亭'을 세우고 금사金史 편찬의 뜻을 세웠다. 20년의 노력

| 세계사 연표 |

1234년 튜튼 기사단이 소유한 토지를 교황에게 바치고 다시 봉건 부속 방식으로 교황으로부터 이 토지를 취득했다. 이에 튜튼 기사단은 권력이 크게 증대해 이탈리아 교황 이외에는 누구도 이를 조종하지 못했다.

을 거쳐 《중주집》과 《임진잡편壬辰雜編》을 편찬, 대량의 금나라 사료를 남겼다. 원나라 사람이 편찬한 《금사》는 이 두 책의 사료를 많이 사용했다. 이 기간에 원호문은 또 대량의 시문을 창작했다.

몽골 헌종 2년(1252), 원호문은 북상해 쿠빌라이를 만나 유학대종사를 제수받고, 유생의 부역 면제를 청구하니 쿠빌라이는 응낙했다.

헌종 7년(1257), 원호문은 68세에 유학游學 중에 죽었으며, 저서는 《유산집遺山集》 등으로 시 1360수, 사 377수, 산곡 약간이 전해진다. 그 시문은 명·청나라 이래 문인들의 찬양을 받으며 시사詩史라 불렸다.

시 1000수를 남겼는데 오히려 꾸지람을 듣는가?

원호문은 시가에 대한 감상 분야에서도 독특한 견해를 가지고 있었다. 《시 절구 30수를 논함》에서 원호문은 자신의 시구로 선현에 대해 일일이 평가해 자신의 문학 주장을 표명했다.

그는 도연명陶淵明의 순박하고 자연스러움을 찬양했다. "한마디로 자연을 묘사하니 만고에 새로운데, 호화로운 기운이 사라지자 순박한 진실이 드러나네. 남쪽 창문의 밝은 해에 복희씨 오르는데, 고마워라 진나라 사람들 도연명을 해치지 않았거늘."

그는 《칙륵가敕勒歌》의 호방함을 극찬했다. "강개한 노랫소리 두절되어 전해지지 않는데, 파오의 노래 곡조 본래 천연이라. 중주에 퍼지는 만고의 영웅 기개, 역시 음산의 칙륵천에 이르누나."

그는 생활이 바로 창작의 원천임을 강조했다. "눈과 마음이 맞으니 구절도 신비한데, 어둠 속에 더듬으니 항상 진솔하지 못하더라. 그림을 그리러 진천의 경개에 나서는데, 친히 장안에 가본 이 그 몇이더냐!"

그는 인간의 됨됨이와 글쓰기를 함께 논할 수 없다

고 지적했다. "마음의 그림과 노래는 어쨌든 진실하지 못하거늘, 문장은 여전히 위인이 다시 보이노라. 천고에 이름 날린 한거부는 격정이 높다는 신임을 다투어 안인은 먼지 속에 엎드렸어라!"

안인安仁은 진晉나라 문인 반악潘岳, 그의 《한거부閑居賦》는 격조 높게 썼지만 그는 조금도 기개가 없어 권세 가밀賈謐에 아첨하며 그가 나갈 때마다 먼지 속에 엎드려 인사했다. 그에 대한 원호문의 편달은 그야말로 신랄하다. 그러나 원호문은 일생에 걸쳐 시문의 창작, 전쟁의 잔혹함에 대한 공소, 도연명의 청고함에 대한 흠모를 표현했지만 원나라에 투항한 장수 최립의 비문을 쓰면서 공덕을 칭송해 세인의 비난을 받기도 했다.

적색 유약 꽃무늬 회전 술잔
1980년 강서 고안현에서 출토된 원나라 시대의 컵으로 높이는 12.8cm이고, 현재 우현 박물관에 소장되어 있다. 청백색과 적색 유약을 칠했으며, 무지개나 금붕어 같은 느낌을 주고, 아랫부분의 용은 생동감 있다.

원나라 시대 항운의 성황

1 2 7 1 년 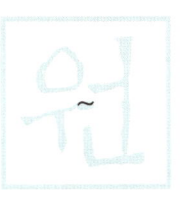 ~ 1 3 6 8 년

원나라 시대 지도

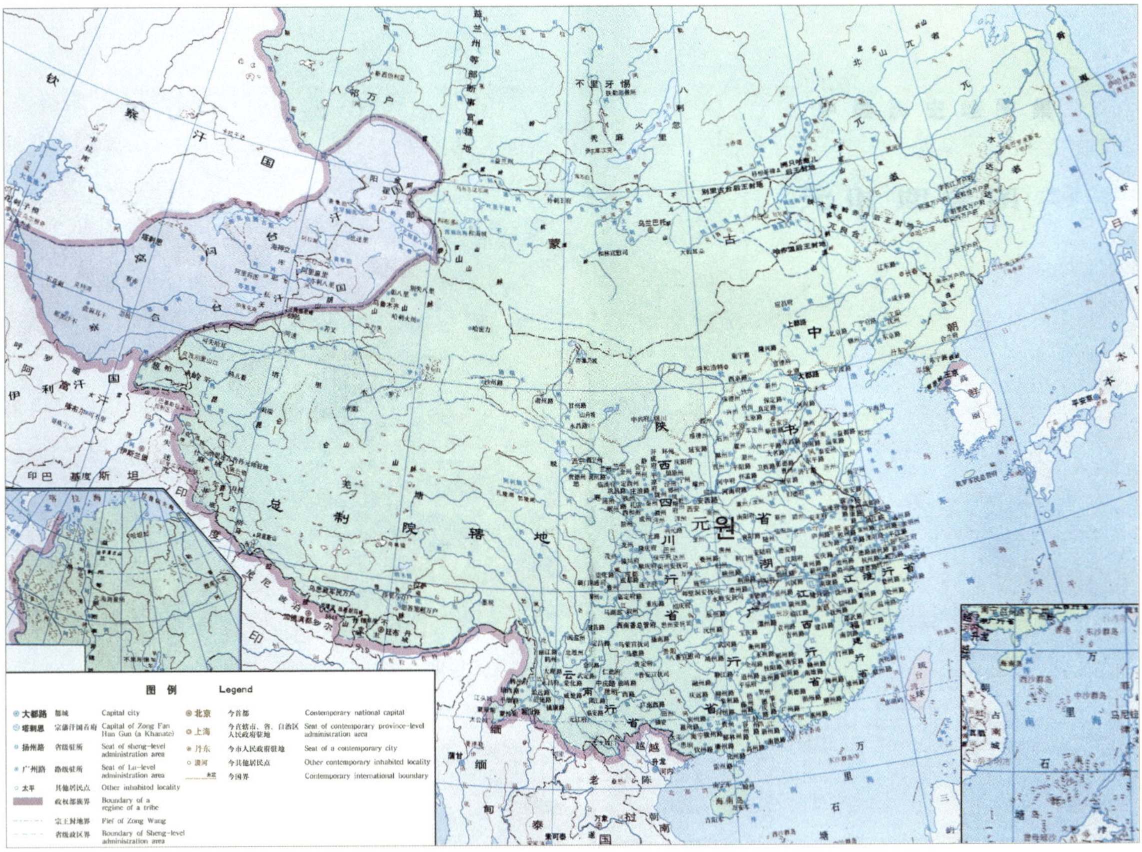

《중국 역사 지도집》 제7권 : 원나라 시대

원나라 세계표

1. 태조太祖 칭기즈 칸成吉思汗 → 2. 툴루이拖雷 → 3. 태종太宗 오고타이窩闊台 → 4. 투르게네乃馬眞 황후皇后 →
5. 정종定宗 구유크貴由 → 6. 카이미쉬海迷失 황후皇后 → 7. 헌종憲宗 몽케蒙哥 → 8. 세조世祖 쿠빌라이忽必烈 →
9. 성종成宗 테무르鐵穆耳 → 10. 무종武宗 하이샨海山 → 11. 인종仁宗 아유르바리바드라愛育黎拔力八達 →
12. 영종英宗 시데발라碩德八刺 → 13. 태정제泰定帝 예순테무르也孫鐵木兒 → 14. 명종明宗 쿠살라和世㻋 →
15. 문종文宗 투크테무르圖帖睦爾 → 16. 영종寧宗 이린지바르懿璘質班 → 17. 순제順帝 토곤테무르妥歡帖睦爾

| 중국사 연표 |

1206년 몽골국이 건립, 테무친이 칭기즈 칸으로 칭했다.

037

하늘이 낳은 푸른 이리

알난하斡難河는 일대의 영웅을 배출했다.

'원나라의 조상은 하늘이 낳은 푸른 이리였다. 이리는 회백색 사슴과 교배했고, 함께 알난하의 원천에 이르러 보르칸不兒罕이라 부르는 산 앞에 거주하면서 바타지한巴塔赤罕이라 부르는 아이를 낳았다.' 이 이야기는 명나라 사이관四夷館 한문 역본《몽고비사蒙古秘史》에 기록되어 있다.

중국 대흥안령大興安嶺 이서 지역에 대초원이 있는데, 이곳이 바로 몽골족의 발상지다. '몽골' 이란 고대에 '질박하고 장생하는' 의미를 띠었다.

13세기 초 몽골족이 궐기하기 시작해 1206년 칭기즈 칸이 몽골국을 건립했고, 1234년 오고타이窩闊台가 금나라를 멸하고, 1271년 쿠빌라이忽必烈가 국호를 '원元' 이라 정했다.

몽골은 100백 년도 안 되는 사이에 중국을 통일하고 중앙아시아를 뒤흔들었다.

빛의 감응으로 아들을 배다

칭기즈 칸의 10대 선조는 보단차르孛端察兒다. 보단차르의 부친은 그가 출생하기 전에 이미 세상을 떠났다. 모친 알란고아阿蘭豁阿는 아들이 다섯이었는데, 보단차르가 제일 어렸다. 아래 삼형제는 남편이 죽은 후 출생했는데 이미 성인이 된 맏이와 둘째가 수군거렸다. "아버지가 일찍 돌아가셨고 어머니는 재가하지도 않았는데 어떻게 동생을 셋이나 낳는단 말인가. 외간 남자와 정이라

원나라 시대의 검을 멘 무사
모자와 두루마기를 착용하고 검을 찬 채색용인데, 이는 원나라 시대의 전형적인 복장이다.

도 통한 것이 아닐까?'

두 형제의 이런 마음을 눈치 챈 알란고아는 어느 날 절인 양고기를 삶아 놓고 다섯 형제를 화롯가에 앉힌 다음 화살을 한 대씩 주면서 꺾으라고 했다. 그들이 한번에 쉽게 화살을 꺾자 알란고아는 화살 다섯 대를 한데 묶어 꺾으라고 했다.

아무도 그것을 꺾지 못하자 알란고아는 큰 아들과 작은 아들에게 말했다. "너희는 내가 남편 없이 아들을 낳았다고 의심하는데, 난 결코 외간 남자와 정을 통하지 않았다. 너희 아버지가 세상 뜬 후 밤이면 흰 빛이 창문 틈으로 비쳐 들어와 금빛 신선이 되어 나의 침대 앞에 다가와 나의 배를 만졌는데 그 빛이 바로 나의 뱃속에 들어가 임신이 되었다. 너희 동생 삼형제는 이처럼 내력이 비범하니 앞으로 천하의 군주가 되면 사람들이 비로소 하늘의 뜻임을 알게 될 것이다!"

알란고아는 또 말했다. "너희 형제 다섯이 만약 서로 갈라진다면 누구에게든 쉽게 당하겠지만 이 다섯 개의 화살처럼 한데 뭉친다면 아무도 너희를 당하지 못할 것이다. 나의 말을 명심하라."

얼마 안 되어 알란고아는 세상을 떠났다.

형제의 헤어짐과 만남

보단차르는 외모가 남과 달랐고 평상시 말수가 적어 좀 어리숙해 보였다. 그래서 형들이 그를 업신여기자 알란고아가 말했다. "이 아이의 후대에 꼭 큰 귀인이 날 것이다."

알란고아가 죽은 후 형제들은 분가했는데, 네 명의 형들은 보단차르를 업신여겨 아무것도 나누어 주지 않았다. 보단차르는

126 역사 시험장 〉 원나라 시대에 소상小商을 무엇이라 불렀는가?

| 세계사 연표 |

1206년

인도 고르 왕조 무함마드가 코카르 민족의 봉기를 진압하다가 암살당했다. 형의 아들 무함마드가 왕위를 계승한 후 고르 왕조의 국세가 점점 쇠약해졌다.

《몽고비사蒙古秘史》 1권 출전

이마도二馬圖 (원나라 임인발任仁發 그림)
원나라 시대의 문학예술은 휘황찬란했다. 이 그림은 살찐 말과 여윈 말의 대비가 매우 선명한데, 말로 관리의 통치를 반영한다는 주장도 있다. 천천히 걷는 모습은 동적 감각이 풍부하며, 특히 풀어진 고삐는 말이 당장 그림 속에서 뛰어나올 것 같은 느낌이다.

깃이 없으면 옷이 안 되다

집에 돌아와 다섯 형제가 다 모이자 보단차르가 말했다. "사람은 머리가 있고 옷은 깃이 있는 법이요. 머리가 없으면 사람이 안 되고 깃이 없으면 옷이 안 되거든요. 산 아래 저 사람들이 두령이 없고 존귀비천이 없는데 왜 가서 빼앗지 않나요? 만약 성공한다면 처첩, 노예, 재산 등 뭐든 다 생길 게 아니에요." 그제서야 형들은 막내 동생의 비범함을 알고 계획을 세워 약탈하기로 했다. 보단차르가 선봉에 서서 유목민들에게 가자 그 부락 사람들은 그가 또 말 젖을 먹으러 오는 줄 알고 방어하지 않았다. 보단차르가 칼을 뽑아 들자 그의 형들이 바람처럼 달려들어 순식간에 그들을 정복했다. 보단차르는 예쁜 임신부를 빼앗아 아내로 삼았다.

'형들이 나를 동생으로 생각하지 않는 이상 이곳에서 살 수 없지 않은가'라고 생각하며 꼬리에 털이 없는 검은 말을 타고 하늘을 우러러 깊이 탄식했다. "살아도 그 멋이요, 죽어도 그 멋이라."

그는 알난하(지금의 몽골 악눈하鄂嫩河)를 따라 내려가다 수초가 많은 지역에 이르러 초막을 짓고, 말갈기로 올가미를 만들어 독수리 한 마리를 잡아 훈련시켜 사냥하며 살아갔다. 사냥을 하지 못하는 날이면 이리가 먹다 남긴 찌꺼기를 찾아 끼니를 때웠다. 그는 또 산 밑에 있는 한 무리의 유목민들을 발견하고 그들에게 항상 말 젖을 얻어먹었는데 그들은 보단차르가 누구인지 묻지 않았고, 그 역시 유목민들이 어디에서 왔는지 묻지 않았다.

보단차르가 떠나간 후 그의 형들은 내심 걱정이 되었다. 셋째 형은 알난하를 따라 동생을 찾다가 그 유목민들을 만나 수소문했다. 그러는 도중 한 차례 북풍이 불어 새의 깃털이 몇 개 날아 오자 유목민이 말했다. "바로 저 독수리로 사냥을 하는 청년인데, 이 부근에 있소이다."

두 형제가 다시 만났다. 보단차르는 형의 권유로 집에 돌아가겠다고 대답했다.

이로써 그 부락은 인구가 늘어나고 강해지기 시작했다.

빛으로 임신을 한다는 것은 불가능한 말이지만 봉건 사학자들은 이런 전설을 정사에 기록했다. 이는 몽골의 궐기가 천명임을 설명하려는 것이다.

••• 역사문화백과 •••

[몽골 칸의 궁전 장막 – 와얼도]

일명 와루도 또는 와리도라 하는데, '왕궁 장막' 또는 '행궁'이란 뜻이다. 칭기즈 칸은 4대 와얼도를 건립, 후대의 황제들도 이를 본받았다. 장막이 매우 크며 버드나무로 엮은 창문은 투명하고 1000갈래의 밧줄로 고정한다. 외면에 흰 담요나 백조털 양탄자를 덮는데, 사자·표범 가죽을 덮기도 한다. 내부는 비단이나 담비 가죽으로 장식하며 기둥은 금박을 싸거나 도금하고 꽃을 조각한다. 기둥과 들보의 연결 부위는 금 못으로 고정하는데 이를 '금 장막'이라고도 한다. 이 장막은 이동할 수 있는 것과 고정된 것 두 종류가 있는데, 그 주위에는 방대한 장막 군락이 분포되어 도시를 방불케 한다.

| 중국사 연표 |

1209년 칭기즈 칸이 서하를 정벌하고 하나라 양종이 공주를 바치며 화해를 청했다. 외올 역도호가 몽골에 의부했다.

038

원한을 산 머나룬

거의 온 가족이 참살되었는데 어떻게 해두海都는 살아남았는가?

보단차르의 자손은 후에 많은 씨족과 부락으로 번식했지만, 그 사이 약육강식의 피비린내 나는 살육이 여러 번 있었다. 칭기즈 칸의 6세 선조 해두는 바로 부락 간의 살육에서 살아남은 행운아다.

피를 피로 갚다

아들 일곱을 둔 해두의 할머니 머나룬은 남편이 죽자 가장이 되었다. 머나룬은 성격이 강하고 급했다. 어느 날 그녀는 수레를 몰고 외출했는데 인근 야라이얼 부락의 아이들이 들에서 풀을 캐며 놀고 있는 것을 보고 크게 노해 외쳤다. "여긴 내 아들이 방목하는 곳인데 너희들이 감히 짓밟는단 말이냐?" 그러고는 마차를 몰고 아이들을 향해 돌격했다. 그러자 미처 피하지 못한 아이들은 죽기도 하고 다치기도 해, 울음소리가 초원에 가득 찼다. 하지만 그녀는 뒤도 돌아보지 않고 가버렸다.

아이들의 울음소리를 듣고 달려온 야라이얼 부락 사람들은 분에 못 이겨 머나룬 목장의 말을 전부 빼앗아 갔다. 그러자 머나룬의 여섯 아들은 갑옷을 입을 시간도 없이 무기를 들고 뒤쫓아 갔다. "갑옷을 입지 않아 적에게 당할 것 같구나!" 머나룬은 즉시 며느리에게 갑옷을 가지고 쫓아가라 했으나 이미 아들들이 모두 죽은 후였다.

야라이얼 부락 사람들은 여기에 만족하지 못하고 머나룬 가족을 전부 도살했다. 그 당시 장손 해두는 유모가 땔나무 속에 감추어 두었기에 다행히 재난을 면할 수 있었다.

나진이 복수하다

머나룬의 일곱째 아들 나진納眞은 당시 다른 부락의 데릴사위였다. 그가 소식을 듣고 달려왔을 때 마을에는 몇몇 병든 할머니와 어린 해두만 살아 있었다. 그는 해두를 품에 안고 복수하리라 하늘에 맹세했다.

며칠 후 나진은 방목하는 사람인 척 가장을 하고 복수의 길에 올랐다. 그는 야라이얼로 가는 도중에 두 부자가 독수리로 사냥하고 있는 것을 발견하고 야라이얼 부락 사람인 줄 알았으나 내색하지 않고 젊은이에게 물었다. "붉은 말 한 필이 말 무리를 인솔해 동쪽으로 가는 걸 보지 못했나?" 그 젊은이는 보지 못했다면서 되물었다. "당신은 이 부근에서 큰 기러기를 보지 못했나요?" 나진이 보았다고 하자 젊은이는 길을 가르쳐 달라고 했다.

나진은 은근히 기뻐하며 그 젊은이를 외진 강변으로 데리고 갔다. 부자간의 거리가 멀어지자 나진은 젊은이를 칼로 찔러 죽인 후 돌아오다 그의 아버지를 만났

원나라 잡극 중 반주 인원
이 도기 용은 피리와 박자 판 반주 인원이다. 원나라 잡극, 일명 원곡元曲은 새로운 가극 형식으로, 160여 종이 유전되었다.

| 세계사 연표 |

1209년 덴마크의 역사가 삭소 그람마티쿠스가 죽었는데, 셰익스피어의 명극 〈햄릿〉의 주제는 바로 그의 저서 《덴마크인의 사적》에서 기원한다.

《원사元史·태조기太祖紀》 출전

양박이거도 楊搫移居圖 (원나라)

1탁托은 어른 한 사람이 두 팔을 벌린 길이다

| 세계사 연표 |

1211년

인도 노예 왕조의 창시자 쿠트브 우딘 아이바크가 죽고 그의 어린 아들이 즉위했다. 그러나 장수들이 무능한 그를 폐하고 쿠타부딘의 사위 일투트미시를 옹립했다.

해두는 무리를 거느리고 야라이얼 부락을 격파했다. 이로부터 그의 부락은 그 지역의 패주가 되었고, 주변 부락이 모두 그의 신하임을 자처했다.

팔사파 문자 성지와 《팔사파 문자 백가성百家姓》
팔사파 문자는 쿠빌라이가 국사 팔사파八思巴에게 명해 창제한 표음문자로 처음에 몽골 신자新字로 했다가 후에 몽골자로 개칭했다. 1269년부터 사용했는데, 원나라 멸망 후 점차 폐기했다.

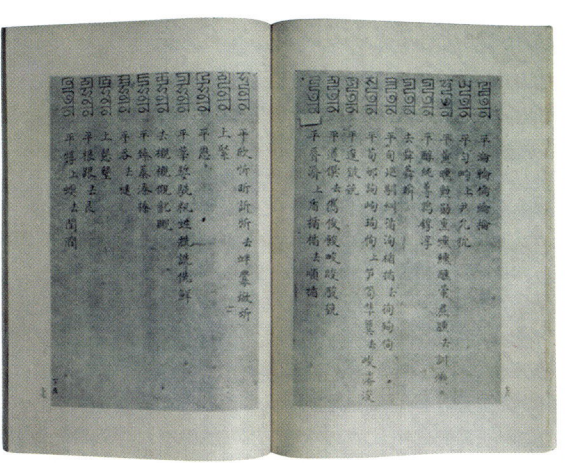

전면적이고 계통적인 운율 서적 《몽고자운》
《몽고자운蒙古字韻》은 1269~1292년에 팔사파 문자로 쓴 한어 운서로, 작자는 알 수 없으나 당시 팔사파 문자 한어 연구의 중요한 문헌 자료이다.

다. 늙은 아버지가 물었다. "금방 이 앞에서 기러기 사냥을 하던 나의 아들이 왜 기척이 없나?" 그러자 나진은 콧방귀를 뀌면서 재빨리 활을 당겼다.

늙은이까지 죽인 나진이 산비탈에 이르러 목동들이 돌 방패를 가지고 노는 것을 보았다. 그리고 그 방패가 형의 집에 있었던 것임을 안 나진은 목동들을 모두 죽여 버렸다.

해두가 성장한 후 나진은 그를 부락의 두령으로 모시고, 그에게 부친 세대의 원한을 이야기했다. 그러자

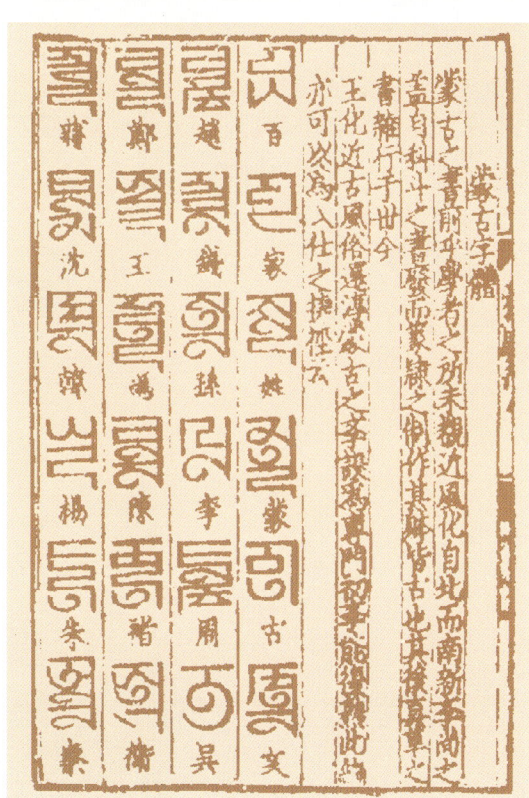

〈원나라 광승사 잡극 벽화〉 (왼쪽 페이지 그림)
광승사廣勝寺는 산서성 홍동현 고적 중 하나로 명응 왕전 남쪽 벽의 벽화다. 각양각색으로 분장을 하고 극에 출연하는 모습인데 초기 분장의 묘사 구도를 볼 수 있다. 또한 원나라 잡극과 사회생활 연구에도 귀중한 자료를 제공하고 있다.

••• **역사문화백과** •••

[요·금나라 절도 허용일]
거란에서는 1월 13일부터 3일간 15관 이하의 '절도'를 허용했는데, 15관을 넘으면 죄로 다스렸다. 그 후, 여진은 이 풍속을 답습했다.

| 중국사 연표 |
1213년 몽골군이 하북·산동·산서를 공격했다.

039

태종의 수염을 만지다

카불은 술에 취해 금나라 태종의 수염을 만져 모욕을 주었고, 그의 후대들은 금나라 후손들의 목을 잘랐다.

몽골 역사상 정식으로 '칸'이라고 호칭한 사람은 카불合不勒이다. '칸'이란 여러 부락에서 공동으로 뽑은 수령이라는 뜻이다.

카불은 칭기즈 칸의 증조부로, 건장한 체격에 힘도 무척 셌다. 당시 금나라가 송나라를 격파하고 세력이 강대해지자, 북방의 각 부락이 자진해 금나라의 신하가 되기를 청했다. 금나라 태종은 카불 칸이 북방에서 한 지역의 왕 노릇을 하고 있음을 알고서 찾아와 배알하라고 사자를 보냈다.

카불이 태종의 수염을 만지다

카불은 수종 몇 명만 데리고 바로 금나라의 도성에 당도했다. 태종은 그의 건장한 몸매와 출중한 무예를 보고 예를 다해 연회를 베풀며 환대했다. 카불은 술을 잔뜩 마신 뒤 술에 독을 넣었을까 봐 덥다는 핑계로 빠져 나와 목욕을 했는데, 잠수하면서 뱃속의 음식과 술을 다 토해 버리고는 다시 들어와 띠를 풀어 놓고 먹고 마셨다. 그러자 금나라 사람들은 그의 주량에 놀라기도 하고 탄복하기도 했다.

어느 날 태종이 또 연회를 크게 베풀었는데 카불은 술을 과하게 마셔 술기운이 뻗치기 시작했다. 그는 태종의 수염이 좋다고 찬미하면서 앞으로 다가가 수염을 매만지기까지 했다. 카불의 그런 담대하고도 무례한 행동에 주위에 있던 문무 대신들은 분노해 그를 죽이라고 소리쳐 고함소리가 대전을 뒤흔들었다. 그러나 태종은 태연하게 말했다. "자네 취했구먼, 내가 술 취한 사람과 같아서야 안 되지."

이런 태종의 태도에 깜짝 놀란 카불이 급히 사죄하자 태종은 그에게 예물까지 주었다. 카불은 이내 말을 달려 자신의 장막으로 돌아왔다.

경덕진 명산 원영元影 청자기
영청자기는 송나라 때부터 '자도瓷都' 경덕진의 전통 명품인데, 독특하고 수려한 공예품이다.

| 세계사 연표 |

1213년 잉글랜드 국왕 존이 사제들의 손실을 배상하고 매년 교회에 공납을 약속했으며, 동시에 잉글랜드와 아일랜드 두 지역을 교황이 봉하여 기증한 식읍으로 승인했다. 이에 교황은 존의 죄를 사면했다.

《사집史集》제1편 출전

중요한 대외무역품 자기
원나라 시대에는 대외무역이 발전했다. 이와 더불어 청화자기 생산도 높은 기술 수준에 이르렀는데, 납 성분과 독이 없고 마모성이 적었다. 이에 천년이 지나도 변하지 않아 '영원히 지지 않는 꽃'이라는 칭호를 갖게 되었다. 옛사람들은 청화자기를 채색자기보다 더 즐겼는데, 이 청화자기는 원나라 대도 유적지에서 출토된 것이다.

몽골과 금나라가 척을 지다

태종이 카불의 무례한 행동을 용서한 것은 강대한 몽골 부락을 건드리면 북방 변경의 안정을 깨뜨릴까 우려해서다. 그러나 조정의 문무 대신들은 이는 대금 조정에 대한 희롱이므로 절대 용서할 수 없으며 카불을 그냥 되돌려 보내서는 안 된다고 입을 모았다.

태종은 신하들의 말에 일리 있다고 여겨 다시 사자를 파견해 카불에게 다시 배알하라고 했다. 카불은 다시 금나라에 가면 좋을 것이 없다는 것을 알고 아예

••• 역사문화백과 •••

[거란의 부처님 탄생일]
거란의 부처님 탄생일은 한족 불교와 회흘 불교의 영향을 받았는데, 2월 초파일과 4월 초파일, 2가지이다. 부처님 탄생일에는 경부와 각 주의 목조 실달悉達 태자상에 의장대와 잡극을 공연하며, 승려·도사·서민이 성을 돌면서 즐긴다.

금나라의 사자를 죽여 버렸다. 이때부터 몽골과 금나라는 사이가 멀어졌고, 몽골의 철기병은 수시로 북풍처럼 날아와 금나라를 불안하게 했다.

태종은 친히 북송을 짓밟고 황제를 생포해 그 위풍을 천하에 떨쳤지만 뜻밖에 북방의 술꾼이 수염을 매만지게 했다. 더구나 그 후손들은 그 술꾼의 후대들에게 목숨까지 잃었다.

유럽에서 명성을 떨친 원나라 시대 청화자기
원나라 대도 유적지에서 발견한 고觚는 고대 술을 담는 일종의 도구이다. 전하는 바에 따르면, 15세기 유럽에서 제일 강대한 섹슨 국왕 아구스는 근위군 4명과 프러시아 국왕 프리드리히의 중국 청화자기병 12개를 바꾸었다고 한다. 청화자기는 일종의 채색회화 장식 자기로, 경덕진 도자기 중 진귀한 품종이다.

916~1368 원

조가비 화폐 **133**

중국사 연표

1215년 몽골이 금나라의 중도中都를 점령했다.

040

테무친이 핏덩이를 쥐다

소년 테무친鐵木眞은 고생을 많이 겪었는데, 그것이 그가 강하게 되는 밑거름이 되었다.

12세기 몽골 초원에서는 부락 간의 참살이 빈번했는데 당시 사람들은 이렇게 기술했다.

'하늘땅이 뒤번지어 천하가 혼란하도다. 혈안이 되어 그칠 새 없이 쟁탈하도다. 초지가 뒤집히고 부락마다 반역하도다. 눕지도 숨지도 못하게 공격만 하도다. 그리움 없이 서로 싸우기만 하도다. 서로 사랑 없이 오직 참살뿐이도다.'

한 세대의 천하 영웅 칭기즈 칸

테무친은 1206년 몽골국을 건국하고, 귀족의 이익을 수호하는 법전을 반포했다. 그는 강대한 몽골 군대를 이끌고, 금·요나라를 차례로 멸한 후, 서정해 중앙아시아를 정복했다. 1227년 서하를 소멸했으나 그해에 병사했다. 그는 원나라 건립 후 원나라의 태조로 추존되었다.

고난 속의 소년

한 세대 영웅인 칭기즈 칸은 바로 이러한 사회 환경 속에서 손에 핏덩이를 쥐고 초원에서 탄생했다. 《원사元史》의 기록에 따르면, 그는 태어날 때 손에 핏덩이를 쥐었는데 마치 붉은 돌 같았다고 한다. 당시 그의 아버지 예수게이也速該는 타타르塔塔兒 부락의 수령 테무친우게鐵木眞兀格를 생포했는데 자신의 무예를 기념하기 위해 새로 태어난 아들에게 '무쇠가 되었다'라는 뜻으로 '테무

테무친이 칸으로 즉위하는 그림

1206년 테무친은 몽골의 칸으로 추대되었는데, 그가 바로 원나라 태조다. 존호는 칭기즈 칸('칭기즈'는 '바다' 혹은 '강대하다'는 뜻이고 '칸'은 왕이란 뜻임)이다. 그는 몽골국 창건 후 국토 확장에 나섰다.

| 세계사 연표 |

1215년 잉글랜드 봉건 제후들이 캔터베리 대주교 랭크의 지지 아래 무력 시위를 해 존 국왕으로 하여금 '자유대헌장'에 서명하게 했다.

《몽고비사蒙古秘史》 2권 출전

친'이란 이름을 지어 주어 약육강식의 경쟁 속에서 강철처럼 강하기를 기대했다.

테무친이 아홉 살 되던 해에 예수게이가 타타르 부락에 의해 독살당하자 같은 보단차르의 후예인 타이치우드 부락의 수령 타르쿠타이는 예수게이의 미망인 후엘룬을 냉대했다. 그는 각 부락에 명절용 마른 고기를 나눠줄 때 일부러 테무친 모자를 빼놓았다. 후엘룬은 분개하여 말했다. "나의 남편은 죽었지만 나의 아들은 자라지 않는단 말인가?" 심지어 예수게이가 가장 신임하던 투더엔마저 부하를 거느리고 타이치우드 부락에게 의탁했다. 후엘룬의 고향 사람인 차라허 노인이 투더엔에게 너무한다고 하자 투더엔은 이렇게 대답했다. "깊던 물은 이미 마르고 철석같던 암석도 갈라 터졌는데 여기에 남아있으면 무슨 발전이 있겠는가!" 그래도 차라허가 계속 타이르자 투더엔은 창으로 차라허의 어깨를 찔러 상처를 입히고서 가버렸다.

차라허는 병문안을 온 테무친에게 말했다. "지금 모두가 너희 모자를 버리니 앞으로의 나날을 어떻게 보내겠느냐?" 이에 테무친은 눈물을 흘렸다. 분개한 후엘룬은 말을 타고 부락의 깃발을 치켜들고는 도망가는 부족을 쫓아갔다. 그녀가 간곡히 설득해 반 정도의 사람들이 돌아왔지만 얼마 지나지 않아 다시 타이치우드의 부락에 투신했다.

청화운룡 문양 덮개 매화 병
높이가 48cm인 이 매화 병은 1980년 11월 강서성 고안高安현에서 출토되었으며, 지금은 그곳 박물관에 소장되어 있다. 이 자기는 채색 회화로서 단을 구분해 청화 권초 · 변형된 연꽃잎 · 봉황과 모란꽃 · 운룡 문양을 그렸다. 용 문양은 병 중간 위치에 있어 더욱 생동하고 사실적이어서 뛰쳐나올 듯하다.

후엘룬 일가의 생활은 곤경에 빠졌다. 그녀는 자기가 낳은 아들 4명과, 예수게이와 다른 여인 사이에 낳은 아들 2명을 데리고 알난하 상류로 이주해 힘겨운 나날을 보냈다.

후엘룬은 강한 여인이었다. 그녀는 산열매를 따다 아이들의 주린 배를 채워 주었다. 테무친도 항상 형제들과 함께 알난하에서 고기잡이를 하면서 어머니를 도왔다.

수림에서 삶을 찾다

타르쿠타이는 여전히 테무친 모자를 경계했다. "독수리 새끼는 자라면 창공을 날 수 있고, 말 새끼는 크면 천리를 달릴 수 있다. 그러니 나는 그날을 기다릴 수 없다." 그는 예수게이의 일가를 다 죽여 우환을 없애려 했다. 이 소식을 들은 후엘룬이 수림 속에 들어가 숨자 타르쿠타이는 수림을 포위하고서 테무친을 내놓으라고 했다. 그러자 테무친은 말을 잡아타고 밀림 속으로 사라졌다.

사흘 동안 숨어 있던 테무친은 배고픔을 참을 수 없어 돌아가려고 말을 타려 하니 말안장이 떨어졌다. 그는 흠칫 놀라면서 말했다. "하늘이 나에게 가지 말라고 하는 것인가?"

또 사흘이 지나 돌아가려고 몇 발자국을 뗐는데 장막만큼 큰 돌이 그의 앞길을 막았다. 그는 망설이며 생각했다. '아마도 경거망동하지 말라는 하늘의 뜻인 듯하다.'

또 사흘이 지나자 아흐레나 먹지 못한 그는 배가 고프고 갈증이 났다. 그는 칼로 관목을 찍어 버리고 말을 달려 먹을거리를

원나라 사람들은 기독교를 믿는 외래 민족을 통틀어 '예리커원'이라고 불렀다

| 중국사 연표 |

1216년

칭기즈 칸이 몽골로 돌아와 수부타이를 파견, 메르키트의 잔여 부대를 토벌했다. 무칼리는 금주錦州의 장치張致를 멸하고 요동 각 군을 점령했다.

● ● ● 역사문화백과 ● ● ●

[여진족의 주식]

여진족이 주로 먹는 음식은 조로 밥을 지은 후 동물의 고기 · 내장 · 피 · 야채를 섞어서 만든다.

찾아 나서자마자 타이치우드 부족에 붙잡혀 장막으로 압송되었다. 그날 밤은 한여름의 16일이었는데, 타이치우드 부족이 알난하 기슭에 연회를 열고 술을 마시면서 달구경을 하고 있었다. 그때 테무친이 나무 칼로 간수를 쓰러뜨리고 도망쳤다. 그는 타이치우드 부족이 쫓아올까 두려워 파도치는 알난하에 뛰어들어 나무칼의 부력에 의지해 하류로 떠내려갔다.

큰 위험에도 죽지 않다

지칠 대로 지친 테무친은 늙은 유목민 소르칸시라의 집을 찾아갔다. 소르칸시라는 타이치우드 부락 사람이었다. 그는 위험에 처한 소년을 동정했지만 자기가 연루될까 봐 겁내면서 말했다. "빨리 너의 어머니와 형제들을 찾아가거라."

이때 늙은 유목민의 아들인 침바이와 칠라운이 부친의 반대에도 불구하고 테무친이 찬 나무칼을 부숴 버리고 누이동생 카다안에게 테무친을 돌봐주라고 했다. 다음날 타이치우드

청화자기 모란 문양 짐승 귀 모양 덮개 단지

이 청화자기는 1980년 강서성 회안시淮安市에서 출토되었으며, 지금 회안시 시립박물관에 보존되어 있다. 덮개에는 작은 짐승이 돌출되어 있는데 머리와 한 발을 쳐들어 마치 도약할 것만 같다. 이 작은 짐승이 위엄을 과시한다면 어깨 부위에 있는 짐승 머리는 장중함을 나타낸다. 표면의 가지에 핀 모란은 기물의 모양을 따랐다.

원나라 시대의 예리커원 종교 휘장

기독교는 원나라 시대에 중국에 들어올 때 예리커원 종교로 불렸다. 몽골어에서 '예리커원'이란 행복한 인연을 가리킨다. 원나라 창건 후 한때 중원에서 종적을 감추었던 경교가 다시 남북 각지에서 확산되었다. 동시에 로마 카톨릭도 선교사들을 중국으로 파견했는데, 경교와 기독교를 믿는 사람들을 통틀어 예리커원이라 불렀다. 위의 사진은 원나라 시대 예리커원 교도의 휘장이다.

의 부락의 추격병들이 수색할 때 카다안은 테무친을 양털 수레에 숨겨 주었다. 그때는 날씨가 무척 더웠기에 추격병들이 양털 속에 숨어 있으리라곤 생각하지 않아 테무친은 겨우 목숨을 건졌다.

소년 테무친은 이처럼 어려움을 많이 겪었는데, 이는 그가 강해지는 밑거름이 되었다. 냉혹한 환경은 그를 단련시켜 철 같은 의지를 갖게 했다. 사서는 그를 이렇게 묘사했다. '안중에 불이 있고 면상에 빛을 뿌린다.'

아들을 제일 잘 아는 사람은 어머니다. 어린 시절 테무친은 작은 물고기 한 마리를 두고 다투다 배다른 형제를 활로 쏴 죽인 적이 있다. 당시 후엘룬은 아들을 이렇게 묘사했다.

'날뛰는 표범 같고, 포효하는 수사자 같고, 입을 쫙 벌린 구렁이 같고, 하늘에서 날아 내려온 독수리 같고, 사막에서 달리는 낙타 같고, 풍설 속에서 습격하는 이리 같고, 사냥감에 덮치는 맹호 같고, 광풍처럼 질주하는 사냥개 같다.'

| 세계사 연표 |

1216년

잉글랜드 국왕 존이 용병으로 제후들과 싸웠다. 제후들이 프랑스 국왕 필립 2세의 장자를 잉글랜드 국왕으로 추대했고, 루이가 군사를 이끌고 런던에 진입했다. 같은 해 존이 죽고 그의 아홉 살 된 아들 헨리 3세가 왕위를 계승해 루이에 대항했다.

041

《몽고비사蒙古秘史》 3권 출전

아내를 빼앗다

흰 독수리는 해와 달을 따오고, 현명한 아내가 있으면 대업을 이룩한다.

칭기즈 칸의 어머니는 그의 아버지가 빼앗아 온 사람이다. 그도 다른 사람에게 아내를 빼앗겼는데, 다시 빼앗아 왔다. 당시 북국 초원에는 이처럼 강폭하고 야만적인 기풍이 있었다.

아내를 빼앗아 오다

후엘룬은 원래 메르키드 부락으로 시집을 갔으며 부부 금실도 좋았다. 어느 날 예수게이가 알난하 근처에서 사냥을 하다가 지나가는 마차에 앉아 있는 남녀를 보았다. 그런데 예수게이는 마차에 있던 아름다운 여자에게 마음을 빼앗겼다.

그는 마차 바퀴에 남아 있는 소변 흔적을 보고서 말했다. "이 여자는 꼭 귀공자를 낳을 거야." 그러고는 집에 돌아와 두 형제를 불러 말에 채찍질을 하면서 그 마차를 쫓아갔다. 차 안의 부인이 바로 후엘룬이었다. 후엘룬은 세 남자가 말을 타고 달려오는 것을 보고 상서롭지 않음을 느껴 남편 칠레두에게 말했다. "여보, 빨리 도망쳐요. 천하에 여자가 많은데 저 때문에 생명을 잃지 말고요." 그녀는 옷을 벗어 주면서 기념으로 간직하라고 했다. 그때 예수게이 형제가 가까이 다가왔다. 칠레두는 할 수 없이 눈물을 흘리며 말을 타고

칭기즈 칸의 가족
이 그림은 칭기즈 칸의 영구에서 발견되었다. 내몽골의 칭기즈 칸 능은 계속 나라 안팎의 주목을 받고 있는데 이곳에서는 해마다 대형 제사 의식이 거행된다. 칭기즈 칸의 능은 몽골 민족의 성지다.

도망쳤다.

후엘룬이 강탈당했을 때 눈물이 알난하를 파도치게 하고 우는 소리가 산천을 흔들었다고 한다. 이렇게 후엘룬은 예수게이의 아내가 되었고, 그들의 첫아이가 바로 테무친이다.

흰 독수리가 해와 달을 따다

테무친이 아홉 살 때 아버지 예수게이는 아들을 데리고 청혼하러 떠났다. 도중에 그들은 한 노인을 만났는데, 노인이 예수게이에게 말했다. "지난 밤 내 꿈에 흰 독수리 한 마리가 해와 달을 따가지고 내 손에 내려앉았네. 해와 달은 우리가 우러러보는 신령이니 얼마나 길한가? 보건대 자네 아들은 두 눈이 등잔 같고 면상이 붉은빛을 띠는데, 아마도 나의 꿈과 맞는 것 같네. 나의 작은딸 보르테孛兒帖는 열 살인데 배필이 될 수 있을는지……"

예수게이가 집에 들어가 보르테를 살펴보고 두 사람은 바로 사돈을 맺었다. 예수게이가 아들 부부를 집으로 데려오려 하자 그 노인이 제의했다. "보르테는 자네 집 사람일세. 나는 이미 늙었으니 테무친을 이곳에 몇 년 데리고 있으면 안 되겠나?" 그러자 예수게이는 흔쾌히 승낙했다.

돌아오는 도중 예수게이는 타타르 부락에 들러 술 몇 잔과 밥을 먹었다. 그런데 그들이 음식에 독약을 넣었다. 예수게이는 집으로 돌아온 후 복통이 심해지자 그제야 음해를 받았음을 알고 급히 사람을 보내 테

| 중국사 연표 |

1217년
무칼리가 태사·제후 왕에 책봉되어 중원을 경영하고 다스렸다.

무친에게 집으로 돌아오라 했다. 테무친이 돌아온 후 부친은 원한을 품고 세상을 떠났다.

그 후 예수게이의 가정은 몰락하고, 남은 가족은 모진 고난을 당했다.

다시 단란하게 모이다

사경에서 벗어난 테무친은 모진 고생 끝에 가족들과 한자리에 모였다. 얼마 안 돼 그의 장인은 딸 보르테를 보내 왔고, 후한 혼수도 가져왔다. 이리하여 테무친 일가의 생활도 어느 정도 안정되었는데 뜻밖의 일이 일어났다. 어느 날 온 식구가 달게 자다가 느닷없는 말발굽소리에 놀라 깨었다. 후엘룬은 불길한 생각이 들어 아들에게 말을 타고 도망치라고 했다.

시녀는 막을 친 우차에 보르테를 태워 텡게르 강을 따라 도망쳤다. 날이 밝자 한 무리의 기병과 부딪쳤는데, 군사들이 우차 안에 무엇을 실었느냐고 물었다. 시녀는 양털이라고 했다. 사병들이 드리운 천을 들고 보니 젊고 예쁜 부인이 앉아 있었다. 그들은 기뻐하면서 그녀를 말에 태워 데리고 갔다.

보르테를 빼앗아 간 자들이 바로 메르키트 부락 사람들이었다. 전에 예수게이가 그 부락의 여인을 빼앗아 갔는데 오늘 그 앙갚음으로 그의 며느리를 빼앗은 것이다.

테무친은 자기 힘만으로는 많은 적과 대적할 수 없음을 깨닫고 부친의 맹우였던 극렬 부락

청화 연적
높이 8.9cm인 이 연적은 1987년 절강성 항주시에서 출토되었는데 지금 항주시 고고학연구소에 소장되어 있다. 파도치는 바다, 가파른 산봉우리, 받쳐진 명월, 파도와 산봉우리를 감도는 채색 구름 등 시적인 맛이 풍부하다.

의 수령 왕한王罕을 찾아갔다. 그는 아내가 혼수로 가져온 진귀한 검은 담비저고리를 왕한에게 헌납하며 말했다. "저의 부친께서 수령과 맹우를 맺었으니 수령은 저의 부친과도 같습니다." 왕한은 매우 기뻐하면서 테무친을 도와 복수하고 아내도 찾아 주겠다고 대답했다. 왕한은 또 테무친의 어릴 적 벗인 자무카에게 함께 메르키트 부락을 공격하자고 하자 그 또한 기꺼이 나섰다. 이에 그들은 함께 3만의 군사를 일으켜 일거에 메르키트 부락을 소멸했다.

테무친은 도망치는 사람들 중에서 아내를 찾을 수 없자 급히 소리쳤다. "보르테야, 보르테야!" 그 정경은 사람들을 매우 감동시켰다.

후에 테무친이 강해지고 천하를 휩쓰는 데 보르테는 큰 역할을 했는데, 부부가 손을 맞잡고 하늘땅을 놀라게 하는 일들을 완성했다.

원나라 시대의 추
원나라 대도로의 구리 추로 한쪽에 한문으로 '대덕 8년 대도로 제조', 다른 쪽에 '55근 저울' 이라 새겨져 있어 저울의 추를 알 수 있다. 이는 관아가 주조한 표준 도량형 부품이다.

●●● 역사문화백과 ●●●

[요·금나라의 차]
요·금나라는 차를 생산하지 못했지만 대부분 육식을 하는 유목 민족은 차를 마시면 소화가 잘되기 때문에 차가 생활필수품이 되었다. 요·금나라의 차는 주로 양송兩宋과의 무역에 의존했는데, 차의 품종·방식·습관도 대체적으로 양송과 같았다.

| 세계사 연표 |

1217년 헝가리의 안드레이 2세가 예루살렘으로 진격하다 사라센인의 저격을 받아 그대로 되돌아왔다.

042

《몽고비사蒙古秘史》5권 출전

꽃다운 자매

남의 아름다운 아내를 빼앗고 그녀의 남편까지 죽이다.

수레 축보다 큰 자는 다 죽이다

테무친은 일생에 비 500명과 다섯 명의 황후가 있었다.

타타르 부족 출신 황후, 야수也遂와 야속간也速干은 자매인데 그들은 테무친의 전리품이다. 테무친의 많은 선조들이 타타르 사람들의 손에 죽었기에 두 부락은 불공대천의 원수다.

13세기 초 타타르 부족은 금나라군의 공격에 급히 도망쳤는데, 테무친은 그 기회에 출병해 일거에 그 잔여 부대를 섬멸하고 대량의 재물과 포로를 노획했다. 테무친은 그들의 재기를 방지하기 위해 '수레 축보다 큰 자는 몽땅 죽이는' 잔혹한 수단을 썼는데, 키가 타타르의 마차 축보다 큰 남자들은 모두 죽여 버렸다. 타타르는 그때부터 재기하지 못했다.

칭기즈 칸과 친족

언니의 중매를 서다

나포된 타타르 부락의 여자 중 테무친은 야속간이라는 처녀에게 눈독을 들였다. 그녀는 테무친의 총애를 받았다. 어느 날 야속간이 테무친에게 말했다. "칸님이 이처럼 저를 잘 대해 주시니 저는 우마가 되라 해도 응하겠어요. 첩에게 '야수'라는 언니가 있는데 그야말로 칸님의 부인이 될 자격이 있어요. 언니가 출가한 지 얼마 안 되어 전란이 일어나 어디에 있는지를 모르겠어요." 테무친은 아주 기뻐하며 말했다. "그러면 짐이 사람을 보내 찾아보지. 그런데 언니가 오면 네가 시샘하지 않겠어?" 야속간이 말했다. "첩은 비의 위치를 언니에게 양보하겠어요." 그러자 테무친은 야수를 찾아오라는 영을 내렸다.

칭기즈 칸의 손자들

916~1368 원

백색 139

| 중국사 연표 |

1218년 칭기즈 칸이 주치朮赤를 파견해 길리길사 등의 부락을 정복하고 제베를 파견해 쿠출루크를 멸하고 서요를 정복했다. 몽골군은 거란 반역자를 고려까지 쫓아가 멸했다.

아내를 빼앗고 남편을 죽이다

병졸들은 산속에 숨어 있는 야수를 찾아냈다. 그녀의 남편은 병졸들은 혼자서 당해낼 수 없자 도망을 쳤다. 테무친은 절세미인인 야수를 보자 아주 기뻐했다. 야속간이 언니인 야수에게 비의 자리를 양보하자 테무친은 두 자매를 모두 비로 봉했다.

숙적을 격파하고 두 미녀를 얻은 테무친은 득의양양했다. 그는 장막 밖에 큰 연회를 열고 장병들을 위로했는데, 두 자매도 그의 좌우에서 시중을 들었다. 야수가 갑자기 긴 한숨을 쉬며 안색이 흐려지는 것을 보고 테무친은 이유가 있다고 생각했다. 그때 한 젊은 사나이가 당황한 기색을 띠며 불안해 하자 태무친이 불러 물었다. "너는 누구냐?" 그 젊은 남자가 야수의 남편이라고 말하자 테무친은 대노해 말했다. "타타르의 성년 남자는 거의 다 죽였는데 감히 짐의 대열에 숨어들다니 짐을 암해하려 함이로군, 끌어내 참하라!" 야수는 이렇게 눈앞에서 남편이 죽는 모습을 보아야 했다.

원나라 시대의 농업 전문 저서 - 원나라 왕정 《농서》

왕정王禎의 저서 《농서 22권》《농상통결農桑通訣》《백곡도百谷圖》《농기도보農器圖譜》는 각각 농업발전사, 농농·림림·목축·어업 등의 기술과 경험, 농작물의 재배 방법, 농업·잠사업·면직업의 생산도구 등을 소개했으며, 그림 306편과 설명도 있다.

마르코 폴로의 여행

1270년 말, 16세의 마르코 폴로는 베니스에서 원나라로 출발 다음 해에 호르무츠를 경과, 비단길을 따라 동행했다. 《마르코 폴로 여행기》는 동방 사람에 대한 서방인의 흥미를 유발해 동방 세계 탐구 열풍을 일으켰다. 콜럼버스는 중국으로 통하는 해상 항로 개척을 시도했는데, 이는 바로 마르코 폴로의 영향을 받은 것이다.

'대원 군마 주둔' 석각

해남성 낙동 여족 자치현 첨봉산 기슭의 한 거석에 조각한 것으로 해남도 여족 봉기를 정벌할 때 남긴 흔적이다.

원나라 시대 대도의 주민들은 1월 19일을 '연구절燕九節'이라 했는데, 누구를 기념했는가?

| 세계사 연표 |
1218년
독일과 프랑스에서 소년 십자군이 출발했다.

043

《몽고비사蒙古秘史》 3~6권 출전

뭇 우두머리를 평정하다

한 세대 천하 영웅이 어찌 활을 당겨 독수리만 쏘았겠는가?

테무친은 왕한과 자무카札木合의 도움으로 아내를 다시 찾아 왔고, 그의 부락도 점차 강대해졌다.

맹우 간에 틈이 생기다

테무친과 자무카는 열한 살 때 맹우를 맺었다. 몽골 풍속에 맹우를 맺으면 친형제처럼 지내고 운명과 생사를 같이해야 한다.

이번에 자무카가 또 출병해 테무친을 돕자 테무친은 아주 감격했다. 두 사람은 지난날 우정을 떠올리며 다시 하늘을 향해 맹우를 맺었다. 테무친은 노획한 준마와 금나라 혁대를 자무카에게 주었고, 자무카도 후한 예물로 답례했다. 두 사람은 낮에는 함께 술을 마시고 밤에는 한 침대에서 한 이불을 덮고 자면서 친형제처럼 지냈다.

그러나 영원한 우정은 없고 영원한 이해득실만 있을 뿐이다. 테무친의 부락이 장대해질수록 자무카는 부자연스러워졌다. 하루는 그가 테무친에게 이렇게 말했다. "여보게, 친구. 자네가 큰 산에 의지해 영채를 잡고 시냇가에 장막을 치니 말과 양을 방목하는 자들이 나의 장막 앞에까지 오고 나의 영지를 밟는다네."

집에 돌아온 테무친이 이 말을 어머니에게 알렸다. 후엘룬이 입

을 열지도 않았는데 아내 보르테가 말했다. "자무카는 새것을 즐기고 낡은 것을 꺼린다던데 이것은 틀림없이 우리를 꺼리는 거예요. 아예 좋을 때 헤어져 뒷일을 방비하는 게 상책인 것 같아요." 테무친도 그 말에 동의하고 자기 부락의 인마를 거느리고 밤을 틈타 조용히 자무카를 떠났다.

자무카가 기습에 실패하다

얼마 후, 테무친은 몽골 걸안 부락 귀족들에게 수령으로 추대되었다. 그는 병사를 모집해 친병 중심의 정예 부대를 구성하고 점점 한 지역 패주의 기세를 보였다. 그러자 자무카가 이를 시기했다. 자무카의 부하들도 테무친에게 의부하자 자무카는 더욱 화가 났다. 공교롭게도 자무카의 동생이 테무친 부락의 말을 약탈하다가 화살에 맞아 죽자 자무카는 이를 구실 삼아 13개 부락의 3만여 인마를 집결하여 테무친을 공격하기로 했다.

테무친은 사전에 소식을 듣고 군사를 13갈래로 나누어 접전했

칭기즈 칸의 연설과 오고타이 즉위 장면
이 연설 장면은 우리에게 칭기즈 칸의 다른 일면을 보여 준다. 오고타이의 즉위 장면도 아주 의미 깊은데, 즉위 전에 연설을 해 각 수령의 의견을 청취한 후, 여러 사람이 동의해야 합법적이라고 한다.

전진교 도사 구처기丘處機 141

| 중국사 연표 |

1219년 칭기즈 칸이 호라즘 왕국으로 서정하고, 무칼리가 산서 각로를 점령했다.

●●● 역사문화백과 ●●●

[어주연과 환의등연]

어주연御廚宴은 금나라 조정의 외국 사절 영접 연회를 말하며, 환의등연換衣燈宴은 외국 사절 송별 연회를 말한다. '환의등연'이란 명칭은 등을 켜고 서로 옷과 비단을 바꾼 데서 유래했다.

칭기즈 칸의 말안장
내몽골 칭기즈 칸의 능에 모신 세 개의 말안장으로 칭기즈 칸이 출정·수렵 시 사용했다고 한다. 길이 59cm에 폭 30cm로 나무로 만들었으며, 전후 교橋는 모두 금으로 장식하고 위에는 용이 구슬을 즐기는 문양을 상감했다.

다. 양군은 알난하 부근에서 격전했는데 테무친 군사는 패하여 퇴각해 한 계곡에 머물렀다. 테무친 수하에 원래 자무카의 부하였던 자가 있었는데 이번 싸움에 자무카의 포로가 되었다. 자무카는 분풀이로 커다란 가마 70개에 포로들을 넣어 삶아 죽이고 머리를 떼내어 말 꼬리에 달고서 영으로 돌아갔다. 이처럼 잔인한 수법 때문에 자무카는 인심을 크게 잃었고, 그의 부하들은 분분히 도망쳤다.

1201년 자무카는 한 부락을 집결해 테무친과 다시 결전을 벌이려고 했다. 그들은 하늘을 향해 선서했다.

"비밀을 누설하는 자는 큰물에 무너진 제방, 칼과 도끼에 찍혀 넘어간 나무가 될 것이다." 그러나 누군가가 그것을 사전에 테무친에게 알려 주었다. 이에 자무카는 기습에 성공하지 못하고 오히려 테무친에게 대패했다.

혼사 연회에 살기가 차다

자무카는 남은 군사를 거느리고 왕한王罕에게 가담했다. 자무카는 왕한 앞에서 이렇게 말했다. "저는 수령님을 대함에 있어 춘하추동 가리지 않고 북방에 있는 종다리 같고, 테무친은 겨울만 되면 남으로 날아가는 기러기 같습니다. 테무친이 지금 수령을 아버지라

출정 후 귀국한 칭기즈 칸

●●● 역사문화백과 ●●●

[원나라의 노예 '구민']

구민驅民은 원나라 시대의 특수한 천민의 일종으로 '구구驅口'라 호칭했다. 사회적 신분은 노예이고 주인의 호적에 부속되었다. '구구'의 원래 뜻은 '나포해 사역할 수 있는 사람'으로 이 단어는 금나라에서 처음 등장했다. 몽골은 많은 포로를 노예로 이용했는데, 원나라 통일 후 포로 숫자가 감소하자 구구의 주요 원천은 호적이 없는 죄인의 가족, 인신 매매, 노예의 자연 번식에 따랐다. 구구는 주로 북방에 분포했고, 중상층 세대마다 10여 명 혹은 수십 명, 큰 귀족 가정에는 수백 명, 색목인과 한족 상층에도 일부 구구가 있었다. 원나라 법률 규정에 따라 구구는 주인의 재산이고 자유가 없으며 마음대로 증여 매매할 수 있다. 그들의 혼인은 주인이 결정하고 자녀는 계속 주인의 노예가 되었다. 도망치거나 반항하면 엄벌을 당했다.

| 세계사 연표 |

1219년 덴마크 국왕 발데마르 2세가 에스토니아와 리보니아에 원정했다. 이로써 덴마크 5국의 세력이 발트해 남안 각지에 이르러 덴마크 역사상 '제2 북방제국'을 형성했다.

고 부르지만 그의 날개가 굳어지면 꼭 배반할 것입니다." 이 말을 들은 왕한의 아들 상곤桑昆은 테무친이 자기의 계승권을 빼앗을까 봐 테무친을 없애 버리려고 했다.

한편 테무친은 왕한과의 연맹을 강화하기 위해 장자를 왕한의 딸과 혼인시키고자 했고, 자기의 딸을 상곤의 아들에게 시집보내기로 했다. 그러자 상곤은 허혼하는 척하며 테무친을 오게 한 후 혼사 연회석에서 나포하려고 했다. 테무친은 조금의 의심도 없이 기병 10여 명만 거느리고 떠났는데, 도중에 노인 몽리커蒙力克를 만났다.

노인은 이렇게 말했다. "듣자 하니 상곤이 자만에 빠져 허혼하지 않는다던데 갑자기 자네를 초청하니 속임수 같네. 먼저 사자를 보내는 것이 좋을 듯하네." 그 말을 들은 테무친은 말 머리를 돌려 돌아왔다.

왕한이 서쪽으로 도망치다

1203년 봄, 상곤 등이 갑자기 테무친의 영지를 포위했다. 급하게 그들과 싸우던 테무친은 말을 잃었고, 그의 셋째 아들 오고타이도 화살에 맞아 부상을 입었다. 그는 남은 군사 2600여 명을 거느리고 바이칼호 부근으로 갔다.

그가 반주니 강을 전전할 때 주변에는 동료 19명밖에 남지 않았고 굶주림에 지쳐 있었다. 그의 동생 허처르도 남은 군사를 거느리고 테무친과 회합했다. 테무친은 호숫가에서 하늘을 향해 다짐했다. "내가 대업을 이룩하려면 필히 여러 동료와 고락을 같이해야 하거늘, 이것을 어기면 이 강물과 같을지어다!" 이어 그는 혼탁한 강물 한 컵을 다 마셨다.

그해 가을 테무친은 알난하 유역으로 옮겨왔고, 재기해 왕한을 공략할 지혜를 짜냈다. 그는 먼저 사자 두 명을 허처르의 사자로 위장시켜 왕한의 군영에 보내 짐짓 투항을 청하는 척했다.

"저의 형이 이미 패해 종적을 알 수 없고 저의 처자도 대왕께 나포되었으니, 지금 저는 갈 곳도 없나이다. 대왕께서 지난 일을 잊으시고 옛정을 생각해 주시면 저는 두 손 들어 투항하겠나이다." 그러자 왕한은 피를 담은 가죽주머니를 가지고 사자와 함께 동맹을 결성하러 찾아왔다.

테무친은 밤에 몰래 왕한의 영지를 포위했다. 왕한이 한창 금빛의 휘황한 장막 안에서 술을 마시는데 갑자기 한 떼의 군사가 들이닥쳤다.

삼일 밤낮의 격전을 치르고 패한 왕한은 서쪽으로 도망쳐 나이만의 영지에 진입하다가 수비군에게 죽었다. 상곤은 신강 쿠차 지역으로 도망했는데 그곳 추장에게 목숨을 잃었다.

붉은 가지 모란사발 (위 사진 포함)

원나라 시대 경덕진에 청화자기와 유약 홍자기가 출현했다. 경덕진의 자기 조형은 아름답고 색채가 화려하며 장식이 정교하다. 그중 청화자기·청화 영롱자기·분채자기·채색유약자기는 경덕진의 4대 전통 자기로 유명하다. 이 원나라 시대 자기는 원나라 시대 유약 홍자기 중 가장 큰 것이다.

매년 3~4월 사이. 전하는 바에 따르면, 동악대제의 생일은 3월 28일이다

| 중국사 연표 |

1220년 몽골군이 부하라, 사마르칸트 등의 성을 점령했다. 호라즘 왕국의 무하마드는 카스피해의 섬에 도주했다가 죽었다. 동평東平의 엄실嚴實은 몽골에 투항했다.

하늘에 태양이 두 개 있을 수 없다

테무친은 왕한을 대파한 후 실력이 더욱 장대해져 거의 몽골 전체의 패주가 되었다. 그의 강대함은 나이만 부락 태양 칸의 적개심을 불러일으켰다.

태양 칸은 부락 귀족들에게 말했다. "동쪽의 몽골인은 늙은 왕한을 핍박해 죽였는데, 그도 칸이 되려 하느냐? 하늘에는 태양이 두 개일 수 없고, 땅에는 칸이 둘일 수가 없다." 테무친의 숙적 자무카도 나이만에 의탁해 함께 테무친을 칠 군사 행동을 획책했다. 태양 칸은 사자를 파견해 엉구트 부락과 약정, 몽골을 협공하려 했다. 그러나 엉구트 부락은 이를 거절하고 이 소식을 테무친에게 알렸다.

1204년 봄, 테무친은 나이만을 토벌할 준비를 했는데 한 부하가 초봄이라 말이 여위었으니 가을에 거사하자고 했다. 그러자 테무친의 동생 테무거鐵木哥가 말했다.

"사내대장부는 일을 과감히 해야지 말이 여윈 게 무슨 대수인가." 베리구타이도 "나이만이 강대국이라 우쭐거리며 우리를 업신여길 때, 우리가 그 교만함을 이용해 그자들을 일거에 격파하고 승리를 거두어야 하네."라고 하자 테무친은 크게 기뻐하며 말했다. "우리 군의 사기가 이처럼 높으니 승리하지 않을 수가 없다!" 나이만과의 결전은 이렇게 확정되었다.

싸움 전에 테무친군의 일부 전마가 놀라 태양 칸의 군영으로 뛰어갔다. 그 모습을 본 태양 칸이 부하에게 말했다. "몽골군의 전마가 이처럼 여위었으니 적들을 유인해 깊이 침입하게 한 후 나포해야 한다." 그러자 한 부장이 말했다. "선왕은 전투에서 언제나 앞으로 돌진하면서 적에게 등을 보이지 못하게 했나이다. 대왕께서 적을 유인하려는 것은 겁이 나기 때문 아니냐이까? 이처럼 담이 작다면 차라리 여인에게 군대를 통솔하게 하소서!" 이에 화가 난 태양 칸은 바로 말에 올라 타 테무친과 접전했다.

자무카는 테무친의 정연한 진영을 보고 말했다. "나이만이 적을 경시하고 몽골군을 약하게 보는데, 내가 볼 때 테무친의 기세는 예전과 같지 않다." 그러고는 부하를 거느리고 슬그머니 줄행랑을 쳤다.

테무친은 친히 선두 부대를 거느리고 용맹하게 진격했다. 퇴각하던 나이만군은 낭떠러지까지 밀려가 무수한 병사들이 떨어져 죽었다. 중상을 입은 태양 칸은 산정에서 죽고, 그의 친병들도 열심히 싸우다가 모두 전사했다. 테무친은 감탄하면서 말했다. "이처럼 충성스러운 친병이 있으니 태양 칸은 죽어도 유감이

원나라 시대 《농상집요》를 반포, 농업 생산을 지도
농업 생산을 중시한 원나라 정부는 고금의 농서에 근거하고 민간의 생산 경험을 결부해 《농상집요農桑輯要》를 편찬·반포했다. 이 원나라 시대 각본은 청나라 이친왕부에 소장되어 있다. '안락당장서기' 등이 날인되었고, 건륭 연간에 편집된 《사고전서四庫全書》에 편입되지 못하고 실전되었다. 또한 이 원나라 각본은 지금의 《제민요술齊民要術》 오자 교정에 쓰인다.

| 세계사 연표 |

1220년 — 로마 교황 호노리오 3세는 프리드리히가 교회 유관 각항 승낙을 재언명한 후 프리드리히의 대관戴冠 의식을 거행했다.

없으렷다."

자무카가 도망친 후 그 부하가 반역해 그를 잡아다 테무친에게 바쳤다. 테무친은 주인을 배반하는 자는 용서할 수 없다면서 먼저 자무카 앞에서 반역자들을 처단했다.

몽골의 샤먼교는 사람의 영혼이 혈액에 존재한다고 여겼다. 테무친은 맹우였던 자무카가 피를 흘리지 않고 죽게 했다.

대 사막에 군림하다

여러 차례 난을 치른 테무친은 다른 우두머리를 평정하고 몽골 초원에서 패주가 되었다.

1206년 테무친이 알난하 원천에서 거행한 각 친족과 부락 수령 대회에서 몽골 귀족들은 일제히 테무친을 몽골의 수령으로 추대했다.

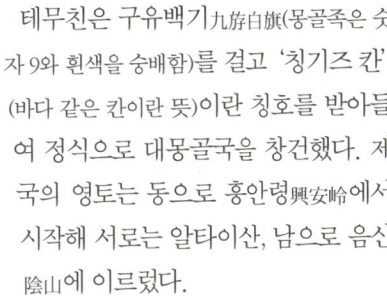

테무친은 구유백기九旒白旗(몽골족은 숫자 9와 흰색을 숭배함)를 걸고 '칭기즈 칸'(바다 같은 칸이란 뜻)이란 칭호를 받아들여 정식으로 대몽골국을 창건했다. 제국의 영토는 동으로 흥안령興安嶺에서 시작해 서로는 알타이산, 남으로 음산陰山에 이르렀다.

이로써 테무친은 웅대한 담략과 높은 재능으로 대 사막의 군주에 올랐다. 《원사》는 칭기즈 칸이 '담략이 웅대하고 군사를 귀신처럼 거느린다.'고 썼다. 가령 그가 근근이 활을 당겨 큰 독수리만 쏘는 사람이었다면 한 세대의 영웅이 될 수 없었을 것이다.

꽃무늬 은 화장함 (위 사진 포함)
한 질의 이 미용 도구는 대소 기물이 전해지며 평상시에는 여러 층의 그릇에 넣어 둔다. 은빛은 전보다 못하지만 더욱 고풍이 나고 생각에 잠기게 한다. 어떤 미인이 이 용품을 사용했을까?

916~1368 원

1221년

| 중국사 연표 |
1221년 몽골군이 호라산呼羅珊 지역을 모두 점령했다.

044

제베가 말을 헌납하다

하나를 죽이고 백을 갚았으니, 도량이 넓으면 후한 보답을 받는다.

물이 너무 맑으면 고기가 없고, 사람이 너무 강직하면 따르는 무리가 없는 법이다. 천하를 얻는 자는 도량이 넓고 교제에 능해 각양각색의 사람을 받아들여야 하는데, 심지어 과거의 적을 항복시켜 이용해야 한다.

칭기즈 칸의 수하에는 제베哲別·쿠빌라이忽必束·젤메哲勒蔑·수부타이速不台라는 네 명의 대장이 있었는데, 이들이 특별히 용맹해 '사구四狗'라 칭했다.

사구의 첫 사람인 제베는 원래 칭기즈 칸의 숙적 자무카의 부하였다.

애마를 양장良將과 바꾸다

1201년 자무카는 칭기즈 칸을 공격했는데, 칭기즈 칸은 우세한 병력으로 그들을 격파했다. 패해 도망치는 자무카 부대의 병사 중 활쏘기에 출중한 지르고가타이라는 청년이 있었다. 싸움에서 칭기즈 칸의 전장 여러 명을 쏘아 죽인 그는 한 무리의 도주병과 함께 밀림 속에 들어가 숨었다. 칭기즈 칸은 자기의 말을 대장 보고르주에게 주어 밀림을 수색하라고 했다. 보고르주는 지르고가타이를 보고 계속 추격했다. 그런데 거의 잡았을 때 지르고가타이가 몸을 돌려 쏜 화살이 말의 목에 명중해 말이 쓰러져 죽었고 지르고가타이는 도주했다.

그 말은 황갈색이고 입술이 희며 하루에 천리를 달려 칭기즈 칸이 무척 사랑하는 애마愛馬였다. 몹시 마음이 상한 칭기즈 칸이 밀림을 포위하자,

숲 속의 도주병들은 화살과 식량이 떨어져 투항을 할 수밖에 없었다. 칭기즈 칸은 포로들을 보고 소리쳤다. "누가 나의 애마를 죽였느냐?" 지르고가타이가 나서서 추호의 두려움도 없이 말했다. "내가 죽였소이다. 칸이 나를 처단해 분풀이하면 이 앞 한 줌의 흙을 좀 적실 뿐이외다. 가령 지난 일을 잊고 저를 사면한다면 저는 칸을 위해 칼산 불바다에라도 뛰어 들겠소이다."

이에 칭기즈 칸은 노여움을 거두고 말했다. "나에게 투항하는 사람은 모두 이전에 한 일을 속였는데 넌 용감하게도 나의 전마를 죽였다고 말했으니 훌륭한 사나이다. 앞으로 우리 벗으로 사귀자. 네가 나의 애마를 죽였으니 이름을 제베('화살'이란 의미)로 고치고 짐을 따라 같이 싸워 보자꾸나!" 제베는 흔쾌히 명을 받들었다.

하나를 죽이고 천을 보상하다

이때부터 제베는 칭기즈 칸을 위해 혁혁한 전공을 세웠다.

1218년 제베는 군대를 거느리고 서요로 원정했다. 서요의

민간의 정취가 풍기는 자주 흰 유약 검은 꽃 영아 그림 자기 단지
자주요磁州窯는 지금의 하북성 자현磁縣에 있었는데, 그곳의 제품은 대부분 생활용품이다. 유약은 흰데 황색이 섞이고 흑색과 갈색 문양으로 장식했다. 회화繪花·척화剔花·획화劃花 수법을 사용한다. 그림은 대부분 영아·금기·용·용봉·파도·잎·화훼 문양으로 간단하고 힘차며, 민간 정취가 풍긴다. 이 단지는 자주요의 전형적인 풍격을 갖추고 있다.

| 세계사 연표 |

1221년

일본 준도쿠順德 천황은 어린 아들 쭈우쿄仲恭 천황에게 황위를 양도했다. 고보조씨后北條氏가 세력이 점점 강해지면서 황위를 양도하도록 쭈우쿄 천황을 핍박해 고보리카와后堀河 천황을 옹립했다.

《몽고비사蒙古秘史》4권 출전

통치자인 쿠출루크屈出律는 원래 나이만의 도주자였는데 서요의 군주가 받아들여 부마로 삼았다. 그런데 쿠출루크는 은혜를 원수로 갚아, 장인을 뒤엎고 군주가 되었다. 쿠출루크는 불교를 믿도록 강요하며 많은 이슬람교도들을 박해해 백성들의 불만을 샀다. 제베는 그 지역 주민들이 민족 전통 종교를 믿을 수 있도록 허용한다고 선포했다.

그의 이러한 행동은 민심을 얻어 이슬람교도들이 분분히 봉기를 일으켰다.

중통원보 지폐

중국에서 발견된 최초의 지폐 실물(송나라의 지폐는 지금까지 실물이 없음)이다. 원나라에서는 지폐를 주로 사용했는데, 가장 기본적인 지폐는 '중통원보中統元寶'와 '지원통행至元通行'으로 현대의 돈과 뚜렷한 구별이 없다. 원나라 시대에 발행된 지폐는 유럽 나라들보다 400여 년 빠른데, 마르코 폴로는 대도에 와서 이런 지폐를 보고 감탄을 금치 못했다. '중통원보'의 출토는 원나라 시대 지폐 양식의 공백을 메웠다.

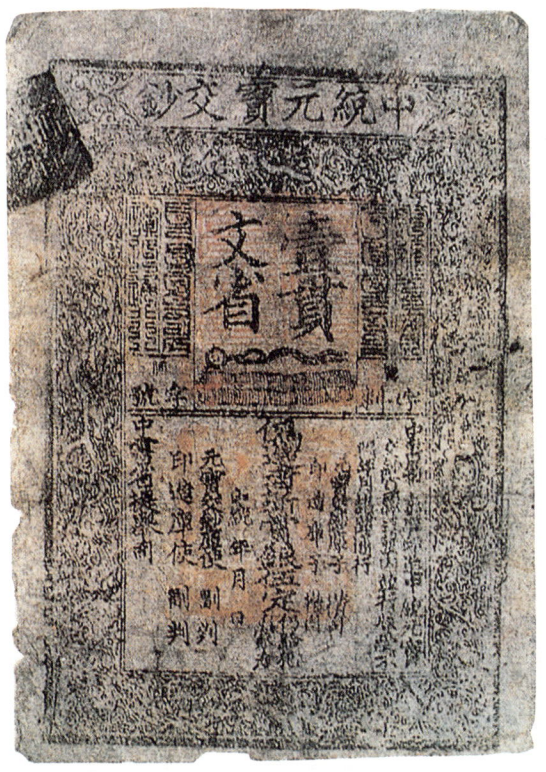

'10문' 짜리 중통원보 지폐

제베는 2만 병력으로 손쉽게 서요의 광활한 지역을 정복한 후, 쿠출루크를 죽이고 그의 머리를 잘라 백성에게 보여 주었다. 제베는 입이 희고 전신이 노란 준마 1000필을 노획했다. 그는 사람을 파견해 그 말을 칭기즈 칸에게 헌납하면서 이렇게 아뢰었다. "예전에 신이 칸의 말을 죽였는데, 오늘 상환하나이다!" 하나를 죽이고 천을 보상하니 칭기즈 칸이 만족하지 않을 리가 없었다. 제베도 혁혁한 전공으로 한 지역에서 위엄을 떨친 천호장千戶長이 되었다.

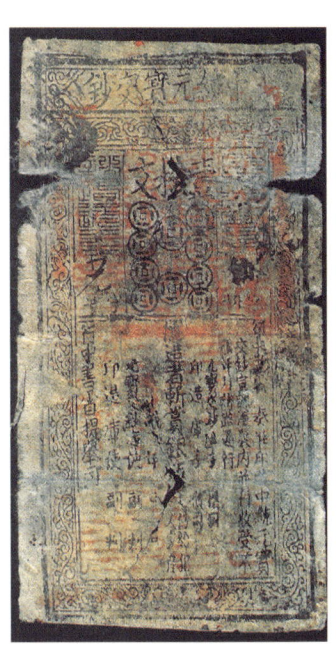

●●● 역사문화백과 ●●●

[대권을 쥔 다루가치]

다루가치達魯花赤는 몽·원 시대의 관직 이름으로 소재하는 지방·군대·관아의 감독 통치 장관이다. 몽골은 광활한 지역을 정복한 후 직접 통치할 힘이 없어 당지의 통치 계급에게 관리를 위임하고 당지 관원보다 높고 최후 결정권을 가진 감독 관원을 파견했다. 칭기즈 칸 때 이미 이런 관직을 설치해 중요한 지역과 성시에 두어 호적·세금 징수·징병 등을 모두 관장하게 했다. 원나라 시대 이후 각 노路·부府·주州·현縣 등 지방 정부에 모두 다루가치를 설치했으며, 몽골 군대 이외의 각 민족 군대에도 설치했다. 또 중요한 재정 수입과 관계있는 관아에도 설치했는데, 각급의 품위도 달라 정2품이 있는가 하면 정8품도 있었다. 지원 2년(1265), 원나라 조정은 각로의 다루가치는 몽골족, 총관은 한인, 동지는 회민이 맡게 하고 몽골족이 없을 경우 문벌이 높은 색목인이 맡는다고 규정했다.

| 중국사 연표 |

1223년

제베·수부타이가 와라사·흠찰 연합군을 알리지강에서 격파했다.
무칼리가 죽고 아들 베로가 세습했다. 칭기즈 칸이 서정 후 돌아왔다.

045

무당을 징벌하다

귀신 놀음은 하늘로 통한다하지만 왕권은 넘지 못했다.

칭기즈 칸은 즉위 후 공신을 책봉하고 상을 주었는데, 몽리커는 천호장이다.

몽리커는 테무친의 아버지 예수게이의 노비였는데, 예수게이가 죽은 후에도 몽리커는 계속 주인의 아들과 미망인에게 충성했다. 테무친과 형제들은 그를 '부父'라 칭했다. 왕한과의 투쟁에서 테무친을 암해하려 할 때 몽리커가 이를 눈치채 사전에 막을 수 있었다. 칭기즈 칸은 이런 옛 은정을 잊지 않았다.

통천 무당

몽리커는 아들이 일곱 있었는데, 넷째 커커출闊闊出은 샤먼교 무당이다. 당시 몽골인은 샤먼교를 믿고 더 할 수 없이 높은 장생천長生天(영원한 하늘)을 숭배했다.

테무친이 칸으로 즉위할 때 무당 커커출이 "테무친이 장생천을 받들어 만민에 군림하나이다."라고 선포했다. 커커출은 '통천通天 무당'이라 자칭했는데, 하늘 언어에 통하고 길흉을 예측한다면서 늘 귀신놀음으로 나라 대사에 대해 말이 많았다.

칭기즈 칸은 이런 커커출의 말을 이용해 백성을 현혹하고 권세를 공고히 하려는 마음이 있었기에 그를 잘 대해 주었다. 커커출은 칸의 총애를 업고 아버지의 공로와 여섯 형제의 지지 아래 점점 교만해졌는데, 칭기즈 칸의 형제도 안중에 두지 않았다.

아들을 훈계하다

어느 날, 커커출 일곱 형제가 카사르에게 뭇매를 때렸다.

칭기즈 칸의 큰 동생인 카사르는 용맹하고 활쏘기에 능해 칭기즈 칸의 천하 정벌에서 막대한 공을 세운 인물이었다. 그가 형님 앞에 엎드려 울면서 이 일을 고하니 화가 난 칭기즈 칸이 이렇게 말했다. "넌 천하에 적수가 없다더니 어찌하여 얻어맞아 피멍이 들었느냐?"

카사르는 눈물을 머금고 되돌아 나와 며칠 동안 형님을 보고도 못 본 척했다. 그러자 커커출은 이 기회를 놓치지 않고 이간질했다. "장생천이 영을 내리기를, 나라는 테무친이 주가 아니고 카사르가 주가 된다고 하옵니다. 미리 손을 써 카사르를 처단하지 않으면 결말을 예측할 수 없나이다."

원래 의심이 많은 칭기즈 칸은 카사르를 잡아 엄하게 심문했다.

이를 본 카사르의 친신들은 그들의 모친 후엘룬을 찾아갔다. 후엘룬은 밤새도록 낙타 수레를 타고 달려 다음 날 아침 칭기즈 칸의 큰 장막에 이르렀다.

그곳에서 꽁꽁 묶인 카사르를 보았는데 모자와 윗옷이 다 벗겨져 있었다. 화가 난 후엘룬은 카사르를 풀어 주고 옷을 입힌 후 칭기즈 칸 앞에 다리를 포개고 앉아 윗옷을 헤치고 홀쭉한 젖을 두드리며 꾸짖었다. "양심도 없는 자식, 보이느냐? 이것이 너희 4형제를 먹여 살린 젖이다. 셋째와 넷째는 둘에서 한 통도 못 다 먹었고, 넌 한 통을 다 빨아먹으면 배가

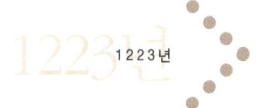

원나라 시대의 영혼 병
영혼 병은 일명 '곡창 병' '혼백 병'이라고도 하는데, 동한의 5련 단지가 발전한 것으로, 전문 부장물로 제작했다. 고인들은 사람이 죽어도 영혼은 죽지 않는다고 여겨 이 병을 묻어 영혼의 거처로 삼았다.

| 세계사 연표 |

1223년 프랑스 필립 2세가 죽고 아들 루이 8세가 계승한 후 영국과의 투쟁이 지속되었다.

《몽고비사(蒙古秘史)》 10권 출전

불렀다. 카사르는 한번에 두 통을 먹었다. 그러기에 힘이 세고 용맹하고 활을 잘 쏘아 너를 위해 천하를 정벌하며 생사를 같이 했다. 그런데 너는 천하를 평정하니 카사르를 용납하지 않는 거야. 너희는 다 내 젖을 먹고 자랐는데 혈육끼리 참살하려 하니, 네놈이 친동생을 죽일 심사냐?"

노모에게 혼이 난 칭기즈 칸은 카사르를 놓아 주는 수밖에 없었다. 그러나 카사르가 칸 지위를 탈취할까 봐 카사르에게 분봉한 백성 4000가구를 1400가구로 줄였다. 후엘룬은 그 소식을 듣고 병을 앓다가 얼마 안 되어 세상을 떠났다.

애처가 간언하다

커커출의 세력은 점점 커져 칭기즈 칸의 막내 동생 테무거의 많은 백성들도 통천 무당에게 의부했다. 테무거는 친신 싸허를 파견해 백성들을 찾아오라 했는

유명한 장인이 만든 은 옥호춘玉壺春 병
안휘성 합비에서 출토된 이 병은 아무런 색조와 문양도 없으며 자기 조형을 모방했다. 동시 출토된 은 조롱 밑 부분에 쓰인 글을 보면, 이는 한 세트의 은 기물로, 지순至順 4년(1333) 노주, 지금의 합비슴肥 정씨네 장인 장중영章仲英이 제조했다고 써 있다.

데, 커커출은 가죽 채찍으로 싸허를 때리고 그의 몸에 말안장을 메워 기어서 돌아가게 했다. 커커출은 득의양양해하며 말했다. "하나가 오면 하나를 때리고 둘이 오면 둘을 때릴 테다!'

이에 대노한 테무거는 직접 커커출을 찾아가 백성들을 돌려 달라고 요구했다. 그러자 커커출의 일곱 형제는 팔소매를 걷어붙이며 테무거를 때리려 하면서, 커커출 앞에 엎드려 잘못을 인정하고 용서를 빌라고 했다.

다음날 아침 칭기즈 칸이 아직 기상하지 않았는데 테무거가 장막에 뛰어들며 침대 옆에 엎드려 전날 당한 모욕을 울면서 하소연했다. 칭기즈 칸이 입을 열기도 전에 그의 애처 보르테가 몸을 일으키며 말했다. "칠형제가 너무 날뛰네요. 지난번에는 카사르를 때리고 오늘은 테무거를 모욕하다니, 진정 칸을 안중에 두지 않네요. 폐하가 건재하신데도 이러하니 일단 칸이 무너진다면 우리 처자는 도저히 살 길이 없겠나이

귀족들의 헌례를 받는 칭기즈 칸

● ● ● 역사문화백과 ● ● ●

[승려가 아내를 얻다]

원나라 시대에는 황제가 불교를 숭배하고 다른 종교도 수용했기 때문에 종교 세력이 흥성했다. 불교·도교와 이슬람교·기독교는 모두 토지를 점하고 상공업을 겸영했는데, 사원 경제는 사회 경제의 중요한 부분이 되었다. 지방 관부의 지지에 의거해 사원 지주는 토지를 강점하거나 경제력으로 매입했는데, 일반 사원은 100여 무畝 또는 수천 무의 토지를 점유했고, 황가 사원은 1만 무나 되는 전답을 소유했다. 일부 승려들은 점포를 두고 고리대를 놓고, 호화 저택에 술을 마시고 고기를 먹었으며 처첩을 두는 등 생활이 일반 지주와 거의 같았다. 원나라 시대 주덕윤朱德潤은 이런 시를 지었다. "외채 부인 보게나, 열이면 아홉이 흠모하네. 본래는 수수한 가정 여인이나 지난해에 승려의 아내가 되었다네. 승려는 땅은 많지만 부역이 적어 10년 저축에 부자가 되었다네. 누각에선 관현악 소리가 사방에 울리고 황금이 남으니 예쁜 처첩을 사들이네."

916~1368 원

| 중국사 연표 |

1227년

익도益都 이전李全이 몽골에 투항하고, 몽골은 서하를 멸했다. 칭기즈 칸이 청수淸水현에서 죽고 어린 아들 툴루이拖雷가 감국을 맡았다.

죽지도竹枝圖 (원나라 예찬倪瓚 그림)
원나라의 예찬은 강직한 문인으로 권세에 아부하지 않아 혹독하게 매를 맞은 적이 있는데, 아프다는 소리 한마디 없었다. 그의 〈죽지도〉 한 폭이 북경 고궁 박물관에 소장되어 있는데, 경쾌하고 힘 있는 농담濃淡의 조화로 참대의 기세를 표현, 문인의 불굴의 정신도 표현했다. 화필은 중간이 갈라지는 곳이 많지만 기세가 완전한데, 이는 '필치는 끝났지만 의미는 연결되었다.'고 하는 작법이다.

다." 그녀는 눈물을 흘렸다. 그러자 칭기즈 칸은 커커출이 이미 자기의 지위를 위협함을 느끼고 테무거에게 말했다. "오늘 커커출을 데려올 테니 네 마음대로 처리하라. 무슨 말인지 알아들었지?"

무당을 처결하다

테무거는 힘 센 장사 셋을 데려다 칭기즈 칸의 장막 밖에 매복시켰다. 칭기즈 칸이 몽리커에게 사람을 보내 아들들을 데리고 술 마시러 오라고 청하니 몽리커는 일곱 아들을 데리고 장막으로 들어섰다. 커커출이 자리에 앉자마자 테무거가 그의 멱살을 거머쥐고 말했다. "어제 네가 나를 핍박하며 빌라고 했는데, 오늘 씨름으로 한번 겨뤄 보자꾸나."

테무거는 그를 잡아끌었다. 커커출도 테무거의 멱살을 틀어잡아 두 사람은 한데 뒤엉켰다.

칭기즈 칸이 말했다. "겨루려면 장막 밖에서 겨루어라." 장막 밖으로 나오자마자 매복해 있던 세 장사가 달려들어 커커출을 먼 곳으로 끌어다 죽인 후, 시체를 으슥한 곳에 내다버렸다.

테무거는 되돌아와 말했다. "통천 무당이 죽은 체하고 누웠어요. 이제 더는 나와 감히 비기지 못해요. 별 볼 일 없는 자식!"

몽리커는 아들이 잘못되었음을 느끼고 땅에 떨어진 모자를 주워들어 냄새를 맡더니 허리에 찼다. 그는 눈물을 흘리며 말했다. "대지가 흙더미 같고 바다가 시냇물 같을 때부터 나는 칸의 집 하인으로 있었소이다." 그는 칭기즈 칸에게 옛 은정을 상기시키려 했고, 그의 여섯 아들들은 팔소매를 걷어붙이고 대항하려 했다. 칭기즈 칸이 장막 밖으로 한 발자국 내디디자 시위와 친병들이 칼과 창을 쥐고 그를 호위했다.

칭기즈 칸은 마차로 커커출의 시체를 끌어가게 하면서 말했다. "통천 무당이 여러 차례 짐의 동생을 모욕하고 짐과 동생들을 이간시키며 의리를 지키지 않았기에 하늘이 보우하지 않았다. 장생의 하늘은 이미 그의 영혼을 몸체와 함께 가져갔다."

그는 또 몽리커에게 이렇게 말했다. "아들이 날뛰는데 아비인 그대가 권고하지 않았으니 죄를 물어야 하나 지난날 우리 집에 베푼 은공이 있어 죽이지는 않겠네." 이후 몽리커와 여섯 아들은 조심하며 살 수밖에 없었다.

커커출의 처결은 비단 한 무당의 처결에만 그치지 않고 원시 사회에 산재한 무당이 정사에 간섭하던 폐해를 제거해 왕권이 신권을 눌렀음을 뜻한다.

| 세계사 연표 |

1227년

폴란드 볼레슬라브 5세가 왕위를 계승해 52년 간 재위했다. 그동안 내부로는 봉건할거 세력이 혼전하고 외부로는 강대한 주변국이 침입했다.

046

《사집史集》제2편 출전

중앙아시아를 정복하다

"적에게 무덤보다 더 좋은 곳이 없다."

중앙 아시아 일대에 호라즘 왕국이 페르시아·이라크·아프카니스탄 등 광활한 지역을 정복했지만 칭기즈 칸의 철기병 아래 순식간에 무너졌다.

이슬람 세력과의 통상

칭기즈 칸은 서요를 정복한 후 중앙아시아로 통하는 길을 개척했다. 그는 연도에 초소를 두어 상인의 안전을 보살폈는데, 호라즘 왕국의 일부 상인들도 항상 당지의 수공예 물품을 몽골에 가지고 와서 장사를 했다. 무하마드는 동방에 강대한 몽골 제국이 있다는 소문을 듣고 상인 몇을 파견해 상황을 알아보게 했다.

칭기즈 칸은 이 이슬람교도들을 존경해 후하게 접대하고 금은을 상으로 주었다. 그리고 그들이 돌아갈 때 세 명의 사자, 후비와 종실의 친신들과, 수백 명의 상대商隊를 조직해 함께 가게 했다.

칭기즈 칸은 무하마드에게 이렇게 전했다. '몽골은 호라즘 왕국과 우호적으로 지내고 자유롭게 통상 하려고 한다. 동방의 통치자로서 몽골은 무하마드를 서방의 통치자로 인정한다.' 그는 또 편지에 이렇게 썼다. "양국 간 소통과 협력을 실시하기 위해 우리는 고난을 같이 하는 의무를 이행하며, 양국 간 도로를 지켜 상인들이 안전하게 통행하도록 해야 한다." 그러나 몽골의 사자들과 상인들을 호라즘 왕국의 오트라르 영주가 그들이 지닌 재물이 탐나 그들을 간첩으로 억류했다.

무하마드는 이유도 묻지 않고 몽골 사람들을 처결하라고 영을 내렸는데, 그것이 자신의 종말을 초래하리라고는 전혀 생각하지 못했다. 화가 난 칭기즈 칸은 혼자 산정에 올라가 하늘에 기도하며 자신에게 복수의 힘을 달라고 빌었다. 그는 3일 동안 먹지도 마시지도 않으면서 기도한 후 산에서 내려왔다.

맞서는 자는 모두 죽이다

1219년 여름, 칭기즈 칸은 친히 몽골 대군을 거느리고 무하마드의 호라즘 왕국을 정벌했다. 칭기즈 칸은 전쟁을 시작하기 전에 먼저 사자 세 명을 무하마드에게 보내 오트라르 영주를 몽골로 호송하도록 요구했다. 그런데 무하마드는 한 명의 사자를 죽이고, 나머지 두 명의 사자는 수염을 깎아 돌려보내는 것으로 답을 했다. 이에 칭기즈 칸은 네 곳으로 나누어 공격하라고 영을 내리고, 친히 중군을 거느리고 오트라르 성에 들이닥쳤다.

28	4	3	31	35	10
36	18	21	24	11	1
7	23	12	17	22	30
8	13	26	19	16	29
5	20	15	14	25	32
27	33	34	6	2	9

아라비아 숫자 사각 철판
서안에서 출토된 이 철판은 숫자 배열 복식 종횡도다. 이런 도식은 아랍에서 기원되고 원나라 때 중국에 들어왔다.

916~1368 원

보세(세금 도급) 제도 151

| 중국사 연표 |

1229년

오고타이가 몽골 칸에 즉위해 대자사(대법전)를 반포하고 중원과 서역의 세법을 정했다. 그리고 수리만을 파견해 자랄 알딘을 공격했다.

칭기즈 칸은 성 내의 백성을 광장에 집합시키고 가구마다 금은재화를 바치라고 명령했다. "너희는 큰 죄를 지었으니. 짐은 하늘의 뜻으로 너희들을 징벌한다." 그리고 그는 성안에 불을 질러 번화하던 성시는 이내 폐허가 되었다.

무하마드는 몽골 철기병의 기세에 겁이 나 벌벌 떨었다.

어느 날, 그는 성벽 옆 도랑을 가리키며 부하에게 말했다. "칭기즈 칸의 부하들이 말채찍만 버려도 도랑을 채운다. 너희는 저절로 살길을 찾아라. 몽골군은 당할 수가 없다." 통수가 그처럼 사기가 떨어져 있었으니 군대의 사기도 마찬가지였다. 무하마드는 도망을 쳤으나 바로 몽골군이 추격해 왔다. 결국 그는 카스피 해의 작은 섬으로 도망쳤는데, 그는 죽음을 앞두고 이렇게 탄식했다. "나는 일생동안 많은 나라에서 군림했는데 지금은 분묘로 쓸 땅조차 없구나." 그리고 그는 아끼던 패도를 아들에게 주며 훗날 원수를 갚아 주기를 바랐다. 며칠 후 무하마드는 병상에서 숨졌다.

영웅적인 최후

아버지의 뒤를 이은 자랄 알딘은 다시 재기해 지금의 아프카니스탄 가즈니에서 몽골군을 격파했다. 이에 칭기즈 칸이 군사를 소집해 가즈니에 당도하자 자랄 알딘은 파키스탄의 인더스 강으로 퇴각했다. 몽골군이 그를 추격해 강가에서 포위하자 칭기즈 칸이 영을 내렸다. "활을 쏘지 말고 생포하라."

칭기즈 칸을 이길 가망이 없다는 것을 안 자랄 알딘은 적에게 모욕을 당하지 않게 하려고 그의 가족들이 강에 빠뜨려 죽이고, 금은재화도 모두 강에 빠뜨렸다. 그 후 장병 700명을 거느리고 공격해 몽골군을 후퇴시키고는, 말을 타고 군기를 들고 달리다가 20m 낭떠러지에서 말과 함께 굽이치는 강물에 뛰어들었다.

이것을 본 칭기즈 칸은 탄복해 부하들에게 강에다 활을 쏘지 말라고 명하고, 아들들에게 말했다. "이것이 바로 너희가 따라야 할 본보기다. 그는 전장에서 죽음을 벗어났지만, 이후 반드시 큰 소란을 일으킬 것이다."

과연 몇 년 후 자랄 알

절강 항주 진교사

원나라 때 이슬람교가 들어와 중국에서 이슬람교가 전성했다. 원나라 시대에 중국에서는 이슬람 사원이 많이 건설되고, 확장·개수했다. 항주 진교사眞教寺는 연우 연간 회회교 대사 아로정阿老丁이 축조한 것인데, 대전의 벽은 이슬람 풍격의 벽돌 조각이 있다. 이는 매우 정교하고 아름다워 회족의 뛰어난 벽돌 조각술을 나타냈다. 항주·청주·정주定州의 진교사는 원나라의 3대 이슬람 사원으로 병칭된다.

이슬람교도의 묘비

| 세계사 연표 |

1229년
제6차 십자군 원정 기간에 프리드리히가 십자군을 이끌고 팔레스타인에 도착, 예루살렘을 차지했다.

원나라 시대 《고란경古蘭經》 사본
북경 동사 청진사에 소장되어 있고 아랍 문자가 쓰여 있다.

성도의 발자취
이슬람교는 원나라 때 가장 흥성했으나 이전에 이미 널리 전해져 많은 선교사들이 중국에서 일생을 보내기도 했다. 사진은 이슬람 선교사의 묘소로, 묘소의 남문은 운하를 향하고 있으며, 문 밖의 돌계단 양쪽에는 부조 돌난간이 있는데, 이슬람 조형의 풍격이 나타난다.

딘은 인도에서 재기했으나, 후에 칭기즈 칸 아들에게 패했다.

기세를 막을 자가 없다

수년간 칭기즈 칸의 몽골 대군은 중앙아시아에서 위풍을 떨쳤다. 그의 부대는 아제르바이잔·크로아티아를 공격했으며, 카프카스 산맥을 넘고 크림 반도를 가로질러 드네프르 강으로 돌진했다. 몽골군은 가는 곳마다 불 태우고 약탈해 그곳의 문화를 파괴했다.

언젠가 점령한 성에서 몽골군이 살육할 때 한 노파가 말했다. "내가 큰 진주 한 알을 줄 테니 나를 죽이지 말게." 몽골 병사가 달라고 하니 노파가 말했다. "이미 삼켜 버렸네." 그러자 병사들은 노파의 배를 가르고 진주를 찾아 가졌다.

점령지 백성 중에 가장 큰 피해를 입은 사람은 그곳의 관리와 귀족들이었다. 사서에는 이렇게 기록되어 있다. "그들은 신분이 고귀해, 전에는 두 발로 걸은 적도 없었는데 지금은 옥살이를 하고 아무 이름도 없게

되었다."

"나를 따르는 자는 흥성하고 나에 맞서는 자는 죽어야 한다. 적에게는 무덤보다 더 좋은 곳이 없다." 이것이 바로 전쟁에 대한 칭기즈 칸의 격언이다.

역사문화백과

[정복왕조론]

'정복왕조론'은 독일인 후예 학자 웨이터브가 20세기 전반에 제기했는데, 그는 《중국 사회사: 요》(중국학자 마가승馮家升 공저)의 서언에서 이렇게 평했다. 중국 고대 북방의 여러 민족 왕조는 그 통치 민족이 내지에 진입한 방식에 따라 두 부류로 구분 하는데, 첫째 '침투왕조(Dynasties of Infiltration)'는 16국·북위를 대표하고, 둘째 '정복왕조(Dynasties of Conquest)'에는 요·금·원·청나라가 속한다. 각 북방 민족 왕조의 한족 지역 문화와의 관계는 절대성 동화(Assimilation)가 아니라 상대성 동화(Acculturation)다. 그것은 한족 문화에 피동적으로 접수된 것이 아니라 주동적으로 선택했다. 구체적으로 말하면, 정복왕조는 배척 경향이, 침투왕조는 흡수 경향이 있었다. 여러 정복왕조 중, 요·원나라는 배척 경향을 띠고, 금·청나라는 흡수 경향을 띠었다.

| 중국사 연표 |

1230년 — 10로 징수과세소를 세우고 야율초재에게 주관하게 했다. 오고타이·툴루이가 출병해 금나라를 공격했다.

047

진인이 계책을 내놓다

유교·불교·도교는 서로 통하거늘, 제세 안민하는 이가 진인眞人이로다.

영웅의 고민은 세월의 짧음이고, 위인의 최대 유감은 바로 생명이 짧은 것이다. 한 세대의 영웅 칭기즈 칸도 예외가 아니었다.

그가 중앙아시아로 출정했을 때는 이미 환갑을 넘긴 나이였다. 그처럼 큰 대업을 이룬 그도 불로장생을 바랐는데, 구처기丘處機란 늙은 도사가 300여 년을 살았다는 소문을 듣고 그는 어의 유중록劉仲祿에게 명해 도사를 청해 오라고 했다.

견식이 넓은 진인

구처기는 호가 장춘진인長春眞人인데, 점쟁이가 그를 보고는 후에 꼭 신선이 될 거라고 예언했다 한다.

19세 때 구처기는 전진도全眞道 시조 왕중양王重陽을 스승으로 모시고 중양의 7대 제자 중 한 사람이 되었다. '전진全眞'이란 바로 인체의 가장 근본이 되는 본질을 보전한다는 의미로, 정精·기氣·신神 등 3대 생명 요소가 포함된다. 구처기는 견식이 넓었다.

그는 일찍이 심산의 굴 속에서 하루 한 끼씩 먹으며 외출할 때 도롱이만 걸치고, 심지어 6년 동안은 잠을 자지 않았다고 한다. 그래서 앉으면 시체 같았고, 서면 마른 나무 같았지만 걸음만 떼면 번개 같았고 도행이 비범했다. 왕중양이 죽자 구처기가 전진교의 주지가 되었다.

"유교·불교·도교는 서로 통하거늘, 3교는 예부터 한 시조의 기풍이로다." 전진교는 비록 도교에 속했지만 유학과 불교를 배척하지 않았으며 삼교 합일을 주장하고, 사람들이 유교·불교·도교 3교의 경전을 읽도록 권장했다. 도가의 안정 무위無爲의 토대 위에 유학의 충·효·절·의와 불교의 선법과 계율을 결합했기에 광범위한 대중적 기반을 형성했다.

마르크스는 종교를 백성의 정신적 아편이라고 말

구처기 (명나라 간본 《열선전전列仙全傳》)

구처기丘處機(1148~1227), 금·원나라 시대 전진도全眞道 수령으로, 자는 통밀通密이고 호는 장춘자長春子이다. 그는 산동성 서하栖霞 사람으로 마옥馬鈺·담처단譚處端·유처현劉處玄·왕처일王處一·학대통郝大通·손불이孫不二 등은 모두 왕철王喆의 제자였는데 후대 전진교도들이 '7진眞'이라 칭했다. 몽골이 흥기한 후 산동은 몽·송·금나라의 각축 장소가 되었다. 당시 구처기는 서하 산에 은거했다. 그는 금·송나라의 징모에 응하지 않고 1221년 봄 칭기즈 칸의 조서에 응해 제자를 거느리고 출발, 다음 해 4월 대설산大雪山(아프간의 힌두쿠시 산)에 도착해 칭기즈 칸을 배알했다. 1223년 구처기는 동으로 왔고 후에 연경 태극궁太極宮(지금의 북경 백운관 서쪽)에 거주했는데, 칭기즈 칸은 구처기가 천하의 도를 관장하게 했다. 전진도는 북방에서 성행했고, 정치·경제 분야에서 아주 큰 영향을 주었다. 구처기는 1227년 병사했다.

| 세계사 연표 |

1230년 신성 로마 제국의 프리드리히가 교황과 다시 화해하고 교황은 그의 죄를 사면하기로 응낙했다.

《원사元史·구처기전丘處機傳》 출전

한 적이 있으나 고난 속에서 헤매는 백성들은 그것에 의지해 인생의 고통을 잠시나마 잊었다. 구처기가 종사宗師로 있을 때 중원 지역에서 전진교를 믿는 사람이 점점 많아지자 각 파의 정치 세력이 그를 이용하려 들었다.

은사가 산에서 내려오다

구처기는 은거하면 남송과 금나라의 정치세력들과 왕래하지 않았다.

그러던 어느 날 그는 제자들에게 말했다. "빨리 짐을 싸라. 천사가 나를 부르러 오니 출발해야겠다." 과연 다음 날 칭기즈 칸이 파견한 특사 자파르와 유중록이 찾아와 진인을 배알했다. 유중록은 구처기를 보고 말했다. "저는 특별 조서를 받들고 찾아왔소이다. 칸은 아무리 험하고 오래 걸려도 꼭 신선님을 모셔오라고 했소이다."

구처기는 송·금나라는 이미 서산에 지는 해였지만 칭기즈 칸은 중천의 태양과 같은지라 제자 10여 명을 데리고 유중록을 따라 나섰다.

칠순이 넘는 구처기가 여정의 피로도 마다하고 먼 길을 떠난 데는 깊은 뜻이 있었다.

그는 도가의 교의로 칭기즈 칸을 권유해 하루 빨리 천하를 안정시켜 전쟁으로 도탄에 빠진 백성들이 태평한 나날을 보내게 하려는 것이었다. 가는 도중에 그는 칸에게 무고한 자를 마구 살해하지 말기를 전했다.

구처기는 먼저 북으로 가 후룬 강에 이른 후 몽골 초원을 지나고, 알타이 산을 넘어 천산 북로를 따라 서행했는데, 갖은 곡절 끝에 1년 2개월 만인 1222년 4월 아무 강변의 칭기즈 칸의 행영에 도착했다. 이때 수행한 제자 이지상李志常은 서행견문 《장춘진인 서유기長春眞人西游記》를 썼다. 이 책은 몽·원 역사 연구의 중요한 전적이고 또 하나의 여행기 명작이다.

양생의 도는 있어도 장생의 약은 없다

칭기즈 칸은 먼 곳에서 온 진인을 접견하고 이렇게 말했다. "진인이 풍상을 무릅쓰고 천리 길을 멀다하지 않고 찾아오니 짐은 아주 기쁘네." 구처기가 대답했다. "산야의 사람이 조서를 받고 하늘의 뜻에 따라 행했나이다." 구처기의 대답에 칭기즈 칸은 아주 기뻐하며 연회를 차려 환대했다.

저녁이 되자 칭기즈 칸이 구처기를 향해 다급하게 물었다. "진인은 짐에게 장생의 약을 가지고 왔는고?" 이에 구처기는 내색 없이 느릿느릿 말했다. "세상에는 양생의 도는 있어도 장생의 약은 없나이다." 칭기즈 칸은 목을 빼고 2년이나 장생약을 기다렸건만 이

북경 백운관
북경 서편문외 빈하로에 위치하고 있는데, 전신은 당나라 개원 27년에 축조한 처장관으로 금나라 태화 3년에 태극궁으로 개칭했다. 원나라 태조 칭기즈 칸 19년 장춘진인 구처기가 이곳에서 주지를 맡아 장춘궁으로 개칭함으로써 전진교의 중요한 도관이 되었다. 명나라 홍무 27년 백운관으로 개칭했다.

● ● ● 역사문화백과 ● ● ●

[독특한 특색이 있는 연구절燕九節]
연구절은 구처기의 탄생일인 1월 19일이다. 구처기가 병사해 백운관 내에 매장된 날, 모든 성내의 사녀士女들은 참대 가지를 들고 장춘궁과 백운관에서 향을 피우며 연회를 베풀고 놀아 독특한 특색의 백운관 묘회를 이루었다.

916~1368 원

형님 155

| 중국사 연표 |

1231년

툴루이 군사가 송나라의 길을 빌려 금나라를 공격했다. 오고타이는 금나라의 하중부를 점령했다. 수리만이 자랄 알딘을 멸하고 몽골군이 고려에 침입했다.

구처기가 식량을 나누어주어 구제하다 (위 그림)

장춘 종사가 영해에서 스승을 배알하다 (아래 그림)

한마디를 듣고 실망하지 않을 수 없었다. 그러나 진인이 바른 말을 하는 것에 탄복해 구처기를 신선으로 칭하고, 그에게 배알할 때 엎드리지 않아도 되며 칸의 장막에 들어올 때 다만 몸을 굽히고 손을 겹치면 된다고 했다.

제왕의 스승, 천하의 교부

당시 서쪽 전선의 전투가 치열했는데, 몽골군은 기세 높이 무찌르고 나갔다. 그때 구처기는 세 차례 도를 강의하면서 그때마다 천하를 통일하려는 사람은 함부로 살육하면 안 된다고 강조했다. 그리고 나라를

조각칠기 공예의 정상 작품
원나라 시대의 칠기 제품으로, 금 상감, 척홍·척서 등의 조각칠기 공예가 절정에 이르렀다. 이것은 절강 칠기의 대표 장인 장성張成의 척홍 인물 칠기 함인데, 노인과 두 동자, 폭포·나무·돌·물결을 그렸다.

다스림에는 하늘을 공경하고 백성을 사랑함을 근본으로 해야 한다며, 양생의 도는 마음을 안정시키고 욕망을 제거함이라고 했다. 칭기즈 칸은 구처기의 이런 주장에 탄복하며 말했다. "하늘이 신선을 보내어 짐을 이끄네. 신선이 말한 양생의 도는 짐의 뜻과 같네." 강의 때마다 칭기즈 칸은 서기관에게 기록하게 하여 그것으로 자손들을 훈계하겠다고 말했다.

한번은 칭기즈 칸이 천둥이 치는 원인을 물으니 구처기가 대답했다. "그것은 하늘의 노함을 표시하나이다. 사람의 가장 큰 죄는 불효이고, 불효는 하늘의 뜻에 반하나이다. 지금 경내에 효도를 무시하는 사람이

••• 역사문화백과 •••

[원나라 시대 백화비]

원나라 시대 관청 문서는 파스파 몽골 글자로 몽고어를 기록하고, 한어 백화문으로 직역했다. 원나라 시대의 사·관 비석에 새긴 성지나 영지는 대부분 백화체 한문이었는데, 이를 통틀어 원나라 시대 백화비白話碑라 칭한다. 이런 문물은 원나라 시대의 언어 연구에 가치가 있어 학자들이 탁편을 수집해 전문 서적으로 출판했다. 그 문자 중, 어떤 것은 고대 한어보다 더 어렵고, 사원 비석에 쓴 황제의 성지에는 일반적으로 알아보기가 어려운 문자가 많다.

| 세계사 연표 |

1231년 아리스토텔레스의 그리스어 작품이 라틴어로 대량 번역되었는데, 문예부흥 초기에 대부분 이 시기 번역 작품을 표준 판본으로 삼았다.

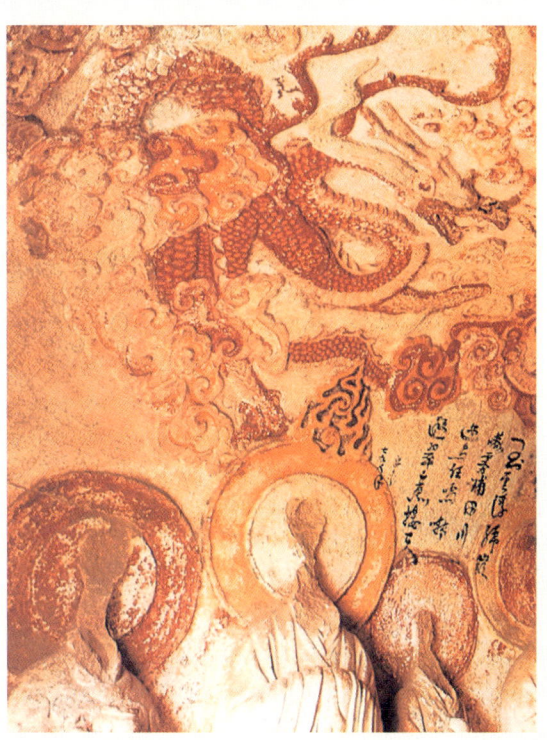

진귀한 도교 예술
호천관昊天觀 석굴은 원나라 때 도교 전진파 도사 송덕방宋德芳이 축조한 것으로 8개의 동굴이 있다. 이는 중국 유일의 도교 석굴인데, 그중 두 번째 굴이 삼청감三淸龕이다. 삼청감의 소재는 아주 보편적이고 천화天花 조각의 주제이며 도교 석굴 예술의 시초 단계다.

아주 많은데 폐하께서는 하늘의 의사에 순응하시어 백성에게 효도를 제창하셔야 하나이다." 칭기즈 칸은 그의 말대로 했다.

구처기와 헤어지기 전에 칭기즈 칸은 수렵하러 나갔다가 말에서 떨어졌다. 이에 구처기가 간언했다. "천도는 생을 좋아하므로 높으신 연세의 폐하께서는 자주 나가서 수렵함이 타당치 못하나이다. 낙마는 하늘이 징계를 주신 것이옵나이다." 칭기즈 칸은 말했다. "신선의 말에 일리가 있네만 몽골인은 어릴 적부터 말 타고 활 쏘는 습관이 있어 고치기 어렵네." 비록 말은 그렇게 했지만 칭기즈 칸은 한동안 수렵을 하지 않았다.

1223년 2월 구처기는 중원으로 돌아갈 차비를 했다. 떠나기 전에 칭기즈 칸은 그에게 조서 한 장을 주었는데, 전진교 교도의 부세와 잡역을 모두 면하고 그들이 광범위하게 교도를 모집함을 허용하는 내용이

었다. 구처기는 후에 연경, 지금의 북경의 천장관天長觀에 거처를 정했다. 칭기즈 칸은 구처기에게 장춘궁이라는 이름을 하사하고 여러 차례 사자를 보내 문안했다. "짐은 늘 신선을 그리는데 신선도 짐을 잊지 말게." 1227년 7월 팔순 고령인 구처기는 장춘궁에서 세상을 떴고, 궁의 처순당處順堂(지금의 북경 백운관)에 매장되었다. 묘하게도 칭기즈 칸도 같은 해 같은 달 죽었다. 구처기는 무위의 교로 유위의 인사를 교화해 백성을 불구덩이 속에서 구해 내려고 했다.

그렇다고 해서 칭기즈 칸이 칼을 놓지는 않았지만 장춘 진인의 마음만은 감탄할 만하다.

선정원宣政院

| 중국사 연표 |

1232년

툴루이 군사가 균주均州 삼봉산에서 금군을 섬멸했다. 몽골군이 변경을 포위하니 금나라는 화해를 청했다. 오고타이 툴루이는 북으로 귀환, 도중에 툴루이가 죽었다. 금나라 애종이 귀덕·채주에 도주, 몽골이 동진국을 멸했다.

048

무칼리가 중원을 경영하다

한 세대 영웅은 중원에서 위풍을 과시했다.

칭기즈 칸의 수하에는 4대 통수가 있었는데, 무칼리木華黎·보고르주博爾術·보로굴博爾忽·치라군赤老溫이다. 사람들은 그들 넷을 4걸四傑이라고 했다. 용맹과 모략을 겸비한 무칼리는 남으로 중원에 진입하는 과정에서 대몽골국의 중원 진출에 토대를 쌓았다.

민첩하고 정확한 활솜씨

무칼리는 아버지와 칭기즈 칸을 구했다. 언젠가 칭기즈 칸은 내만 부락의 습격을 당해 기병 여섯만 데리고 도주했는데, 도중에 식량이 떨어져 낙타를 잡아 요기했다. 이때 적병이 추격해 와서 화살로 칭기즈 칸의 말을 쏴 죽였다. 그러자 무칼리의 아버지는 자신의 말을 칭기즈 칸에게 주고, 자신은 칭기즈 칸을 엄호하다가 추격하는 적에게 죽임을 당했다. 이리하여 칭기즈 칸은 무칼리를 친아들처럼 대했다.

무칼리는 성장한 후 문무를 겸비했는데, 사서에는 이렇게 기록되어 있다. "침착하고 모략이 많으며 원숭이처럼 빠른 궁노수다."

언젠가 칭기즈 칸이 전장에서 패전해 대설 속에서 길을 잃고 노숙하게 되었다. 무칼

용천요 연꽃 덮개 큰 단지
원나라 시대의 자기의 특색은 거칠고 소박한 가운데 빛이 난다. 높이가 30cm인 이 용천요 연꽃 큰 단지가 그 대표작품인데 청록색의 유약은 넓은 초원을 상상하게 하고 병행된 문양은 말이 달려 생긴 자국 같으며, 튀어나온 단지의 배는 몽고인의 건강한 신체와 흡사하다. 1984년 강소성 율수현溧水縣에서 출토되었다.

리와 보고르주는 함께 양피 담요를 손으로 펼쳐 장막을 둘러싸 칭기즈 칸이 추위를 덜게 했는데, 눈이 많이 쌓여도 "저녁부터 아침까지 발을 움직이지 않았다."

하루는 기병 30여 명을 데리고 한 협곡을 지나다가 지세가 험준함을 본 칭기즈 칸이 말했다. "이곳에 도적이 잠복하고 있으면 어찌하겠는가?" 무칼리가 말했다. "신이 엄호하겠나이다." 얼마 안 되어 과연 밀림 속에서 한 떼의 도적이 화살을 쏘며 나타났다. 무칼리는 화살 세 발로 세 명을 명중시키고, 말안장을 끌어내려 방패 삼아 칭기즈 칸을 엄호했다.

이런 무칼리의 행동을 본 도적들은 싸움을 포기하고 도망쳤다.

구유백기

칭기즈 칸은 즉위한 후 무칼리와 보고르주를 좌우 만호萬戶로 책봉하고, 제후왕 대우를 주었다.

그는 두 사람에게 말했다. "오늘 국내가 평정됨은 자네들이 힘썼기 때문일세. 짐과 자네들의 관계는 수레와 바퀴, 몸과 팔의 관계일세. 자네들이 계속 힘써 주기를 바라네."

1217년 칭기즈 칸은 무칼리를 태사·국왕으로 책봉하고 철권과 황금 인감을 하사했다. 인감에는 "子孫傳國 世世無絶(자자손손 전하리니 세세대대 끊지 않으리)"라는 여덟 자가 새겨져 있었다.

칭기즈 칸은 말했다. "태항산 이북

| 세계사 연표 |

1232년

몽골 사자가 고려에 도착하자 고려는 배 30척에 수부 3000명을 내어 몽골군의 지휘에 따랐다. 고려는 사자를 몽골에 파견했다.

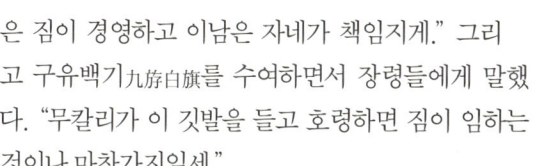

《원조명신사략元朝名臣事略》 1권 출전

자기 질려 – 지뢰의 원초 형태

원나라 시대에는 화약 제작 기술이 점점 발달해 폭발력도 전에 비해 크게 향상되었다. 이 자기 질려는 안에 화약을 넣고 심지를 내었다. 튀어나온 돌기는 폭발 후 살상력이 큰 파편이 되는데 지뢰의 원초 형태로 볼 수 있다.

대군이 이르는 곳마다 금나라 병사들이 분분히 투항해 1221년에 이르러 무칼리 군대는 이미 황하 이북 대부분의 지역을 점령했다.

은 짐이 경영하고 이남은 자네가 책임지게." 그리고 구유백기九斿白旗를 수여하면서 장령들에게 말했다. "무칼리가 이 깃발을 들고 호령하면 짐이 임하는 것이나 마찬가지일세."

무칼리는 연경(북경)과 서경(대동)을 기지로 하북·산동·산시 각지를 향해 공격을 명했다. 몽골군이 금나라를 토벌할 시초에 한 지역을 점령할 때마다 불태우며 약탈했고, 철군 시 금은재화와 장인·여인을 모두 약탈, 파괴했다. 그러나 무칼리는 중원 지역을 장기적으로 점령·통치하기 위해 한족 지주 무장을 환대해주고, 점령 지역 주민을 위로하면서 농업 생산량을 회복시켰다.

한족 대장 사천예史天倪는 무칼리에게 간언했다. "지금 중원 지역은 평정되었지만 아군은 의연히 습관적으로 약탈을 감행해 '왕자는 백성을 위문하고 범죄를 징벌한다'는 본의를 어겼나이다. 대왕께서는 천하를 위해 횡포를 제거하면서 어찌 과거의 나쁜 습관을 세습할 수 있나이까." 이에 무칼리는 포로를 살해하면 군법에 처한다는 영을 내렸다. 그리고 잡아 들인 노인과 아이를 모두 풀어 주었는데, 군내는 숙연하고 서민은 크게 기뻐했다.

세계 최초의 금속 관형화기

원나라 시대 화기로 새 품종의 구리 화승총이 출현, 조기 관형화기筩形火器 돌화총의 토대에서 발전, 세계 최초의 금속 관형 화기다.

승리하기 전에 먼저 죽다

1222년 무칼리는 봉상鳳翔을 공격했는데 성을 포위해 수개월이 되어도 공략하지 못하자 그는 탄식했다. 이듬해 2월 그는 철군했고, 3월 문희현聞喜縣(지금의 산서에 속함)으로 퇴각, 병사했다. 그는 친동생에게 이렇게 말했다. "나는 나라의 대업을 위해 전장에서 40여 년간 전전하며 정벌한 데 유감이 없다. 유일한 유감이라면 남경(당시 금나라 도성, 지금의 개봉)을 공략하지 못한 것이다. 너희가 힘을 써라!" 후에 칭기즈 칸은 친히 봉상을 공략한 후 부하들에게 무칼리의 공을 일일이 따져 말했다. "무칼리가 건재하다면 짐이 친히 이곳을 정벌할 필요가 있겠는가!"

●●● **역사문화백과** ●●●

[친병을 심복으로]

원나라 제도는 한·몽 혼합체로, 전제는 몽골 귀족의 세습 특권을 담보하는 것이다. '체세'란 몽골어의 음역이며 윤번으로 수위 당직을 선다는 뜻인데, 친군을 가리킨다. 칭기즈 칸 시대부터 방대한 칸의 체세를 건립, 그 성원은 각 민족 귀족 인질의 아들로 구성되었다. 그들은 밤낮 윤번으로 칸을 수위, 또 중군이 되어 중요한 전역에 참여, 칸의 가무·부역·문서·요리사·재봉사 등도 담임, 국사 관리에도 참여했다. 원나라 창립 후 체세는 주로 궁성을 호위, 기타 기능은 삭감 소실, 그러나 여전히 원나라 군정 관원의 주요 원천이었다. 그들의 수효는 적지만 요직을 담임했고 황제와 친밀했다. 때문에 외래 대신·상인·승려들은 그들과 결탁해 사리를 도모했고 체세가 마음대로 해도 다른 세력이 견제할 수가 없어 조정의 혼란을 더 조성했다.

몽올실위蒙兀室韋 159

| 중국사 연표 |

1233년 몽골군이 변경을 공략했다. 남송은 약정에 의해 몽골와 연합해 금나라를 공격, 채주를 포위했다.

049

말가죽으로 시체를 싸다

영웅의 최대 취미는 무엇인가? 칸의 견해를 들어보자.

"늙은 준마는 구유에 엎드려 있어도 그 뜻은 천리에 있고, 열사는 만년이 되어도 장한 뜻이 여전하네." 이 조조曹操의 시구는 칭기즈 칸을 아주 적절하게 표현했다.

군대를 풀어 문죄하다

서정해 귀환한 지 얼마 안 되어 칭기즈 칸은 군대를 풀어 서하를 문죄했다. 몽골국 창립 이래 당항족이 창립한 서하국은 줄곧 정복하기 어려운 강적이었다. 1209년 몽골군은 서하 도성 중흥부中興府, 지금의 영하寧夏 은천시銀川市를 공격했는데, 금나라가 구원하지 않아 서하 군주가 딸을 칭기즈 칸에게 헌납하고서야 몽골군이 철수했다. 그리하여 금나라와 서하의 관계가 깨지고 금나라에 의부해 몽골에 저항하던 서하가 몽골에 의부, 금나라에 저항하게 되었다.

후에 몽골군이 금나라를 공략할 때 서하는 여러 번 출병해 도와주었다. 칭기즈 칸이 호라즘 왕국을 토벌할 때 또다시 출병을 요구하자 서하는 부담을 느끼고 협동 작전을 거절했다.

1218년 칭기즈 칸은 귀환 도중 중흥부를 포위하고 공격했지만 공략할 수 없어 철수하면서 칭기즈 칸이 말했다. "장생 하늘이 보우하면 서정하고 돌아올 때 다시 토벌할 테다."

1225년 가을, 칭기즈 칸은 둘째 아들 차가타이察合台에게 초원을 수비하라고 명하고, 셋째 오고타이와 넷째 툴루이拖雷와 함께 대군을 영솔해 서하로 향했다. 진군 도중 야생마를 수렵할 때 칭기즈 칸의 말이 놀라 그를 떨어뜨렸다.

칭기즈 칸이 타박상을 입어 고열이 나자 대장이 일단 퇴각했다가 병이 나으면 다시 오자고 건의했다. 그러나 칭기즈 칸은 사자를 서하로 보내 투항할 것을 종용했다.

투항 권유를 들은 서하국의 대신이 말했다. "몽골군은 싸움에 능하다던데 하란 산으로 와서 겨뤄보자고! 금은보화가 탐나면 재주껏 와서 가져가

원나라 시대 거용관 동벽洞壁 부조

거용관居庸關은 북경 서북부의 병풍으로, 역사상 많은 유명한 전투가 있었고, 그 험준함으로 병가의 쟁탈 요지가 되었다. '운대雲臺'는 거용관의 중심에 있는 정교한 백색 석대다. 그 위에 장식 불탑이 3개 있고, 그 아래는 권문, 양측은 각종 부조 도안이다. 이는 대표적인 원나라 시대 조각예술 정품이다.

| 세계사 연표 |

1233년 교황이 게르만에 '이교도 재판소'를 설립하니 게르만은 이에 강렬히 반대하고, 교황이 파견한 사람을 처결했다.

원나라 시대 부녀자의 의약과 위생
영락궁永樂宮은 산서 예성芮城 영락진에 위치하며, 원나라 시대 여동빈呂洞賓의 사원인데, 내부에는 의약과 관련된 내용의 벽화가 많다. 이 그림은 분만 상황을 묘사하고 있는데, 당시 부녀자의 위생 상황을 반영했다.

원나라가 여동빈을 의약의 신으로 모시다
금·원나라 시대 의학 저작에 저명한 '금·원 4대가'가 있는데, 각자 자신의 학술 체계를 창립했다. 8신선 중 약을 쓸 줄 아는 여동빈呂洞賓은 그림에서 흰 저고리를 입고 제자에게 여인의 눈병 치료법을 지도하고 있다.

게!" 사자가 돌아와 그대로 고하니 칭기즈 칸은 고함을 쳤다. "조그마한 나라가 큰소리를 치다니, 짐은 죽어도 그자들과 겨룰 것이다! 장생하는 하늘이시여, 들으셨나이까?'

죽어도 용서하지 않다

칭기즈 칸은 병든 몸으로 출전했다.

이듬해 여름, 몽골군은 서하를 공격해 연이어 여러 개의 성을 공략했고, 12월에 다시 중흥부를 둘러쌌다. 이때 칭기즈 칸은 이미 병이 깊어 얼마 살지 못함을 예감하고 오고타이와 툴루이를 불러 분부했다. "짐의 수명이 다한 것 같다. 하늘이 보우한 덕에 짐은 방대한 제국을 창건했다. 제국의 중심에서 변경까지 가려해도 일 년이 걸린다. 너희가 부귀를 누리고 권세를 유지하려면 반드시 협력해야 하고 벗을 존중해야 한다. 짐이 죽은 후 오고타이를 군주로 삼으라. 짐은 집에서 죽기 싫다. 사나이 대장부는 말가죽으로 시체를 싸는 것을 영광으로 여긴다!" 그는 여생에 마지막 전투를 하고자 다짐했다.

1227년 봄, 칭기즈 칸은 대장 아수루阿述魯에게 중흥부를 공격하라 명령하고 자신은 대군을 거느리고 금나라를 침입했다. 그러자 금나라 사절은 많은 예물을 가져와 화해를 청했다. 그중에는 큰 접시에 담은 진주도 있었다. 칭기즈 칸은 진주를 귀에 구멍 뚫은 사람에게 하나씩 하사했다. 나머지는 장막 밖에 던져

| 중국사 연표 |

1234년 몽·송 연합군은 채주를 함락하고 금나라가 멸망했다. 남송은 출병해 변경을 수복, 얼마 후 몽골에 패했다. 몽골의 여러 왕이 귀족대회를 소집했다.

사람들이 주위가도록 했다. 죽음이 다가옴을 느낀 그는 진주 보배에 마음이 동하지 않았다.

5월, 칭기즈 칸은 육반 산에 주둔하고 사자를 중흥부로 파견, 투항을 독촉했다. 중흥부는 반년이나 포위되어 식량이 떨어진 데다 지진까지 일어나 궁실이 훼손되고 민심이 흉흉했다. 서하 황제는 할 수 없이 몽골에 투항하고 한 달 후 성을 바치겠다고 했다. 칭기즈 칸은 병이 이미 깊어 죽었는데, 비밀리에 장례를 치러 서하가 번복하지 못하도록 예방하고, 성을 얻은 후 서하 군주를 죽이고, 성내에 백성들을 죽이라는 유서를 남겼다.

칭기즈 칸은 죽으면서도 적을 용서하지 않았다. 그는 임종 전 병상에서 금나라를 멸할 전략을 짰다. "금국의 정예병은 동관에 있고 산과 강에 의지하고 있어 공략하기가 쉽지 않다. 송과 금나라는 숙적이므로 아군은 송나라에 길을 빌려 달라고 하면 거절하지 않을 것이다. 그러면 아군이 남경(개봉)을 기습할 수 있다. 금나라의 도성이 위급해지면 동관에서 병사를 모아 수만 대군이 구원하러 올 것이고, 도착한다 해도 군사와 말이 지쳐 적을 일거에 격파할 수 있다."

1227년 7월 12일, 향년 66세의 칭기즈 칸은 정복의 일생을 마치고 군영에서 병사했다.

영웅의 취미

장수들은 칭기즈 칸의 영구를 호송해 귀향하는 길에서 비밀 유지를 위해 만나는 사람마다 죽였고, 대본영에 도착한 후에야 전국에 부고를 냈다.

칭기즈 칸은 생전에 친히 선택한 밀림 속 묘지에 매장되었다. 시체는 관에 넣고 황금으로 쌌다. 땅에 매장한 후 분봉하지 않고 묘지를 말이 밟게 해 평지로 만들었고, 기병 1000명이 밀림 밖에서 수비했다. 수년 후 잡초가 무성하니 밀림을 지키던 사람도 어디에 매

연거도宴居圖 (원나라 묘 벽화)
길이가 2.1m이고, 폭이 0.7m이며, 내몽골 울란차브맹 양성현凉城縣 원나라 묘 벽화다. 묘 주인의 연회 장면을 표현했다.

장했는지를 가려내지 못했다.

칭기즈 칸은 생전에 구처기의 설교를 흠모했지만 진정 마음을 안정시키고 욕망을 없애기는 쉽지 않다. 그는 영웅심이 일고 몸속에서 생명의 활력이 넘쳤다. 한번은 칭기즈 칸이 부장들에게 물었다. "사나이 평생에 무엇이 가장 큰 취미인가?"

누군가 대답했다. "초봄에 털이 잘 자란 매를 안고 하루 천리를 달리는 준마를 타고 초원을 질주하며 수렵하는 것이 사나이의 최대 취미입니다." 또 다른 이가 말했다. "매를 놓아 공중에서 발톱으로 학을 잡는 모습을 보는 것이 최대 취미입니다." 또 누군가 말했다. "화려한 옷을 입고 고기를 먹으면서 큰 사발에 술을 마시는 것이 최대 쾌락입니다."

칭기즈 칸이 말했다. "자네들의 말은 다 틀리네. 반역자를 진압하고, 강적을 제압해 그들의 소유를 모두 탈취하고, 그들의 처자를 통곡하게 하며, 그들의 준마를 빼앗아 타네. 그리고 그들에게서 빼앗아 온 여자들을 내 여자로 만드는 것이 사나이의 최대 취미라네."

칭기즈 칸은 일생에 40개 나라를 멸하고, 지역 1만 리를 점령하고, 처첩과 자손이 많았다. 밀림 심처에 안식하는 한 세대 천하 영웅은 유감이 없을 것이다.

| 세계사 연표 |

1234년 니시아 황제 바타사이스가 불가리아 왕 아센과 동맹을 체결하고 힘을 합쳐 콘스탄티노플을 공격했다.

050

칸의 능묘는 지금 어디에

칭기즈 칸의 진짜 묘소는 아직도 발굴되지 않았다.

《사집史集》 출전

혼이 어디에 있는지 수수께끼로 남다

칭기즈 칸의 묘가 어디에 있는지는 아직도 수수께끼로 남아 있다.

전하는 바에 따르면, 당년 칭기즈 칸이 군대를 거느리고 서하를 정벌할 때 오르도스 초원을 지나면서 그곳의 수초가 아름답고 꽃사슴이 출몰하는 정경에 취한 나머지 채찍을 떨어뜨렸는데, 칸은 감개무량해 하며 좌우에 일렀다. "짐이 죽으면 이곳에 매장하라."

칭기즈 칸이 육반 산에서 죽은 후 부하들이 영구를 고향으로 운반해 안장하려 했지만 오르도스 초원을 지날 때 영구의 차바퀴가 깊숙이 빠져 사람이 말을 몰아도 꼼짝하지 않았다. 사람들은 그제야 칭기즈 칸이 생전에 한 말이 생각나 그 자리에서 칭기즈 칸을 오르도스 초원에 매장하고 500가구의 '다얼후터' 사람들을 남겨 지키게 했다.

후에 묘지를 찾을 수 있도록 칭기즈 칸의 묘 위에서 새끼 낙타 한 마리를 잡아 피를 뿌리고 기병을 파견해 묘소를 호위하게 했다. 이듬해 봄, 풀이 자라나 묘지가 다른 곳과 다른 점이 없을 때에야 묘를 호위하던 기병을 철수시켰다. 자녀들이 제를 지내려면 당시 잡은 낙타의 어미를 앞세우고 찾아갔다. 수년 후 나무들이 자라나자 밀림을 지키던 사람들도 어디에 매장했는지 가려내지 못했다.

매장 묘소에 대한 새로운 발견

2001년 8월 17일, 신화사 통신은 미국의 한 고찰대가 16일 몽골의 수도 울란바토르 동북 322km 지점에서 고대 묘소 하나를 발견했는데, 거기에 칭기즈 칸의 유골과 대량의 보물이 소장되어 있다고 보도했다.

내몽골 오르도스에 이미 칭기즈 칸 능이 있는데 몽골국에서 칭기즈 칸 능을 또 발견했다고 하니, 도대체 어찌된 영문인가?

사실 중국 내몽골 칭기즈 칸 능은 그의 의상을 기념하는 능으로, 진짜 묘는 발견하지 못했었다. 이 능은 내몽골 자치구 오르도스 시 에진 호로 기 아턴시렌 진

916~1368 원

칭기즈 칸의 능
기록에 따르면 칭기즈 칸은 사막 이북 몽골 본부 지역에 매장되었다. 몽골 풍속에 따르면 칸의 매장은 분봉이 없고 비밀인데, 제사 의식은 공개적으로 진행한다. '팔백실八白室'의 오르도스 부족은 15세기 하투로 이주하고 팔백실도 부족을 따라 이동했고, 후에 에진 호로('제왕의 침릉'이란 뜻)라 명명했다. 팔백실은 지금의 칭기즈 칸 능원으로 실제는 침릉의 상징이다. 그러나 오르도스 몽골족 백성의 마음속에 에진 호로 능은 바로 칭기즈 칸의 능이며, 매년 전통적으로 성대하게 제사 의식을 거행하며, 점차 완미한 의식 제도를 형성했다. 항일 전쟁이 폭발한 후 1939년 6~7월, 에진 호로는 감숙성 유중현 흥륭산으로 이전했고, 동산 대불전에 10년간 안장했다. 그 후 1949년 여름 마보방이 칭기즈 칸 '영구' 등의 물품을 약탈해 청해의 탑이사에 보관하다가 1954년 4월 에진 호로로 이전했다.

양고아식羊羔兒息 163

1236년

| 중국사 연표 |

오고타이가 중원 주민을 왕·귀족·친척·공신에 하사하고 5호사제五戶絲制를 정했다. 중원 부세 제도를 다시 제정했다. 바투 등이 부리아르·흠찰 등을 멸했다. 고단이 성도를 점령했다.

차가타이 칸 면전의 처형 그림
원나라의 법률은 민족적 색채를 띠었는데 전국 인구를 4급으로 구분한 점이 그 특징이며, 인도의 종성 제도와 비슷하다. 그 밖에 또 여러 민족에 대해 몽골법·회회법·태화법(한족법) 등 각각 다른 법을 적용했다. 그림의 처형 장면은 칸의 절대적 위엄을 나타낸다.

동남 30리 간데르 오보(산)에 위치해 있다. 능원은 부지가 5만 5000m²고 주위에 붉은색 높은 장벽이 하나로 연결되어 세 개의 몽골포식 아치형 천장의 금정金頂 대전이 우뚝 솟아 있다. 정전 중앙에는 백옥으로 조각한 칭기즈 칸의 높은 좌상이 있고 후전은 침궁, 동전 내에 아들과 부인의 영구가 소장되고 서전에는 칭기즈 칸의 전신戰神 신분을 상징하는 창·칼·보검·말안장 등이 보존되어 있다.

칭기즈 칸의 묘가 어디에 있는가에 대해선 설이 분분하나 전하는 지점은 지금의 울란바토르 부근으로 비슷하다. 칭기즈 칸 묘를 당지에선 '기련곡起輦谷'이라 하는데 울란바토르 부근의 한 산골짜기에 있는 것으로 추정된다.

울란바토르에서 10시간 거리, 러시아 변경에 인접한 편벽한 삼림 지역에 적어도 60여 개 묘소가 아직 발굴되지 않았다. 이런 묘소는 '귀족의 후예'로 추정되는데, 그중에는 1227년 낙마로 부상당해 죽은 몽고 제국 창시자 테무친(칭기즈 칸)도 있을 가능성이 있다.

새로 발견된 묘소는 테무친의 출생지와 매우 가까우며, 그가 칸으로 칭하던 곳과 가깝다고 한다. 묘지 삼면 길이는 3.2km고 높이가 2.7~3.6m인 담장에 둘러싸여 있으며, 칭기즈 칸의 영구가 안에 있다고 한다. 초보 탐사에 의하면, 묘지 내의 분묘 분포는 고저 구별이 있고 한 갈래의 옛길로 연결되었다. 토지 표층에서 도기 조각을 발견했는데, 테무친의 출생 전과 연계된다.

고찰대는 이미 몽골 정부에 발굴 허가를 신청했다. 칭기즈 칸의 사적을 40년간 연구한 고고학자 클라비츠는 이 능묘를 가리켜 "유적 중의 유적"이라 한다. 왜냐하면 칭기즈 칸의 자그마한 단검이나 공예품이라도 모두 천고의 수수께끼를 풀 수 있기 때문이다.

●●● 역사문화백과 ●●●

[가장 개방된 왕조]

원나라는 중국 역사에서 대외 관계가 발전한 시대다. 해외 교통에 대한 원나라 세조 쿠빌라이의 열정은 역사상 소유 군주를 넘어섰다. 서방의 여러 몽골 한국汗國은 대부분 원나라와 역로로 서로 통하고, 동서 간 왕래한 사절과 상인도 어느 시기보다 많았다. 원나라는 일본·남해 제국과 관계가 더 밀접했는데, 일부 지역과는 원나라의 지폐와 동전이 유통될 정도였다. 인도와의 사이에 대부분 중국 상선이 항해했으며, 아랍과의 교통은 해상통로 외에 운남을 지나는 육로도 있었다. 대도大都는 국제적 도시였고 천주泉州는 당시 세계 최대 항구였다. 중국의 자기와 견직품은 멀리 서아시아, 동아프리카, 유럽까지 판매되었다.

| 세계사 연표 |

1236년 불가리아 왕 존 아센 2세와 니시아 황제 바타사이드는 함께 콘스탄티노플을 공격했으나 함락시키지 못했다.

051

《몽고비사蒙古秘史·속집續集 1~2권》

대업을 누가 계승하는가

가업이 크고 아들이 많아 누가 계승하는가에 곡절이 많았다.

칭기즈 칸은 처첩이 500명이 넘어 그 자신도 다 알지 못할 정도로 아들이 많았다. 정실의 네 아들 장남 주치朮赤, 차남 차가타이, 셋째 오고타이, 막내 툴루이가 그중 지위가 가장 높았다. 그들은 모두 용감하고 빨라 남전북전에서 한몫을 톡톡히 했다.

형제끼리 투쟁하다

서정 직전에 칸을 섬기며 따라다니는 귀비 야수也遂가 간언했다. "만일 폐하께 변이라도 생기면 넓은 영토와 많은 백성을 누구에게 맡기겠나이까? 폐하의 네 아들은 모두 영걸인데 누구에게 중임을 맡기겠나이까?" 칭기즈 칸은 네 아들과 장령들을 불러 계승자 대사를 의논했다.

칭기즈 칸이 주치에게 의견을 묻자 입을 열지 않는 주치를 앞질러 차가타이가 말했다. "부왕께서 주치에게 먼저 묻는 건 대권을 그에게 넘길 작정인가요? 주치는 남의 아들인데 우리가 어찌 그의 관할을 받을 수 있나이까?" 보르테가 강탈되어 갔다가 돌아오는 길에 주치를 낳았기에 도대체 누구 종자인지 줄곧 수수께끼였다.

주치는 그 말을 듣고 달려들어 차가타이의 멱살을 틀어잡고 말했다. "네가 감히 무슨 말을 하는 것이냐? 네가 나보다 뭐가 낫단 말이냐! 우리 활쏘기를 해서 내가 너에게 지면 엄지를 찍어 버리겠다. 내가 씨름에서 지면 다리를 찍어 버릴 테다. 부왕께서 결단을 내려주소서!" 서로 양보하지 않고 맞붙은 두 사람을 장령들이 겨우 뜯어말렸다.

부황의 칙지

칭기즈 칸은 어이가 없었지만 재차 언명했다. "주치는 짐의 친아들이다. 이후에 누구도 헛소리하지 말거라."

차가타이는 주치가 계승할까 봐 말했다. "주치가 큰소리치는 이상 우리 둘은 모두 앞뒤에서 나라를 위해 힘쓰겠나이다. 셋째 동생은 돈후하고 지혜도 출중하니 그를 천거함이 적합하나이다." 칭기즈 칸은 주치에게 어떤가 물었다. "차가타이의 말대로 하세요. 저도 오고타이를 옹립하고 그를 위해 힘을 내겠나이다."

칭기즈 칸도 내심 오고타이를 마음에 두던 터라 못 이기는 척 말했다. "천하의 토지는 끝없이 광활하고, 강물은 도도해 그침이 없다. 짐은 너희를 억울하게 대하지 않을 것이다. 맏이와 둘째는 금후 언약을 지키라." 그런 다음 오고타이에게 태도를 표시하게 하자 오고타이가 말했다. "부왕의 명을 감히 어기지 않겠나이다." 막내 툴루이도 셋째 형님의 지휘에 복종하겠다고 했다. 칭기즈 칸은 그제야 한숨을 내쉬었다. 계승자 문제는 일단 이렇게 결정되었다.

칭기즈 칸은 장자와 차자의 모순이 쉽게 해결될 것 같지 않아 임종 전에 아들들을 불러 다시 한 번 오고타이의 계승 문제를 언명했다. "너희가 부귀영화를 누리고 마음 편히 일생을 지내려면 오고타이가 칸을 계승하게 하라. 그는 의지가 굳고 지혜가 출중하며 재

원나라 시대 화승총 (위 사진)
내몽골 몽·원 문화 박물관에 소장된 이 구리 화승총은 지금까지 발견된 중국 최초의 명확한 기년 구리 화승총이자 세계 최초의 화포이다. 자줏빛 구리로 주조했고, 표면은 연녹색이며, 몸체에 두 줄의 파스파 글자가 새겨 있는데, 이는 원나라 시대 관청 문자다. 제조 연도는 원나라 대덕 2년(1298)이다.

916~1368 원

원나라 시대의 《농상집요農桑輯要》다 165

| 중국사 연표 |

1238년
몽골은 중원 각로의 승려·도사·유생을 대상으로 한 시험을 실시했다.

'거울에 맞춰 꽃을 붙이던' 은제 거울 틀
"문을 마주해 귀밑머리를 다듬고 거울을 마주해 노랑꽃을 붙이누나." 자고 여인은 거울 앞을 떠나지 못했다. 사회가 발전함에 따라 거울도 점점 정교해졌다. 지금 거울의 정면은 존재하지 않지만 정교한 거울 틀은 찬탄을 자아낸다.

간이 너희보다 한 수 높아 그가 계승하면 제국의 강역이 영원할 것이다. 짐의 생각에 이견이 있느냐?"
"그 누가 부왕의 칙지를 반대하겠나이까." 아들들은 이구동성으로 대답했다.

셋째가 제위를 계승하다

당시 몽골의 관습에 따르면, 칸은 반드시 대회의 선거를 거치는 것이 합법적이었다. 그러므로 칭기즈 칸이 죽은 후 오고타이는 바로 등극하지 않고 툴루이가 감국을 했다.

툴루이는 칭기즈 칸이 생전에 가장 총애하던 막내아들로, 출정 때 칭기즈 칸이 늘 데리고 다녔고 군국 대사는 다 그와 상의하고 결정했다. 몽골 관습에 아들이 성장하면 부친을 떠나 자립해야 하는데 그때 재산을 좀 가지고 나가며, 막내아들이 가정을 떠나지 않으면 부모의 유산을 전부 이어받을 수 있다. 칭기즈 칸이 죽은 후 칸에 직속되었던 부대와 백성, 토지와 대량의 재부는 전부 막내에게 귀속되어 툴루이의 실력이 이만저만 아니었다.

칭기즈 칸이 죽은 지 2년 후, 신하들은 칸 지위의 공백 기간이 길어지자 대회를 소집하고 새 군주를 추대하기로 했다.

1229년 봄, 툴루이는 종실 왕들을 불러 칭기즈 칸이 지내던 장막에서 선거 대회를 열었다. 여러 사람이 먼저 연회를 차리고 사흘 밤낮을 즐긴 후 모여 앉아 국사를 상의했다. 칭기즈 칸의 유언에 따라 오고타이가 당선됨은 따 놓은 당상이었는데 오고타이가 돌연 툴루이에게 양도하겠다고 말했다. "넷째 동생은 줄곧 부친의 옆에 있었기에 치국의 도리를 잘 알고 있는데 내가 어찌 칸에 등극할 수 있겠소이까?" 이는 겉으로는 양보하는 말 같지만 사실 중병을 장악하고 있는 툴루이에 대한 경계심이자 한 수 떠보는 것이었다.

당시 툴루이를 옹립하려는 사람도 적지 않았고, 그도 칸의 지위를 바랐지만 공공연히 부친의 유언을 어길 수 없었다. 한 달 넘게 논의해도 결론을 내리지 못해 결국 대신 야율초재耶律楚材의 설득 끝에 툴루이는 부명에 따라 셋째 형을 칸으로 추대했다.

●●● 역사문화백과 ●●●

[원나라 시대 수공업의 업종 신神]
원나라 시대 매개 업종에는 모두 시조와 업종 신이 있었다. 시조는 그 업종의 창시자 혹은 특수 역할을 한 인물, 즉 역사인물이나 전설 속의 인물이다. 예를 들면 원나라 시대 양조 업종과 주점에서 공양하는 두강杜康은 전설 속의 첫 양조인이다.

| 세계사 연표 |

고려 고종25년, 몽고의 침입으로 황룡사 9층 목탑이 소실되었다.

1238년

등극하던 날 툴루이는 술잔을 높이 들고 장막 안팎 사람들을 인솔해 모자를 벗고 허리띠를 풀어헤치고, 모두가 새 군주에게 세 번 꿇어 아홉 번 절해 축하하고 오고타이를 칸이라 칭했다.

오고타이는 장막에서 나와 태양을 향해 세 번 읍했고, 뭇 사람도 그를 배알했다. 칸은 금고에서 재물을 꺼내 사람들에게 상으로 주라고 분부했다. 모든 사람이 다시 마음껏 먹고 마셨다. 칸은 가족 중 미녀 40명을 골라 금은으로 장식한 옷을 입혀 준마와 함께 제물로 순장해 칭기즈 칸의 망령을 기렸다.

독하지 않으면 대장부가 아니다

등극 대전은 술과 고기와 피비린내 속에서 끝났다. 그러나 오고타이는 군대를 장악하고 있는 툴루이에 대해 시름을 놓지 못했다. 이 잠재한 적 때문에 오고타이는 밥맛을 잃고 잠도 제대로 자지 못했다.

1231년, 오고타이는 금나라를 정벌하고 병사들을 종용해 죽이고 약탈했다. 그는 개선할 때 거용관을 지나 용호대에 주둔했는데 갑자기 중병에 걸려 말도 제대로 못했다. 시종이 무당을 데려다 점치게 하니 무당은 이렇게 말했다. "대군이 금나라에서 너무 많이 살인하고 성과 촌락을 파괴해 수토의 신을 노엽게 하여 귀신이 장난하고 있나이다. 그러니 아무리 금은재화와 떡과 성축을 희생해도 병이 점점 가중해질 것이옵나이다. 이 난을 해결할 유일한 방법은 친족이 대신 징벌을 받는 것이옵나이다." 오고타이가 물었다. "짐의 아들 중 누가 신변에 있느냐?"

바로 옆에 있던 툴루이가 말했다. "아무도 없나이다. 제가 대신합시다." 그는 또 말했다. "형이 잘못된다면 몽골 백성들은 고아가 되고 금나라 사람들은 좋아서 손뼉 칠 것이외다. 금나라 백성을 살해한 사람도, 그들의 처자를 능욕한 사람도, 성곽을 불태운 사람도, 금나라 원수와 대장을 죽인 사람도 저외다. 저는 키가 크고 잘생겼으니 귀신이 거절하지 않을 것이외다. 제가 대신 징벌을 받겠나이다!"

말을 마친 툴루이는 무당이 주는 주수呪水를 마시고 잠시 앉아 있다가 일어나 말했다. "제가 취했소이다. 셋째 형에게 저의 처자들을 잘 보살펴 달라고 전해 주시오." 그는 비틀거리며 칸의 장막에서 걸어 나가 쓰러지더니 다시 일어나지 못했다. 툴루이가 죽은 후 오고타이는 제왕들과 상의 없이 칸의 명의로 툴루이의 군대 일부를 자기 아들에게 하사했다.

툴루이는 죽을 때 겨우 40세였는데, 그의 죽음은 역사의 수수께끼다. 역사학자들은 오고타이가 조작한 음모라고 한다. 대개 주수로는 사람이 죽지 않는데 툴루이가 마신 주수에는 필연코 독약이 있었고, 오고타이가 아니면 독약을 넣을 사람이 없었다.

몽골 칸 장막 속의 툴루이
툴루이(1193~1232)는 칭기즈 칸의 넷째아들인데, 부친 소유의 목장과 군대를 물려받았다. 칭기즈 칸이 남긴 군대는 총 12만 9000명인데 툴루이가 1만 1000명을 넘겨받았다. 1227년 칭기즈 칸 사후 오고타이가 즉위하고, 툴루이가 감국을 맡았다. 1232년 출병해 금나라 군사를 대파하고, 같은 해 귀환 도중 병사했다. 지원 3년(1266)에 시호를 경양 황제로, 묘호를 예종으로 추증 받았다.

916~1368 원

[중국사 연표]
1239년 몽골이 아속국을 정복했다.

052

칸의 드넓은 도량

진정한 보물은 마음에 보존하고 속세의 재부는 백성들에게 나누어 주었다.

칭기즈 칸은 생전에 아들들을 이렇게 평가했다. "예의·범절·법규를 알려면 차가타이를 찾고, 용감·영예·무예를 추구하려면 툴루이를 찾고, 넓은 도량을 좋아하거나 부자가 되려면 오고타이와 가깝게 지내라."

사서에는 오고타이가 후하게 베푼 이야기가 많이 기록되어 있다.

가난한 자에게 짐의 재부를 아끼지 마라

언젠가 오고타이가 시장을 지나는데 작은 점포에서 밀조蜜棗(꿀에 잰 대추) 향기가 풍겨 나왔다. 그는 궁으로 돌아간 후 그것이 먹고 싶어 시위에게 그 점포의 밀조를 사오게 했다.

시위가 사온 밀조 한 접시를 먹으면서 오고타이가 물었다. "얼마를 주었느냐?" "은전 한 냥을 주었나이다." "이리 좋은데 한 냥은 너무 적다." "제가 준 돈은 물건 가치의 열 배나 되나이다." "점포 주인이 우리 같은 객을 몇 번 만나겠느냐." 오고타이는 시위를 혼내고, 열 배의 은전을 갖다 주라 명했다.

한 가난한 사람이 영양의 뿔로 만든 큰 컵을 지니고 오고타이가 지나는 길에 앉아 있었다. 오고타이가 다가가자 그는 컵을 헌납했다. 그러자 오고타이는 시종에게 은전 50냥을 주라고 했다.

평범한 컵 하나에 이처럼 많은 상금을 주라 하니 시종은 잘못 들은 줄 알고 다시 묻자 오고타이는 화를 내며 말했다. "짐이 몇 번이나 말했느냐, 짐이 주는 상을 적게 하지 말고, 가난한 자에게 짐의 재부를 아끼지 말라고 말이다! 빨리 그에게 은전 100냥을 주어라."

속세의 재부를 백성에게 나누어 주다

중앙아시아 어느 나라에서 보석을 상감한 금띠를 오고타이에게 헌납했는데, 그는 몹시 좋아해 평상시 늘 차고 다녔다.

어느 날 금띠의 단추 하나가 망가져 장인에게 주어 고치게 했는데 장인은 팔아 버리고 아직 고치지 못했다고 거짓을 고했다. 나중에 그를 잡아다 엄하게 심문하니 그제야 팔아 버린 돈마저 다 썼다고 승인해 사형수 감방에 갇혔다.

이 일의 사실을 알게 된 오고타이는 이렇게 말했다. "그가 그런 일을 한 까닭은 몹시 어려워 살길이 없었기 때문이다. 그에게 은전 150냥을 주어 새사람이 되어 재차 범하지 않도록 하라." 장인은 꿈에도 전화위복이 될 줄은 생각지 못해 눈물범벅이 되도록 감격했고, 만

연회에서의 시동
이 아이는 왼손으로 술 주전자를 받들고 오른손으로 술 주전자를 감싼 채 몸을 기울이고 머리를 숙이고 있다. 연회석의 시동侍童은 많지 않다.

| 세계사 연표 |

1239년 베니스 상인이 유럽 각국 상황을 몽골 상인에 알려 주며 몽골과 무역 관계를 건립했다.

《사집史集》 2권 출전

오고타이 즉위도

나는 사람마다 칸의 드넓은 도량을 칭송했다.

한 가난한 이슬람교도가 한 관원의 은전 네 냥을 빌렸는데 갚을 힘이 없었다. 그 관원은 붙잡아다 심문하고 3일 내에 빚을 다 갚지 못하면 옷을 벗겨 고문한 후 곤장 100대를 치겠다고 했다.

가난한 사람은 급한 김에 꾀를 내어 칸의 궁전 앞에 엎드려 황제에게 고소했다. 오고타이는 그에게 은전 100냥을 주는 동시에 영을 내려 그 채권자를 잡아 그의 부인과 가옥을 가난한 사람에게 판결해 주고, 그의 옷을 벗긴 후 곤장 100대를 쳤다.

구경하는 가난한 사람들이 모두 박수를 쳤다. 재부와 명예 중 오고타이는 명예를 더 중히 여겼다.

그는 일찍이 이렇게 말했다. "금전과 재부에는 한계가 있다. 죽지 않는 사람이 없거늘 금산·은산이 있다 한들 죽으면 무슨 소용인고? 사람은 또 죽었다 다시 살아나지도 못하지 않은가. 때문에 우리는 진정한 재부는 마음에 보존하고 속세의 재부는 백성에게 나누어 주어 좋은 이름을 날려야 한다."

오고타이는 확실히 도량이 넓었다. 그러나 한 나라의 군주로서 그러한 상을 주는 일은 작은 일에 지나지 않으며, 국고의 돈은 원래 백성의 재물을 걷어들인 것이 아닌가.

916~1368 원

역사문화백과

[방직 여신]

목화는 중국이 원산지가 아니다. 남북조 시대부터 당송 시대에 이르기까지 목화 재배에 관한 기록이 많지만 면직물은 내지 주민의 주요 의상 재료가 아니었다. 그 주된 원인은 가공이 어렵기 때문이다. 그러나 원나라 때 강남의 목화 생산량은 아주 많았고, 목면제거사는 해마다 천 10만 필을 징수했다. 의상 혁명을 일으킨 사람은 송강부 오니경(상해 오경진)의 한 여성 노동자였는데 사람들은 황도파黃道婆라 칭했다. 어려서 민며느리로 학대를 받아 배를 타고 해남도에 도망처 유랑하다 30년 후 고향에 돌아온 그녀는 여족의 면방직 기술을 전파하고 또 타면기·타면궁·물레·방직기 등 기계를 개진, 보급했다. 이리하여 오니경은 후에 중국의 면포 고향이 되었고, 아편전쟁 전후에 중국의 토포土布는 멀리 유럽과 아메리카로 판매되었다. 그곳 사람들은 사당을 짓고 그녀를 방직 여신으로 모시고 있다.

천성적인 호기심을 보이는 시동
머리는 고대 몽골 남자의 양식이고, 오른손에 술병, 왼손에 컵을 들고 손님에게 술을 따라드리려 하지만 눈앞의 다채로운 가무에 정신이 팔려 동작이 완만하고 천성적인 호기심을 보이고 있다.

역사문화백과

[원나라 시대 동악 신앙]

원나라 시대 백성은 동악신東岳神이 '인간의 생사 귀천'을 관장한다고 믿었다. 매년 3월 28일을 동악대제의 생일로 인정했으며, 신도들은 사방에서 태산 동악묘에 모여 분향 배알하고 신을 위로하는 각종 활동을 조직했고, 각종 물품도 교역했다. 동악묘와 같은 묘는 대도 동악묘였다.

천주泉州

1240년

| 중국사 연표 |
바투 등이 걸와 등을 공략해 와라사 등의 나라를 정복했다.

053

오고타이의 공로와 과오

사람에게 귀중한 건 '자신을 아는 것'이니, 공로와 과오를 자신이 평가했다.

오고타이란 몽골어로 '상승'이란 뜻이다. 사서는 오고타이가 장엄, 총명, 재능, 결단, 근신, 견정, 신중, 관후, 공정 등을 모두 갖추었다고 기록했다. 칭기즈 칸이 계승자로 장자나 막내를 선택하지 않고 셋째 오고타이를 선택한 데는 까닭이 있었다.

사면해 위신을 세우다

당시 몽골의 관습에 따르면, 봄이나 여름엔 누구도 대낮에 물속에 몸을 담그거나 강에서 손을 씻지 못하고, 금은 기물로 물을 긷지 못하며, 젖은 옷을 초원에

원나라 태종 오고타이 (몽골 칸)
오고타이(1186~1241)는 몽골국의 제2대 칸이다. 칭기즈 칸의 정실 보르테의 셋째 아들로 1219년 칸의 계승자로 확정되었다. 1227년 칭기즈 칸을 따라 서하를 정벌했고, 1229년 칭기즈 칸이 죽은 후 3년 만에 칸에 즉위했다. 그 후 국가 기구를 강화하고, 조정 의식·세법을 개혁했다. 묘호는 태종이다.

펴놓지 못했다. 그 이유는 그런 행동이 벼락을 유발한다고 여겼기 때문이다.

언젠가 오고타이는 둘째 형 차가타이와 함께 수렵을 하다가 늪에서 목욕하는 한 사람을 보았다. 풍속을 엄하게 지키는 차가타이가 즉각 죽이려 했지만 오고타이가 말렸다. "지금 시간이 없고 우리가 지쳤으니 위병에게 맡기고 내일 다시 심문하여 처결합시다." 차가타이가 방심한 틈에 오고타이는 은전 한 닢을 늪에 던졌고 위병에게 내일 심문을 받을 때 동전이 물에 떨어져 주우러 들어갔다고 말하도록 일러 주라고 당부했다.

이튿날 심문을 받을 때 그 사람은 알려준 대로 대답했다. 이에 사람을 파견해 늪에 가서 과연 은전 한 닢을 건져냈다. 오고타이는 말했다. "누가 감히 금지령을 위반하겠습니까? 불행한 사람은 작은 돈을 위해서도 물속에 들어가는 모험을 한답니다."

이 일화는 우둔한 국왕은 살인으로 자신의 위세를 보이지만, 총명한 군주는 그 반대로 행동했다.

공로와 과오가 반반이다

오고타이는 자신의 공로와 과오를 평가한 적이 있다. "짐은 부친의 대업을 계승한 후 네 가지 좋은 일을 했다. 첫째, 금나라를 정복하고 중원을 평정했다. 둘째, 각지에 역참을 세워 사신의 왕래와 물품 수송을 편리하게 했다. 셋째, 우물을 파 백성의 초지가 풍요

••• **역사문화백과** •••

[원나라 시대의 번역 문체]
원나라 시대의 번역 문체란 원나라 시대의 한어를 채용한 몽골식 문체로, 몽골어 단어법과 문장법에 따른 한어 문서다.

| 세계사 연표 |

1240년 러시아 노브고로드 대공 알렉산드르·야루슬로비치가 네바 강에서 스웨덴 군사를 전승했다.

《몽고비사蒙古秘史》2권
《사집史集》2권
출전

원나라 시대의 동전
원나라는 지폐를 위주로 사용했는데, 교초交鈔·보초寶鈔라 불렀다. 금속 동전은 지대 3년의 대원통보·지대통보, 지정 10년의 지대통보 밖에 주조하지 않았다. 원나라 동전은 유통 기간이 짧고 수량이 적어서 정부는 '역대 동전 통용' 규정을 실시했다. 새 왕조의 전대 동전 유통은 한나라 이래 항상 있었지만, 정부가 명확히 규정한 것은 처음이다.

롭게 했다. 넷째, 각 성곽에 군대를 주둔시켜 백성이 생업에 전념할 수 있게 했다. 부친의 대업을 계승한 후 짐은 백성에 미안한 일도 했다. 첫째, 짐은 술을 너무 즐겨 온종일 포도주에 잠겨 있었다. 둘째, 짐은 숙부 부락의 여자를 탈취해 숙부에 미안하다(사기: 오고타이는 이 부락의 7세 이상 처녀와 젊은 여자 4000명을 집결해 그녀들의 가족 앞에 세웠다. 그리고 제일 고운 여자는 입궁시키고, 두 번째로 고운 여자는 대신에게 상으로 주고, 그 다음 고른 여자는 기생집으로 보냈다. 나머지는 그 자리에 있는 병졸들이 유린하게 했다). 셋째, 공신 두쿨로를 암해했다. 그는 짐의 부친을 위해 봉사했는데 죽인 것이 후회스럽다. 넷째, 짐은 야생 동물을 탐해 야생 동물들이 형제의 영지에 들어가지 못하도록 장벽을 구축했다. 이에 형제들의 원망을 듣게 되었다. 이는 다 짐의 과오다. 짐은 부친의 대업을 계승한 후 네 가지 좋은 일과 네 가지 나쁜 일을 했다."

하지만 《원사元史·태종기太宗紀》는 그에 대해 "아무런 과오도 없었다"고 평했다.

차가타이 칸의 장례
차가타이(?~1241)는 칭기즈 칸의 둘째 아들로 몽골국 창립 후 군민 4000가구를 받았다. 원나라 태조 8년(1213) 몽골이 금나라를 공격하자 그는 주치·오고타이와 함께 우로군을 거느리고 태항 산 동서 양측 대부분의 주·현을 격파했다. 14년(1219) 칭기즈 칸을 따라 어다라·베나커터 등지를 공격했으며, 동생 툴루이와 함께 칭기즈 칸의 유언대로 오고타이(원나라 태종)를 칸으로 옹립했다. 오고타이는 그를 매우 존중하고 중대한 결정은 대부분 그의 동의를 거쳤다. 그의 자손은 차가타이 한국의 칸을 세습했다.

●●● 역사문화백과 ●●●

[네팔 사람이 백탑을 축조]

원나라의 문화는 풍부하고 다채로운 이역 풍정을 구현했다. 원나라는 대공사를 벌일 때면 다른 지방에 가서 장인을 모집했다. 원나라 세조 때 제사帝師 파스파는 토번에 황금 보탑을 건축했는데, 네팔 장인 80명을 모집했다. 17세의 네팔 왕족 후예인 아니가阿尼哥의 지휘 아래 일 년 만에 황금 보탑을 축조했다. 그러자 파스파는 아니가의 학식을 아주 흠모해 그를 제자로 삼아 대도(북경)로 데리고 왔다. 황제를 배알할 때 이 네팔 총각은 세조에게 깊은 인상을 주어 대도 공사 건설을 위임했다. 지금 북경에 세워진 백탑은 그가 설계하고 건축한 것이다. 탑은 지원 1271년 완성되었는데, 원명은 만안사탑万安寺塔이다. 이 탑은 순백색이므로 백탑이라고 부르며, 총 5층으로 세워졌다. 인도의 우주관을 건축 사상으로 구현해 1층은 사각형으로 땅을, 2층은 원형으로 물을, 3층은 삼각형으로 불을, 4층은 우산형으로 기氣를, 5층은 나선형으로 생명의 정화를 각각 나타낸다.

| 중국사 연표 |

1241년

바투가 군사를 나누어 마자르·베렐에 침입했다. 몽골 군사가 리그니츠에서 베렐·네미시 등 군을 격파했다. 오고타이가 죽었다.

054

씨름꾼의 여자 복

"준마가 어째서 가까운 곳의 부드러운 풀을 먹지 않았을까?"

대초원에서 생활하는 몽골 민족은 용맹하고 씨름과 기마 등의 활동을 즐긴다. 이런 전통은 유래가 깊은데 사서의 기록에 의하면 오고타이는 씨름 경기를 즐겨 구경했다. 그는 몽골인의 출연 외에도 중앙아시아와 중동 지역에서 출중한 씨름꾼을 물색해 만 리 길도 마다하지 않고 역참을 거쳐 몽골로 호송, '국제 경기'를 거행했다.

외적 씨름꾼을 수입하다

누군가 이라크의 씨름꾼이 강하다고 말하자 오고타이는 사자를 보내 씨름꾼을 파견해 겨뤄 보자고 통지했다. 피렬을 비롯한 일행이 도착한 후 오고타이는 연회를 베풀어 장사들을 초대했다.

그 자리에 있던 몽골부락 수령 어러가 말했다. "역마, 양식, 술, 고기 등을 이런 사람에게 쓰는 것은 아깝나이다." 그러자 오고타이가 말했다. "그러면 자네 부락에서 장사들을 골라다 겨뤄 보게. 만약 자네 쪽 사람이 이기면 짐이 500냥을 상으로 주겠네. 만약 자네 쪽이 지면 짐에게 말 500필을 헌납하게." 두 사람은 당장 결정하고 이튿날 겨루기로 했다. 그날 저녁 오고타이는 친히 피렬에게 술을 권하면서 고무해 주었고 피렬은 있는 힘껏 힘쓰겠다고 표했다.

이튿날 이른 아침, 씨름장에는 구경꾼이 들끓었다. 어러는 베고라는 사나이를 데리고 왔는데 대단히 우람했다.

경기가 시작되자 베고가 단숨에 덮쳐 두 손으로 피

〈찰철札撤〉을 선포하는 오고타이 칸

몽골국 창립 후 칭기즈 칸은 통일된 국가 제도를 제정하고, 몽골국 일체 생활의 준칙·제도·법령인 〈찰철〉을 반포했다. '찰철'은 부락 수령의 호령이란 뜻이다. 그림은 오고타이가 〈찰철〉을 반포하는 정경이다.

● ● ● 역사문화백과 ● ● ●

[사람을 4등급으로 나누다]

쿠빌라이가 남송을 멸한 후 원나라 사회에서 민족 등급이 점차 명확해졌다. 그 등급은 모두 4급으로, 몽골인·색목인·한인·남인이다. 색목인이란 토번·중앙아시아·서아시아·유럽의 많은 민족을 포함하고, 한인은 금나라 통치 아래 한족과 한족화 된 거란·여진 등이고, 남인은 원래의 남송 통치 아래 있던 백성을 가리켰다. 관제 분야에서 한인과 남인은 중앙과 지방의 부직을 담당했는데, 특히 중앙 기구의 장관은 주로 몽골족이 맡았다. 군무 분야에서 한인과 남인은 주요 군직에서 제외 되었고, 사사로이 병기 소장을 금했으며 후에 한족 군인도 평상시 병기 휴대를 금지했다. 형법 분야에서 몽골인이 한인을 때리면 한인은 바로 대항하지 못하고 관부에 고소만 가능했으며, 몽골인이 한인을 죽이면 지전·매장 비용으로 은을 배상하면 되었다.

| 세계사 연표 |

1241년

몽골인의 승리는 유럽을 진동시켰는데 일부 사람들은 이를 하느님의 징벌이라 했다. 이탈리아 남부에 채찍 고행자Flagellant가 출현해 채찍으로 서로 때려 피를 흘리면서 각지를 순회하고 연도에서 소리지르며 기도하고 참회하는 등의 방식으로 하느님의 용서를 빌었다.

렬의 어깨를 잡았다. 그러자 피렬이 베고를 공중에 훌쩍 뿌리자 베고가 땅에 쾅 떨어졌고 오고타이는 펄쩍 뛰며 칭찬했다. 어러는 할 수 없이 준마 500필을 헌납했다. 오고타이는

원나라 시대 역참 승마 동패와 역참 시의도 (왼쪽 사진 포함)
원나라는 중국 통일 후 각 지역 간의 정치·경제·문화 연계를 강화하기 위해 사통팔달한 역참 역도를 건립했다. 이는 칭기즈 칸 시대에 시작했는데 쿠빌라이는 점차 대도를 중심으로 한 사통팔달한 역참 망을 건립해 중국에 1500개의 역참을 설립했다. 이로 인해 역참 복역 세대가 20만~30만 호에 달했다. 역참은 육참과 수참으로 구분되며, 역참에 급체포急遞鋪를 부착, 조정과 관청의 긴급 문서를 전달했다. 보통 10리·15리·20리 간격으로 포졸은 5~16명이었고, 문서는 1주야에 400리를 전송했다. 문서를 전달할 때 행인은 반드시 길을 비켜 주어야 했다. 역참과 급체포는 군사와 정치가 주요 목적이지만, 객관적으로 중앙 집권을 수호해 각 지역 민족 간의 연계를 강화하고 상품 경제의 번영을 추진했다.

은 500냥을 피렬에게 상으로 주고 그의 동료들에게도 적지 않은 상을 주었다.

닭을 빌려 알을 낳다

후에 기타 부락에서 많은 씨름꾼이 도전했지만 모두 적수가 못 되었다. 오고타이는 아주 기뻐하며 피렬에게 한 처녀를 상으로 주었다. 그 여자는 예뻤지만 피렬은 건드리지도 않았다. 한번은 오고타이가 처녀에게 물었다. "너는 그에게서 정을 듬뿍 받았겠구나." 그러자 처녀가 대답했다. "저는 지금까지 그한테서 조금도 정을 받아 보지 못했나이다. 우리는 지금 잠자리를 같이 하지 않나이다."

오고타이는 중앙아시아 사람들

원나라 시대의 저명한 의학자·이학가 두묵
두묵竇黙(1196~1280)의 자는 자성子聲인데, 처음에는 이름은 걸杰이고, 자는 한경漢卿이었다. 광평 비향肥鄉(하북 경내) 사람으로 의학자·이학가理學家이다. 명의 이호李浩에게서 침구를 배우고, 후에 사헌자謝憲子에게서 정주이학을 배웠다. 쿠빌라이가 번왕으로 있을 때 그를 황자 스승으로 임명해서 후세 사람들은 '두 태사'라고 부른다. 원나라 때 쿠빌라이는 그를 소문관 대학사로 임명했다. 그는 침구에 아주 능하며, 저서로는 《침경지남針經指南》《포상경험전서疱瘡經驗全書》가 있다.

의 성욕이 아주 강하다고 알고 있었는데 피렬의 행동이 믿기지 않았다. 그는 이해가 안 되어 피렬에게 묻자 피렬이 답했다. "저는 출중한 힘장사로 폐하를 위해 힘을 바쳐 그 누구도 저를 전승하지 못했나이다. 제가 여색을 가까이 하면 힘이 점점 소실됩니다. 일시적인 쾌락을 위해 칸에게 충성을 소홀히 할 수 없나이다."

오고타이는 크게 웃으면서 말했다. "짐의 목적은 아이를 얻는 것이다. 이후 너의 씨름 경기를 면하니 짐에게 작은 씨름꾼을 더 많이 낳아 주거라."

이때부터 씨름장에는 피렬의 영준한 모습이 보이지 않았다.

| 중국사 연표 |
1242년 바투 등이 마자르에서 개선했다.

055

야율초재가 치국하다

누군가가 한인을 모두 죽이고 중원을 목장으로 만들자고 했는데, 야율초재耶律楚材가 이를 막았다.

칭기즈 칸은 강대한 기병으로 천하를 휩쓸었지만 말 위에서 천하를 다스릴 수는 없었다. 그러나 국가 행정에서 야율초재라는 대신이 재능을 십분 과시했다.

대 장인이 나라를 다스리다

야율초재는 거란 황족의 후예다. 요나라가 망한 뒤 그의 조부는 금나라에 의부했다. 그의 부친 야율리耶律履는 금나라에서 상서우승상을 지냈는데, 아들에게 큰 희망을 걸고 이름을 초재라 지었다.

야율초재는 세 살 때 부친을 잃고 모친 양씨 손에 자랐다. 성인이 된 후 군서를 많이 읽었으며, 천문·지리·율력律歷·의학·불법에 능통하며 점괘에 능했고, 관직은 좌우사원외랑에 이르렀다.

칭기즈 칸은 연경을 공략한 후 야율초재의 명성을 듣고 그를 접견했다. 야율초재는 키가 8척이고 기백이 넘쳐 한눈에 칭기즈 칸의 눈에 들었다. 칭기즈 칸은 말했다. "요와 금은 숙적인데 지금 짐이 금나라를 격파해 자네를 위해 복수했네." 그런데 야율초재는 도리어 이렇게 말했다. "저와 부친은 모두 금나라의 관리를 지냈는데 신하로서 어찌 군주와 척을 지겠나이까." 칭기즈 칸은 그의 충성심을 높이 사 그를 신변에 두고 이름 대신 친근하게 '털보'라 불렀다.

서수가 살육을 경계하다

서정 행정에 야율초재는 줄곧 칸의 좌우를 따랐다. 어느 해 여름, 회흘국回紇國을 공격하려던 칭기즈 칸은 갑자기 대설이 뒤덮여 우려했다. 그러자 야율초재가 말했다. "어두운 기가 한여름에 출현함은 바로 적을 정복할 징조로, 의심의 여지가 없나이다." 과연 그는 영검했다. 야율초재는 또 천문 지식에 근거해 월식을 정확하게 예측했다. 칭기즈 칸은 이상하게 여겨 말했다. "자네는 하늘의 일마저 아니 인간의 일이야 이를 데 있겠는가."

1224년 칭기즈 칸의 군사가 동인도에 이르러 철문관鐵門關에 주둔했다. 시위는 녹색 털에 뿔이 하나인 이상한 짐승을 보았는데, 몸체는 사슴 같고 꼬리는 말 같으며 사람처럼 말을 했다. 전하는 바에 따르면, 짐승은 위사에게 이렇게 말했다. "자네들의 군주는 응당 하루 빨리 승전하고 돌아와야 하네." 그 말을 전해들은 칭기즈 칸은 매우 놀라 야율초재에게 물었다. "그 짐승은 서수瑞獸인데 이름은 '각단角端'이라 하고, 하루 1만 리를 달리며 각지의 언어를 아나이다. 그 짐승은 살육을 혐

기병 속의 선비 야율초재
야율초재는 요나라 종실이다. 요나라가 망한 후 칭기즈 칸과 오고타이 시대에 대신을 지냈고 재간으로 중용되었다. 그는 군대와 백성을 구분해 다스리도록 건의하고, 한족 지역의 목장화를 반대하고 부세제도를 건립했다. 성을 도살함을 폐지하고 공자를 존숭하며, 오고타이 9년에 과거로 선비를 등용하고 체포된 한족 선비를 석방했다. 그림은 《역대명신상해》에 실려 있다.

역사 시험장 〉《담연거사집湛然居士集》은 누구의 시문집인가?

| 세계사 연표 |

1242년 프랑스 루이 9세가 동생 알폰소를 파울투와 아포르네의 대령주로 임명했다. 당지 제후들이 반항하고 영국 왕 헨리 3세와 결탁해 그 원병을 수입, 루이가 이를 대파했다.

《원사元史集》・야율초재전耶律楚材傳

오하는데 폐하께 하늘의 칙지를 전하나이다. 천하 백성은 모두 폐하의 자식이자 백성이므로 천의에 순종해 전 서역 각국 백성의 생명을 보호해 주시면 폐하께 무한의 복지를 가져다 드릴 것입니다."

이 말에 칭기즈 칸은 이내 군사를 거느리고 귀환했다. 각단은 아직 어떤 짐승인지 밝혀지지 않았다. 몽골군은 서정하며 살인을 일삼았는데, 야율초재는 이 기회에 무고한 사람을 마구 죽이지 못하게 한 것이다.

하늘이 하사한 야율초재

서정 도중 한 성을 공략할 때마다 장령들은 여자와 재물을 약탈했지만, 야율초재는 서적과 약재만 가져갔고, 후에 약재로 병에 걸린 많은 장병을 치유했다.

당시 도성은 사회 치안이 혼란스러웠지만 지방 관원은 어찌지 못했다. 조정은 야율초재를 파견해 다스리게 했다. 야율초재는 수십 명의 강도를 붙잡아 심문했는데 전부 고관의 자녀였다. 이자들의 가족은 뒷거래를 하고 뇌물을 쓰면서 징벌을 도피하려 했다.

이에 야율초재는 엄하게 말했다. "천하가 안정되지 않는데 악당을 징벌하지 않으면 대란이 일어난다." 그는 영을 내려 16명의 우두머리를 처결했다. 이로써 도성은 안정을 찾았다.

칭기즈 칸이 정벌에 바빠 지내다 보니 야율초재의 능력은 충분히 발휘되지 못했다. 그러나 칭기즈 칸은 야율초재의 가치를 잘 알고 있었다. 그는 일찍이 야율초재를 가리켜 오고타이에게 말한 적이 있다. "야율초재는 하늘이 우리에게 하사했으니 장차 너는 치국 대사를 그에게 위탁하라."

오고타이가 계승하는 문제에서 야율초재는 매우 큰 작용을 했다. 그는 툴루이를 권고해 양보하게 하고 칭기즈 칸의 차남 차가타이가 사람들 앞에서 황제에게 무릎 꿇게 했다.

야율초재 묘
야율초재의 자는 진경晉卿이며, 거란인이다. 요나라 태조 9세손으로 대대로 금나라 중도(북경)에 거주했다. 어려서부터 군서를 통달해 천문・지리・율력・술수・불교・도교・의학・점괘에 정통했고, 금나라 선종 때 좌우사원외랑을 지냈다. 1215년 몽골군이 중도를 점령한 후, 1218년 칭기즈 칸이 야율초재를 소환해, 이듬해 서정에 동행시켰다. 야율초재는 수년간 칭기즈 칸을 수행한 친신이지만 재능은 제대로 발휘하지 못했다. 1231년 한문자를 관장하는 필도적장을 역임했으며, 정치・경제・문화 등에서 일련의 중원 원 봉건 경제의 회복 발전에 유리한 정책을 제시했다. 오고타이가 죽자 야율초재는 점차 배척당했고, 얼마 안 되어 우울증으로 죽었다. 저작은 시문집 《담연거사집湛然居士集》《서유록西游錄》《경오원력庚午元歷》 등이 있다.

그는 말했다. "대왕은 비록 형이지만 지위는 신하이니 예에 따라 응당 절해야 하나이다. 대왕께서 앞장서서 절한다면 누가 감히 무릎 꿇지 않겠나이까." 그러자 차가타이는 몸과 마음으로 굴복했다.

이로써 오고타이의 등극에 길을 닦았다.

말 한마디에 나라가 흥기하다

칭기즈 칸이 서정한 후 장령과 관리들은 재산을 긁어모아 배를 채웠지만 국고는 텅 비었다. 오고타이가 즉위한 지 얼마 안 되어 가까운 신하가 건의했다. "한인은 쓸모가 없으니 모두 제거하고 전답을 목장으로 만들어 초목이 무성하게 합시다."

그러자 야율초재가 반대하며 상주했다. "천하는 넓

야율초재, 호는 담연거사다 175

1246년

1246년
오고타이의 장남 구유크貴由가 왕위에 올랐다.

고 사해는 부유한데 무슨 물건을 못 구하며 어찌 쓸모가 없겠나이까? 폐하께서는 남정하시는 데 군비가 필요하나이다. 가령 중원의 토지세·상세와 소금·술·야금세와 산·호수의 이익을 거두면 연평균 은전 50만 냥, 견 8만 필, 조 40만 석이 되므로 넉넉하게 공급되나이다."

야율초재의 상주를 들은 오고타이가 말했다. "정말 자네가 말한 대로 된다면 나라의 재부는 남아돌겠네. 자네가 한번 해 보게나."

야율초재는 연경 등지에 과세사를 설치하고, 각지에 부세를 징수케 했다. 이듬해 가을 오고타이가 서경(대동)으로 갔을 때 야율초재는 이미 징수한 금·은·면포·식량 장부를 오고타이 앞에 바쳤는데, 야율초재의 원 상주 수효와 같았다.

오고타이는 아주 기뻐했다. "남국에 자네 같은 유능한 사람이 더 있는고?" 그는 야율초재를 중서령으로 봉해 중원의 민사를 책임지게 하고 야율초재에게 위탁했다.

나라를 통치하려면 유생 대신이 있어야 한다

몽골국은 저항하는 지방을 만나면 공략 후 대 도살을 했다. 남경(개봉)이 공략된 후 몽골군 장령 수부타이速不臺는 칸에게 도살하겠다고 보고했다.

그러자 야율초재는 상주해 권고했다. "장병들이 고생하면서 수십 년 간 전전하는 것은 토지와 백성을 쟁탈하기 위함인데, 토지를 점령하자 당지 백성을 전부 살해함은 손해일 뿐 이득은 없나이다. 그리고 성 내에는 재간 있는 장인이 많은데 우리가 이용할 수 있나이다." 그가 재삼 권유하니 오고타이는 금나라 왕실만 문죄하고 다른 사람은 모두 사면하라는 결정을 내렸다. 그리하여 147만 명이 죽음을 면했다.

야율초재는 항상 칸에게 주공·공자의 도를 전수했다. 그는 상주해 공자 51대 손 공원조孔元措를 연성공으로 봉하고 한패의 남방 한족 사대부를 보호했다. 그는 또한 금나라의 멸망으로 흩어진 명유들을 소환해 연경에 편수소編修所와 경적소經籍所를 설치하고 유가 경전을 보존했다.

야율초재는 오고타이에게 기물을 만들려면 훌륭한 장인이 필요하고, 나라를 통치하려면 유학자 대신이 필요한데 유학자를 양성하려면 수십 년 걸려야 성과를 거둘 수 있다고 말했다. 오고타이가 이를 수락해 많은 선비들이 시험을 친 후 노예 지위를 벗어났다. 그중 출중한 자는 벼슬도 했다.

일부 사람은 관리가 된 후 득의해 법을 어기고 탐오했다. 이에 오고타이는 야율초재를 나무랐다. "자네가 공자의 교는 괜찮고 유생은 모두 좋은 사람이라더니 어째 이런 자가 있는가." 야율초재는 대답했다. "군부가 신자에게 나쁜 일을 하라고 가르치지는 않나이다. 삼강오상은 성인의 명교로, 마치 하늘의 해와 달처럼 모두 준수해야 하며 개별적 사람의 과오로 폐지해서는 안 되나이다."

몽골 귀족들은 오고타이에게 참언했다. "야율초재는 남조의 옛사람을 많이 쓰는데 다른 의도가 있는 것 같으니 중용함이 좋지 않나이다." 그들은 모함하고 음해하려 했지만 오고타이가 명철했기에 야율초재는 여전히 중용되었다.

군주를 아끼고 나라를 사랑하다

오고타이는 술을 좋아했으며 항상 취해 있었다. 사람들이 수차례 권해도 안 되자 야율초재는 술에 부식된 철제 기물을 들고 칸에게 말했다. "술은 이렇듯 기물을 부식시키나이다. 철이 이러하니 사람의 오장이야 오죽하겠나이까." 야율초재의 말을 들은 오고타이는 각성하고 좌우에 말했다. "자네들은 털보처럼 군

| 세계사 연표 |

1246년 프리드리히 2세 사망 후, 헝가리와의 전쟁에서 패배 바벤베르크가의 통치가 끝나고 오토카르 2세가 뵈멘왕이 되었다.

활을 당겨 독수리 쏠 줄밖에 모르다
황사가 흩날리는 사막, 민둥산, 북국의 황량한 풍경이다. 한 기사가 활을 당겨 기러기 떼를 겨냥한다. 한랭한 가을 광야의 수렵은 원나라 귀족 생활의 중요한 구성 부분이다. 그림은 원나라 사람이 그린 《사안도射雁圖》에 실려 있다.

주를 아끼고 나라를 사랑하는가?'

오고타이는 야율초재에게 금과 비단을 상으로 주고, 이후 음주량을 줄였다.

오고타이가 죽고 황후가 섭정하자 야율초재는 냉대를 받았지만 그는 의연히 탐관들의 행동을 규탄했다. 황후는 칙지를 내려 무릇 세무관이 제기한 일을 영사가 사인하지 않으면 그의 손을 찍어 버리겠다고 했다. 야율초재는 조금도 두려워하지 않고 황후 앞에서 말했다. "사실이 합리하면 자연히 받들어 행할 것

이고 행할 일이 아니라면 노신은 죽음도 두려워하지 않는데 손을 찍는다고 두려워하겠나이까? 노신은 태조·태종을 30여 년이나 섬겼지만 나라에 부끄러운 일은 한 적이 없나이다. 황후께서는 어찌 죄 없이 노신을 죽이려 하나이까?" 그 말에 황후도 그를 어쩔 수 없었다.

천고에 이름을 날리다

1244년 야율초재는 울분 속에서 세상을 떴다. 그의 적수들은 헛소문을 퍼뜨렸다. "야율초재가 재상을 지낸 지 오래기에 천하의 공물이 절반은 그의 집에 들어갔다." 그 소문에 따라 투르게네乃馬眞가 친신을 보내 조사해 보니 고금古琴과 일부 자화·금석·유문밖에 없었고 참언도 저절로 사라졌다.

야율초재가 죽자 몽골 사람들은 친척이 죽은 듯 슬피 울고 천하의 사대부는 모두 조문했다.

몽골인의 중원 입주는 선진 문명에 대한 낙후 민족의 정복이다. 그러나 야만적인 정복자는 자신에게 정복된 민족의 비교적 높은 문명에 정복되었다. 야율초재는 한 서생의 신분으로 한 세대 통치자에게 영향을 주었으며, 중원 문화의 계승과 발전에 기여했다.

중국의 정통 사대부는 세 부류로 나눌 수 있다.

일부는 글을 읽어 벼슬하고 인의도덕을 운운하지만 속으로는 자신의 이익을 위해 그 어떤 나쁜 일도 할 수 있다. 그리고 일부 서생은 결백하며 악인을 원수처럼 미워하지만 술을 빌려 욕을 하고 산림에 은거할 뿐 국가와 백성에게는 도움이 안 되었다. 제일 귀중한 서생은 야율초재 같은 사대부들이다. 그들은 배운 것을 실천에 옮기고, 비상 시 나라와 백성을 위해 많은 일을 했다.

056
장자가 서정하다

몽골 철기가 아드리아 해에 당도하자 전 유럽이 들끓었다.

1235년 오고타이는 왕공 대회를 열고 계속 서정하기로 결정했다.

원정군은 칭기즈 칸의 장자와 장손이 영솔했다. 주치의 장남 베르케斡兒答, 차남 바투拔都, 차가타이의 장손과 오고타이의 장자 구유크貴由, 툴루이의 장자 몽케蒙哥 등이 모두 이 원정에 참가했다. 기타 왕과 만호장·천호장·백호장·십호장·공주·부마도 모두 장자를 출정시켰다.

주치 왕위의 계승자 바투가 총지휘를, 칭기즈 칸의 '4구狗' 중 한 사람이자 전공이 혁혁한 수부타이가 서정 선봉을 맡았다. 역사상 이 서정을 '장자 서정長子西征'이라고 한다.

하늘이 길을 개척해 주다

1236년 제군이 먼저 볼가 강 중류의 볼리아그를 공격해 일거에 볼리아그 성을 정복했으며 닥치는 대로 죽이고 약탈했다. 이어 각 왕은 각자 수렵과 싸움으로 연도 지역을 점령하기로 했다.

몽케는 좌익으로 카스피 해 연안을 따라 흠찰 부족에 이르자 일부 흠찰 부족이 투항했다. 그러나 흠찰 부족의 두목은 투항을 거절, 부하들을 거느리고 볼가 강 하류의 밀림에 출몰하면서 수시로 몽골군을 습격했다.

몽케는 200척의 배를 만들고 한 배에 전신무장한 사병을 100명씩 앉혔다. 그는 동생 바쳐와 함께 연안을 따라 수색했다.

강가의 한 수림에서 한 노파가 알려주기를, 흠찰 부족의 두목이 카스피 해의 한 섬에 가 숨었다고 했다. 몽골군이 해변까지 추격했을 때 갑자기 큰 바람이 불어 조수가 밀려갔다. 몽케는 아주 기뻐했다. "하늘이 나에게 길을 내어 주는구나!" 몽골군 기병은 바다 건너 흠찰 군사를 전멸하고 흠찰 두목을 죽였다.

유라시아를 뒤흔들다

서정군은 승승장구 전진했는데 당할 자가 없었다. 1237년, 몽골군은 우크라이나를 점령했다. 몽골군은 연이어 모스크바 등 14성을 공략했는데, 거대 포석기

몽골 서정 무사 초상

••• 역사문화백과 •••

[관용의 풍도]

원나라가 한족에게 가장 치욕을 준 것은 바로 4등인 제도다. 원나라는 노골적으로 민족 압박차별을 실시했으나 문화적 차이에 대해서는 의외로 관용을 베풀었다. 그 예로 북위 최호崔浩의 '국사의 옥國事之獄'과 청나라의 강제로 머리 깎기, 문자옥文字獄 등은 모두 대규모 유혈 사태를 빚었지만 이러한 사건이 원나라에는 발생하지 않았다. 초기 황제들이 샤먼교를 믿고 쿠빌라이 이후 불교를 존중했지만 조정은 전문 기구를 두어 각 종교를 관리했다. 각 종교의 승려는 사면권을 누리고 토지·재산을 침범당하지 않았으며, 관부는 그들에게 식량을 공급했다. 대도성大都城에 절·도교 사원·교회·청진사·샤먼교 사당이 늘어서 신비한 기분에 휩싸였다. 이와 동시에 서역의 문화가 들어와 회교 의사와 의약이 매우 환영을 받았다. 회교 역법·아라비아 숫자·천문 등 과학 서적이 대량으로 유입되고 황궁과 도성의 건축은 동서 풍격을 겸비했으며, 외국의 진귀한 조류와 짐승, 식품, 복장, 공예품 등이 가득하고 한인은 이역 문화와 언어를 배워 원나라의 문화는 독특한 다양성을 구현했다.

| 중국사 연표 |

1248년 구유크가 죽고 카이미시 카툰 황후가 집정했다. 바투가 왕공 귀족 회의를 소집해 몽케를 칸으로 추대하니 오고타이와 차가타이 두 파의 여러 왕이 반대했다.

| 세계사 연표 |

1248년
스페인 동남부 이슬람 도시 그라나다에 알함브라 궁을 건조, 궁전은
서유럽의 전형적인 이슬람교 건축으로 더없이 아름답다.

《사집史集》 2권 출전

몽골 기병의 진용
몽골 기병과 원나라 군사의 복장은 정교하기로 유명하다. 몽골 고원의 여러 부락을 통일하기 전에는 상어껍질 갑옷, 영근(牒根) 갑옷을 착용했지만 후에 안에 소가죽을 댄 동철갑을 썼다. 장수의 말은 모두 호신갑을 씌우고 일부 병사의 말도 호신갑을 씌웠다. 몽골 군대가 유라시아 패권을 쥔 건 정예한 기병이 있었기 때문이다.

抛石器로 성을 공략했다. 사용한 거석은 네 사람이 함께 들어야 했다.

1240년, 바투는 친히 대군을 거느리고 지금의 키예프를 포위했다. 바투는 사위에 포를 걸라 명하고 주야로 공격했다. 300년 간 줄곧 우크라이나의 수도이던 키예프는 성벽이 높고 견고했다. 수비군 장령 드미트리는 군민을 거느리고 완강하게 저항했다. 11월 몽골군은 성벽 한 귀퉁이를 무너뜨리고 밀물처럼 쳐들어가 죽이고 약탈했다. 드미트리는 부상을 입고 체포되었다. 바투는 그의 충성심과 용감함에 감동해 사면하고 죽이지 않았다.

1241년, 바투는 군대를 두 갈래로 나누어 폴란드·헝가리에 침입하고 몽골군은 폴란드 서부에서 독일 연합군을 대파했다. 수부타이는 헝가리 군사를 대파, 몽골 정예 부대는 아드리아 해에 당도해 전 유럽을 뒤흔들었다.

3차 서정 후 형성된 몽골
몽케 칸 3년(1253), 몽케는 훌라구에게 페르시아를 정벌하도록 했다. 이는 칭기즈 칸 이래 제3차 서정이었다. 각 왕은 소속 군대에서 서정 군사를 구성했다. 그 목적은 첫째 견고한 요새의 알라무트성을 점유하고, 둘째 바그다드에 도읍한 흑의 대식(아바스 왕조)의 회교 군주 칼리프를 없애기 위함이다. 몽케 칸 6년(1256), 훌라구는 군사를 이끌고 아무 강을 건너 페르시아 경내에 진입, 11월 무라이를 평정했고, 이어 보달을 공격했다. 몽케 칸 8년(1258), 보달 성을 공략, 칼리프와 장자가 살해되고, 아바스 왕조가 37대에 이르러 망했다. 이 시대 몽케가 죽고 쿠빌라이와 아리크부카가 칸 위를 쟁탈했는데, 훌라구는 몽골로 귀환하지 않기로 결정했다. 이로써 새로운 몽골 한국-이아한국이 창건 되었다.

몽골군 서정 중 몽골군 교전도

| 중국사 연표 |

1251년

몽케가 칸에 즉위, 오고타이의 손자 시레문 등을 체포하고 그의 일당을 궁극적으로 타격했다. 쿠빌라이에게 사막 이남 한족 지역의 군국대사를 관장, 군사를 통솔해 남정하게 했다. 훌라구로 하여금 아무 강 서쪽 각지의 군국대사를 관장하고 군사를 통솔, 서정케 했다.

057

범을 그리려다 개를 그리다

그는 담략은 없었지만 아버지의 악습은 계승했다.

서정군은 승승장구했지만 내부 모순이 점점 커졌다. 칸의 계승 문제로 장자 주치와 차남 차가타이는 반목하고 셋째 오고타이가 어부지리했으며, 막내 툴루이의 죽음도 수수께끼다.

말다툼

서정군이 일련의 승리를 쟁취한 후 바투는 통수 신분으로 오르티스 강가에 장막을 치고 연회를 베풀어 경축했다. 연회 시작에 그는 연장자란 이유로 먼저 술 두 잔을 마셨다. 구유크와 부리는 트집 잡아 그 자리에서 바투를 "수염이 있는 아낙네"라고 욕했다. 그들 수하의 장령들도 거들었다. 연회가 끝나기도 전에 일부 사람이 뿔뿔이 흩어지다 보니 바투가 아주 난감했다. 구유크가 도성으로 돌아온 후 바투는 상주문을 올려 오고타이에게 고했다.

오고타이는 바투가 중병을 장악하고 있어 경솔하게 문죄하면 안 된다는 점을 잘 알고 있으므로 아들 구유크에게 욕설을 퍼부었다. "망할 자식! 누구의 꼬드김으로 형님에게 헛소리를 하고 무례하게 대한 거야?" 그는 칙지를 내려 구유크의 입조를 불허하고, 부리를 차가타이에게 맡겨 처리하게 하고, 덩달아 거든 부장들은 중벌을 주었다.

오고타이는 몽케에게 말했다. "부친이 살아계실 때 말씀하시기를 '군중의 일은 외부에서 결재하고 집안의 일은 내부에서 결재하라'고 하셨는데, 구유크의 일은 군중의 일이기에 바투에게 넘겨 처리하세." 오고타이는 일처리를 현명하게 하여 자신이 처리하느라 난감하지도 않고 바투의 면목도 서게 했다. 그는 바투가 한낱 말다툼으로 황자를 엄벌하지는 않으리라는 점을 감안한 것이다.

구유크가 칸이 되다

1241년, 오고타이가 죽자 황후 투루게네脫列哥那가 섭정했다. 투루게네는 원래 메르치 부락 수령의 부인인데, 칭기즈 칸이 그 부락을 정복한 후 그녀를 빼앗아 셋째의

쿠빌라이의 수렵도 (원나라 유관도劉貫道 그림)
수렵 장소는 광활한 평원으로 중앙에 쿠빌라이와 황후가 있고, 양쪽 황가 시위대는 남아시아인과 중앙아시아인도 있다. 황후가 입은 황금색 옷은 중앙아시아에서 수입한 옷감이다. 화면은 광대함과 세밀함을 결부시켜 원 세조의 기개를 전시했다.

| 세계사 연표 |

1251년 고려가 사자를 몽골에 파견하고 몽골은 사자를 파견해 고종에게 입조하고 옛 서울에 귀환하게 했다.

《사집史集》 2권 출전

서장에서 발견한 원나라 지폐
원나라는 중통원보中統元寶와 통행보초統行步鈔를 발행했는데, 액면 가치는 5문 2관 11등급이었다. 이 지폐는 서장 살가사薩迦寺에서 발견한 보초 2관, 2000문 동전에 해당한다. 살가사는 원나라 서장의 정치·문화 중심으로 이 화폐는 서장 지역에 대한 원나라 중앙 정부의 직접적이고 효과적인 관리를 반영한다.

등이 있었다. 바투는 병을 핑계로 선거 대회에 참가하지 않았다. 바투의 불참으로 결국 선거 대회는 계속 미뤄졌다.

민심을 농락하기 위해 투루게네는 종실 왕공과 대신들의 옹호를 얻어내려 하고, 오고타이가 생전에 중용하던 대신들을 파직하고 자신이 선택한 친신으로 대체했다.

투루게네는 5년 넘게 섭정했는데 당시 법이 일치하지 않고 내외가 합심되지 않으며 정치가 혼란해 백성은 살기가 힘들었다.

1246년, 투루게네는 다시 각로 종실 왕을 모아 놓고 대회를 열어 새 칸을 추대했다. 그에게 매수된 왕들은 이번에는 구유크를 칸으로 옹립하는 데 동의하자 그제야 사람들의 부추김 속에 어좌에 앉았다.

그는 등극 후 아버지와 같이 금은을 상으로 주어 민심을 사려 했지만 범을 그리려다 도리어 개를 그리는 격이 되고 말아 존경을 받기는 고사하고 풍자를 당했고 2년도 채 되지 않아 칸은 생애를 마치고 죽었다.

●●● **역사문화백과**

[아전이 벼슬하다]

아전이 벼슬을 하는 것은 신분의 상승으로 '출직出職'이라고 한다. 송나라에도 이런 현상이 있었지만 엄하게 통제해 시험을 치르고, 일정한 근무 연한이 있어야만 했다. 그러나 사회 전반적으로도 유생을 중시했기에 출직하더라도 고위급으로는 승진하지 못하고 비천하게 여겼다. 원나라의 고관은 대부분 몽골·색목 귀족 세가와 소량의 한족 귀족이 담당했고, 과거 급제로 벼슬을 하는 유생은 적었다. 그러므로 중하급 관원은 대개 아전 출신이었다. 한족 관원이 몽골어에 정통하지 못하고 몽골·색목 관원도 한어에 능통하지 못해 각급 관부에 통역을 두었으므로 관청 인원수가 전대에 비해 늘었고, 아전의 원천은 징모·천거하거나 재간에 의해 임직하는 등 아주 복잡했다. 이런 아전들은 출직한 후 방법을 도모해 승진했는데, 이들은 정통 유가 사상의 훈육을 거치지 못해 도덕관념과 문화 소질이 낮았고, 심지어 글도 모르는 자도 있었다. 그러므로 탐오 수뢰는 원나라 시대의 일대 사회 폐해가 되었다.

배필로 삼아 주었다. 투루게네는 욕심이 많고 권세를 잘 이용했다. 오고타이는 생전에 손자 시레문失烈門을 계승자로 지정했으나 시레문은 오고타이의 셋째 아들 쿠추闊出의 아들이고, 쿠추는 투루게네의 아들이 아니었다.

투루게네는 자연히 친아들 구유크가 칸이 되기를 원했다. 이에 그는 섭정권으로 왕공 회의를 소집하고 새로운 칸의 옹립 문제를 상의했다.

여러 왕 중 바투는 실력이 월등하고 제일 호소력이 있었으나 구유크와 서정 행정에서 생긴 대립으로 갈

| 세계사 연표

1253년
프랑스 국왕 루이 9세가 귀국했다. 고승 루브루크를 몽골 화림에 파견, 칸 몽케(원나라 헌종)를 배알했다. 1255년 돌아와 《여행기》를 저술, 이 행로의 상세 상황을 기술했다.

058

《사집史集》2권 출전

몽케를 옹립하다
툴루이는 드러내지 않게 계승자를 남겼다.

아들이 있어 만족스럽다

칭기즈 칸은 칸 지위를 셋째 오고타이에게 물려주었다. 그리고 대부분의 가산과 직계 부대를 막내 툴루이에게 남겨 주었다. 툴루이는 아내와 어린 아들 넷, 즉 몽케·쿠빌라이·훌라구·아리크부카를 남겨 놓고 죽었다.

노구운벌도盧溝運筏圖 (원나라. 왼쪽 페이지 그림 포함)
그림은 지리 환경과 행객이 내왕하는 번성한 원나라 시대 항구 수송을 묘사했다. 노구교는 남으로부터 대도에 들어가는 길목이다.

소루칵타니唆魯忽帖尼는 총명하고 재능 있는 여인이다. 오고타이는 툴루이가 죽은 후 종친들과 상의도 없이 원래 툴루이에게 속하던 일부 군대를 빼앗아다 자신의 아들 코덴에게 주었다. 툴루이의 부하들은 아주 분개하여 이는 칭기즈 칸의 유서에 위반한다고 보고 소루칵타니를 부추겨 오고타이에게 따지라고 했지만 그녀는 이렇게 말했다. "우리는 적지 않

916~1368 원

183

은 재산을 상속해 모자라는 것이 없고, 군대와 우리가 전부 칸에 속하는데 그가 뭐라 해도 도리가 없는 법이니 우리는 복종만 하면 되네."

그녀는 칸과 맞서서 좋을 게 없음을 잘 알기에 참고 양보하는 책략으로 정성 들여 네 아들을 양육했는데, 이름 있는 스승을 청하고, 재능을 드러내지 않으면서 그들에게 희망을 걸었다. 그리고 그녀는 기독교도였지만 이슬람교도들과 우호적으로 지내면서 이슬람교 학교를 세우도록 막대한 자금을 헌납했고, 가난한 사람에게 시사해 사람들에게 호평을 받았다.

장자가 서정 시 구유크와 바투 간의 갈등이 표면화되었는데, 구유크가 칸에 올랐지만 소루칵타니는 중병을 장악하고 있는 바투에게 의부했다. 구유크가 바투를 기습하려 할 때 그녀는 사전에 바투에게 소식을 알리고 몽케에게 문병한다는 이유로 바투를 배알하게 해 바투의 호감을 샀다. 이는 후에 몽케가 즉위하는 데 관건적인 한 표를 마련했다.

수령의 유언

오고타이가 죽은 후 장자 구유크가 어머니의 도움으로 다행히 칸의 지위를 계승했지만 2년 후 죽었다. 구유크의 황후 카이미쉬海迷失가 섭정할 때 칸 자리가 비어 많은 사람이 눈독 들였다.

오고타이는 생전에 조카 몽케를 데리고 수렵을 한 적이 있는데 몽케가 어리긴 해도 아주 용감함을 보고 기뻐하며 그를 무릎에 앉히고 머리를 쓰다듬어 주며 말했다. "장래의 칸 감이다!'

후에 오고타이는 소를 잡아 표범을 길렀는데 손자 시레문이 천진하게 물었다. "어미 소를 잡으면 누가 송아지를 기르나요?' 오고타이는 이 아이가 인의심이 있다고 여겨 내키는 대로 말했다. "이 말 한마디면 이 자식이 천하에 군림하렷다." 이런 말들은 모두 흥에 겨워 내키는 대로 한 말이라 본인은 마음에 두지 않았지만 듣는 사람은 마음속에 새겨 두었다. 쌍방은 이를 다 "수령의 유언"이며, 칸 계승의 의거로 삼았다.

몽케가 등극하다

바투는 당연히 몽케의 등극을 지지했다. 그는 사람을 파견해 각로 종실 왕을 그의 거주지로 불러다 회의를 소집하고 새 칸의 선거를 상의했다. 오고타이와 차가타이 파의 여러 왕은 대부분 참가하지 않았고, 카이미쉬도 팔라를 대신 출석시켰다.

소루칵타니는 몽케에게 형제를 데리고 회의에 참가하라 했다. 회의에서 바투가 몽케를 칸으로 추대할

노구운벌도盧溝運筏圖 (일부분)

| 세계사 연표 |

1256년
프랑스 상회 회장 아이티엔 부와로가 영을 내려 《파리 각 업종 요람》을 편찬, 당시 파리 101개 길드 조직법과 상회 규약을 기재했다. 중세기 길드 제도를 연구하는 중요 사료가 된다.

것을 제기했다. 그는 몽케의 혁혁한 전공을 열거하고, 몽케는 고난을 겪었고 지혜가 출중하고 시비를 잘 가리며 칸에게 필수적인 품위와 재능을 구비하고, 또 오고타이가 유언으로 옹립하려던 칸이라고 말했다. 그러자 팔라가 이의를 제기했다. 그는 오고타이가 일찍이 손자 시레문을 계승자로 정했으니 응당 그의 유언을 따라야 한다고 했다.

그 말을 듣고 쿠빌라이가 대노해 말했다. "오고타이 칸이 유언으로 시레문에게 칸을 넘겨주라 했는데 투루게네는 이미 구유크를 옹립했네. 이는 자네들이 이미 오고타이 칸의 유언을 배반한 것인데 무슨 할 말이 있는가." 몽케와 친한 종실 왕들도 그를 지지한다고 외쳤다.

그러자 한 대장이 보검을 빼들고 말했다. "몽케를 칸으로 옹립하는 데 감히 훼방을 놓으려는 자는 먼저

●●● 역사문화백과 ●●●

[한어보다 몽골어를 더 중시한 원나라]
쿠빌라이는 파스파가 장문을 모방해 창제한 '몽골 신자'를 보급해 관청 문서는 반드시 몽골 신자로 기록하고, 당지 문자(한자·위올문 등)를 부록하도록 규정했다. 지방에는 몽골문 교수를 널리 설치했으며, 많은 한인이 벼슬을 위해 몽골 글자를 배우고 몽골어 이름을 지었다. 문종·순종 외에 다른 황제는 모두 한어 수준이 높지 못했는데, 원나라의 유가 대신들은 황제에게 유가 사상을 불어넣기 위해 부득이 경서·사서와 해당 해설을 몽골어로 번역했다. 몽골·색목인 대신들도 한문을 아는 사람은 소수였다. 청나라 조익趙翼은 "제왕만 한문을 배우지 않은 것이 아니라 대신들도 한문을 배운 사람이 적었다."고 하며, 이런 현상은 요·금·청나라와 달랐다.

나의 이 검에게 물어보게." 이에 반대파들은 겁에 질려 더는 말도 못 꺼냈다. 바투는 그 틈에 잔을 들어 몽케에게 축하를 표시했다. 이에 그 자리에 있던 사람들은 몽케를 칸으로 추대하고 다음 해에 대회를 거행해 정식으로 몽케를 옹립하기로 했다.

회의 후 바투는 동생 벨가에게 대군을 거느리고 몽케를 몽골로 호송하게 하고, 또 사자를 파견해 각 종실 왕을 요청해 헤를렌강에 와서 다시 회의를 하자고 했다. 오고타이계와 차가타이계 왕들은 의연히 몽케의 등극에 저항했다.

대회는 2년이나 미뤄졌다. 바투는 벨가에게 영을 내려 더는 기다리지 말자고 했다. "네가 몽케를 어좌에 앉혀라. 반대하는 자들은 목이 달아날 것이다!"

1251년 몽케는 정식으로 칸에 등극했다. 경축대회는 일주일이나 이어졌다. 사람들은 술을 마시면서 즐겼다. 그들은 매일 2000수레의 술을 마시고 3000마리 양, 300마리 소고기와 말고기를 먹었다. 그러나 그들이 한창 술에 취해 있을 때 몽케의 반대파들은 음모를 꾸미고 있었다.

칭기즈 칸의 손자들은 권력 쟁탈을 위해 칼 놀음도 마다하지 않았다.

회골과 回鶻 185

| 중국사 연표 |

1258년

훌라구가 바오다를 함락하고 칼리프를 멸했다. 뭉케가 서로군을 통솔해 사천에 진입했다. 제후 왕 타차르가 동로군을 통솔해 송나라를 공격했으나 순조롭지 못해 쿠빌라이에게 통솔하게 했다.

059

세 왕의 감옥

"수술해야 할 부위는 고약을 붙여도 소용이 없다."

오는 자는 좋은 의도가 없다

뭉케는 즉위하기 전에 사자를 파견해 시레문, 쿠차, 노쿠에게 회의에 참가하라고 요청했는데 그들은 거절했다.

쿠차의 어머니 카이미쉬는 등극 대전에 참가하지 않음은 물론, 사자에게 이렇게 말했다. "예전에 종실 왕들은 '칸 지위는 오고타이 가족에 영원히 속하며 어떤 사람도 그의 자손과 대항하지 못한다'고 맹세하더니 지금은 모든 약속을 뒤집어 버렸잖아."

뭉케가 칸이 되고 대권이 남에게 넘어가게 되자 시레문, 쿠차, 노쿠 세 왕은 모험을 해보기로 했다. 그들은 축하한다는 명의로 군대를 거느리고 가서 뭉케 일파가 연회를 즐기는 기회에 병변을 일으키려 했다.

커세걸克薛杰이란 매 사냥꾼이 뭉케에게 속해 있었는데 낙타 한 마리를 잃어버려 찾으러 다니다가 세 왕의 대군과 마주쳤다. 수레를 몰던 한 소년이 커세걸을 세 왕의 수하 기사로 여기고 그에게 수레를 고쳐 달라고 청했다.

그런데 커세걸은 수레 안에 병기가 들어 있음을 보고 물었다. "수레 안에 무엇이 들어 있나?" 그 소년이 대답했다. "다른 수레처럼 다 무기예요." 커세걸은 대수롭지 않은 듯 수리하면서 그들과 이야기를 나누었다.

그는 이 무리의 사람들이 모반함을 의식하고 말을 달려 영지로 돌아와 곧장 뭉케의 장막으로 들어가 한창 빈객들을 대접하는 뭉케에게 외쳤다. "큰 난이 닥쳤는데 지금 여기서 즐기고 있나이까?" 그가 숨을 헐떡이면서 길에서 본 정경을 이야기하니 처음에 뭉케는 의심했지만 만일을 위해 대장 망거사르忙哥撒兒를 파견해 관찰하라 했다.

저절로 그물에 걸려들다

망거사르는 기병 3000명을 거느리고 새벽에 돌연히 세 왕의 군영을 포위하고 시레문에게 말을 전달하게 했다. "어떤 사람이 자네들이 악심을 품고 왔다는데 폐하께서 알고 계시네. 가령 모함이라면 자네들이 고려가 없이 칸의 장막에 가 청백함을 표시하고 그렇지 않다면 자네들을 공격하겠네."

세 왕은 대사가 그르쳤음을 깨닫고 부득이 자신들은 성심으로 축하하러 왔을 뿐 악의는 없다고 말하고, 위사 몇 명만 데리고 망거사르를 따라 칸을 배알했다. 장막에 들어가기 전에 위사들은 무기를 바쳤다. 뭉케는 세 왕을 보고 아무 말 없이 술을 권했다. 세 왕은 숨소리도 못 내고 사흘 동안 쓴 술을 마시다가 떠나려는데 뭉케의 부하가 들어와 말했다. "세 왕께서는 기다리세요. 칸이 일을 상론하시려 합니다." 이렇게 그들은 연금되었다.

이튿날 뭉케가 친히 시레문 등을 심문했다. 세 왕은 반역을

몽골 궁정

| 세계사 연표 |

1258년

아르메니아에 이주한 오스만투르크 추장은 세이주르 부족과 협조해 몽골군을 저항하는 데 공을 세워 비잔틴 변경의 일부 지역을 손에 넣고 이를 근거지로 점차 발전, 장대해졌다.

《사집史集》 2권 출전

시도하지 않았다고 잡아떼었다. 몽케는 시레문의 부하 아비다阿畢笞를 압송해 고문했다. 아비다는 연회 때 기습하려 했으나 이 일은 세 왕과 관계가 없다고 자백했다. 말을 마친 그는 위사의 칼을 빼내어 자결했다. 몽케가 세 왕의 수하 장령들을 엄하게 심문한 결과 그들은 전부 고해 바쳤다. 몽케는 칙지를 내려 반란자들을 전부 투옥했다.

"수술할 부위는 고약을 붙여도 소용없다"

어떻게 세 왕을 처리할 것인가. 몽케는 머리를 짜내고, 또 궁중의 보좌에 앉아서 문무관원들과 의논했다. 사람들이 모두 각자의 견해를 밝히는데 한 노인만 한마디도 하지 않았다. 몽케가 노인에게 견해를 무묻자 노인이 대답했다. "군왕 앞에서 듣는 것이 말하는 것보다 좋나이다. 그런데 저는 이야기 하나를 알고 있는데 폐하께서 들으시겠나이까?" 몽케가 이야기를 해 보라고 말하자 노인이 말하기 시작했다.

노인이 들려준 이야기는 이러하다.

마케도니아 국왕 알렉산드르는 유럽의 대부분 지역을 정복하고도 또 원정하려 했으나 고관 귀족들이 분열될 가능성이 있어 지자智者 아리스토텔레스에게 사자를 보내 좋은 방책이 없는가 물었다. 아리스토텔레스는 말없이 화원으로 데려가더니 하인을 불러 뿌리가 깊이 박힌 나무를 파내 버리고 그 자리에 작은 나무를 심게 했다. 사자는 돌아와 말했다. "헛수고였나이다. 그는 아무 말 없이 화원의 큰 나무를 파내고 작은 나무만 심었나이다." 알렉산드르는 말했다. "네가 그의 대답을 알아듣지 못했구나." 그는 곧장 일부 세력 있는 고관을 죽이고 그 영지를 그들의 나이 어린 아들에게 봉해 주었다.

그 뜻을 알아들은 몽케는 냉소를 머금었다. "옳다, 수술할 부위는 고약을 붙여도 소용없다."

••• 역사문화백과 •••

[회족의 형성]

송나라 시대 이미 '회회回回'란 칭호가 있었는데 장사 차 중국에 거주하는 동남 연해의 무술림을 가리켰다. 몽골인은 3차 서정 후 많은 중앙아시아와 서아시아 사람을 징집했는데, 이들이 송나라와의 전쟁에 참여했다가 중국에 정착했다. 이들은 원래 다른 민족이고 언어가 달랐지만 모두 이슬람교를 신봉하고 생활 관습이 비슷했다. 원나라 시대에 이들을 통틀어 회회인이라 불렀으며, 명나라에 이르러 점차 새로운 민족 '회족'이 형성되었다. 원나라 조정은 회회사천감을 설치해 회회인에게 천상을 관측하고 회회력을 만들도록 했다. 또한 회회국자감을 설치해 페르시아문 인재를 양성했고, 회회 관리가 이슬람교 사무를 관장하게 했다. 이슬람교 사원은 회회사라 칭했다.

원나라 시대 유인 《정수집》

《정수집靜修集》은 22권으로, 유인劉因(1249~1293)은 첫 이름이 인駰, 자가 몽기夢驥, 호가 정수靜修이며, 보정 용성容城(하북 경내) 사람이다. 이학·문학가인 그는 남송 말기에 이학을 전공하고, 글을 가르치며 생활했다. 원나라 지원 19년(1282), 찬선대부로 발탁되었으나, 얼마 안 되어 사직했고, 28년(1291) 다시 집현학사로 발탁되었으나, 응하지 않아 세조가 '불소환 신하'라 칭했다. 그의 시문은 예술 분야에서 원호문의 영향을 많이 받았고, 칠고가七古歌는 호방한 속에 의기소침함이 섞여 있다.

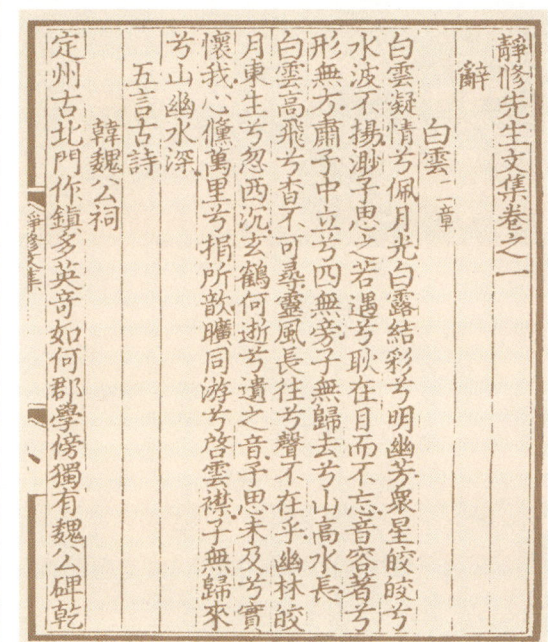

| 중국사 연표 |

1259년
몽케가 합주合州를 공격했다.

세조도歲朝圖 **(원나라)**
새해의 먼 산과 촌락, 그리고 소나무, 대, 매화, 버들, 새 옷을 입은 남녀의 축하, 집안의 화로, 술잔, 앞마당의 폭죽, 초롱불, 꽹과리, 북 등은 새해 기분을 돋운다.

망타진되었다.

구유크의 황후 카이미쉬는 두 손을 묶이고 옷을 몽땅 벗긴 채 대영에 끌려와 심문한 후 죽였다.

시레문 등 세 왕은 그 어머니의 꾐에 빠져 모반했다고 자백했다. 그들은 칭기즈 칸의 직계이므로 죽음은 면했다. 쿠차와 노쿠는 연금되고, 시레문은 하급 군관으로 좌천되어 쿠빌라이를 따라 송나라를 토벌하는 전투에 참가하게 되었다.

출발 직전 쿠빌라이는 시레문을 물에 빠뜨려 죽였다. 정치적 적수를 처리한 후 몽케는 오고타이의 영지를 분할해 오고타이의 어린 후대들에게 주어, 갈라놓고 다스리는 방법으로 그들의 재기를 방지했다. 이로써 몽골 제국의 칸 지위는 오고타이계로부터 툴루이계로 넘어와 원나라가 멸망할 때까지 지속되었다. 몽케는 끝내 그의 어머니의 염원을 실현한 것이다.

●●● 역사문화백과 ●●●

[몽골 신자]

몽골족은 원래 문자가 없었다. 후에 테무친이 외올인畏兀兒人 타타퉁아塔塔統兒에게 황가 자녀를 가르치게 했는데, 타타퉁아는 외올 문자로 몽골어를 만들어 썼다. 이에 외올 몽골어(일명 회흘체 몽골어)가 창제되었다. 쿠빌라이는 즉위 후 이런 차용 문자가 마음에 들지 않아 40세에 남정할 때 15세의 토번 사스가 라마 파스파를 스승으로 모시고, 파스파에게 그 어떤 문자도 번역할 수 있는 몽골어를 만들게 했다. 지원 6년(1269), 원나라 세조는 파스파가 창제한 신자新字를 반포, 후에 '신자' 명칭을 금하고 국자國字라고 하다가 팔사파 문자로 칭했다. 팔사파 문자는 표음문자로 오른쪽에서 왼쪽으로 섰고, 그 자모는 장문을 참조해 만들었다. 몽골어의 특징에 따라 41개 자모를 창제, 원래의 외올자보다 정확하고 한·장·외올 등 언어도 기록할 수 있다. 그러나 글자 형태가 복잡하고 배우기 어려워 원나라 세조가 제창했지만 관아에서만 통용되고, 원나라 멸망 후 죽은 문자가 되었다.

정적을 진압하다

몽케는 반역자를 진압하기 시작해 세 왕의 수하 부장 100여 명을 모두 처결했다.

오고타이의 숙위宿衛 어러즈額勒只의 아들은 구유크와 함께 바투를 욕한 적이 있어 그들 형제의 입에다 돌을 넣어 죽였다. 어러즈와 차가타이의 장손 부리도 같은 모반죄로 체포되어 바투에게 처결 당했다.

구유크 집권 시기의 중신 진해鎭海와 허다合答도 일

| 세계사 연표 |

프랑스 루이 9세가 영국 왕과 아베르 평화 공약을 맺고 리모상·펠리게르 등 지역을 영국에 양도하고 영국 왕은 노르망디·안루 등 지역의 소유권 주장을 포기했다. 이는 프랑스에 불리하지만 양국 귀족은 모두 만족하지 않았다.

060

《사집史集》 2권 출전

형제간의 투쟁

성공한 자는 왕이고, 승리한 자에게는 영원한 도리가 있다.

유교 대종사

툴루이의 정실은 몽케, 쿠빌라이, 훌라구, 아리크부카 등 네 아들을 낳았다. 몽케는 1251년 칸에 즉위한 후 쿠빌라이에게 사막이남 한족 지역의 군정 사무를 명했다.

쿠빌라이는 어릴 적부터 영웅심이 있었고 전대 제왕의 흥망성쇠를 주목했으며, 특히 당나라 태종 이세민李世民을 흠모해 그를 본떠 중원 지역의 한족 선비들과 사귀었다.

언젠가 쿠빌라이는 연경 대경사의 해운海雲 선사를 청해 자문하니 해운이 답했다. "대왕은 불교를 실시하기 어렵나이다. 그래도 응당 중원의 유학 대사들과 고금의 흥망의 도리를 배워야 한다고 생각하나이다."

가업을 잘 지키는 원나라 성종
테무르는 쿠빌라이의 손자다. 성종은 가업을 잘 지켜 대체로 세조의 유법을 준수했고, 정치·경제를 안정시켰다.

이맘에 쿠빌라이는 금나라의 장원 왕악王鶚을 청해 유가경전 강의를 들었다. 중원의 일부 한학 명사들도 분분히 쿠빌라이 휘하에 투신했다. 금나라의 명유 원호문元好問 등은 북상해 쿠빌라이를 배알하고, 쿠빌라이에게 '유교 대종사'란 존호를 바쳤다. 쿠빌라이는 흔쾌히 받아들이고, 유생의 병역과 부세를 면제했다.

군마가 장강에 다다르다

1257년 몽케는 친히 군대를 거느리고 출병해 송나라를 토벌했다. 아리크부카는 도성 화림和林을 수비했다. 몽골군이 일 년 동안 공격했으나 동로 다차르塔察兒 군사의 작전은 실패했다.

당시 몽케의 의심을 받아 군권을 박탈당하고 병 치료 중인 것으로 알려진 쿠빌라이는 몽케의 영을 받고

●●● 역사문화백과 ●●●

[마르코 폴로가 중국에 다녀왔는가?]

마르코 폴로는 이탈리아 베니스 사람으로, 1254년에 태어났다. 1275~1291년 중국에 거주하며, 중국의 여러 지방을 유람했다. 그 후 이탈리아로 돌아가 여행기를 써 서양에 동방을 알렸다. 그러나 당시 사람들은 그의 말을 믿지 않자 마르코 폴로 임종 단호히 말했다. "지금까지 한 말은 내가 본 것의 절반도 안 되네!" 14세기 이후 그의 유람기가 인정받고, 서양 사람들이 중국을 인식하는 중요한 자료로 삼았다. 20세기 말에는 세계 여러 문자 역본이 130종이나 되었다. 최근 학술계에서는 마르코 폴로 중국행 진실 여부를 다시 제기했는데, 의심이 가는 부분은 이러하다. 첫째, 중국 역사 서적에 마르코 폴로에 해당하는 고증 자료가 없다. 둘째, 찻잎·한자·인쇄술 등 중국 특색이 있는 사물을 여행기에서 찾을 수 없다. 셋째, 포를 헌납해 양양을 공격한 일, 몽골 왕실 족보 등의 기록은 과장되고 사실과 어긋나고 오류가 있다. 넷째, 여행기는 페르시아어 《가이드 수첩》을 베낀 것 같다. 이에 더 많은 학자들이 전적에 의한 고증 논쟁을 벌이고 있다.

| 중국사 연표 |

1260년

쿠빌라이가 개평에서 칸에 즉위하고 중서성·10로 선무사를 설립했다. 아리크부카가 화림성 서화궁에서 칸에 즉위, 아란다르 등을 파견해 관농 지역을 점령했다. 쿠빌라이는 친히 병사를 거느리고 아리크부카를 토벌·격파하고 대신을 파견해 관농 지역을 탈환하고, 아란다르를 죽였다. 중통원보 교초를 발행했다.

원나라 시대 산서 홍동 광승사 하사

광승사廣勝寺는 홍동현성 동북 17km 곽산 남쪽 기슭에 위치하며, 동한 건화 원년(147)에 건축했다. 처음의 이름은 구로사사俱盧舍寺였는데, 당나라에 지금의 이름으로 개칭했다. 대력 4년(769)에 재건했으나, 원나라 대덕 7년(1303)에 지진으로 파괴되어 또다시 재건했다. 명·청나라 2대에 걸쳐 보수해 지금의 상태가 되었다. 상·하 두 사로 나누어져 있으며, 상사는 산문·비홍탑·미타전·대웅보전·천중불전·관음전·지장전과 사랑방·주랑 등으로 구성되어 있고, 원나라 시대의 풍격이다. 하사는 산문·전전·후전·탑전 등으로 구성되었다. 후전은 원나라 시대 2년(1309)에 축조했는데, 전내에 3세불과 문수·보현 두 보살을 조각했으며, 모두 원나라 시대 작품이다. 전내 네 벽의 벽화는 1928년에 절도로 인해 국외로 나갔는데, 현재 미국의 캔자스 넬슨 예술관에 소장되었다.

동로 군사를 통솔해 회하를 건너고 장강 북안에 당도했다.

1259년 봄, 몽케는 합주合州를 공격했는데, 사천 조어성釣魚城에서 몽골군은 콜레라가 만연해 곤경에 빠졌고, 몽케 또한 병사했다. 쿠빌라이의 이복 동생이 쿠빌라이에게 밀사를 보내 몽케의 사망 소식을 알리면서 신속히 귀환하라고 했다. 그러나 아무 공도 세우지 못해 돌아가기를 꺼린 쿠빌라이는 장강을 건너 악주鄂州, 지금의 무창武昌을 공격했다.

미리 손을 쓰다

몽케 재위 시 쿠빌라이와 아리크부카는 이미 자신의 집단을 형성했다. 몽케가 병사한 후 칸 지위를 계승하기 위한 두 형제의 모순은 자연히 격화되었다.

화림에서 수비하던 아리크부카와 그 지지자들은 칸 위를 탈취하려 시도했다. 아리크부카는 감국 신분으로 친신을 임명하고 각지 군대를 집결해 관농關隴으로 출병, 진촉秦蜀(섬서·사천)을 도모하고 쿠빌라이를 견제하려 했다.

쿠빌라이의 아내는 개평開平에서 소식을 듣고 이내 사자를 보내 비밀리에 은어를 보고했다. "큰 고기의 머리는 이미 찍어서 떨어지고 작은 고기 중 왕과 아리크부카 외에 누가 남았어요." 쿠빌라이는 크게 놀라 당장 부하들을 모집해 대책을 상의했다.

그러자 모사 학경郝經이 간했다. "대왕께서는 비록 위신이 높고 중병을 장악하고 있지만 해릉왕의 일을 잊어서는 안 되나이다. 가령 아리크부카가 자칭 유조를 받았다 하며 칸 등극을 선포한다면 대왕께서 돌아갈 수 있겠나이까?"

그리고 학경은 사막 이북으로 귀환해 미리 손을 써야 하며, 그러기 위해서는 점령한 토지를 남송에 돌려주고 화해를 해야 함과 동시에, 대군은 경기로 도강해 연도燕都에 이르고, 다른 한 갈래는 몽케의 영구를 영접하고 황제의 옥새를 수납해야 하며, 장자 친킴眞金

역사문화백과

[회회 화포]

회회는 원나라에 이슬람교를 믿는 중앙아시아와 서아시아의 각 민족에 대한 범칭이다. 송나라는 각종 화포를 발명했고 그 중 포석기는 지렛대 원리를 이용해 화약 묶음을 쓰지만, 몇 근 혹은 몇 십 근 되는 화약 묶음밖에 발사하지 못했다. 이 화기는 금나라, 몽골을 거쳐 서역과 서아시아까지 전해졌다. 서역인은 포석기를 개진해 100여 근의 화약 묶음을 발사하는 포석기를 제조, 몽골군의 성 공격에 사용했다. 송나라 말기 군사 중진 양양과 번성은 5년 동안 포위되었는데, 후에 원나라군은 화포로 번성을 공격하고 양양 성루를 파괴했다. 그러자 양양 수비 장령 여문환呂文煥은 핍박에 못 이겨 투항했다. 후에 원군은 회회 포수와 장인을 통솔하는 기구를 설립했다.

세계사 연표

1260년

고려 태자가 몽골에서 귀국해 즉위, 그가 바로 원종이다. 몽골에 공물을 헌납하고 또 사자를 파견해 원나라 세조의 즉위를 축하했다. 몽골은 조서를 내려 의관을 고치지 않아도 되고 성도 소환을 미루고 주둔병을 철거하고 잡역은 파견을 중지한다고 윤허했다.

'세계 일대 기서' 《마르코 폴로 여행기》 중역본
이탈리아 여행가 마르코 폴로는 원나라 때 비단길로 중국에 온 후 19년이나 체류했으며, 귀국 후 《마르코 폴로 여행기》를 펴냈다. 이 사진은 1935년 풍승馮承이 번역한 《마르코 폴로 여행기》다.

에게 연도를 수비하게 하여 칸 지위를 탈취, 군림해야 한다고 했다.

쿠빌라이는 학경의 건의를 받아들여 남송과 비밀 계약을 맺은 후 북으로 귀환했다. 1260년 3월, 개평에 당도해 일부 종실 왕을 협박하고, 일방적으로 칸 선거 회의를 소집해 칸에 등극한다고 선포하며, 당년을 중통 원년으로 정했다.

칸으로 자립하다

몽골의 전통에 따르면, 칸 선거대회는 각로 종실 왕이 참석해 오논 강에서 거행했다. 쿠빌라이가 한족 지역에서 칸으로 자립함은 규례에 맞지 않았다. 쿠빌라이가 앞장서 칸에 등극했음을 안 아리크부카도 급히 종실 왕들을 화림에 모아 놓고 대회를 열어 칸으로 자립했다. 두 형제는 공공연히 칸의 자리를 놓고 반목했다. 중원 지역은 쿠빌라이가 통제하므로 아리크부카는 사천·섬서로 발전하려고 부장을 섬서에 파견, 시기를 보아 관중으로 진군하려 했다. 그러나 쿠빌라이는 과감히 사천·섬서에 파병해 아리크부카 일당을 포살했다. 화림의 식량은 한족 지역에서 수송했는데 쿠빌라이가 수송선을 봉쇄하자 화림에는 기황이 발생하고 물가가 폭등했다.

곤경에 빠진 아리크부카는 할 수 없이 북으로 철수했고, 쿠빌라이 군사가 추격할까 봐 사자를 보내 형에게 용서를 구했다. "동생이 무지하여 죄를 범했으니 형님께서 용서하시기를 바라나이다. 오늘 이후로는 절대 형님의 명령을 거역하지 않겠나이다. 저는 성축을 살찌운 후 돌아가 형님을 배알하겠나이다." 쿠빌라이는 동생이 쉽게 투항하지 않을 것임을 알았지만 짐짓 말했다. "돌아서서 정신 차리고 총명해졌군."

물기 어린 눈으로 상대하다

1261년, 아리크부카는 투항의 명의로 화림을 돌연 습격해 수비군을 격파하고 남하했다. 대노한 쿠빌라이는 친히 군대를 이끌고 정벌에 나섰다. 같은 해 겨울, 쌍방 대군이 조우해 격전을 벌였는데, 아리크부카는 패해 북으로 도망쳤고 쿠빌라이가 화림 남부에까지 추격했다. 아리크부카는 재력과 물력이 빈약한 곳으로 가다 보니 병사들을 종용해 불태우고 살해하고 강탈해 당지 백성의 강한 반감을 샀고, 원래 그에게 의부하던 종실 왕들도 분분히 쿠빌라이 쪽으로 돌아섰다.

1264년 7월, 죽을 지경에 이른 아리크부카는 할 수 없이 개평에서 쿠빌라이에 투항해 이로써 4년간의 내전이 끝났다.

투항 의식에서 아리크부카는 장막의 문발을 몸에 걸치고 나와 죄를 승인했다. 장막 밖에서 한 시간이나 서 있다가 윤허를 받고서야 안으로 들어갔다. 그와 쿠빌라이가 서로 건너다보니 형제간의 정이 북받쳐 올랐다. 아리크부카가 우니 쿠빌라이도 눈물이 글썽했다. 한참 지나서 쿠빌라이가 눈물을 닦고 물었다. "나의 친애하는 동생, 우리는 4년이나 싸웠는데 이 분쟁에서 누가 옳고 누가 그른가?" 아리크부카가 대답했다. "이전엔 내가 옳았지만 지금은 당연히 형이 옳지요." 그가 무슨 할 말이 있겠는가. 쿠빌라이는 동생의 죄를 사면했지만 아리크부카의 친신들은 전부 살해했다. 얼마 안 되어 아리크부카도 병사했다.

| 중국사 연표 |

1264년 지원 원년 7월 아리크부카가 투항했다. 8월에 연경을 중도로 개칭했다. 12월 한족 제후 세습제를 폐하고 천이법을 세웠다.

061

원견이 있는 황후

편안할 때 위험을 예견한즉, 여인에게 견해가 없다 하지 마라.

쿠빌라이가 천하를 안정하게 다스린 데는 그의 훌륭한 내조자 차비察必 황후의 공로도 한몫 했다.

편안할 때 위험을 생각하다

1276년, 원나라가 남송을 멸한 후 세조 쿠빌라이는 상도에서 연회를 크게 베풀었다. 군신은 술을 양껏 마시며 즐기는데, 황후 차비만은 혼자서 묵묵히 생각에 잠겨 있었다.

원나라 세조 황후 차비 초상
원나라 시대의 귀족 부녀는 늘 높고 긴 이상한 모자를 썼는데, 이를 '고고관'이라 불렀다. 저고리는 넓고 길어 걸을 때 항상 두 시녀가 뒤에서 끝을 잡아 주었다. 원 세조 황후 차비(일명 처비)의 그림은 원나라 시대 복장에 대한 직관적 인상을 풍긴다.

세조가 황후에게 물었다. "강남이 이미 평정되고 싸움이 없어져 모두 경축하는데 황후는 왜 희색을 띠지 않는 거요?" 그러자 황후가 대답했다. "예부터 한 조대가 1000년을 전해왔다는 말은 듣지 못했나이다. 다만 우리 자손들에게 망국의 액운이 없기를 원하나이다." 이 말을 들은 세조는 고개를 끄덕이며 수긍했다.

세조는 송나라 국고에서 탈취해 온 보물을 대전에 가져다 놓고 황후와 함께 참관했다. 황후는 한번 보고는 돌아갔다. 세조가 속셈을 알 수가 없어 태감을 시켜 황후에게 마음에 드는 물건이 있으면 마음대로 가져가게 했다.

그러자 황후는 말했다. "송나라 사람들은 이처럼 많은 보물을 소장해 조씨 후대에 주려 했지만 그들의 불초한 자손이 지키지 못해 지금 우리가 소유하게 되었는데 내가 어찌 한 가지라도 고른단 말이냐." 세조는 황후가 편안할 때 위험을 예견해 장구한 안정을 담보하도록 깨우침을 알아듣고서 말했다. "사람이 먼 앞날을 우려하지 않으면 필연코 작은 근심이 눈앞에 닥친다 했은즉, 황후가 멀리 보도다." 그리하여 힘써 발전을 도모하며 국사를 게을리 하지 않았다.

●●● 역사문화백과 ●●●

[팔백부인국]
원나라 시대 타이족의 한 부족은 운남 차리(지금의 시쌍반나) 이남에 있었다. 그 부족의 추장은 세세대대로 800명의 부인이 있었다 한다. 그녀들이 각각 한 개 부락씩 점했다 하여 중국에서 "팔백부인국"이라 했다. 그 관할 지경은 경동이남 메콩 강이서, 즉 지금 태국의 치앙마이다. 원나라 성종 때 출병해 팔백 부인국을 정벌했는데, 운남의 소란과 운남·귀주 민족 봉기를 유발했다. 원나라 문종 지순 2년(1331), 팔백부인국에 선위사 도원수부를 설치하고 당지 사람을 장관으로 임명했다.

| 세계사 연표 |

1264년 잉글랜드 내전 중 프랑스 국왕 루이 9세를 중재인으로 청했지만 루이의 아미엥스 중재를 봉건 제후와 런던 시민이 반대했다.

《원사元史·세조후차비전世祖后察必傳》

원나라 세조 쿠빌라이의 전국 통일
칭기즈 칸의 손자이며, 원나라 제1대 황제이다. 1271년 국호를 원나라로 개칭한 후, 이듬해 대도로 천도했다. 재위 기간에 전국을 통일했으며, "한법을 존용"하고 농업과 잠업을 중요시 하며, 화폐를 통일하고 변경 지역에 대한 중앙의 통제를 강화하는 한편 다민족 국가의 통일을 추진했다.

용감히 과오를 시정하다

언젠가 조정 대신이 초도를 헌납해 도성 근교 땅을 점거, 목장으로 만들어 궁중의 말을 방목하려고 쿠빌라이에게 상주하니 흔쾌히 윤허했다.

그러나 황후는 타당치 않게 여겨 태보 유병충劉秉忠을 책망했다. "자네는 총명한 한인이라 자네 말이면 황제가 다 들어주는데 이 일이 잘못된 줄 알면서도 어찌 말리지 않는가? 우리가 이곳에 왔을 때부터 땅을 떼어 말을 방목했다면 모르되, 지금은 천하가 평정되고 교외 전답은 이미 다 주인이 있고 사람들이 안거낙업하는데 다시 옥토를 강제로 목장으로 만들면 너무하지 않은가."

사실상 황제 들으라고 한 말이라 일리가 있다고 느낀 쿠빌라이는 방목장 계획을 포기했다.

황후는 황제를 잘 권고함은 물론, 자신의 과오도 용감히 시정했다. 한번은 황후가 태부에서 비단 일부를 가져오니 이 일을 들은 황제가 말했다. "이 천은 개인 물품이 아니라 군용품인데 어찌 사사로이 가져오는 거요?" 황후는 바로 잘못을 시정했다. 이때부터 그녀는 낡은 활궁 털로 복장을 짜고 폐기한 양피로 주단을 만들며 궁중에 검소한 기풍을 형성했다.

당시 몽골인의 모자에는 챙이 없었다. 세조는 활을 쏠 때 강렬한 태양에 자극을 느끼고 궁전으로 돌아와 황후한테 말했다. 황후가 모자에 햇빛 가리는 챙을 만들어 주니 세조는 아주 기뻐하며 부하들도 그렇게 하라고 영을 내렸다. 차비 황후는 또 앞섶이 짧고 뒤가 긴 '비갑比甲'이라는 기마 복장을 설계했는데, 당시 상당히 유행했다.

《원사元史》는 차비 황후를 아주 높게 평가하며 그녀가 총명하고 영민하며 일처리를 잘해 원나라 초기 정사의 보좌에서 공을 세웠다고 썼다.

북경 원 대도 유적지
원나라가 건립된 후 도성을 대도大都, 지금의 북경으로 정했다. 《연경팔경도》의 기록에 따르면, "문밖에 누각이 있고 난간 기둥은 조각과 그림으로 가득하며, 유람객이 붐비고 문에 두 언덕이 남아 있고 나무가 사철 푸르다."라고 했다. 이를 '계문연수薊門煙樹'라고 했다.

1268년

| 중국사 연표 |

지원 5년 어사대를 세웠다. 쿠빌라이가 남송의 투항 장군 유정책劉整策을 등용해 양양과 번성을 포위했다. 오고타이계 왕 해도와 차가타이계 왕 바라가 연합해 쿠빌라이를 반대했다.

062

왕·이의 변고

왕王·이李의 변고로 쿠빌라이는 점차 한인 막료를 멀리했다.

쿠빌라이가 아리크부카와 칸 지위를 사이에 두고 쟁탈하던 1262년 2월, 산동에서 무장 반란이 일어났다.

병변이 좌절당하다

이단은 몽골에 투항한 남송 민병 수령 이전李全의 아들이다. 몽골 통치자는 중원을 관리하기 위해 한패의 한족 지주 토호를 농락해 관직을 주었다. 한 지역에서 왕을 세습하는 이들을 '세후世侯'라 하는데, 이전이 그런 세후였다. 그가 죽고 양자 이단이 부친의 직을 세습, 산동 익주益州 일대에서 30여 년간 경영했다.

그는 항상 가짜로 송나라를 공격한다면서 몽골의 전량과 관직을 취했다. 쿠빌라이는 즉위 후 그를 강회 대도독으로 책봉했다.

이단의 장인 왕문통王文統은 구변이 좋아 권모술수로 쿠빌라이의 신임을 얻어 부승상에 맞먹는 평장정사 직에 있었는데, 쿠빌라이가 북으로 아리크부카를 정벌할 때 이단은 남송을 방어한다는 명의로 출병을 거절하고 몰래 우승상 사천택史天澤 등과 거사하기로 약속했다.

그러나 아리크부카가 쉽사리 붕괴되는 바람에 쿠빌라이는 신속하게 진압했다. 몽골군은 성을 에워싸고 이단을 제남에 물샐 틈 없이 포위했다.

이단은 도망칠 길이 없자 성을 사수하는 수밖에 없

원나라 공자 추봉 비석

●●● 역사문화백과 ●●●

[일본 동정 좌절]

몽골 기병은 유라시아 대륙에서 동서로 정벌하며 피비린내 나는 도살을 감행하고 승승장구하여 광활한 지역을 점령했으나 만족하지 못하고 계속 주변 지역에 대한 전쟁을 발동했다. 쿠빌라이는 일본에 수차례 사절을 파견하여 일본을 굴복시키려 했으나 일본이 응하지 않았다. 그러자 1274년 1차로 일본을 침입해 약탈하고 철수했다. 그러나 일본은 투항을 거절하고 심지어 사자마저 죽였다. 남송을 멸한 후 원군은 전력으로 동진했다. 1281년 10만 원정군은 배를 타고 일본을 공격하며 심지어 일본 행성行省마저 모두 배치했다. 7월 일본 근해에 접근할 때 뜻밖에 태풍을 만나 급하게 상륙해 바람을 피했다. 이 강한 태풍에 장수들은 하층 군관 하나만 남기고 견고한 배를 타고 도망쳤다. 일본군이 기회를 타 진격하자 원나라군은 태반이 죽고 2만~3만이 포로가 되었다. 1283년 쿠빌라이는 또 일본을 정벌하려고 강남에서 전함을 대대적으로 만들었으나 남방 백성의 봉기를 유발한 데다 동남아시아 전쟁이 힘겨웠기에 원래 계획을 포기했다.

| 세계사 연표 |

1268년

고려 국왕 원종의 동생 창淐이 몽골에 왔는데, 몽골 황제가 원종을 가리켜 성의가 없다고 엄히 질책해 창은 멸시를 당할 대로 당하고 귀국했다. 몽골은 또 사자를 파견해 캐묻고 고려는 관원을 몽골 사자에게 딸려 보내 해석했다. 당시 몽골은 한창 일본 정벌을 준비했으므로 고려에 배를 준비하고 전쟁을 도우라고 했다.

《원사元史 · 이단전李璮傳》 출전

원나라 시대 원수 인감과 그 정면

었다. 성 내에는 기황이 발생해 병사들은 백성의 양식을 약탈하고 심지어 인육까지 먹었다. 그러자 성내의 백성들은 모두 뛰쳐나가 도망쳤다.

이단은 대세가 기울자 애첩을 죽이고 쪽배를 타고 대명호에 뛰어들어 자실을 시도 했으나 물이 얕아 죽지 못하고 생포되었다. 사천택 등은 이단이 자신과의 반역 공모를 진술할까 봐 죽여서 입을 막으려고 미리 손을 썼다. "쿠빌라이가 자네에게 뭘 섭섭하게 했는가?" 이단이 반문했다. "문서로 거사를 약정하고도 뒤엎을 심사인가?" 사천택은 그의 두 팔을 두 다리를 자르고, 목을 베게 했다.

한족이 신임을 잃다

이단이 병변을 일으킨 후 쿠빌라이가 왕문통을 질책했다. "네가 오래전부터 이단을 꼬드겨 반역하게 한 사실을 세상 사람이 다 안다. 솔직하게 털어놓아라." 그러자 왕문통은 말했다. "신은 구체적인 상황을 기억하지 못하겠으니 글로 상세하게 쓰도록 윤허하옵소서." 그리고 그는 이렇게 썼다. "비천한 목숨을 부지하게 해 주신다면 저는 폐하를 위해 강남을 탈취하겠나이다." 글을 읽은 쿠빌라이가 냉소하며 말했다. "네가 지금도 짐을 속일 작정이냐?" 그러고는 왕

정수리에 보석을 상감한 사모
높이는 9.2cm이고, 지름은 32cm이며, 감숙성 장현漳縣 왕가 분묘에서 출토되었다.

문통과 이단의 서신을 던졌다. 거기에는 "갑자甲子까지 기다리자"는 말이 적혀 있었다.

왕문통은 등골이 오싹하면서도 변명했다. "이단은 모반을 꾸민 지 오래되었는데 신이 조정에 있어 감히 거사를 서두르지 못했나이다. 신은 폐하께 보고하려 했는데 폐하께서 북정하시어 기회가 없었나이다. 신은 다만 그의 반역 시일을 지연시키려 했나이다."

쿠빌라이는 말했다. "교활하게 변명하지 마라. 짐은 너를 평민에서 승상으로 제발했건만 이처럼 반역하다니." 조정의 좌우 대신이 이구동성으로 외쳤다. "왕문통은 만 번 죽어도 마땅하옵나이다." 그리하여 왕문통과 그의 아들은 결국 살해되었다.

왕·이의 변고로 쿠빌라이는 점차 한인 막료들을 멀리 했다.

조나라 평원군, 제나라 맹상군, 초나라 춘신군, 위나라 신릉군 등 전국 시대 4공자를 그렸다

| 중국사 연표 |
1271년
지원 8년 11월, 건국하고 국호를 원이라 했다.

063

강남 물건을 가져오지 않다

"멜대 짐에 강남 물건 지니지 않고 매화꽃 두세 송이만 꽂았어라."

대장 바얀(伯顏)이 원나라의 남송 공략과 내란 평정에서 혁혁한 공을 세워 원나라 세조는 그를 장상지재라 칭찬했다.

한 사람을 죽이지 않고 일거에 강남을 평정했네. 자네, 짐의 마음을 받들어 조빈이 그리 한 대로 짐의 백성을 폭행하지 않도록 하게."

바얀과 다른 한 대장 아술阿術은 20만 대군을 거느

여색이 어찌 나의 지향을 동요시키랴?

바얀의 증조부와 조부는 모두 칭기즈 칸을 따라 정벌했다. 부친의 서정 도중 바얀이 출생했다. 언젠가 바얀이 서정군의 사자로 쿠빌라이에 상주했는데 그의 늠름한 용모와 비범한 언사에 쿠빌라이는 이렇게 말했다. "바얀은 큰 인재이니 짐의 신변에 남거라."

1274년 원나라 세조 쿠빌라이는 바얀을 중서 좌승상으로 명하고 군대를 거느리고 남하해 남송을 토벌하라 했다. 바얀과 작별할 때 쿠빌라이는 말했다. "송나라 태조의 대장 조빈曹彬은 남당을 공격할 때 무고

원나라의 저명한 군사가 바얀

바얀(1236~1295)은 몽골 바린씨이며, 몽골 개국 공신 아라의 손자, 소고타이의 아들이다. 이아한국에서 성장했으며, 원나라의 군사가인데, 결단을 잘 내린 것으로 유명하다. 지원 초기 이아한국 훌라구의 명에 따라 사자로 칸에 상주했고, 쿠빌라이의 눈에 들어 남아 측근으로 국사를 도모했다. 지원 2년(1265), 중서좌승상을 역임한 후 중서우승상으로 승진했으며, 7년(1270), 동지추밀원사로 전임되었고, 11년(1274), 좌승상을 재임했다. 조정대신의 모함으로 파직한 후, 대동에 거주했다. 31년(1294), 세조가 죽고 테무르가 즉위하자 지추밀원사에 복직되었다. 동년 12월(1295년 초) 병사했으며, 회안왕·회왕으로 추봉되었다. 《승상회안충무왕비丞相淮安忠武王碑》에 그 공이 기록되어 있다. 왼쪽 그림은 《역대명신상해歷代名臣像解》에 실려 있고, 오른쪽 그림은 청나라 《마태화보馬駘畫寶》에 실려 있다.

| 세계사 연표 |

1271년

이탈리아 중세기의 저명한 스콜라 철학자 토머스 아퀴나스가 죽었다. 베니스 폴로 형제가 마르코 폴로(니콜로의 아들)와 동행, 재차 중국을 방문했다. 마르코 폴로는 중국에서 약 20년간 체류하면서 원나라 추밀부사와 회동도 선위사 등 직을 지내고 1295년 귀국했다.

《원조명신사략元朝名臣事略》2권 출전

리고 연이어 승전하면서 강주江州(강서 구강)에 접근했다. 송나라 병부상서 여사기呂師夔는 싸우지도 않고 투항, 바얀은 그를 강주 태수로 책봉했다. 여사기는 연회를 차려 바얀을 초대했는데 술이 얼근하게 취하자 여자 둘을 데려다 송나라 종실에서 골랐다면서 바얀에게 바치는 예물이라고 말했다.

바얀은 대노해 말했다. "나는 천자의 명을 받고 송나라를 문죄하거늘 여색이 어찌 나의 지향을 동요시킨단 말인가?" 놀란 여사기는 이내 무릎을 꿇고 용서를 빌었다.

말발굽이 임안을 짓밟다

전쟁 중에 역병이 돌아 백성이 기아에 허덕이자 바얀은 창고의 식량을 나누어주고 약을 사 병을 치료해주었다. 백성은 바얀의 군대를 왕자의 군대라 했다. 이 시기 날씨가 무더워 북방 사람들은 애를 먹었다. 세조가 정전하고 가을에 다시 출병하라 하자 바얀은 상주했다. "아군의 공격은 한창 수렵물을 좇는 격인데, 철병이라니요. 오히려 질풍처럼 전진해야 일거에 승리할 수 있나이다." 쿠빌라이는 사자를 보내 스스

●●● 역사문화백과 ●●●

[성의 기원]

중앙 산하 최고 지방행정 구획인 지금의 성省은 원나라 시대와 깊은 관계가 있다. 원나라의 국토는 전례 없이 광활해 새로운 행정 구획 단위가 출현했다. 원나라는 중서성을 두어 전국의 정무를 관리하고 일명 도성이라고 했다. 소위 '안쪽'은 하북·산동·산서 직속 도성이고, 토번(서장)은 선정원의 관리를 받았다. 그리고 각로의 주요 도회지에 10개 중서성을 두어 각지를 나누어 관리했다. 행중서성을 행성 혹은 성이라 약칭했고, 그 관원 배치와 직급은 중서성과 대체로 같았으며, 승상 1명·평장정사 2명·우승 1명·좌승 1명·참지정사 1명을 두었다. 당시 행성은 지금의 성보다컸으며, 아래로 노·부·주·현을 관할했다. 명나라는 행성을 '승선포정사'로 고쳤지만 당시 사람들은 대체로 성이라 불렀으며, 이 명칭이 지금까지 이어진다.

로 결단을 내리라고 전했다.

1276년 정월 바얀은 원군을 거느리고 남송의 수도 임안臨安, 지금의 절강성 항주를 포위했다. 송나라 대신은 어린 조현趙顯과 늙은 조 태후를 불쌍히 여겨 달라면서 화해 퇴병을 청했다. 그런데 바얀은 쌀쌀하게 말했다. "자네들, 조씨 왕조도 고아 과부 손에서 정권을 탈취했는데 오늘 또 고아 과부의 손으로 정권을 잃으니 이것이 하늘의 의도가 아니고 무언가!" 2월 송나라 공제는 태후의 조종 밑에 투항을 청하고 전세의 국새를 바쳐 남송은 멸망했다.

멜대 짐에 강남 물건을 지니지 않다

남송의 수도 임안은 상업이 번성했다. 바얀은 금옥 비단이나 진귀한 물건에 눈을 팔지 않고 국고를 봉했고, 장병들이 사사로이 입성하지 못하게 하고 약탈하는 자는 군법에 처한다고 영을 내렸다. 바얀은 송나라 황실의 기물과 도서를 모두 북으로 수송하고 송나라 황실 인원을 상도로 압송했다.

바얀이 송나라를 평정하고 귀환할 때 쿠빌라이는 백관에게 교외에 나가 영접하라고 했는데, 권신 아허마阿合馬가 먼저 중도에서 축하를 표시했다. 바얀은 지니고 있던 옥고리를 그에게 주어 사의를 표했다. "송나라 황궁에는 보배가 많았지만 나는 하나도 가지지 않았네." 아허마는 자기를 업신여긴다고 한을 품어 황제 앞에서 바얀이 송나라 황실 지보 옥 복숭아 술잔을 감췄다고 말했다.

쿠빌라이는 사람을 보내 조사했지만 증거가 없었다. 아허마가 죽은 후 누군가 황제에게 옥 복숭아 술잔을 헌납하자 쿠빌라이는 탄식했다. "하마터면 충신을 억울하게 대할 뻔했군."

색과 재부를 탐하지 않은 바얀 같은 충신이 조정에 중용되었다는 사실이 바로 한 정권의 희망이었다.

| 중국사 연표 |

1272년 지원 9년 정월, 상서성을 중서성으로 합병하고 2월 중도를 대도라 개칭했다.

064

살아서 재부, 죽어서 개밥

아허마阿合馬는 권세가 조야를 누르고 교만해 도처에서 미움을 샀다.

이단·왕문통이 망한 후 색목인色目人들은 기회를 노려 쿠빌라이에게 참언했다. "회회인은 나라의 재물은 훔칠지언정 한족처럼 감히 반역하지는 않나이다." 색목인은 중앙아시아에서 왔는데 장사를 잘하고 이재에 밝았다. 쿠빌라이는 급히 재물을 모으기 위해 색목인을 중용하는 한편, 이로써 한족 세력을 견제했다.

재부를 긁어모으는 데 재주가 있다

회회인 아허마는 중앙아시아 우즈베키스탄에서 출생했다. 궁중 시신으로 잡무를 하던 그는 영리하고 부지런해 쿠빌라이의 눈에 들어 파격적으로 재상 서열의 중서 평장정사로 발탁되었다.

아허마는 확실히 재간이 있어 많은 재부를 긁어모았다. 아허마는 각지에 세금 도급제를 실시하여, 그 지역의 세금 징수를 도급하고 세금 액수를 정한 후 정부가 더는 간섭하지 않는 방식으로 해당 관리 마음대로 긁어모으게 하고, 또 자기 마음대로 세금 액수를 올렸다.

아허마는 각급 관리들이 중간에서 착복한다는 것을 알고 정기적으로 검열을 하여 자신의 몫을 챙겼다.

상업 독점은 아허마가 재부를 긁어모으는 또 하나의 수단이었다. 그는 철·은 등 야금업을 독점하고 품질이 떨어지는 농기구의 값을 올려 농민에게 강제로 팔았다. 그는 또 지폐를 남발해 당시 유통 화폐 가격을 5배나 떨어뜨려 사회경제를 파괴했다.

아허마는 쿠빌라이를 위해 20년간 국고 수입을 대대적으로 늘려 총애를 받았다. 쿠빌라이는 늘 이렇게 말했다. "재상은 반드시 천도를 알고 지리를 살피고 인사에 진력해야 한다. 회회인 중 오직 아허마만이 이 직을 감당할 수 있다."

친신을 남용하고 반대파를 배척하다

아허마는 여색을 밝혀 미녀를 보면 처첩으로 삼았는데, 처첩이 약 400명에 달했다. 또한 사인 세력을 양성하기 위해 항상 친신을 발탁했다.

이에 조정 대신들의 불만이 높아지자 아허마는 아예 대놓고 말했다. "폐하께서 나라의 대소 사무를 신에게 위탁하셨으니 신의 사람을 등용해야 하나이다." 후에 아허마는 한 술 더 떠 자신의 아들을 추밀원에 넣어 군사 대권을 장악하게 했다.

중서좌승상 허형許衡이 쿠빌라이에게 간했다. "나라의 주요부서는 병兵·민民·재財 세 가지인데 지금 아비가 민정과 재정을 관장하고 아들이 군정을 관장해서야 되겠나이까?" 그러자 쿠빌라이가 되물었다. "그가 반역할까 봐 근심인가?" "아직 반역하지 않았지만 이미 반역할 실력과 조건을 갖추었나이다."

아허마는 이 말을 전해 듣고 허형

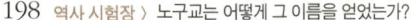

원나라 시대의 휘파람 부는 조각 (벽돌 용)
1973년 하남 초작焦作 묘에서 출토된 이 용은 두건을 쓰고, 긴 저고리 차림에 채찍을 쥐고, 휘파람을 불며 말馬을 부르는 듯하다. 전반적으로 몸이 길고 다리가 짧으며, 생동감 있는 상반신 동작은 당시 사회 분위기를 짙게 나타낸다. 현재 하남성 박물관에 소장되어 있다.

| 세계사 연표 |

1272년

콘월의 샤를이 죽고 신성 로마 제국 제위가 비어 교황 그레고리 10세는 통제할 방법이 없으니 게르만 왕위를 계승하도록 한 사람을 지정하겠다고 게르만 각지 제후를 위협했다.

《원사元史·아허마전阿合馬傳》 출전

청화자기 유목민족 풍속 주전자

에게 말했다. "너는 무슨 근거로 나를 모함하느냐? 일심으로 모반하려는 건 바로 너다. 권세와 관직과 여색을 좋아하지 않고 인심만 매수하는 것이 모반을 도모하는 것 아니냐." 결국 허형은 파직되어 귀향했다.

대신 최빈崔斌이 입조해 "아허마가 나쁜 짓을 하고 친신을 남용한다."고 고발하고 지방의 아허마 일당을 타격하고 그 폐정을 세거했다. 그러자 아허마는 즉시 최빈을 모함해 죽이고, 병부상서 장웅비張雄飛에게 정적을 살해하면 고관을 주겠다고 하자, 장웅비는 "무죄한 사람을 죽여야 하는 고관은 필요 없다" 하여 조정에서 배척되었다.

진가眞假 태자

아허마가 재삼 한족 관리를 살해하자 회·한 쟁투는 점점 첨예해졌다.

아허마의 반대 세력은 황태자 친킴眞金의 지지를 받았다. 친킴은 유생의 정치 주장을 찬성하고 아허마에 불만이 많았다. 언젠가 친킴이 활궁으로 아허마의 머리를 때려 얼굴에 상처를 냈다. 아허마의 상처를 본 쿠빌라이가 상처에 대해 묻자 아허마는 말에 차였다고 거짓말을 했다. 그러자 옆에 있던 친킴이 사실을 말하고 쿠빌라이 앞에서 주먹으로 여러 번 아허마를 때렸다.

아허마의 죄행을 쿠빌라이도 감지했지만 파직시키기 아쉬워했다. 아허마의 권세는 조정에서 절정에 달해 사람마다 증오했다.

1282년 3월, 쿠빌라이와 태자 친킴이 대도를 떠났다. 무관 왕저王著와 승려 고씨는 아허마를 제거하기로 밀모하고, 80여 명을 집결해 태자 일행으로 위장하고 밤에 성내에 잠입했다. 그들은 먼저 두 승려를 중서성으로 파견해 태자 친킴이 오늘 저녁 국사와 함께

장대 저울

《묵자墨子》는 장대 저울의 평형 관계를 기록했는데, 그것에 대한 탐구 실험의 총화인 듯하다. 이는 묵자가 그리스의 아르키메데스보다 2000여 년 앞서 지렛대 정리를 발견했음을 설명한다. 그림의 출처는 산서 홍동洪洞현 광승사 수신묘 원나라 시대 벽화다.

●●● **역사문화백과** ●●●

[원나라 시대의 간면 식품과 습면 식품]

만두·포자·소맥 등 쪄서 식용하는 면식을 '간면干面 식품'이라 하고, 훈둔·물만두·칼국수 등 물에 삶아 식용하는 식품을 '습면濕面 식품'이라 한다.

영정하永定河의 옛 이름이 노구하盧溝河였기 때문이다

1273년

| 중국사 연표 |

지원 10년 정월 원군은 번성을 공략했다. 2월 양양이 투항해 송나라 군사 방어선이 격파되었다.

불사를 치르니 준비하라고 알렸다.

이튿날 왕저는 태자의 영지를 꾸며 추밀부사 장역張易을 소환해 저녁에 군대를 태자의 동궁에 대기시키라고 했다.

장역이 병사를 데리고 궁 밖으로 나가니 숙위가 물었다. "군사를 동원해 뭘 하는가?" "저녁이면 알게 될 거요." 재차 물으니 장역이 귓속말을 했다. "태자가 와서 아허마를 죽이려 하네."

죽은 후 개밥이 되다

밤이 되자 왕저는 말을 타고 아허마의 관부에 가서 원자가 곧 온다면서 관원들에게 궁전 앞에 나가 영접하라고 했다.

태자를 제일 두려워하는 아허마는 다가와 참배했다. 가짜 태자는 말을 멈추고 성관들을 불러 아허마에게 몇 마디 훈계를 하고 나서 왕저가 감추었던 망치를 꺼내 아허마의 머리를 힘껏 치자 아허마는 그 자리에서 숨졌다. 그리고 아허마 일당 학정郝禎도 죽였다. 이때 동궁 총관 장구사張九思가 거짓임을 발견하고 위사를 집결해 공격했는데, 화살이 빗발치듯했다.

거사한 자들과 승려 고씨는 뿔뿔이 도망치고, 왕저는 떳떳이 나서서 태연히 체포되었다.

쿠빌라이는 태자로 가장해 아허마를 죽였다는 소식을 듣고 크게 노해 엄중히 조사해 처리하라고 영을 내렸다. 인차 승려 고씨가 체포되고 왕저와 승려 고씨, 장역은 같은 날 처결되었는데 죽기 전에 왕저는 안색도 변치 않고 큰 소리로 말했다. "이 왕저는 천하를 위해 해를 제거했네. 오늘 비록 죽지만 내일 사람들이 나의 사적을 기술할 걸세."

그때 그의 나이 겨우 29세였다.

아허마가 죽자 위로는 고관, 아래로는 백성에 이르기까지 모두 기뻐했다. 가난한 사람들도 옷을 팔아 술

청화자기 공명 초가 세 번 방문 그림 덮개 병

을 마시면서 경축해 시장에 술이 동날 정도였다.

민심이 이러함을 본 쿠빌라이는 이 사건을 조사 처리하던 사람들이 그에게 아허마의 악행을 보고할 때 도리어 신하들에게 말했다. "아마도 왕저가 그를 죽인 데는 도리가 있는 것 같네."

그리고 영을 내려 아허마의 묘를 파헤쳐 시체를 통현문 밖에 끌어다 개들에게 뜯게 했다. 아허마의 아들 넷도 처결되고, 가산은 모두 몰수했다.

| 세계사 연표 |

1273년 프랑크푸르트가 게르만 제후 선거 대회를 소집하고 합스부르크의 루데르부를 게르만 왕으로 선출했다.

065 《송인질사회편宋人軼事滙編》3권

고분 도굴 광풍

대원 황제가 보건대, 전조 황릉을 훼멸하는 건 아무 것도 아니었다.

원나라는 송나라를 멸한 후 여러 종교를 허용했는데, 몽케·쿠빌라이 시대에 이르러 불교의 지위가 점점 뚜렷해졌다. 많은 승려들이 가사를 입은 채로 호화 저택에서 살고, 아름다운 처첩을 두고 술과 고기를 마음대로 먹으며 못하는 짓이 없었다.

쿠빌라이가 친히 임명한 석교釋敎 총통 양련진가楊璉眞珈는 더욱 무법천지여서 남송 황릉마저 파헤쳐 항주·소흥 등지에 고분古墳 도굴 광풍이 일었다.

탐욕스러운 승려

1285년 8월, 소흥로 회계會稽현 태녕사 승려 종윤宗允 등은 남송 황릉 지역의 나무를 도벌하다 능을 수비하는 사람들과 충돌했다.

종윤은 양련진가에게 진언해 송릉에는 금·은·옥 등의 보배가 있다고 했다. 양련진가는 욕심이 지나쳐 승려들을 종용, 송릉을 대거 파헤치게 했다.

종윤 등은 사원의 전답이 점령되었다고 거짓말하고 한패의 악당을 거느리고 송릉으로 돌입해 도굴하려고 했다. 그러나 능묘 수비인 나선羅銑이 적극적으로 제지하자 폭도들은 그를 죽도록 때리고 칼을 목에 댄 채 강제로 능원에서 끌어냈다. 이 강도 승려들은 먼저 송나라 영종·이종·도종·양 황후 등 4개 능묘를 파헤치고 부장물을 약탈했다.

이종의 관을 열자 흰 기운이 한 가닥 솟아올랐는데, 얼굴이 산 사람 같았고, 몸 밑에는 금단을 깔고 금단 아래에 대자리를 깔았다.

중국 현존 최대 장식 라마탑 – 원나라 시대 묘응사 백탑

묘응사妙應寺 백탑은 북경 부성문 내에 위치하며, 탑이 흰색이어서 백탑이라고 이름지어졌다. 원나라에서 벼슬한 네팔 기사 아니가의 주관으로, 원 지원 8년(1271)에 건설되었다. 탑은 벽돌과 돌 구조로, 높이는 50.9m이며, 탑 기반·탑신·탑찰로 구성되었다. 탑 기반 부지 면적은 810㎡이고, 탑신은 엎은 그릇 모양으로 7개의 쇠 테두리를 씌웠다. 탑찰은 좌위에 크고 작은 13개의 상륜을 수립해, 소위 '13천'이라 한다. '13천'의 지름은 9.9m이며, 그 위에 40개 방사형 동판 기와를 얹었고, 주변에 36개 가리마와 풍령이 걸려 있다. 맨 꼭대기는 동위에 금박을 입힌 소형 라마탑이다. 현재 묘응사 백탑은 대도에 현존하는 중요한 원나라 특징이다.

다루가치란 몽골어로 '장관, 수장'이란 뜻, 정복한 이역을 감독·경영·수비한다. 한인은 '감림관監臨官'이라 칭했다

1276년

| 중국사 연표 |

지원 13년 정월 남송의 어린 황제가 투항하고 원군이 임안을 점령했다. 원군이 복건·광서에 침입, 북평왕 나무한 산하 종실 왕 시리지가 반역하고 노무간을 잡아 망가 테무르한테 압송, 안동을 하이두에게 보냈다.

한 중이 대자리를 들어 땅에 내동댕이치니 금속 부딪치는 소리가 났다. 원래는 금실로 짠 것이었다.

능에는 보물이 많았는데, 이종의 입에 문 야명주夜明珠를 꺼내기 위해 시체를 나무에 거꾸로 달아매니 체내에서 수은이 흘러 나왔다. 시체는 나무에 사흘이나 달아맸는데 이종의 머리마저 종적 없이 사라졌다. 누군가가 제왕의 고루는 좋은 운을 가져온다고 믿는 회인들이 죽은 사람의 머리를 도적질해 갔다고 했다. 또 누군가는 도굴한 자들이 이종의 두개골로 술잔을 만들어 양련진가에 바쳤다고도 했다.

이 강도들은 묘 안의 모든 재물을 다 약탈해 갔다. 나선은 돌아와 통곡한 후 관에 넣어 잔해를 다시 매장했다. 주위에 통곡하지 않는 남송 유민이 없었다.

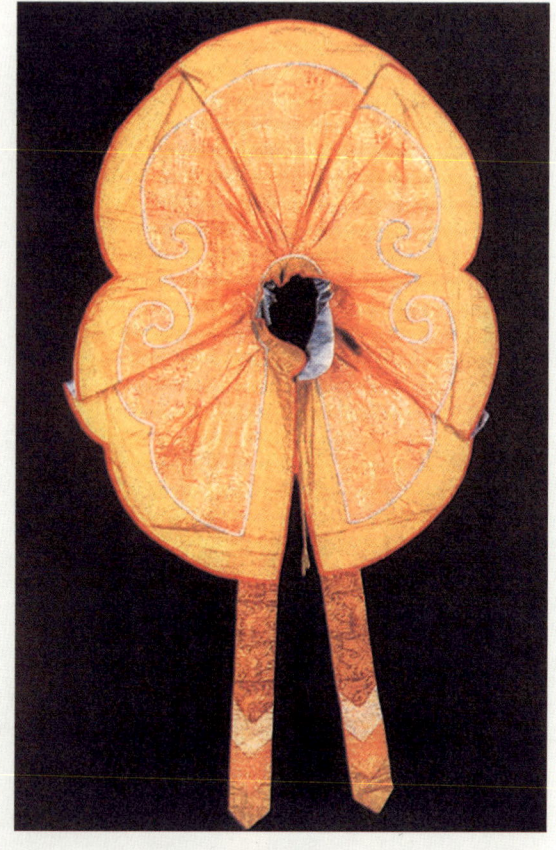

금실을 대량 사용한 원나라 시대 직금 (위 사진)
원나라 시대 직금의 특징은 금실을 대량 사용한 것이다. 즉, 비단 속에 금실을 짜 넣어 그 빛이 휘황했다. 이 목도리는 금실로 꽃문양을 짰는데, 금실이 고르고 문양에 광택이 나 보기가 좋다. 원나라 시대의 직물 진품이다.

당나라 의사가 능을 매장해 보답을 받다 (왼쪽 그림)
임경희林景熙는 중국 문학사상 민족성이 뛰어난 시인이다. 그가 조국의 정을 침울하게 표현하는 것 외에도 생명의 위험을 무릅쓰고 '거지'로 가장, 대광주리를 지고 약재를 캔다는 구실로 황야에 버려진 고종 등 여섯 황제의 유골을 수습해 회계 난정에 매장했기 때문이다. 원나라 세조 지원 21년(1284), 강남 석교 총통 양련진가楊璉眞伽는 송제의 능묘를 발굴하자 금은재보를 탈취한 후, 유골을 풀숲에 던졌다. 임경희는 회계의 당각唐珏과 함께 의거로 그 유골을 수습해 매장하고 봉분에 동청冬靑을 표징으로 심었다. 명나라 시대에 능 옆에 임·당 '쌍의사雙義祠'를 건설하고, "동청 나무 의사를 그리고 천추의 향불 능 옆에서 타오르네"라는 주련으로 두 사람에 대한 경모의 심정을 표현했다. 이 그림은 명나라 간행본 《서호2집西湖二集》에 실려 있다.

| 세계사 연표 |

1276년 — 토번 승려가 원나라에서 고려에 당도, 원나라는 사자를 고려에 파견해 귀순 군인들의 아내를 징모, 고려는 과부와 처녀를 모집해 제공하고 통문관을 설치해 한어를 배웠다.

죄가 있어도 죽이지 않는다

도굴 소식이 퍼지자 새로운 도굴 광풍이 일었다. 송나라 휘종·흠종·고종·효종·광종 5제의 능묘가 차례로 도굴 당했고, 맹·위·오·사 4후의 능도 싹쓸이 당했다. 도굴당한 남송의 황릉과 대신의 묘가 100여 개나 되고, 보물이 대량 소실되었다.

놀라운 일은, 휘종·흠종의 능묘에 썩은 나무 조각만 남았다는 것이다. 고종과 효종의 능묘도 텅 비고 유골마저 볼 수 없었다.

양련진가는 세상에 드문 보물을 얻었다. 남송 황제의 유골은 황야에 버려져 남송 유민의 키다란 반발을 샀다. 후에 양련진가는 영을 내려 유골을 두루 모아 우마의 뼈와 함께 한곳에 파묻고, 그 위에 보탑을 건

청화자기 모란 당초도 물주전자

조해 이름을 진남탑鎭南塔이라 했다.

살판 치는 양련진가를 조정의 많은 사람이 탄핵했지만 쿠빌라이는 죄를 묻지 않았다.

사실 대원 황제의 눈에 훼멸된 국가 제왕의 능묘는 아무것도 아니었다.

식량 가공 작업장

●●● 역사문화백과 ●●●

[과거 시험 놀이]

과거시험을 놀이로 실시한 일은 원나라에만 있는 일이었다. 원나라에 벼슬을 하려면 첫째 뿌리가 있어야 하고(귀족 출신), 둘째 마음이 독한 아전이어야 했다. 일부 좋은 부서에서 출직한 아전은 관원보다 승진이 빨랐으며, 조정의 과거 등용 인수는 극히 적었고 등용된 유생은 근본적으로 중용되지 못했다. 유생의 황금시기였던 송나라에 비해 유생들은 불만이 많았고 "유생 9명에 거지 10명이다"라며 귀족의 미련함과 아전의 탐욕을 조소하면서도 신분을 낮추어 아전 노릇을 했다. 회남에 한 풍류객 부호는 스스로 과거시험을 실시해, 장원 등 등급도 매기고 시험 후 성대한 연회를 차려 금·은 재보를 수험생에게 등급에 따라 나누어 주었다. 이는 법에 위법이었지만 관청은 못 본 척 웃으면서 지나쳤다.

서장. 백탑은 일명 복발식 라마탑, 원나라 때 황실이 라마교를 신봉해 중원에 전해졌다

| 중국사 연표 |

1279년

지원 16년 정월, 원군이 애산을 공략하고 송나라 황제가 익사해 송나라가 멸망했다. 3월 쿠빌라이는 곽수경의 건의대로 총 27개 지점에서 해 그림자 도수를 측정했다.

066

별처럼 빛나는 학구열

곽수경郭守敬은 지상은 물론 하늘에서도 그 명성을 날렸다.

한 소년이 밤하늘의 별을 쳐다보다 머리를 숙이고 생각에 잠겨 사색의 날개를 끝없는 우주에 펼쳤다.

700년 후 이 소년의 이름은 국제천문학회에 의해 달의 한 환상산環狀山 이름으로 명명되었다. 그가 바로 13세기 중국의 위대한 천문학자이자 수리학자인 곽수경郭守敬이다.

조숙한 소년

곽수경은 자가 약사若思이며, 송나라 이종 소정 4년(1231) 순덕 형태邢台(하북성 내)의 한 선비 가정에서 출생했다. 당시 형태는 몽골 한국汗國에 점령당하고, 남송 정권은 임안臨安(항주)에서 작은 조정을 경영했다.

조부 곽영郭榮은 학식이 매우 풍부해 오경을 통달하고 수학과 수리에 능했다. 곽수경은 어려서부터 독서를 즐겼으며, 천문학에 특히 애착이 많고, 손재간이 있어 스스로 간단한 천문 의기까지 만들었다.

시야를 넓히기 위해 곽수경은 형주邢州 서남 100여 리 되는 자주磁州, 지금의 하북성 자현磁縣 자금산紫金山으로가서 유병충劉秉忠을 스승으로 모셨다.

몽골 국왕 쿠빌라이에 중용되어 제위 쟁탈과 중국 통일 행정에 계책을 내어 많은 공을 세운 유병충은 천문·수학·지리·음률·술수에 능통했다. 그의 가르침으로 곽수경은 학문에서 크게 진보하면서 뜻이 같은 학우를 많이 사귀었으며, 벼슬길의 훌륭한 토대를 닦았다.

곽수경이 설계·제조한 원나라 시대 방형 해시계
구리로 되었으며 태양의 방위와 각도를 측정하고, 해시계와 같은 종류에 속한다.

| 세계사 연표 |

1279년 스웨덴 국왕 데메르는 그 동생 마르그라스 라두라스에 의해 파면되고 후자는 자립해 국왕이 되었다.

《원사元史·곽수경전郭守敬傳》 출전

유럽보다 300년 앞선 곽수경 간의
간의簡儀는 1279년에 제작했는데, 전통적인 혼의渾儀에 비해 관건적인 개혁을 했다. 그 설계와 제작 수준은 300년 후 유럽의 의기儀器와 맞먹는다.

같은 시대 문학가 원호문元好問은 《형주신석교기邢州新石橋記》에서 새 다리의 건조 경과를 자세히 기술하고, 곽수경을 칭찬했다.

공밥을 먹지 않다

곽수경은 수리에 능하고 구상이 뛰어나 명성이 자자했다. 당시 쿠빌라이는 통일 대업을 완수하기 위해 농업과 양잠업을 권장, 수리를 다스리는 조치를 실시하고자 각 방면의 기술 인재를 모집하는 한편, 곽수경

등봉 원나라 시대 천문대
하남 등봉시 고성진에 위치하고 있는 천문대는 뒤로는 중악 숭산嵩山, 남으로 기산箕山을 바라보며 영하潁河 강변에 있다. 이미 700년의 역사를 가진 이 천문대는 비교적 잘 보호된 최초의 현존 천문 건물의 하나이다. 주공이 토규로써 해 그림자를 측정한 이래 천문기술 발전을 이루며 중국 천문학사와 건축사 연구에 매우 높은 가치가 있다.

고향에 복을 마련하다

남북 교통의 요충지에 위치한 형주는 금과 원나라 시대에 전란이 빈번해 부유하던 지역의 전답이 훼손되고 인구가 극감했다. 원나라의 통치를 굳건히 하기 위해 쿠빌라이는 형주 지배를 강화, 형주 안무사를 두어 생산을 회복시키려 했다.

당시 형주 성북 돌다리가 함락되어 흙과 모래가 쌓이고 강물이 넘쳐 농업 생산과 교통에 막대한 불편을 초래했다. 형주 지방 관원은 물길을 소통하기로 했다. 주 관원의 파견을 받은 곽수경은 성북으로 가 지형을 답사하고 물길의 흐름을 관찰, 다리의 건축 위치를 확정했다.

공사가 시작되어 인부들이 확정된 지점을 파자 수년 동안 매몰되었던 다리가 나타났다. 곽수경이 선택한 지점이 선인들의 생각과 같았던 것이다. 새 다리는 옛 다리의 기초로 쌓은 돌을 이용해 인력과 재료를 절약하면서 빨리 건설되었다.

이리하여 형주에서부터 북으로 연경에 통하는 또 한 갈래의 큰 길이 생겼다.

1281년

| 중국사 연표 |

지원 18년 쿠빌라이는 출병해 일본을 침범하다 태풍을 만나 전군이 전멸했다. 곽수경 등이 《수시력授時曆》을 편찬, 천하에 반포·실시했다. 제후 왕과 귀족에 강남 호초를 보편적으로 하사했다.

유병충 화상

유병충劉秉忠(1216~1274)의 자는 중회仲晦, 호는 장춘산인이고, 형주邢州 사람이다. 많은 서적을 탐독했고, 해운선사의 천거로 쿠빌라이의 중용을 받았다. 30여 년간 쿠빌라이를 섬기며 밀모에 참여하고 사직 대계를 정했다. 세조 등극 후 상도(내몽골) 정람기와 대도(북경) 설계를 주관했으며, 8년 만에 준공해 태보·중서성사(승상)에 이르렀다. 농경·수리·교육을 권장해 원나라 초기 경제 문화에 공헌했다. 그림은 《역대명신상해》에 실려 있다.

을 상도 개평부(내몽골 도론)로 소환, 친히 면접시험을 치렀다.

중통 3년(1262), 곽수경은 쿠빌라이와 접견할 때 화북 지역의 수리 건설에 6가지 건의를 제출했다. 그때마다 쿠빌라이는 찬탄을 아끼지 않았다.

곽수경은 제거提擧로 임명되어 하천과 수로의 수리와 관리를 책임졌다. 이후 그는 부하거사·도수소감·도수감·공부낭중 등의 직을 지냈다.

1262년 가을, 곽수경은 정식으로 옥천하를 개통해 식량 수송로를 개척하는 구체 방안을 제시하고, 옥천수를 끌어다 중도 성내 호수의 유량을 늘려 백성의 생활에 편리를 주고, 대도와 통주간 북선 운하 개통의 토대를 마련했다.

그 후 20세기 1950년대에 이르기까지 수백 년간 옥천수는 줄곧 북경의 중요한 수원이 되었다. 세조 지원 원년(1264), 그는 또 서하(감숙·영하 일대)의 황하 유역 옛 관개 수로를 책임지고 소통했다.

지원 12년(1275), 곽수경은 명을 받들어 황하와 회하 평원의 지형과 통항 수로를 답사하고 '수참'(수상 교통 관리소)을 건립했다. 맹진孟津(하남 맹근현 동남 동쪽)으로부터 황하 옛 수로를 따라 사방 수백 리 범위에서 지형 탐사, 설계, 수리 전망 계획을 실시, 작성하고 지도로 일일이 자세한 설명을 달았다. 제도 과정에서 그는 해면 '표고'로 지형의 고저를 표시하는 방법을 창조했는데, 지리학과 측량학의 중요한 개념인 '해발'을 초보적으로 운용했다.

수리 분야에서 곽수경의 가장 큰 공헌은 대도로부터 통주에 이르는 운하(대운하는 당시 통주, 즉 북경 통주까지만 통했음)를 판 것이다. 지원 28년(1291), 곽수경은 대도 양곡 수송로를 포괄할 11가지 수리 건의를 제출했다. 이듬해 그는 태사령 겸 도수감사의 신분으로 이 사업을 주관했다.

'통혜하通惠河'라 명명된 160리에 달하는 이 운하 일식 공사는 1년 반밖에 걸리지 않았다. 이후 남방의 식량 수송선이 운하를 따라 직접 적수담積水潭 부두에 댔다. 적수담은 운수업이 발달하고 상업이 번성하며 경제가 흥했다. 이때 중국 남북을 이어 주는 대동맥인 경항京杭 대운하가 완공되었다.

●●● **역사문화백과** ●●●

[서원이 관학으로 변하다]

청나라의 유명한 학자 주이존朱彛尊은 "서원의 설치는 원나라가 가장 성대하다"고 말했다. 그 수는 서당이 흥성한 송나라보다 많았으며, 그 주관은 산장山長인데, 철저히 관료화되었다. 관청이 밭을 내주거나 직접 관리해 행정 명령으로 가르칠 내용을 규정했고, 주자학을 많이 강의해 송나라 서원의 자유 변론 정신은 완전히 사라졌다.

| 세계사 연표 |

1284년 스페인 알폰소 10세가 죽고 산초 4세가 계승했다. 알폰소 10세는 30년 동안 재위하고 학술을 장려하고 매우 많은 서적을 편찬·번역했다.

원나라 시대 계시 공구 (아래·위·오른쪽 사진)
물시계는 계시 공구로 처음에는 단일 주전자식이었는데, 후에 복식 주전자로 발전했다. 이 문물은 현존하는 최초의 복식 물시계로, 제작 연도와 인원이 조각되어 있다.

천지를 위해 법을 세우다

중국의 역대 제왕들은 '천자'라 자처하며 왕조의 흥망성쇠가 천지일월 운행과 관계있다고 여겨 이를 천도天道 또는 역수歷數라 불렀다.

봉건사회는 농업이 경제 활동의 기본이며, 농업 생산은 정확한 역법에 따랐다. 각조 황제는 역법의 제정을 특히 중요시해 조대가 바뀌면 새 역서를 다시 반포해 황권의 상징으로 삼았다.

200여 년 동안 요와 금나라는 줄곧《대명력》을 답습했다. 1276년 원군이 강남을 공략, 남송을 멸하고 통일이 초읽기에 들어서자 쿠빌라이는

역법 전문 편찬 기구인 태사국을 설립하기로 했다. 쿠빌라이는 곽수경을 태사국으로 보내 왕순王恂과 함께 신력 제정을 책임지게 했다. 곽수경은 의기 제조와 천문 관측에 능란하고 왕순은 수학 계산과 역법 편찬에 능했다.

곽수경은 먼저 새로운 천문 기기를 제조했다. 낡은 기기를 자세히 검사한 후 장인들과 함께 간의·고표·후극의·혼천상·영롱의·앙의·입운의·정리의·경부·규기·일월식의·성귀정시 등 12종의 천문 기기를 연구·제작했다.

그중 제일 중요한 기기는 간의簡儀와 고표高表인데, 모두 실용적이고 간편하며 정확했다. 세계적으로도 유명한 천문 측량 기기인 간의의 기능은 천체의 좌표 위치를 측정하는 것이다. 그 정확도는 서방에서 300년 후 덴마크 천문학자 티코가 발명한 기기와 맞먹었다.

명나라 말기 서방 전도사 요한네스 애덤은 중국에 와서 곽수경이 창제한 기기를 보고 깜짝 놀라 그를 '중국의 티코'라고 존칭했다. 곽수경이 창제한 간의와 다른 정밀한 의기는 청나라 초기까지 완전하게 보존되었으나 강희 54년(1715) 서방 선교사에 의해 훼손되었다.

곽수경 등은 관측한 대량의 자료에 근거, 서한 이래 70종의 역법을 자세히 연구하고 새 역법《수시력授時曆》을 편찬했다.《수시력》은 365.2425일을 한 회귀년으로 하고, 지구가 태양을 한 바

916~1368 원

| 중국사 연표 |

1284년 원나라군이 안남을 침범했다.

선인 성과를 집대성한 원나라 시대 수학

원나라 시대 수학 대사 주세걸朱世杰의 두 개의 부 가운데 하나인 《사원옥감四元玉鑑》이다. 24문門, 288문問으로 '사원술四元術'을 창조했는데, 그 핵심은 고차방정식이다. 그의 연구는 송·금나라 수학에 대한 총화였으며, 중국 고대 수학의 최고 수준에 도달했다.

퀴 도는 시간을 측정했는데, 실제 시간과 26초밖에 차이나지 않아 현행 그레고리 역법과 맞먹지만 그보다 300년이나 빠르다. 천문 계산은 많은 수학 지식이 필요하다. 곽수경의 《수시력》은 지원 18년(1281)부터 전국에서 반포·실시되었는데, 그 기간이 장장 363년(1281~1643)에 달해 중국 역사상 사용 기간이 가장 긴 역법이다.

1286년 태사령(지금의 국가 천문대 대장) 직에 오른 곽수경은 《수시력》 편성 이후 저술에 힘을 쏟아 《추보推步》《입성立成》《전신선택轉神選擇》《시후전주時候箋注》《5성세행고五星細行考》《의상법식儀象法式》 등 천문 서적 10여 종 100여 권을 편찬했다.

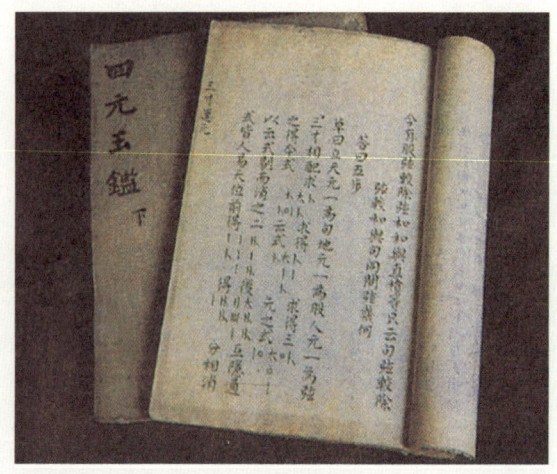

곽 태사는 신선이로다!

대덕 2년(1298), 원나라 성종은 곽수경을 소환해 상도 서북 교외의 철번간령 기슭에 수로를 파고 홍수를 배출하는 문제를 의논했다. 그러자 곽수경이 상주했다. "산 홍수는 빈번하고 갑자기 쏟아지므로 수로의 폭이 적어도 50~70보는 되어야 하나이다." 조정은 경비를 삭감하려고 시공 때 실제 너비를 곽수경의 설계보다 좁혔는데 이듬해 폭우가 내려 수로가 넘쳐나 사람, 가축, 장막이 물에 잠기고 성종의 성북 행궁마저 잠길 뻔했다.

성종은 후회하며 말했다. "곽 태사는 신선이로다!"

대덕 7년(1303), 성종은 조서를 내려 내외 관원은 만 70세가 되면 치사(퇴직)할 수 있다고 했지만 곽수경은 예외였다. 왜냐하면 한림태사원 천문관에 그는 없어서는 안 될 사람이었기 때문이다. 이때부터 태사원 천문관은 퇴직하지 않는 것이 관례로 굳어졌고, 1316년 곽수경은 85세를 일기로 세상을 떴다.

1978년 중국 과학원 자금산 천문대는 1964년에 발견한 '소행성(2012)1964TK2'를 '곽수경'이라 공식 명명했다.

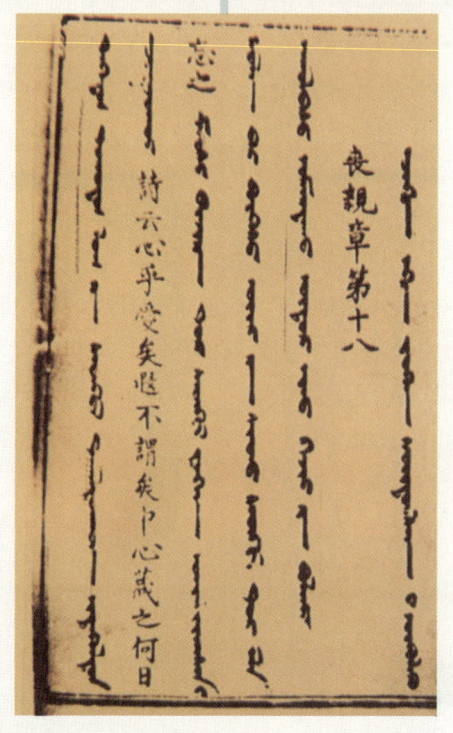

한·몽 합벽 《효경》 (원나라 각본)
기록에 따르면 원나라 대덕 11년(1307) 중서우승상 베라테무르가 몽골어로 번역한 《효경孝經》이 바로 이 책으로 추정된다. 몽골어가 앞에, 한문이 뒤에 있다.

| 세계사 연표 |

1284년 이탈리아 베니스가 금화 두카토를 주조, 유럽 각지에 유통되고 국제 상업 무역 중에 통용 표준 화폐가 되었다.

067

《개간학안介刊學案》청강희淸康熙 《악평현지樂平縣志》 9권
《송원학안宋元學案》 89권

출전

문헌으로 제도를 고증하다

《통고通考》는 "전고에 익숙하지 못하면 편찬할 수 없는 책이다."

중국 고대사서의 정통은 기전체인데, 그 아래에 기紀·전傳·표表·지志 등 네 부분이 있다. 남조 양梁의 문학가 강엄江淹이 말했다. "사서 편찬은 지志보다 더 어려운 것이 없다. 지는 헌장과 관계있으므로 전고에 익숙하지 않으면 편찬할 수가 없다."

당나라 사람 두우杜佑는 고대부터 당나라 천보 연간에 이르는 전장 제도를 분류·평가한 《통전通典》을 집필, 제도 통사의 기원을 이루었고, 원나라 시대에 이르러 마단림馬端林이 나타난다.

재상의 아들이 벼슬하지 않다

마단림(1254~1323)은 자가 귀여貴與이고 낙평樂平(강서 경내) 사람이다. 그 부친 마정란馬廷鸞은 송나라 말기 도종 때 우승상 겸 추밀사를 지냈는데, 후에 권신 가사도賈似道와 불화해 사직하고 고향으로 돌아가 《독사순편讀史旬編》을 저술했다. 이는 사서로서 10년을 1순으로, 요遼나라 황제부터 후주 현덕 7년에 이르기까지 모두 38질을 묶었다.

부친의 독촉에 마단림은 어려서부터 주자학에 정통한 조경曹涇을 스승으로 모시고 엄격한 국학 교육을 받았다.

고관 자제는 과거를 거치지 않고 벼슬할 수 있는 제도를 음보蔭補라 하는데, 마단림은 19세 때 이런 특권을 누릴 수 있었지만 부친의 덕을 보지 않고 과거에 참가, 20세 때 조시漕試(관원 자제 시험)에서 1등을 했다.

송나라 멸망 후 마단림은 집에 은거해 독서와 집필에 몰두했다. 부친을 도와 《독사순편》을 편찬하며 편찬 방법에서부터 사료 원천에 이르기까지 많은 교시를 받았다. 부친 사망 후 마단림은 자호서원과 가산서원의 산장을 지냈는데 그 기간이 매우 짧았고, 이후 또 태주(절강 경내) 유학 교수를 지냈지만 역시 3개월 후 사직했다. 그 후 줄곧 고향에서 저술하고 강의했는데 방문객이 매우 많았고, 그 논설이 능숙해 듣는 자들은 항상 얻음이 있었다.

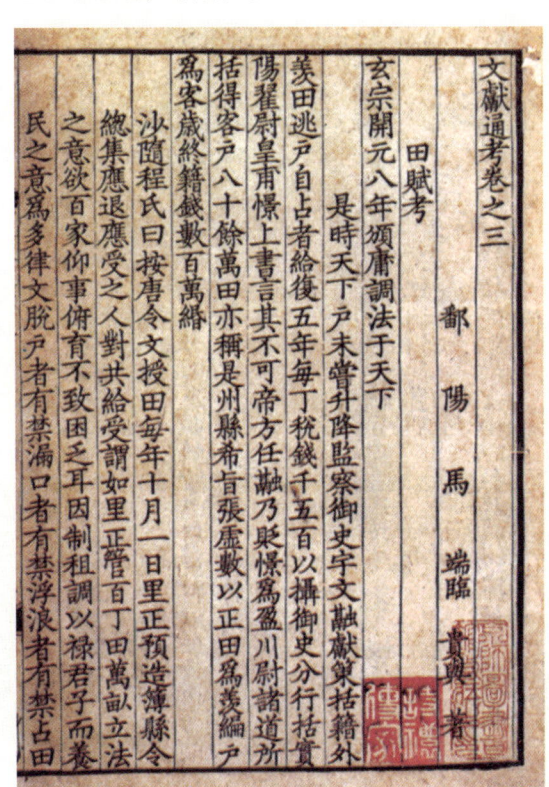

역사 거작 – 마단림 《문헌통고》 (원나라 각본)
《문헌통고文獻通考》는 역사 전장 제도를 전문적으로 기록한 거작으로 총 348권이다. 마단림(1254~1323)은 자가 귀여貴與이고, 요주 낙평(강서 경내) 사람이다. 자호서원, 가산서원 산장과 태주노학 교수를 지냈지만, 거의 평생을 은거해 저술했다. 전서는 24류로 되어있으며, 상고부터 남송 영종 가정 17년(1224)까지 기록했다. 문·헌·고 3차원으로 역사 계승 발전의 맥락을 기록했고, 역사적 경험 교훈과 경제 발전을 탐구하는 선진적 사학 관점을 구현했다. 사학자들은 《문헌통고》를 《통전通典》《통지通志》와 함께 '3통' 이라 부른다.

916~1368 원

| 중국사 연표 |

1294년 지원 31년 정월 쿠빌라이가 죽었다. 4월 원나라 성종 테무르가 제위에 등극했다.

평생의 업적은 주로 《통고》였다

그의 평생 최대 업적은 무엇보다 거작 《문헌통고》였다.

지원 22년(1285) 전후에 편찬에 착수, 20여 년 만에 완성했다. 원나라 인종 연우 4년(1317) 조정은 사람을 보내 재능 있는 인사를 방문했는데, 그의 책을 본 황제가 즉시 인쇄를 명했다. 단림은 물론 매우 기뻐 요주饒州, 지금의 강서 파양波陽으로 가서 원고를 교정, 영종 지치 2년(1322)에야 전서는 끝냈다. 그 해 단림은 고향에서 죽었는데, 일설에는 태정 원년(1324)에 죽었다 한다.

어쨌든 그는 70세를 넘겼고, 대작이 천하에 유행함을 직접 보았으므로 무척 위안이 되었을 것이다. 그런데 많은 문인과 마찬가지로 그의 평생 사적도 정사의 전당에 오르지 못해 《송원학안宋元學案》과 청나라 초기 《낙평현지樂平縣志》에 짧게 기록되어 있다.

원나라 시대 회전식 활자판
활자 인쇄는 원나라 시대에 새롭게 발전했는데, 농학자 왕정王禎은 회전식 활자판을 발명했다. 자판은 원형이며 몇 칸으로 구분되어 있고, 활자는 운에 따라 각 칸에 배열한다. 배판 시 두 사람이 조작하는데, 한쪽에서는 원고를 읽고, 다른 한쪽에선 자판을 돌리며 활자를 편하게 줍힌다. 인쇄가 끝나면 다시 원래의 칸에 배열한다. 기록에 따르면, 왕정은 3만여 자의 나무 활자로 1개월 미만에 6만 자의 《정덕현지旌德縣志》를 인쇄했다.

사남방司南坊

송나라는 사학자가 배출된 시대로, 사마광의 《자치통감》, 정초의 《통지》 등 고금을 관통하는 많은 통사가 나왔다.

마단림은 송나라 시대 사학 사상의 영향을 깊이 받아 사마광의 거작에 매우 탄복했지만 제도 통사가 부족하다고 느껴 이를 종신 사업으로 간주했다. 그는 두우杜佑의 《통전》을 찬양하면서 "강령이 거대하고 고증이 합당한데, 제목 사이에 분명히 밝히지 않고 취사선택이 정밀하지 못해 유감이 없지 않다"고 말했다. 그러므로 《문헌통고》는 《통전》을 참조한 동시에 이를 더 발전시켰다.

제강으로 문·헌·고를 통솔하다

총 348권인 《문헌통고》는 상고부터 남송 영종 가정 말기에 이르기까지 역대 전장 제도를 분류했다.

전서는 24고, 즉 24류로 구분했는데 화폐·호적·학교 등 표제를 보면 내용을 알 수 있다. '고'의 앞에 짧은 머리말이 있어 저술 원칙과 고증의 새로운 뜻을 설명했다. '고' 뒤에 또 몇 개의 소제목을 두어 매개

| 세계사 연표 |

1294년 제노바 사람들이 쿨리 섬에서 베니스 함대를 크게 격파한 이후 두 성은 14세기 말 제노바가 대패할 때까지 장기간 접전했다.

곽수경의 주관하에 개통된 통혜하
원나라 시대 지원 26년(1289), 남북 대운하가 소통된 후 남방의 선박은 통주(북경 동남쪽)까지만 통했다. 지원 29년(1292)에 곽수경의 주관으로 일 년 후 통혜하를 소통하여 대도(북경)에서부터 항주로 직통되었다. 사진은 통혜하 유적지다.

소제목의 내용을 시간 순서로 배열했다. 그러나 《통고》는 단순히 재료를 배열하는 데 그치지 않고 서술·고증하고 논단을 내려 두우 전지체와 정초 회통會通의 뜻을 유기적으로 결합했다.

이 저서는 명칭으로 그 구조를 구현한다. 즉, 각 분류 부분은 문文·헌獻·고考 3차원으로 배열했다.

송나라 시대 부분을 예로 들면 첫 줄 첫 칸에 '문', 즉 '서술' 부분, 대부분 송나라의 국사와 회요의 재료를 취했다. 한 칸 낮춰 쓰면 '헌'으로 '논설' 부분인데, 송나라 사람들의 평론을 적잖이 인용했고, 저자의 사상 경향도 알 수 있다. 무릇 두 칸 낮춰 배열한 부분은 '고'인데 저자 자신의 의론으로 역사 변천의 선색, 시비에 대한 평판, 사료 고증, 명물 해석 등을 포괄한다. 문·헌·고 세 부분을 유기적으로 결합해 재료를 시간 순서로 배열하고 검색에 편함은 물론, 역사 발전의 선색을 이해하기 편하게 했다.

마단림은 정초의 '회통' 사상을 계승·발전시켰고, 시간 순서에 의한 문헌 분류에 만족하지 않고 역사적 합법칙성을 힘써 추구했다. 문헌에 대한 배열 연구를 거쳐 저자는 흔히 각종 제도를 부동한 발전 단계로 구분, 모종 역사 사실을 역사 단계의 표징으로 제출했다.

전서 편폭은 근대를 상세하게, 고대를 간략하게 하는 특점을 보이며 각 소제목에도 또 중점이 있어 매개 '고'는 바로 하나의 완전한 전문 역사다. 《학교고學校考》를 예로 들면 총 7권인데, 송나라 시대 부분이 약 3분의 1을 차지한다. 앞 2권은 전문 송나라 시대 이전의 태학을 상세, 간략하게 서술, 그중 한나라 무제와 당나라 태종 시대가 2개 고조임을 볼 수 있다. 제7권의 태반은 송나라 시대의 향당 교육을 서술, 또 신종과 휘종 시대 변화에 치중해 기록했다.

마단림은 송나라의 멸망에 대해 몹시 가슴 아프게 생각해 송나라 시대 역사 부분을 상세히 기록하고 송나라 시대 사회제도의 득실 탐구에 힘쓰면서 망국의 원인을 찾으려 했다. 이로써 고국에 대한 그리움을 기탁하는 동시에 후세의 통치자에게 참고를 제공했다. 그러므로 《통고》 송나라 시대 부분의 원시 재료는 매우 풍부하다. 원나라 관청이 편찬한 《송사》의 여러 지는 바로 이 책을 참고해서 썼었다.

916~1368 원

●●● 역사문화백과 ●●●

[과거의 쇠락]

당과 송나라 이래 과거는 중요한 선비 등용 제도로 매년 회시는 조야의 초점이자 한족 문명의 상징 중 하나가 되었다. 몽골 시대에 오고타이가 1회 시험을 친 외에 과거를 실시하지 않다가 야율초재 등의 건의로 인종 원우 2년(1314) 비로소 첫 회시를 실시했다. 그 후 대체로 3년에 1회를 실시했으며, 중간에 10년 동안 중지하여, 총 16회 실시했다. 매회 거란인 300명이 참가했고, 몽골·색목·한인·남인 4등급 각 75명이 참가했다. 그 중 각 등급 25명씩 100명 합격했는데, 몽골과 색목인은 인원이 적어 기준을 낮춰도 부족했다. 3년에 한인과 남인 합격자는 50명이었으며, 원나라 시대 전반에 1100명에 지나지 않아 관원의 4%에 머물렀다. 강남의 작은 왕조 남송은 이보다 10배 많았다.

그 색깔은 흰 바탕에 청색이 나며, 백색 자기에 청색 무늬를 그린 것이다

| 중국사 연표 |

1301년 하이두 등이 영북에서 원나라 군사와 작전, 하이두가 패하여 영북에서 물러나 도중에 죽었다.

068

신기는 오래 비우지 못한다

나라에 하루라도 군주가 없으면 안 되므로 범재도 제왕이 될 수 있었다.

원나라 시대에 황실 내부의 투쟁은 멈추지 않았고 세조 쿠빌라이에서부터 순제까지 30년 사이에 주마등처럼 10명의 황제가 등극, 재위 기간이 길어야 10여 년, 짧으면 1개월 남짓했다. 용좌에 앉기 위해 형제, 숙질 사이에 서로 죽고 죽이는 참담한 상황이 벌어졌고, 이런 내부 소란 속에서 점차 부패하고 붕괴되었다.

태자가 승천하다

쿠빌라이는 원래 황위를 태자 친킴에게 물려주려 했지만 태자는 그보다 앞서 죽었다. 태자는 항상 쿠빌라이가 중용하는 아허마 등 친신을 미워했고 일부 유생 대신의 옹호를 받았지만 쿠빌라이에 대해 절대 복종했으며, 조정 대권은 항상 쿠빌라이가 독단했다.

아허마가 죽은 후 그 일당이 태자를 모함하려고 한 대신이 상서했다. "폐하께서는 연세가 높아서 태자에 선양함이 마땅하고 황후께서는 간섭하지 말아야 하옵나이다." 쿠빌라이는 권세욕이 매우 강해, 이 상서는 범의 이빨을 뽑으려는 것이나 다름없어 태자를 해칠 뿐이었다. 친킴은 몹시 두려워했고, 어사대도 이 상주문을 남몰래 눌러 두었다.

이 일을 탐지한 아허마 잔당은 세조에게 고발했다. 태자를 옹호하는 우승상 안동安童

원나라 시대 금산사 천불 사리탑
하북 내수현 동쪽 용천촌에 위치하며, 대덕 4년(1300)에 건설했다. 팔각형 13급 밀첨탑으로 높이는 8.18m이며, 모두 한백옥 석조로 쌓았다. 가장 특이한 점은 1층 탑신 팔면에 총 843개의 불상을 조각했는데, 천불탑의 명칭도 여기에서 유래했다.

은 더는 속일 수 없음을 알고 아예 일의 전모를 쿠빌라이에게 보고하며 아허마 잔당이 태자를 모해하려 한다고 먼저 상주했다. 그러자 쿠빌라이는 대노해 따졌다. "그럼 그대는 죄가 없단 말인가?"

안동은 앞장서 죄를 인정하면서도 아허마 잔당의 목적은 태자를 모해하고 천하를 혼란케 하기 위함이라고 지적했다. 그제야 쿠빌라이는 노기가 가라앉았다. 아허마 잔당은 엄벌을 받았지만 태자 친킴 역시 몹시 놀라 우울증으로 누워 있다가 얼마 안 되어 죽었는데, 그때 나이 겨우 43세였다.

새로운 군주를 의논하다

친킴이 죽을 때 쿠빌라이는 이미 70이 넘어 계승자는 친킴의 아들 가운데서 골라야 했다. 친킴과 그의 아내 예케치 사이에 아들이 셋 있었는데, 장자는 진晉왕 가말라甘麻剌이고 차자는 다르마발라答剌麻不剌, 삼자는 테무르鐵木耳였다. 예케치는 막내아들을 편애해 대신에게 테무르의 황태손 책립을 간언하라하여, 테무르가 공을 세우고 집정 경험을 쌓도록 그를 먼저 북부에 보내면서 중신 위시테무르玉昔帖木兒에게 보좌케 했다.

위시테무르는 칭기즈 칸의 4대 영웅 중 하나인 버르수의 손자로, 누차 전공을 세워 쿠빌라이의 중용을 받았다. 그는 쿠빌라이가 테무르에게 낡은 옥새를 주어 차후 등극 기회를 가질 수 있는 명분을 세우도록 권고했다. 예케치는 또 진조의 옥새를 하나 얻어 '명부'로서 테무르에게 주었는데,

1301년

| 세계사 연표 |

로마 교황이 스코틀랜드 유관 사무에 간섭하려다 잉글랜드 의회의 배격을 받았다. 교황은 또 바미르 주교의 감금 사건으로 프랑스 국왕 필립 4세와 분쟁이 발생했다.

《원사元史·성종기成宗紀》

"하늘의 명을 받아 장수하고 번성한다"는 글이 새겨 있었다.

1294년 쿠빌라이가 죽어 종실 왕들이 상도(내몽골 정람기)에 모여 군주 옹립을 의론했으나 3개월이 지나도록 결론을 내리지 못했다.

테무르의 맏형 진왕 가말라도 영북을 수비하면서 칭기즈 칸의 4대 궁전 장막과 북방 각로 군사를 통령하고 몽골 본토를 관할하며 막강한 세력을 가지고 있었다. 가말라를 지지하는 종실 왕들은 장손이 제위를 계승하는 건 당연하다고 주장했지만, 테무르 일파는 이미 선제의 유언이 있으므로 바꿀 수 없으며 테무르는 천명을 표시하는 명부를 가지고 있다고 주장했다.

신기는 오래 비우지 못한다

이의를 배척하기 위해 대신 집회에서 바얀伯顔은 손에 보검을 잡고 대전 계단에 서서 큰 소리로 조상의 훈시를 낭독하며 테무르를 옹립하는 이유를 진술했

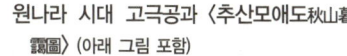

원나라 시대 고극공과 〈추산모애도秋山暮靄圖〉(아래 그림 포함)

고극공高克恭(1248~1310), 자는 언경彥敬, 호는 방산房山, 본적은 서역(신강), 대도(북경) 방산 사람, 대중대부를 지냈다. 강남 임직 시 당지 문인·화가들과 교제, 그 영향을 받았다. 여러 화가의 풍격을 두루 배우고 자체의 특장을 구비해 '당시 제일'로 존숭되었다. 고극공 그림은 《역대명신상해》에 실려 있고, 아래 그림은 대표작 〈가을 산안개 그림〉이다.

다. 이런 바얀의 위엄에 눌려 여러 왕이 꿇어앉아 머리를 조아렸다.

위시테무르는 가말라에게 위압적으로 말했다. "선제가 승천하신 지 석 달이 넘었는데 신기神器는 오래 비울 수 없고, 선조의 가업은 계승자가 있어야 하며, 나라는 하루라도 군주가 없어서는 안 되나이다. 테무르는 선제의 유언과 명부도 있는데 좌상인 대왕은 어찌 한마디도 말씀이 없는지요?" 그러자 가말라는 어쩔 수 없이 한마디 했다. "황제가 일단 등극하면 난 당연히 섬길 테요." 이리하여 뭇 신하의 권고 속에서 테무르가 마침내 제위에 등극했는데, 그가 바로 원나라 성종이다.

성종을 가리켜 사서는 "가업을 훌륭히 지켰다"고 평했다. 실제로 그는 선인의 유산을 향수하면서 아무 일도 하지 않았으며, 즉위 후 5년이 지나도록 6부 관원이 누구인지를 몰랐다. 당시 조정은 기구가 방대하고 복잡하며 탐관오리가 횡행했는데, 성종은 만년에 병이 많아 정사를 더욱 등한시했다. 황후 불루간과 중서 우승상 하라하슨哈剌哈孫이 각각 당파를 만들어 성종이 죽자 두 정치 집단은 또 피비린내 나는 제위 투쟁을 벌였다.

평수平水(일명 평양平陽), 산서 임분, 당시 북방의 최대 조각판 인쇄 중심이다

| 중국사 연표 |

대덕 11년, 정월 원나라 성종이 죽고 아들이 없어 3월 조카 아유르바리바드라가 정변을 발동, 북방의 형 하이샨을 영립했다. 5월 하이샨이 등극, 그가 바로 무종이다. 아유르바리바드라는 황태자로 책립되었다.

069

하이샨이 즉위하다

나는 장자이니 응당 제위에 앉아야 한다. 어찌 음양가의 말 몇 마디에 조상의 규칙을 위반한단 말인가?

성종은 일찍이 아들 테이슈德壽를 황태자로 책립했으나 테이슈가 성종보다 일찍 죽어 1307년 성종이 죽은 후 조정에는 또 제위 쟁탈전이 벌어졌다.

남하해 권력을 쟁탈하다

성종은 만년에 병이 많아 정사를 대부분 황후 불루간卜魯罕이 관장했다. 불루간은 성종의 둘째형 다르마발라答刺麻八刺의 귀비 따지答吉를 몹시 미워해 그녀를 쫓아냈는데, 후에 자신이 오히려 따지의 두 아들 하이샨海山과 아유르바리바드라愛育黎拔力八達의 손아귀에 들어갈 줄은 미처 몰랐다.

하이샨은 19세 때 이미 군사를 거느리고 출정, 사막 이북을 수비하며 수중에 병권을 쥐고 있었다. 성종이 죽은 후 황후 불루간은 수렴청정하며 국사를 좌지우지하려 했다. 그녀는 하이샨이 돌아와 제위를 탈취할까 봐 성종이 죽었다는 소식을 알리지 않고 쿠빌라이의 손자 아난다阿難答를 황제로 천거하려 했다.

그러나 하라하슨은 동의하지 않았고, 황제가 죽자 관아의 인감을 모두 회수해 부고에 봉한 후 병을 핑계로 내궁에서 보내는 지령을 모두 접수하지 않았다. 이때 하이샨이 톡토脫脫를 대도로 보내 일을 의논하게 했는데, 하라하슨은 그에게 즉시 도망쳐 대도의 상황을 통보하라 했다.

소식을 들은 하이샨은 즉시 군사를 일으켜 남하했으나, 길이 너무 멀어 빨리 당도할 수 없었다.

선수를 쓰는 자가 이기다

하라하슨은 또 밀사를 보내어 따지 모자에게 통지했다. 아유르바리바드라는 밀보를 받자 부하들과 의논했다. 모사 이맹李孟이 말했다. "모친을 모시고 장례에 참가하는 명의로 속히 대도에 들어가 적수들의 간계를 조속히 좌절시켜야 하나이다."

1307년 2월 아유르바리바드라는 모친 귀비를 모시고 대도에 이르렀다. 하리하슨은 밤에 밀신을 보내, 하이샨이 길이 멀어 제때 당도하지 못하므로 먼저 손을 써서 화를 방지해야 한다고 하자 모신 아스부카阿沙不花도 선수를 쓰라고 권고했다.

황후 불루간과 아난다는 3월 3일 먼저 손을 쓰려 했는데 아유르바리바드라는 3월 2일 위병을 거느리고 황궁으로 돌입해 아난다과 불루간, 그 대신들을 일망타진했다.

서역 승려를 존경하는 원나라 무종
1307년 즉위해 4년간 재위했다. 서역 승려의 제자 공가 등이 왕비와 길을 다투다 공가가 어명으로 왕비에게 폭행하여 왕비가 하소연했으나 무종은 수긍하지 않았다.

| 세계사 연표 |

1307년

비잔틴 카타르 고용병은 대대장이 암살된 원인으로 병변을 발동해 트라세와 마케도니아 등 지역에서 불사르고 죽이고 약탈하는 등 크게 유린했다.

《원사元史·하라하슨전哈剌哈孫傳》

중봉명본상中峰明本像 (원나라 일암유절一庵宥節 그림)
중봉中峰(1263~1323)은 이름이 명본明本이고, 전당(항주) 사람이다. 속세의 성은 손孫이며, 15세에 출가해 천목산 고승 고봉묘원高峰妙原을 스승으로 섬기고, 영은靈隱 등 명찰의 주지를 역임했다. 조맹부의 친구로, 문인 중 성망이 높다.

이때 여러 왕들이 아유르바리바드라에게 제위에 오르라 했지만 그는 형 하이샨이 장악하고 있는 병력을 고려해 등극하지 못하고 감국이라 칭하며 이맹을 참지정사로 하고, 사자를 보내 하이샨을 영접했다.

나는 장자다

따지는 대세가 이미 기울었음을 알고 음양 선생을 청해 두 아들의 점을 친 결과, 하이샨은 "도망쳐 재앙을 만나며" 국운이 길지 못하다는 괘가 나왔다. 따지는 사람을 보내 하이샨에게 전했다. "너희 두 형제는 모두 나의 친 골육이라 난 누구한테도 치우치지 않지만 음양가의 말을 고려하지 않을 수 없구나."

말을 전해들은 하이샨은 낯빛이 흐려지며 침묵하다 톡토를 불러 말했다.

"난 10여 년 동안 줄곧 변경에서 수비하며 공로는 없어도 고생을 많이 한 데다 장자로서 응당 제위에 올라야 하네. 그런데 태후께서 점쟁이의 말을 믿으시지 않나. 만약 내가 등극한 후 펼치는 정사가 위로는 천심에, 아래로는 민심에 부합한다면 단 하루를 황제로 지낸다 해도 청사에 길이 빛날 터인데, 어찌 음양가의 말 몇 마디에 조상의 규칙을 위반한단 말인가? 이는 위세를 부리며 나쁜 짓을 많이 하던 조정 권신들이 괴이한 소문을 퍼뜨려 나의 등극을 막으려는 수작일세. 자네는 먼저 가서 나의 모친을 만나 동정을 살피면서 일이 생기면 즉시 보고하게. 난 군사를 거느리고 바로 뒤 따르겠네."

형의 등극을 위해 길을 닦다

따지는 하이샨이 군사를 세 길로 나누어 남하한다는 말을 듣자 대경실색해 다급히 톡토에게 설명했다. "난 그저 아들을 아껴서 고려했을 뿐, 대적은 이미 제

••• 역사문화백과 •••

[원나라 시대의 육류]

원나라 시대 북방은 양고기, 장강·회하 이남은 돼지고기를 위주로 먹었다. 또 소·말고기도 있었는데, 말고기는 흔히 연회 때 먹었다.

'과科'는 동작을 가리키고 '원科'은 독백을 가리킨다

| 중국사 연표 |

1311년 지대 4년 정월 무종이 죽고 아유르바리바드라가 집정하다가 3월 제위에 등극, 그가 바로 원나라 인종이다.

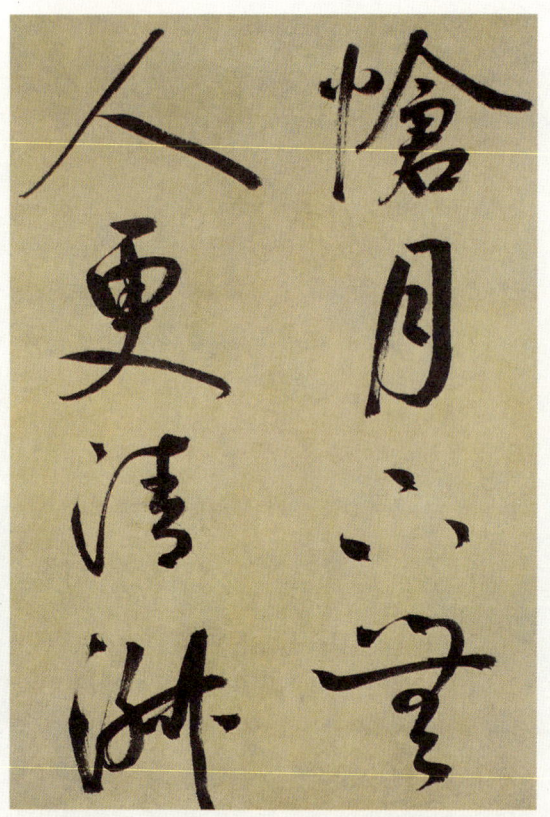 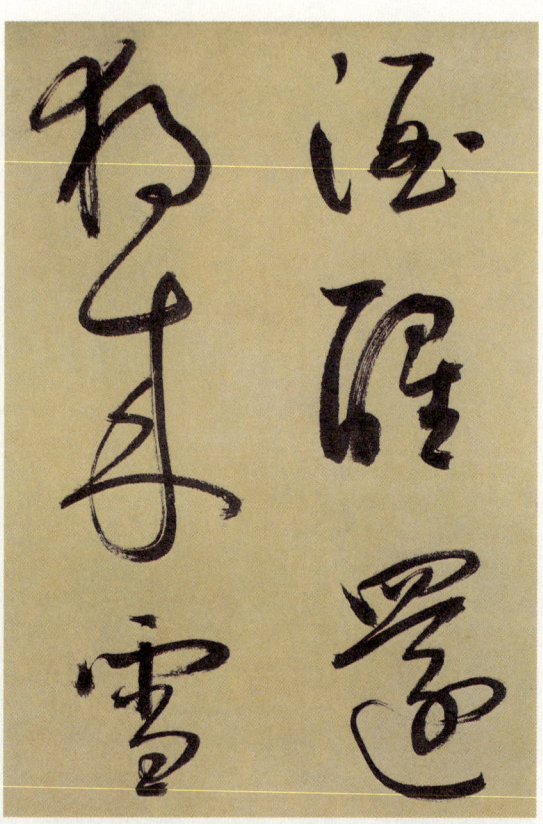

선우추 〈소식 해당시 초록〉
선우추鮮于樞의 초서는 경건하고 시원시원한데 행초서가 제일 유명하다. 이 초록은 그의 걸작으로 흥에 겨워 쓴 것으로 추정된다. 그의 행서는 수려하고 기세가 높으면서도 근엄하다. 운치를 중요시해 기세가 웅장하고도 기개가 속되지 않다.

거했고 종실 왕들도 하이샨이 계승하도록 결정했은즉, 빨리 태자에게 입경하라 하게."

톡토는 말했다. "태모께선 너무 우려하지 마소서. 친 골육이 서로 신임하기만 하면 내란은 일지 않을 것인즉, 이것이 바로 신의 최대 염원이옵나이다."

하이샨의 의심을 풀어 주기 위해 따지는 먼저 대신 아스부카를 보내 하이샨을 영접했다. 그는 이번 궁정 정변의 시말을 하이샨한테 보고했다. "동생께서 감국이 되신 건 의외의 사변을 막으려는 것뿐, 지금 그는 형님의 등극을 기다리고 있나이다."

톡토도 뒤이어 도착해 따지의 뜻을 전달했다. 그제야 하이샨은 시름을 놓았다.

1307년 5월, 하이샨은 군사를 거느리고 상도에 이르렀다. 아유르바리바드라는 모친을 따라 나와 영접했다. 몽골 각 부의 왕들은 상도에 모여 불루간을 폐하기로 결정한 후 그녀를 외지로 보내 자결을 하게 하고, 아난다와 그 친신을 주살했다. 이리하여 하이샨을 황제로 천거, 제위에 등극하니 그가 바로 무종武宗이다. 무종은 궁에서 있던 난을 평정하고 형을 위해 길을 닦은 동생을 푸대접하지 않았다.

그해 6월, 그는 동생을 황태자로 책립해 법정 계승자로 내세웠다. 형제는 서로 아유르바리바드라가 죽은 후 다시 하이샨의 아들에게 제위를 물려주기로 약정했다. 이에 황위 쟁탈전은 비로소 막을 내렸다.

| 세계사 연표 |

1311년

잉글랜드 21위원회가 기초한 개혁 방안이 의회를 통과했다. 방안은 국왕이 대신을 임명하거나 대외 전쟁을 선포하거나 강화 조약을 체결할 때는 반드시 각 대 봉건 제후가 동의해야 한다고 규정했다.

070

《원사元史 · 테무데르전鐵木迭兒傳》 출전

간신 재상 테무데르

테무데르鐵木迭兒는 5대에 걸친 원로로, 평상시 악한 짓을 많이 했으나 오뚝이처럼 버텼다.

인종이 즉위하다

무종은 주색에 깊이 빠져 등극한 지 4년도 못 되어 31세에 죽고 말았다. 태후 따지는 점쟁이의 예언에 탄복하지 않을 수 없었다.

약속에 따라 1311년 3월 그 동생 아유르바리바드라가 대도에서 등극했는데, 그가 바로 인종이다.

인종은 등극 후 공자와 유학을 존숭하고 한족 법제 실시에 힘썼다. 그는 신하에게 강조해 말했다. "짐이 유생을 중용하는 건 그들이 삼강오상을 잘 지키기 때문이네." 그는 과거 시험으로 선비를 등용하고 한족을 중용했지만, 간신 테무데르와의 투쟁에서는 시종 우위를 점하지 못했다.

오조五朝의 원로로 악한 짓을 많이 하다

테무데르는 5대에 걸친 원로로, 평상시 악한 짓을 많이 했지만 황태후 따지를 배경으로 해 무사할 수 있었다.

일찍이 무종 때 운남 지방관으로 있던 테무데르는 직무 태만으로 처분 받았지만 따지가 보호했다. 무종

중국 이슬람교의 4대 고찰 중 하나 - 원나라 시대 봉황사鳳凰寺
절강성 항주 중산중로에 위치하며, 양주 선학사仙鶴寺, 천주 기린사麒麟寺, 광주 사자사獅子寺와 함께 4대 고찰로 불리며, 아랍에서도 명성이 높다. 당나라 때 건설한 봉황사의 원명은 진교사眞敎寺인데, 그 모양이 봉황 같다 하여 봉황사로 명명했다. 송나라 시대에 불탔으나, 원나라 시대 연우 연간에 페르시아인 아로딩이 재건했다. 대전은 벽돌 구조로 정전은 들보가 없고, 정상의 첨정 3좌는 송나라 시대의 유물이며, 중간 1좌에 《코란경》을 조각했다. 아로딩 묘비 등 아랍어 비각도 보존되어 있다.

상당한 성과를 이룩한 원나라 문종
1328년에 즉위했으며, 한족 지역에서 자라 문화적 수양이 높아, 천력 2년에 대도에 규장각학사원을 설립했다. 역대 제왕의 득실을 고찰한 《경세대전經世大典》을 편찬했으며, 많은 원나라 시대의 전적을 정리해 보존했다. 공자 부모와 후세의 저명한 유학자를 추봉했으며, 유가 예의로 남교에 제사 지냈다.

916~1368 원

정수리 주변의 머리를 깎고 앞이마에 짧은 머리를 한 줌 남기며 머리를 환형으로 땋아 어깨에 늘어뜨린다

이 죽은 후 따지는 인종이 집정하기도 전에 칙지를 내려 테무데르를 중서 우승상으로 임명했다. 천성이 효성스러운 인종은 어머니의 교지를 승인하는 수밖에 없었다.

테무데르는 2년 간 재상을 지내고 죄를 범해 파직되었지만 황태후의 엄호로 얼마 안 되어 또다시 복직되었다. 그후, 테무데르는 더욱 거리낌 없이 뇌물을 받고, 관직을 팔며, 백성의 토지를 강점하는 등 못하는 짓이 없었다. 그의 몇몇 아들도 차례로 고관이 되어 나쁜 짓을 했는데, 조정 대신들도 그들을 건드리지 못했다.

장필張弼이라는 부자가 살인죄를 범해 옥에 갇혔는데 테무데르에게 5만 관의 돈을 뇌물로 바치자 테무데르는 해당 관원을 협박했다. 이 일이 발각되자 중서평장 소바이주簫拜住와 중승 양타르지楊朶兒只, 상도 유수 하승賀勝은 폐하를 속이고, 부하를 억압하며, 정사를 그르쳐 민원이 넘치게 한 테무데르의 죄행을 폭로하면서 혹형으로 처단해 인심을 수습해야 한다고 주장했다.

인종은 전부터 테무데르를 못마땅하게 보았으나 태후를 노엽게 할까 봐 어사중

노명선과 《농상의식촬요農桑衣食撮要》
(위 사진과 오른쪽 사진)
중국 고대 4대 농서의 하나다. 노명선魯明善은 위구르족으로, 신강 투루판 사람이며, 원나라 시대의 저명한 농학자이다. 1314년 수양(안휘) 수현 군감 재임 시 편찬한 《농상의식촬요》는 12개월에 따라 채소, 과수의 재배와 축산, 양잠, 양봉, 농산물가공 등의 기술을 서술한 실용서다.

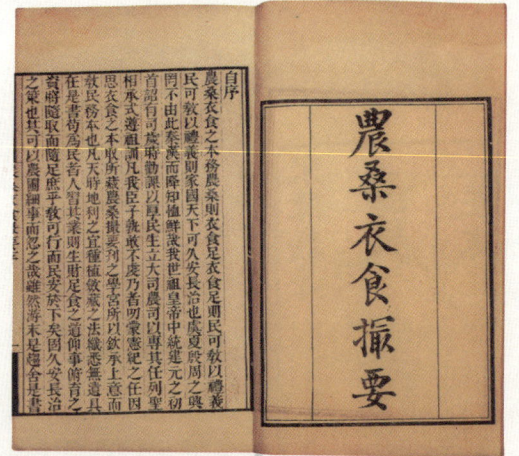

승 소바이주를 중서우승으로 발탁해 테무데르의 권력을 약화한 적이 있는데, 이번에 대신들의 상주문을 보고, 그를 체포하라고 했다.

테무데르는 형세가 불길하자 아예 태후의 궁중으로 도망쳐 숨어 버렸다. 그러자 황제는 속수무책으로 며칠간 속을 끓이다 결국 테무데르의 승상 직무를 철회하고 말았다.

테무데르가 재기하다

테무데르는 재상에서 파직된 지 일 년도 안 되어 재기해 태자태사가 되어 조정 안팎이 들끓었다.

어사중승 조세연이 들고 일어나 상서했다. "이런 나쁜 자를 어찌 황태자의 스승으로 쓰나이까?" 그러나 태후의 비호에 황제는 여전히 그를 어찌할 수가 없었다.

1320년 정월 인종이 죽고 3월에 인종의 아들 시데빌라碩德八剌가 즉위하니, 그가 영종이다.

인종이 죽은 후 나흘날 황태후는 칙지를 내려 테무데르를 중서 우승상으로 임명했다. 조정 권력을 손에 쥐자 테무데르는 또다시 정적을 박해하기 시작했다. 영종 등극 전에 테무데르는 그를 탄핵했던 소바이주와 양타르지를 잡아 심문했는데, 죄명은 지난날 태후의 뜻을

| 세계사 연표 |

1313년 신성 로마 제국 하인리히 7세가 죽은 후 바바리아 공작 루이 4세와 합스부르크의 프리드리히가 함께 게르만 국왕으로 선거되어 내전이 폭발했다.

원나라 시대 주달관 《진랍 풍토기》

중국의 이웃 나라 캄보디아는 고대에 '진랍국' 이라 불렸다. 원나라 성종 원정 2년(1296) 6월, 주 달관은 사자를 따라 진랍으로 갔다가 다음해 귀환했다. 그리고 《진랍 풍토기眞臘風土記》를 편찬해, 캄보디아의 사회 상황을 사실적으로 기록하고 앙코르 와트의 웅대한 건물과 정밀한 조각을 자세히 묘사했다. 더욱 중요한 것은 중국과 앙코르 와트 간의 항로를 서술했다. 19세기 후반 프랑스의 탐험가 앙리 무어에 의해 캄보디아의 밀림 속에서 앙코르 와트를 재발견했다.

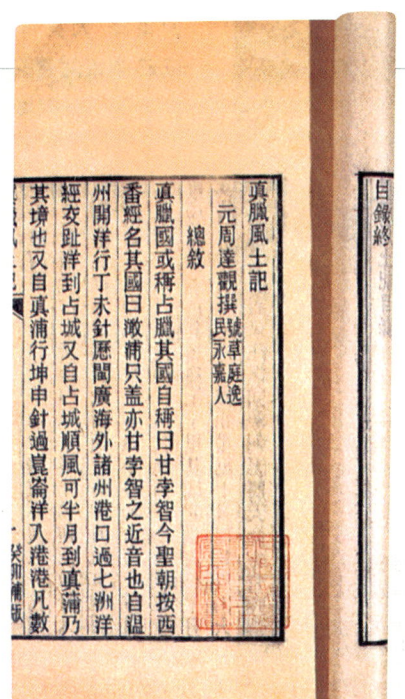

어겼다는 것이다. 테무데르는 또 두 조정 대신을 불러다 양타르지의 죄를 증명하라 했다. 양타르지는 두 사람에게 한마디를 했을 뿐이다. "두 분도 어사대 사람인데 이런 너절한 짓을 할 줄은 몰랐네." 두 사람은 부끄러워 머리를 숙였다.

테무데르는 태후의 뜻을 핑계로 소바이주와 양타르지를 참수했다. 얼마 안 되어 또 그를 탄핵했던 하승을 "편복으로 조서를 받았다"는 죄명으로 참수했다. 하승이 죽을 때 백성은 지전을 태우면서 그의 시체 옆에서 통곡했다.

죽어도 그 죄를 다 못 씻다

2차로 그를 탄핵한 조세연趙世延에 대해 테무데르는 만약 공모자를 고발하지 않으면 화를 입을 것이라고 협박했다. 그가 끄떡도 하지 않으니 테무데르는 그를 잡아 법관에게 넘겨 혹형을 가했다.

이 일을 안 영종은 조세연을 두 번이나 사면했지만 테무데르는 그를 석방하지 않고 사형수 옥에 가두고 자살하도록 핍박했다. 조세연은 옥에 2년이나 갇혀 있으면서도 굴하지 않았고 대신들의 지원으로 성지를 받아 끝내 석방되었다.

조세연이 출옥한 소식을 들은 테무데르는 말했다. "이건 조정 신하들이 황제를 속이고 한 일이다." 이 말을 들은 영종이 말했다. "이건 조정 신하들의 주장이 아니라 짐의 주장이네." 조세연은 그제야 범의 소굴에서 목숨을 건졌다.

태후 따지가 죽은 후 테무데르의 권력은 점차 약해지고, 얼마 안 되어 병사했다. 영종은 여전히 분을 삭이지 못해 성지를 내려 그의 비석을 부수고 작위를 박탈했으며, 집을 몰수하고 일당을 주살했다. 그러나 도리어 테무데르의 의자 어사대부 테시鐵失를 사면하여 그 뿌리를 뽑지 않았으니, 이것이 후환으로 남게 되었다.

원나라 시대 동전 대원통보

원나라 때는 주로 지폐를 사용했는데, 무종 지대 2년(1310)부터 동전을 주조해 유통을 시켰다. 사진은 팔사파문 동전으로 '대원통보大元通寶'다.

●●● 역사문화백과 ●●●

[원나라 시대 황제의 질손 연회]

'질손質孫'은 몽골어로 색깔이란 뜻이다. 연회에 참석하는 사람은 위병과 악사까지 모두 같은 색의 옷을 입었는데, 다만 정밀함 정도와 형태를 등급에 따라 구별했을 뿐이다.

각장榷場 219

| 중국사 연표 |

1320년

1320년 연우 7년 정월, 원나라 인종이 죽고 3월, 태자 시데빌라가 왕위를 계승, 그가 바로 영종英宗이다.

071

신선 중의 사람

단청에 우려를 담다

평생의 일은 항상 부끄럼이 있거늘 오로지 필묵의 정만은 세상에 남으리라.

조맹부趙孟頫는 남송 이종 보우 2년(1254) 절강 오흥吳興에서 출생했고, 송나라 태조 조광윤趙匡胤의 11대 손이다.

그는 송과 원나라의 변천을 겪었고, 새 조정에서 관직도 맡아 정치적으로 큰 업적은 없었으나 예술적으로는 큰 업적을 남겼다.

조맹부는 남달리 총명해 한 번 본 책은 바로 외웠고, 붓을 쥐면 바로 문장을 지었다. 비록 그는 귀족의 후대지만 좋은 때를 만나지 못했다.

당시 조송 왕조는 이미 멸망에 이르렀다. 그는 11살 때 부친이 죽고, 14살부터 부친의 신분 덕에 진주眞州, 지금의 강소 진강 사호참군을 역임했다.

남송이 멸망하자 이 작은 관직마저 잃어버리고 시를 읊고 그림을 그리며 세월을 보냈다. 그는 현지의 명유名儒를 스승으로 모시고 경사와 화법을 배웠는데, 다년간 노력 끝에 능력이 일취월장해 '오흥吳興 8준'으로 선비들 속에서 이름을 날렸다.

민족 모순을 완화하고 원나라 통치를 공고히 하기 위해 지원 23년(1286) 쿠빌라이는 어사 정거부程鉅夫를 강남 일대에 파견, 명망 있는 선비를 등용해 인심을 샀다. 송나라 종실의 후예인 조맹부도 쿠빌라이의 접견을 받았다. 재간과 기량이 넘치고 위풍이 당당한 조맹부를 보고 세조는 "신선 중의 사람"이라 감탄하며 높은 벼슬을 하사했다. 누군가 조맹부는 송나라 황족 후예여서 중용에 적합하지 않다고 했지만 쿠빌라이는 개의치 않고 예를 다했다. 세조는 조정에 상서성을 설립해 조맹부에게 조서를 기초하라 했다.

조맹부가 붓을 휘둘러 바로 문장을 써내자 세조는

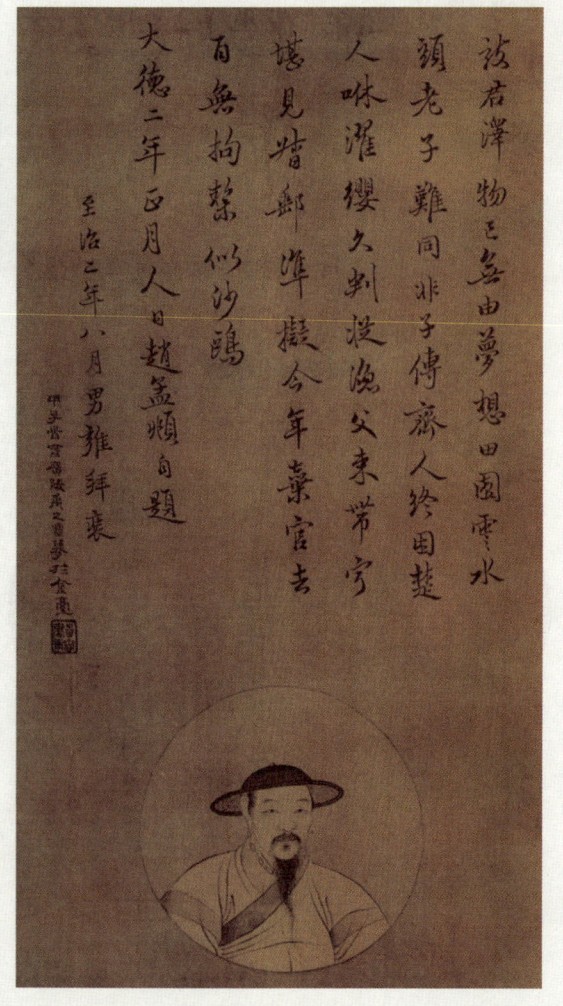

저명한 서화가 조맹부
조맹부(1254~1322)는 절강 호주 사람으로 송나라 태조 11세 손이다. 자는 자앙子昻이고, 호는 송설도인松雪道人, 수정관도인水晶官道人, 재가도인在家道人, 태상제자太上弟子 등이다. 그가 살던 곳에 구파정鷗波亭, 송설재松雪齋가 있어 일명 조구파趙鷗波·조송설옹松雪翁이라고도 불렸다. 남송 말기에는 진주 사호참군, 원나라 때에는 관병부 낭중, 집현직 학사를 역임했다. 위국공으로 책봉되었으며, 시호는 문민文敏이다. 중국 고대 저명한 서화가이기도 한 그는 모든 서체가 뛰어나 후세에 '조체趙體'라고 호칭되었다. 그의 그림은 원나라 그림의 첫째로 꼽히며, 서화 외에도 음악, 문장, 시가 등에서 특출했고, 조각을 즐기며 불교와 도교에 능통했다.

| 세계사 연표 |

1320년

인도 델리에서는 술탄 무바라크가 그의 총애하는 대신 후스라우에게 피살당해 나라가 큰 혼란에 빠졌다. 신하들이 후스라우를 살해, 기야 스우드딘을 술탄으로 옹립해 할지 왕조가 멸망했다. 기야스우드딘이 델리 동쪽에 새로운 도읍을 건설하고 투글루크 왕조를 창립했다.

《원사元史·조맹부전趙孟頫傳》 출전

각각 다른 필법으로 구성된 〈2양도〉
원나라 조맹부의 〈2양도二羊圖〉는 먹과 여러 필법을 조화롭게 구성했다. 산양과 면양의 각 부분은 부동한 필법으로 선명한 대비를 구성했으며, 제목은 당나라 화가 한간韓幹의 영향을 설명했다.

순풍에 말을 걷게 하는 〈조량도調良圖〉
해관奚官이 바람을 맞받아 말을 걷게 하는데, 말갈기와 두루마기가 바람에 흩날려 그 소리가 들리는 듯 매우 정취 있다. 화풍이 우아하고 문인 그림의 기운이 있다.

크게 기뻐하면서 그 조서를 세상에 반포했다.

입조한 지 얼마 안 되어 황제의 총애를 받은 조맹부는 득의양양해 시에 이렇게 써넣었다. "바다 위 봄은 깊어가고 버들색은 진한데 봉래의 궁궐이 구름 속에 솟았구나. 반생을 실의해 강호에서 보냈는데 오늘에야 최상의 꿈을 이루누나."

폐 200관을 넘으면 사형에 처한다는 조항이 있었다. 조맹부는 지폐 가격이 크게 떨어졌기 때문에 판결이 너무 중하다고 생각했다. 누군가 남방에서 온 후생이 국법을 풍자한다며 그를 질책했다. 조맹부는 조정 요인들의 미움을 사서 황제가 조맹부를 중용하려 하면 그들은 극구 비난하면서 이의를 제출했다.

황제와 원나라에 충직하다

한 번은 황제가 문무백관을 불러 형부의 법률 문제를 토론했다. 당시 형법에는 탐오 액수가 지원至元 지

황제의 총애를 받는 일도 쉽지 않았다.

어느 날 쿠빌라이가 조맹부에게 송나라의 유신遺臣 엽리葉李와 유몽염留夢炎 중 어느 쪽이 더 훌륭한지 평

| 중국사 연표 |

1323년

지치 3년 2월, '대원통제大元通制'를 반포·실시했다. 8월 원나라 영종이 상도上都에서 귀환해 남파南坡에 주둔했으나, 테시 등에게 살해되었다. 9월에 진왕晉王 예순테무르가 제위를 계승했는데, 그가 바로 태정제泰定帝다. 10월에 테시 등을 주살했다.

가해 보라 했다. "몽염은 저의 아버지와 동배인데 위인이 중후하고 자신감이 있으며 모략이 있고 대신의 기량이 있나이다. 엽리가 읽은 책은 신도 읽어보았는데 그의 재능은 신도 따를 수 있나이다."

그러자 쿠빌라이가 냉소하면서 말했다. "그대 몽염이 엽리보다 현명하다고 보는고? 몽염은 송나라의 장원으로 재상을 지냈는데 당시 가사도賈似道가 나라를 망치고 주상을 속이건만 몽염이 그에게 아첨하지 않았는가. 엽리는 한낱 평민으로 감히 황제에게 가사도를 고발하니 엽리의 품행이 몽염보다 높지 않은가. 몽염이 그대 부친의 친구라 하여 그의 나쁜 점을 말하지 못하다니, 그대 시를 지어 몽염을 풍자하라."

다행히 조맹부는 임기응변의 재치가 있었다. 그는 시에 이렇게 썼다. "지나간 일은 어찌 말로 다 하랴, 다만 충직으로 황제와 원나라에 보답하리." 쿠빌라이는 시를 읽고 그를 크게 칭찬했다.

군주를 모시는 일은 호랑이를 모시는 것이나 다름없다. 조맹부는 너무 오래 황제 옆에 있으면 다른 사람의 시기를 자아내리라 생각해 지원 29년(1292), 제남로 총관부사로 자원했고, 정치 소용돌이의 중심을 벗어난 그는 마치 무거운 짐을 벗어 버린 듯 가뿐했다.

하지만 지방 관리의 직무도 쉽지 않았다.

조맹부는 억울한 사건을 바로 시정해 군郡 내에서 신명이라 칭했지만 몽골 관원의 미움을 사서 여러 차례 악의적인 모략을 당하기도 했다.

원정 원년(1295), 조정은 《세조실록》을 수정하면서

[모전 장막의 장식]

몽골인 모전 장막의 장식은 매우 간단해 주로 신상과 공물을 중앙의 신감神龕에 놓는다. 일반 목민은 신상을 장막 문 양쪽에 놓고, 모전으로 만든 소·말·양의 유방을 만들어 가축에 대한 신의 보호를 기도한다.

조맹부사경영환다도趙孟頫寫經換茶圖 (명나라 구영仇英 그림. 일부분)

그를 다시 불렀지만 모순 많은 조정 내부에선 그의 사관史館 취직을 문제 삼았다. 그러자 조맹부는 병을 핑계로 다시 환향을 요구해 고향 오흥으로 돌아왔다.

조맹부는 강남에서 한가하게 지내며 자주 친구들과 예술과 도를 논했으며, 시를 읊고 그림을 그리며, 감정을 산과 물에 담는 과정에 서화 실력이 날로 더해 갔다.

대덕 3년(1310), 조맹부는 어명에 응해 입경했다. 원나라 인종 아유르바리바드라는 한족 문화의 영향을 많이 받았는데, 등극한 지 얼마 안 되어 조맹부를 종2품 집현시강 학사로 발탁하고, 얼마 후 다시 1품으로 올렸다. 인종은 조맹부를 당나라의 이백李白, 송나라의 소식蘇軾에 비유하면서 "행위가 순정하고 박식하고 견문이 넓으며, 서화가 뛰어나고 불교와 도교의 교리를 누구도 따르지 못한다"고 했다.

인종은 누가 맹부를 폄하하면 귓등으로 들었고, 그래도 그치지 않으면 크게 노해 질책했다. "맹부는 세조께서 선발한 인재이고 과인이 특별히 예우했거늘, 그의 작품은 후세에 능히 전해질 수 있네!"

| 세계사 연표 |

1323년 잉글랜드 국왕 에드워드 2세가 로버트 브루스가 스코틀랜드 국왕임을 승인하고 그와 13년 간 휴전 조약을 체결했다.

조맹부가 문인 그림의 전통을 부흥하다

원나라 초기 조맹부와 고극공(회족) 등을 대표로 한 사대부 화가들이 복고를 제창하여, 당과 북송 화풍에 대한 귀환을 주장했다. 서예의 기법을 그림에 주입하고, 주관적 서정을 중요시하는 원나라 회화 기풍을 만들었다. 그림은 〈욕마도浴馬圖〉의 일부분으로, 천리마를 빌려 실의한 감정을 표현했다.

| 중국사 연표 |

1328년

치화 원년 7월, 태정제가 죽었다. 9월 황태자 아수기바가 상도에서 즉위, 연호를 천순天順이라 개칭했다. 엔테무르가 정변을 일으켜, 무종의 아들 투크테무르를 옹립, 연호를 천력으로 개칭했다. 상도·대도 두 정권이 병립했다. 10월 상도 정권이 실패하고 11월 투크테무르가 사막 이북의 형 쿠살라를 영접했다.

전통을 이어받아 새로운 기풍을 세우다

조맹부의 작품은 천고에 길이 남을 만했다. 그는 회화 분야에서 원나라 전반에 걸쳐 큰 업적을 남겼는데, 인물·말·산수·화훼·대나무·바위·금수 등은 모두 그의 뛰어난 작품이다. 그의 서예는 당나라 사람을 뛰어넘어 직접 진晉나라 사람에 근접하며, 전篆·주籀·분分·예隸·행行·초草, 어느 것이나 고금의 으뜸이었다.

또한 조서趙書의 각 필체 중 성과가 가장 큰 것은 행초行草인데, 이것은 후세에 가장 많이 전해졌고, 영향 또한 제일 크다.

그리고 그의 초서草書는 고풍스러우며, 대표작으로는 《귀거래사歸去來辭》《난정13발蘭亭十三跋》(현재 일본인 다카시마 기쿠부즈지로 소장), 《적벽부赤壁賦》(현재 중국 대북 고궁박물원 소장), 《여중봉명본서與中峰明本書》《여선우추척독與鮮于樞尺牘》(현재 대북 고궁박물관 소장) 등이 있다. 해서楷書는 필획이 수려하고 생동감이 있다. 《법화경法華經》《심경心經》(현재 요령성 박물관 소장), 《도덕경道德經》《낙신부洛神賦》(현재 고궁박물관 소장) 등이 전해진다. 조맹부의 전서篆書는 금석과 필묵의 정취를 일체화하여 고풍스럽고 우아하며 함축성이 있다. 그의 예서隸書는 굵기가 알맞고 평온하면서도 영묘한 움직임이 보이며, 가볍게 펼쳐지면서도 강한 근골을 보인다.

이처럼 조맹부의 서예는 전체적으로 힘차고 아름다우며 소탈하다.

명나라 사람 하량준何良俊은 《사우재총설四友齋叢說》에서 그를 "당나라 이후 서예의 집대성자"라고 했다. 또한 왕세정王世貞은 《엄산당필기弇山堂筆記》에서 그를 "상하 500년, 종횡 1만 리, 두 왕씨의 전통을 이어받고, 한 세대의 기풍을 앞장서 외쳤다"고 칭찬했다. 하지만 일부 사람들은 조서는 수려하지만 강건함이 부족하다고 하기도 하며, 심지어 명나라 말기 이정백은 조서를 "노서奴書"라고 비방했다.

이는 조송 황실의 후예가 원나라의 "5대에 명예를 떨치고 온 세상에 이름을 날리며" 총애를 받는 대신이 되었으니 서화도 낮춰 본 것이다.

조맹부는 시 '자경自警'에 이렇게 썼다. "이빨이 빠지고 머리카락이 듬성듬성한 예순세 살, 평생의 일마다 부끄럼도 많아라. 오로지 필묵의 정만이 그대로 있거늘, 인간 세상에 남겨 웃음거리가 되게 하리."

송나라 종실 후예로 태어나 오히려 원나라 조정의 '꽃병'이 되었으니 조맹부의 내심도 매우 모순이 있음을 알 수 있다.

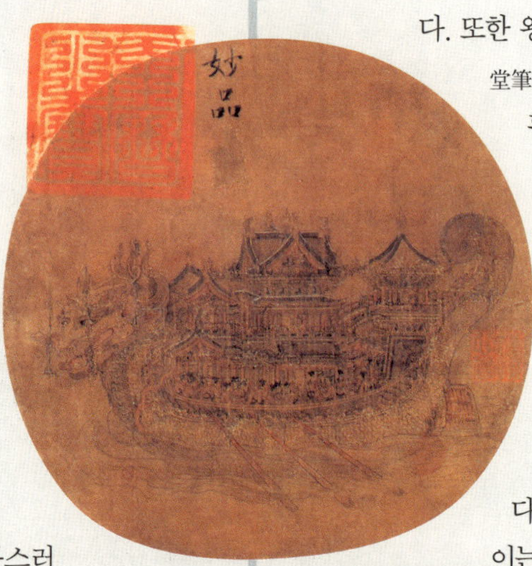

장엄하고 화려한 용주 (위 그림)

왕진붕王振鵬은 원나라 인종과 문종 2대에 걸쳐 활약한 궁중 화가이고, 공필계화工筆界畵에 뛰어났다. 금명지金明池 용선 경기 그림이 가장 유명하다. 큰 용선은 수와 당나라 이래 성행한 호화로운 외형을 재현했으며, 화려하고 웅장한 수상 궁전이라 할 만하다. 왕진붕의 《대용주大龍舟 그림》으로 전해진다.

●●● 역사문화백과 ●●●

[고고관]

고고관姑姑冠은 일명 고고관故故冠, 고고관罟罟冠 등으로 불린다. 원나라 시대 후비와 대신의 처가 쓰는 관으로, 높이는 약 2자이고, 꼭대기에 주옥과 깃털로 장식했으며, 대나무와 철사로 골격을 만든 후, 그 위에 비단을 붙였다.

| 세계사 연표 |

1328년 프랑스 샤를 4세가 죽고 아들이 없어 카페티안 왕조의 직계가 단절되었다. 샤를의 사촌형 와로야 백작 페리 6세가 왕위를 계승하고 와로야 왕조가 시작되었다.

072

《송원희곡고宋元戲曲考》 출전

돌아서지 않는 방탕아

두아의 원통함

파란 많은 세상은 붓끝에서 용솟음치고, 백성들의 고난은 극으로 되살아나네.

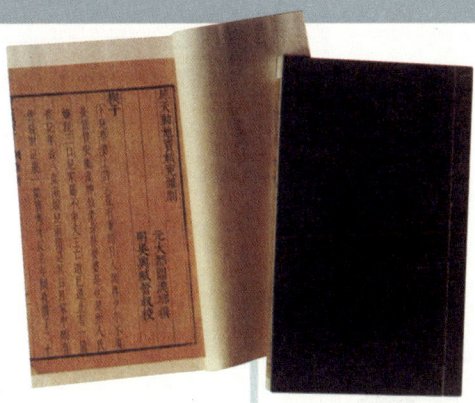

"나는야 찌거나 삶아도 익지 않고 때리거나 볶아도 터지지 않는, 땡땡 소리 나는 구리 완두콩이라네. 어떤 자제들이 너한테 잘라도 끊기지 않고 풀어도 해탈되지 않는 1000층 매듭에 파고들라 했느냐? 내가 노는 건 왕공 화원의 달이요, 마시는 건 동경의 술이요, 감상하는 건 낙양의 꽃이요, 바라 오르는 건 장대의 버드나무라네. 나도 바둑·축구·사냥·익살·가무·악기·시가·쌍륙雙陸을 할 줄 안다네. 네가 나의 이빨을 뽑고 입을 비뚤어지게 하고 다리를 절게 하고 손을 부러뜨린다 한들 하늘이 나에게 이 몇 가지 부랑아 재간을 하사한 이상 결코 그만두지 않으리라. 염왕이 친히 부르고 귀신이 와서 잡아가고 7혼이 명계에서 상하기 전에는 그만두지 않으리라. 하늘이여, 그 사이에 나는 절대 화류에는 가지 않으리라."

이 잡곡은 만년의 문인이 그린 자화상인데, 자조와 익살로 감상에 도취한 다재다능한 방탕아의 형상이다. 과연 그는 누구인가?

그는 13세기 원나라의 일대 문호 관한경關漢卿이다.

원나라 시대는 중국 역사상

〈두아의 원〉 책표지와 그림

〈두아의 원〉 이야기는 다음과 같다. 산음山陰 서생 두천장竇天章은 채蔡씨 노파의 고리대를 갚지 못해 일곱 살 된 딸, 두아竇娥를 채 노파에게 민며느리로 준다. 두아는 어른이 된 후 채 노파의 아들과 결혼했으나 2년 만에 아들이 죽는다. 채 노파는 새노의賽盧醫에게 빚을 받으러 갔다가 그의 속임수로 살해당할 뻔했으나, 건달 장려아張驢兒 부자와 부딪친다. 새노의는 놀라 도망가고, 장려아 부자는 채 노파와 두아에게 자기네를 데릴사위로 맞으라고 강요한다. 두아가 완강히 반대하니 장려아는 채 노파를 독살하겠다고 두아를 위협했고, 공교롭게도 자기 아버지를 독살한다. 장려아는 두아를 살인자로 모함했다. 탐관이 고부를 엄하게 고문하자, 두아는 채 노파를 구하기 위해 죄를 인정했다. 그러나 사형 당하기 전에 피를 흰 비단에 뿌려 6월에 눈이 내리고, 삼년 동안 가뭄이 들게 하여 자신의 억울함을 보여 주리라 하늘에 맹세했다. 3년 후 초주의 염방사로 온 두천장이 두아의 영혼을 본 후 사건을 재심리하여 두아의 원이 마침내 풀린다. 위 사진은 〈두아의 원〉의 책표지이고, 오른쪽 그림은 〈두아의 원〉에 실려 있는 그림이다.

유완소劉完素, 이고李杲, 장종정張從正, 주진형朱震亨

| 중국사 연표 |

1329년

천력 2년 정월 쿠살라가 화림和林 이북에서 등극하니, 그가 원나라 명종이다. 5월에 투크테무르를 황태자로 임명했다. 8월에 명종이 남쪽으로 이동해 투크테무르와 왕후차도에서 상봉, 며칠 후 불시에 사망, 투크테무르가 제위를 계승, 그가 문종이다.

처음으로 북방 유목민족이 건립한 통일 정권이다. 이 시기 여러 민족이 융합해 한족의 전통사상인 예교사상은 상대적으로 약화되었다. 이로써 문학예술 분야에서 민간 민속 문화가 발전했는데, 가장 대표성을 띤 것이 바로 희극의 발전이다.

고대 중국에는 희극 작가와 희극 배우의 사회적 지위가 매우 낮았으므로 관한경의 일생에 관한 역사 자료는 매우 적은데, 산서 해주解州에서 살다가 후에 대도로 이주해 장기간 거주한 것으로 추정된다. 어떤 사람은 관한경이 "벼슬길을 무시했다" 하고 황실의 병원에 취직했다는 기록도 있지만, 그는 의술에 별 취미가 없고 연극 각색에만 열성을 보였다.

관한경에 대해 원나라 사람 웅자득熊自得은 《석진지析津志》에 이렇게 썼다. "외모가 출중하고 박식하며, 글을 잘 쓰고 해학적이고 풍류남아로 당시 첫손에 꼽혔다."

그는 시낭송·피리·반주·무용·바둑·수렵 등 각종 기예와 놀음에도 정통했는데, 그중 제일 잘하는 것이 '잡극' 이며, 극본을 쓰는 것 외에 직접 무대에도 등장 했다. 그는 이를 자랑으로 여겼으며, "나는야 천하 낭군의 수령이요, 세계 방탕아의 두목이노라" 하며 자칭했다.

관한경은 세상의 모든 불합리함에 분개하고 증오했으며, 부패한 사회에 비분을 느껴 백성의 고난을 널리 반영했다. 700여 년 동안 《두아竇娥의 원寃》이 전해오는 과정에 얼마나 많은 관중이 감동의 눈물을 흘렸는지 모른다.

천지를 감동시킨 〈두아의 원〉

《두아의 원》의 원제목은 《천지를 감동시킨 두아의 원》이다. 이 작품은 한漢나라 때부터 전해오는 '동해 효부' 라는 민간 이야기를 소재로 삼았지만, 극본에 반영된 시대 생활과 인물은 억울함이 빈번히 발생한 원나라 시대의 사회 현실을 기초로 했다.

두아는 가난 때문에 채蔡씨의 민며느리로 팔렸는데 남편이 일찍 죽어 시어머니와 살아야 했다. 건달 장려아張驢兒가 이 가정에 끼어들어 두 고부에게 자기네 부자의 아내가 되라고 협박했는데, 두아에게 거절당했다. 그러자 장려아는 두아의 시어머니를 독살하려

당시 생활을 엿볼 수 있는 〈두다도斗茶圖〉(일부분)
두 인물 옆에는 몇 짐의 다기가 놓여 있고 앞사람은 짚신을 신고 한 손에 찻잔을, 다른 손에 찻물 통을 들고 마치 차를 자랑하듯 득의양양한 모습이다. 뒷사람은 소매를 걷어붙이고 한 손에 찻잔을, 다른 손에 주전자를 들고 차를 따르는 모습이다. 이는 원나라 시대 조맹부가 그린 방물장수 그림이다.

| 세계사 연표 |

1329년 모스크바 대공 이반 다니노비치가 블라디미르 대공국을 건립, 이로써 금장한국金帳汗國을 대체해 전 러시아 부세 징수 권리를 취득했다.

진가眞假 인생

원나라 시대 잡극 도기용은 표정과 동작이 생동해 무대 위 다채로운 순간을 영구히 보존했다. 이는 또 측면으로부터 원나라 시대 잡극이 성행한 역사 사실을 증명한다.

다 오히려 자신의 아버지를 독살하게 되었고 두아에게 그 죄를 덮어 씌웠다.

그러나 무능한 태수는 혹형으로 두아에게 거짓 자백을 받아 냈다. 사형장으로 출발하기 전에 두아는 또 시어머니가 자신의 모습을 보면 슬퍼할까 봐 일부러 형리에게 부탁해 돌아갔다.

법을 위반한 사람은 제재를 받지 않고 오히려 법을 지킨 사람이 '법'에 의해 목숨을 잃었다. 희곡의 예봉은 잔혹한 봉건 통치로 향했다. 환상이 깨질 때 이 연약한 여자는 분노에 찬 목소리로 외쳤다.

"해와 달이 조석으로 비추건만 생사의 권한은 귀신이 쥐고 있도다. 하늘과 땅이여, 맑고 흐림을 구분해야 하거늘, 어이하여 도적과 현인을 바꿔 놓느뇨. 선량한 자는 빈궁하고 명이 더욱 짧은데, 악한 자는 부귀를 누리고 더 장수하누나. 하늘과 땅이여, 강자를 무서워하고 약자를 업신여기며 바람 따라 돛을 다는구려. 땅이여, 좋고 나쁨을 구별하지 않고 어찌 땅으로 되었느냐? 하늘이여, 현덕과 우매를 바꿔 놓으니 무슨 자격이 있느냐! 에고고, 두 줄기의 눈물만 하염없이 흐르누나."

인간의 정을 모두 토로하니 불후의 글이 되다

〈두아의 원〉에는 분개의 정서가 가득 차 있다. 관한경은 두아의 말로 현실사회에 대한 자신의 강렬한 불만을 털어놓았다. 세상은 약자에게 불공평했던 것이다. 천지의 불공평에 대한 저자의 비평은 자연적으로 무수한 핍박을 받는 대중의 공감을 일으켰다.

관한경은 희극 67편을 창작했는데, 현재 14편이 전해진다. 〈두아의 원〉, 〈풍진風塵을 구하다〉, 〈망강정望江亭〉, 〈배월정拜月亭〉, 〈노재랑魯齋郞〉, 〈단도회單刀會〉, 〈조풍월調風月〉 등이 그의 대표작이다. 이런 작품은 "정을 쓰면 사람의 마음을 감동시키고, 풍경을 쓰면 눈과 귀에 안겨오고, 사실을 쓰면 바로 겪은 일을 말하는 듯하다". 또한 현실과 인생에 대한 저자의 통절한 감수를 쏟아 부어 사회 비판의 가치와 심금을 울리는 힘이 있다.

근대 학자 왕국유王國維는 《송원희곡고》에서 말했다. "관한경은 모방함 없이 인간의 정을 남김없이 토로하고 글자마다 그 본색을 드러내니 원나라 시대의 일인자라 할 수 있다." "세계의 대 비극과 함께 나열해도 결코 부끄럼이 없다." 현재 관한경의 희곡은 여러 가지 문자로 번역되어 세계무대에 올랐는데, 이 700년 전 '방탕아'는 "동방의 셰익스피어"라 불린다.

916~1368 원

●●● 역사문화백과 ●●●

[원나라 시대의 희곡]

원나라 시대의 유생은 출세길이 드물어 일부 사람들이 통속문학에 종사, 희곡·소설이 발전했다. 희곡은 점차 완벽해지고 잡극(북곡)과 남극(남곡)으로 나뉘었다. 잡극은 금나라 원본과 제궁조의 토대에 형성, 창唱이 위주, 가사는 동일 궁조로 구성, 동작 독백을 배합해 이야기 줄거리를 표현, 하나의 극본을 4절로 구분, 한 배우는 독백만 한다. 잡극은 본색파와 문채파로 구분, 대개 관한경을 본색파 대사로, 왕실보를 문채파 거장으로 인정, 대표작은 〈두아의 원〉〈서상기西廂記〉등이다. 남극은 남송 온주에서 형성, 가사와 독백으로 구성, 민요를 많이 이용, 궁조와 가창 배우의 제한이 없어 잡극보다 자유로우나 소재는 풍부하지 않다.

| 중국사 연표 |

1332년 지순 3년, 원나라 문종이 죽고, 10월 명종의 차자 이린지바르懿璘質班가 제위에 등극한 후 11월에 죽어 묘호를 영종寧宗이라 했다.

073

천하 최고 인기 《서상기》

"온 천하의 정 있는 사람 모두 인연이 맺어지기 바란다."

《서상》의 내력

'서쪽 사랑채에서 달을 기다리는데 바람에 창문이 반쯤 열리네. 담장에 꽃 그림자 어른거리니 정든 임 오셨나 돌아보네.'

낭만주의 시인 원진元稹은 서기 800년 전후의 당나라 때 전기소설 《회진기會眞記》를 지어 장생張生과 최앵앵崔鶯鶯의 연애 사실을 기록했다. 그리고 1190년 전후의 금나라 시대에 이르러 설창가 동해원董解元은 3000자의 《앵앵전》을 약 5만 자의 《서상기 저궁조》로 늘렸다. 이것을 원나라 때 이르러 작가 왕실보王實甫가 희곡으로 개작, 이 애정 이야기를 절정으로 끌어올렸다.

왕실보의 이름은 덕신德信이고 원나라 시대 역주易州 정흥定興 사람으로 1255~60년경에 출생해서 1336~37년경에 사망했다. 당시 한 지역에서 현령을 역임한 후, 섬서행대 감찰어사로 진급했지만 행대 대감과의 관계가 좋지 못해 40여 세에 사직하고, 바로 불후의 명작 《서상기》를 창작했다. 그리고 60세 되는

원곡 연구의 귀중한 자료 – 종사성 《녹귀부》 (명나라 초본, 위사진)

희곡사 저서인 《녹귀부錄鬼簿》를 저술한 종사성鍾嗣成(약 1275~1345)의 자는 계선繼先이고, 호는 축재丑齋이며, 절강 항주 사람이다. 그는 여러차례 시험을 치렀지만 등용되지 못했다. 이에 집에 칩거하며 잡극과 산곡 등을 창작했는데, 현존하는 그의 저서는 그중 일부분인 59부다. 녹귀부는 원나라 극작가들의 사적과 작품 목록을 기록한 것으로, 저명한 작가 152명으로 2세대 작가를 거의 망라했다. 저명한 잡극 목록은 452종이고, 현존하는 원나라 시대 잡극 500종의 80% 이상을 차지한다. 그는 이 저서에서 원나라 시대 잡극을 시간적으로 나누어 고찰해, 원곡 자료 연구에 중요한 자료를 제공한다.

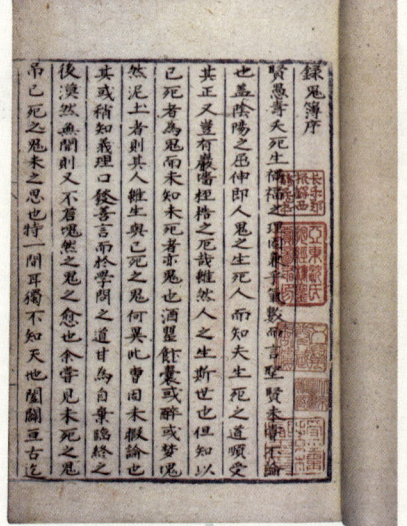

해에 산곡散曲 형식으로 자신의 은퇴 후 생활을 묘사했다.

왕실보의 극작품은 기록된 것만 13종이다. 현존 작품은 《서상기》 외에도 금장종 때 재상 완안 낙선의 벼슬길을 묘사한 《여춘당麗春堂》, 가난하던 여몽정呂蒙正이 부유해지는 과정에 유월아劉月娥와의 혼인을 묘사한 《파요기破窯記》가 있는데, 두 작품 모두 큰 성과를 보지 못했다.

하지만 《서상기》 하나로 천하 최고의 인기를 얻었다.

정이 있으면 꼭 맺어진다

《서상기》의 줄거리는 다음과 같다.

당나라 정원 연간, 전조 최 재상이 병사한 뒤 부인 정씨는 딸 앵앵, 하녀 홍낭과 함께 남편의 영구를 모시고 환향하는 도중 보구사普救寺에 들른다. 낙양의 서생 장공張珙(자는 군서君瑞)은 장안으로 과거 시험을 보러 가는 도중 하중부河中府에 들러 친구 백마장군을 방문하는 길에 보구사에 들렀는데, 그곳에서 아름다운 앵앵을 보고 잠시 보구사에 머무른다.

장생의 방은 앵앵과 벽을 사이에 두고 있었다. 어느 날 앵앵과 홍낭이 화원에서 기도하는데, 장생이 높은 소리로 시 한 수를 읊는다. "달빛이 무르녹는 이 밤이여, 꽃 그림자 적적한 봄이로다. 어찌 밝은 빛을 바라보아도 달 속의 미인은 보이지 않느뇨." 이에 앵앵이 화답한다. "규방에서 오랫동안 적막하게 보내니 하릴없이 꽃다운 청춘을 보냈도다. 짐작하매 시 읊는

1332년

| 세계사 연표 |

3월, 호조 도키센北條時遷이 일본 천황을 오키隱岐로 옮겼다. 4월, 연호를 정경正慶으로 고쳤다. 호조가 후시와라 시초藤原資朝 등을 죽였다. 고료護良 친왕이 기츠야吉野에서 병변을 발동해 호조를 토벌했다.

출전 《송원희곡고宋元戱曲考》
《왕실보관한경고王實甫關漢聊考》

후세에 물려줄 명작 《서상기》의 삽화

잡극 서상기의 원래 명칭은 《최앵앵 대월 서상기》다. 5권 20절로 구성되어 있고, 원나라 시대 왕실보王實甫의 저작이다. 왕실보는 이름이 덕신德信이고, 자는 실보이며, 대도(북경) 사람이다. 《서상기》에서는 당나라 정원 연간 서생 장공이 보구사普救寺에서 최 재상의 딸 앵앵을 만난 후 서로 사모하나 여러 가지 원인으로 많은 곡절을 겪는 사랑 이야기를 묘사했는데, 그 줄거리는 당나라 시대 시인 원진의 전기 《앵앵전》, 송나라 시대 조령치가 고자사 《최앵앵의 꽃비사랑》으로 개작되었다. 이것을 금나라 시대 동해원董解元이 제궁조 형식으로 서상기로 개작했고, 그 후 왕실보가 다시 잡곡으로 개작해 더욱 유명해져 후세까지 전해졌다.

사람은 탄식하는 자를 불쌍히 여기리라." 정을 담은 시는 두 사람의 마음에 연정을 일으킨다.

그때 산적 손비호가 비적 무리를 이끌고 와 앵앵과의 결혼을 강요한다. 그러자 최 부인은 비적을 물리치는 사람에게 딸 앵앵을 주겠다고 했고, 장생은 친구 백마장군에 편지를 보내 비적 무리를 물리친다. 하지만 최 부인은 약속을 어기고 장생과 앵앵을 남매 사이로 맺어 준다. 이에 장생은 병에 걸렸는데, 하녀 홍낭이 꾀를 내어 앵앵의 마음을 움직인다. 그리고 홍낭이 서신을 날라 장생과 앵앵은 사랑채에서 만났고, 백년가약을 맺는다. 이 일을 안 부인은 할 수 없이 결혼을 허락하지만 장생에게 과거에 급제하지 못하면 딸을 주지 않겠다고 한다.

장생은 석별의 정을 참으며 상경해 과거에 급제하지만 최 부인의 조카 정항鄭恒은 장생이 이미 위 상서의 사위가 되었다고 날조하며 앵앵을 자신에게 시집보내라고 핍박한다. 이때 장생이 보구사로 돌아와 백마장군의 도움으로 정항의 음모를 밝히고 앵앵과 인연을 맺어 끝내 사랑하는 사람들이 결혼한다.

작가 중의 영웅

재자가인의 극은 예부터 있었지만 《서상기》가 특별히 감동을 주는 것은 왕실보의 예술적 표현력이 비범하기 때문이다. 동해원의 《서상기 저궁조》의 장정 송별과 비교하면 바로 알 수 있다.

동해원의 《서상기》는 "말은 길에 오르고 수레도 귀로에 올랐건만 말은 서행하고 수레는 동행하니 젊은 남녀 걸음마다 멀어지누나."

왕실보의 《서상기》는 처량하고도 생동하다. "하늘은 푸르고 땅에는 국화가 만발한데 서풍은 점점 거세지고 기러기는 남으로 나는구나. 날이 밝으면 누가 서리로 이 숲을 물들일꼬? 그것은 언제나 이별의 눈물이

1333년

| 중국사 연표 |

원통 원년 6월, 명종의 장자 토곤테무르가 제위에 즉위했다.

어라."

그렇기 때문에 역대 문인들은 왕실보의 《서상기》를 매우 높게 평가한다.

명나라 시대 희곡평론가 하원랑何元朗은 "왕실보는 재능과 감정이 풍부해 참으로 작가 중 영웅이다"라고 했으며, 왕세정王世貞은 "《서상기》는 압도적인 작품이다"라고 했다.

그리고 명나라 초기 가중명賈仲明은 "왕실보는 사를 쓰는 데 있어 음률이 아름다워 벼슬 등급과 항렬이 낮지만 새 잡극이든 옛 전기든 《서상기》는 천하제일의 작품이다"라고 했다. 조설금 또한 임대옥의 입을 빌려 《서상기》를 칭찬했다. "문구가 아름다워 사람을 놀라게 하며 항상 입에 오르게 한다."

또한 곽말약은 이렇게 칭찬했다. "문예라는 어미의

••• 역사문화백과 •••

[원나라 시대 여인의 장신구]

원나라 시대 여인의 장신구는 비취 비녀와 금비녀 각각 1개, 귀걸이는 금은 구슬 외에는 모두 은으로 만들게 했다. 이에 강남 등지에 마노 장신구가 유행했다.

딸 중 '서상'은 제일 완미하고 아름다운 절세미인이다. '서상'은 그야말로 시공간을 초월하는 예술품으로 영원하고 보편적인 생명을 가졌다."

어떤 평론가들은 《서상기》의 대단원의 결말은 《회진기》의 포기하는 결말보다 더 고명하다고 말할 수는 없으며, 후세의 작품 중 "환난을 겪는 공자가 장원 급제하는" 속례도 초래했다. 그러나 그 염원은 모든 사람의 심금을 울렸으며, 이것이 어쩌면 《서상기》가 최고 인기를 얻은 비결 중 하나일지도 모른다.

••• 원나라 시대 희극 작가 •••

성명	문학 평가	작품
관한경關漢卿	스스로 문구를 창작하고 인정이 넘쳐 원나라 시대 일인자로 꼽힌다	〈두아寶娥의 원寃〉〈구풍진救風塵〉〈단도회單刀會〉〈배월정拜月亭〉 등
왕실보王實甫	운율이 아름답다. 신잡극 구전기 서상기가 최고 인기다	〈서상기西廂記〉〈여춘당麗春堂〉〈파요기破窯記〉 등
강진지康進之	인물묘사 생동하고 유머감이 넘친다.	〈이규가 죄를 승인하다〉
고문수高文秀	현실감과 희극 효과가 높다	〈민지회澠池會〉
기군상紀君祥	정의를 노래했으며, 줄거리가 감동적이다	〈조씨고아趙氏孤兒〉
상중현尙仲賢	절주가 긴박하고 언어가 소박하다	〈유의전서柳毅傳書〉
양현지楊顯之	유창한 언어로 피압박 부녀의 항쟁을 생동하게 묘사했다	〈소상우瀟湘雨〉〈혹한정酷寒亭〉
석군보石君寶	언어가 신랄하고 심리를 세밀하게 잘 묘사했다	〈추호희처秋胡戲妻〉〈곡강지曲江池〉〈자운정紫雲亭〉
백박白樸	화려한 사랑이야기로 러브스토리를 잘 엮었다	〈장두마상牆頭馬上〉〈오동우梧桐雨〉
마치원馬致遠	슬프고 처량한 이야기로 사람을 감동시켰다	〈한궁추漢宮秋〉〈청삼루靑衫淚〉〈천복비薦福碑〉 등
정정옥鄭廷玉	불교의 위력, 인과보응을 선양했다	〈간전노看錢奴〉〈후정화後庭花〉 등
무한신武漢臣	농후한 속명론과 공포적 분위기	〈노생아老生兒〉〈생금각生金閣〉
정광조鄭光祖	원나라 시대 잡극 후기의 중요한 작가이고 작품은 부드럽고 감동적이다	〈천녀이혼倩女離魂〉〈한림풍월翰林風月〉〈왕찬등루王粲登樓〉 등
교길喬吉	언어가 화려하고 연정에 능숙하다	〈양세인연兩世姻緣〉〈양주몽揚州夢〉〈금전기金錢記〉
궁천정宮天挺	사회에 대한 불만을 토로하고 은거 생활을 동경한다	〈사생교범장계서死生交范張鷄黍〉〈엄자릉수조칠리탄嚴子陵垂釣七里灘〉
진간부秦簡夫	구조가 엄밀하고 곡과 사의 본색이 자연스럽다	〈동당노권파가자제東堂老勸破家子弟〉〈의주산조례양비宜秋山趙禮讓肥〉〈진도모전발대빈晉陶母剪髮待賓〉

중국을 말한다

| 세계사 연표 |

1333년
폴란드 카지미에스가 왕위를 계승했다. 그는 재위기간 정부 기구 개편, 국방력 강화, 상공업을 발전시켰으며, 새로운 법전을 반포해 게르만인 영향을 약화시켰다.

074

영종이 남파에서 죽다

일대의 현명한 군주와 재상이 순식간에 역신의 손에 죽었다.

《원사元史·영종기英宗紀》 출전

무종武宗 하이샨은 자신이 죽은 후 동생 인종이 황위를 계승하며, 동생 인종이 죽으면 역시 무종의 아들에 넘기기로 그의 어머니와 형제들에게 약속한 적이 있다. 그러나 인종은 즉위 후 사심이 생겼다.

강자 대신 약자를 옹립하다

따지는 무종의 아들 쿠살라和世㻋보다, 어리고 연약한 인종의 아들 시데빌라碩德八剌가 통제하기 쉬우니 황태자로 옹립하자고 강력히 주장했다. 그러자 승상 테무데르도 시데빌라의 옹립을 주장했다. 이렇게 세 개의 세력이 각자의 이익을 위해 13세밖에 안 되는 시데빌라를 황태자로 옹립했다.

원나라 태정제 즉위 조서 (왼쪽 사진)

원나라 시대 《서죽당 경험방》 (오른쪽 사진)
《서죽당 경험방》 15권은 원나라 시대 몽골 의학자 사투무수가 쓴 처방책으로 1326년경 출간했다. 각종 풍·동통·탈장·적체·담·부인과·소아과 등 15개 분야의 처방 3100여 개가 기록되어 있는데 처방이 비교적 정밀하다. 1795년 일본 복제 조각본 15권이 보존되어 있다.

그리고 무종 후대의 제위 쟁탈전을 방지하기 위해 먼저 쿠살라를 주왕周王으로 봉해 운남을 수비하게 했다.

늙은 태후를 화병으로 죽게 하다

인종이 죽은 후 태자 시데빌라는 황위를 계승하고 영종英宗이라 칭했다. 영종은 유순해 보였으나 속은 강하고 어릴 때부터 유가경전을 통달했으며, 불학에도 정통해 등극 후 바이주拜住를 중서우승상으로 임명했다. 몽골 제국 개국 공신 무칼리의 후대인 그는 유도儒道로 천하를 다스려 조정 안팎에서 위신이 매우 높았다.

영종 즉위 후, 그의 할머니 따지는 여전히 조정 일에 간섭했지만 영종은 인종과 달리 그녀의 말에 순종하지만은 않았다. 따지는 새 황제인 영종에게 옛 신하들을 배척하고 그녀의 친신을 중용하라 요구했으나 영종은 따르지 않았다. 이렇게 몇 번씩 청을 거절당한 늙은 태후는 영종을 옹립한 것을 후회하면서 그를 중

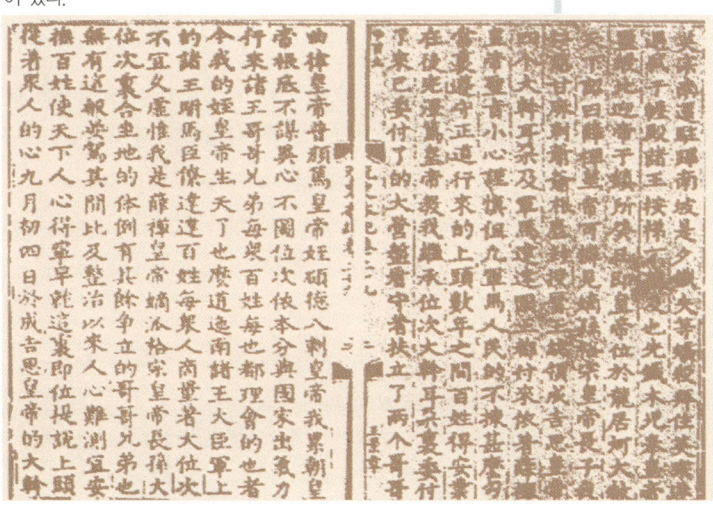

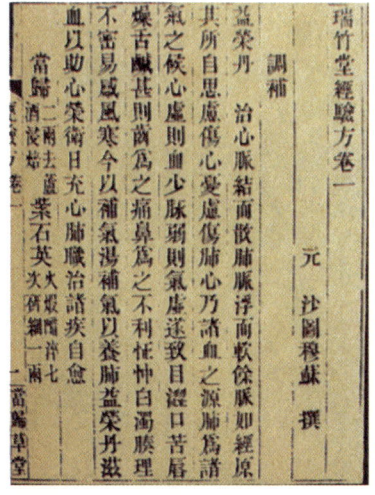

916~1368 원

원나라 지원 28년(1291)

| 중국사 연표 |
후後지원 원년 11월 과거제를 폐지했다.

오하다가 후궁에서 얼마 후 화병으로 죽었다.

진왕을 옹립하려 음모하다

테무데르와 태후가 잇달아 병사하자 영종은 새 정치를 실시하기 시작했다. 그는 유생儒生을 등용하고 새로운 법률 '대원통제大元通制'를 제정했는데, 이런 조치는 많은 몽골과 색목 귀족의 세습 특권을 제약하고 탐관오리들을 공포에 떨게 했다.

영종은 테무데르의 죄행을 추궁하고 그 잔당을 와해시켰고, 이는 테무데르의 양 아들 테시에게 큰 타격을 주었다. 이에 그는 사막 이북을 수비하는 진왕晉王 예순테무르也孫鐵木兒를 선택했다. 그리고 진왕부 내사 도라사倒剌沙와 내통하는 동시에 진왕에게 사자를 보내 정변 계획을 통보하면서 이 일이 성공하면 황제로 옹립하겠다고 밝혔다.

진왕 예순테무르는 쿠빌라이의 태자 친킴의 장손으로 무종·인종과는 형제 사이다. 그도 물론 황제가 되고 싶었지만 성공 여부에 확신이 없었다. 여러번 고려 끝에 그는 성공하든 실패하든 모두 해를 입지 않는 묘책을 생각해 냈는데, 먼저 테시의 밀사를 비밀리에 가둬 두고 다른 사람을 상도上都로 파견해 변고를 알리게 했다. 사막 이북으로부터 상도까지는 길이 멀어 사자가 도성에 이를 즈음이면 병변의 성공 여부가 밝혀질 것인바, 성공하면 좋고 실패해도 연루되지 않도록 하려는 것이다.

원나라 황제는 매년 여름이면 모두 대도(북경)를 떠나 상도(내몽골 정람기)에 가서 더위를 피한다. 정부요원도 정무政務를 처리하기 위해 따라가 가을이 되어야 돌아온다.

1323년 8월 5일, 영종은 상도에서 서남쪽 30리 떨어

만천 경개의 여의如意 베개
도자기 베개는 수나라 시대에 이미 출현했으며, 주로 침구나 장례 용품으로 사용한다. 이 베개는 여러 차례 유약을 발라 그 층이 두껍고 굽는 과정에서 유약이 융합되어 새로운 정취를 형성했다.

진 남파점南坡店에서 바이주와 테시를 수행하고 숙영했다. 테시는 영종을 미워하는 몽골 친왕들을 규합하고, 자신의 위병을 외부 지원 삼아 병변을 일으켰다.

야밤에 이들은 흉기를 들고 황제의 장막으로 돌진해 먼저 바이주를 죽인 후, 영종을 살해했다. 가련한 일대 명주와 현능한 승상은 순식간에 역신들의 손에 죽고 말았다.

보살이 악마로 변하다

성공 후 테시는 급히 대도로 달려가 깊은 밤에 입성해 모든 인감을 봉하고 예순테무르의 움직임을 살폈다. 일찍부터 제위를 탐내던 예순테무르는 영종이 죽었다는 소식을 듣자마자 9월 초 즉위를 선포했는데, 그가 바로 태정제泰定帝다.

태정제는 테시를 중심으로 하는 정변 공신들을 장려하고 테시를 지밀원사로 발탁했다. 그의 형제는 우승상이 되고 그의 동당도 모두 승진했다. 그러나 얼마 안 되어 태정제는 안색을 확 바꾸었다.

그 해 10월, 태정제는 상도에 도착하기도 전에 테시 형제와 일당, 그들의 가족까지 모조리 죽이고 재산을 몰수했다.

태정제는 분명, 테시가 영종을 죽일 수 있었으니, 자신도 죽일 수 있으며, 또 궁정 병변 중 자신의 역할도 떳떳하지 못하므로 테시를 죽여 자신의 죄를 덮으려 했던 것이다.

| 세계사 연표 |

1335년

그리스의 고전 작품이 이탈리아에서 부흥하기 시작하자, 플로렌스 등지에서는 호머의 서사시를 강의하는 사람도 생겼다.

075

《원사元史·인종기仁宗紀》 출전

명종이 중독되다

독하지 않으면 대장부가 아니거늘, 누가 형제의 우정을 돌보겠는가?

엔테무르가 난을 일으키다

태정제는 즉위 후 원로대신에 의지해 회회인 도라사를 중서좌승상으로 임명했다. 도라사가 황제의 심복이 되자 병권을 쥔 흠찰대신 엔테무르燕鐵木耳는 다른 마음을 품었다. 엔테무르는 무종 하이샨의 대신으로 사막 이북에서 10여 년간 수비, 무종이 황제가 된 후 조정 고관이 되었다. 그는 무종의 총애와 발탁에 매우 감격해 언젠가 보답하려고 마음먹었다.

1328년 7월, 태정제가 상도에서 죽었다는 소식이 대도에 전해지자 엔테무르는 난을 일으키기로 작정했다. 그리고 태정제의 아들이 즉위하지 못하게 하고 무종의 후대를 황제로 옹립하자고 주장했다.

8월 4일 새벽, 조정 백관이 흥성궁에서 집회를 가졌는데 엔테무르는 심복 17명을 거느리고 궁전으로 쳐들어가 큰 소리로 외쳤다. "무종 황제의 후대가 대통을 이어야 하는데, 어찌 아직도 미룬단 말인가? 무종의 두 아들이 효도와 인의를 갖춤은 천하가 다 아는데 반대하는 자는 무조건 죽일 것이다." 그러고는 태정제의 친신을 모두 옥에 가두고, 강릉으로 사람을 보내 무종의 둘째아들 투크테무르圖帖睦爾를 영접했다.

두 황제가 대치하다

일찍이 태정제가 위중할 때부터 승상 도라사는 무종의 후대가 제위를 쟁탈할까 봐 투크테무르를 건강(남경)에서 강릉(호북 경내)으로 이주시켰다. 8월에 투크테무르는 대도로 돌아왔고, 상도에 있는 승상 도라사도 병사를 풀어 대도를 진공해 내전이 발발했다.

9월에 엔테무르는 여러 대신을 거느리고 투크테무르 앞에 무릎을 꿇고 청했다. "등극하시어 천하를 안정시키소서." 그러나 투크테무르는 감히 등극하지 못했다. "형님께서 북방에 계시는데 내가 어찌 앞질러 등극한단 말인고?" 사실 그는 병권을 장악한 형님 주왕周王 쿠살라가 두려웠던 것이다.

엔테무르는 그의 마음을 꿰뚫어 보았다. "눈앞의 기회를 놓치면 후회할 것이옵니다." 투크테무르는 일리가 있다고 생각해 못 이기는 척하며 말했다. "그래, 나중에 형님에게 제위를 돌려드리면 되지." 그리하여 대명전에서 정식 즉위해 연호를 천력으로 개칭했는데, 그가 문종이다.

도라사는 상도에서 급히 아홉 살밖에 안 되는 태정제의 아들을 옹립했다. 이리하여 상도와 대도에서 두 황제가 대치하는 국면이 되었다. 쌍방은 모두 자신의 황제를 옹호하며 격전을 벌였다. 상도의 군대는 수가 많은 반면, 대도의 군대는 정예부대였다.

엔테무르는 친히 앞장서 적진에

세계 최초 음식 영양 위생 계통 저서 – 원나라 《음선정요》

《음선정요飮膳正要》는 원나라 시대 쿠시혜가 편찬했다. 그는 1314년부터 1320년 사이에 원나라 궁정 음선飮膳 태의를 역임했으며, 당시의 저명한 영양학자다. 쿠시혜는 제가 본초, 명의처방, 의술, 민간음식 등을 참조해 각종 음식과 자양약품, 음식위생, 식중독 등을 연구, 원나라 지순 원년(1330)에 《음선정요》를 편찬했다. 그는 이 저서에서 사계절 음식과 금기 외에 보약·식료·양생의 관계를 서술했다. 《음선정요》는 세계 최초의 음식영양·음식위생 전문서다.

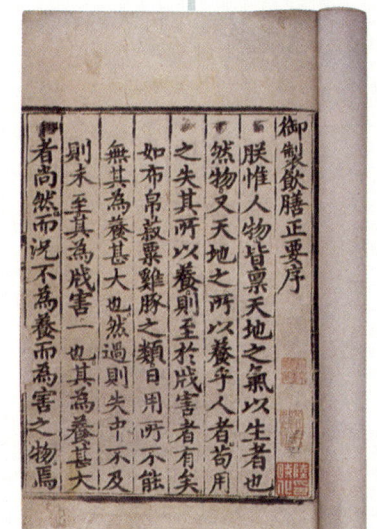

916~1368 원

| 중국사 연표 |

1340년

후지원 6년 12월, 과거 시험에 의한 관리 등용 제도를 회복했다.

원나라 시대의 해청패
역참 통과 패쪽으로, 청색의 패쪽의 일종이다. 일명 해청부海青符라고도 하며, 표면에 해동海東 참북 도안이 주조되어 해청패海青牌라고 부른다. 주로 긴급 군사 정보 전달에 사용한다.

돌진하면서 여러 차례 대도에 대한 적의 공격을 물리쳤다. 상도의 병력이 전력으로 남침할 때 엔테무르의 삼촌 부화테무르不花帖木兒가 혼란의 기회를 틈타 상도를 포위했는데, 도라사가 항복하고 황제의 옥새를 내놓았으며 대정제의 작은아들은 종적을 감추었다. 그리고 문종이 도라사 등을 사형에 처해 내전은 대도의 승리로 끝났다.

칸의 장막에서 터져 나온 울음소리

문종은 즉위 전에 "형님이 돌아오는 즉시 나는 자리를 내줄 것이다"라고 말한 적이 있다. 상도가 함락된 후 두 도읍이 소통되니 문종은 사막 이북의 형님 쿠살라를 모셔오게 했다.

예전에 문종은 인종과 합의해 인종 100년 후 무종의 큰아들 쿠살라에게 제위를 넘겨주자고 했다. 하지만 후에 인종은 자기 아들에게 제

천력의 보배
이 그림은 원나라 문종의 옥새다.

위를 넘겨주고 쿠살라를 운남으로 보냈다. 쿠살라가 운남으로 가는 도중 섬북 연안을 지날 때 신하들은 남정을 원하지 않았고, 무종의 옛 신하들도 그가 북방에 남아 기회를 보아 재기하도록 권고했다.

이리하여 쿠살라는 북방의 변두리에 있는 금산金山으로 도망가 군사를 모집하면서 힘을 키웠다.

지금 문종이 그에게 돌아와 등극하라고 하니 그는 기뻐하며 화림和林에서 등극을 선포하고 명종이라 칭했다. 도성에 이 소식이 전해지자 문종은 할 수 없이 퇴위하고 엔테무르를 파견, 새 황제에게 옥새를 건네주었다. 엔테무르는 명종에게 옥새를 드릴 때 대신들이 명종을 정성껏 대해 주지 않아, 원망의 감정이 솟구쳤지만 내색하지 않고 성의를 다해 영접했다.

명종은 옥새를 받은 후 기쁨에 겨워 그 자리에서 동생 문종을 황태자로 책봉했다.

정권 교체는 의외로 평온했다. 명종은 대도로 향하는 도중에 마중 나온 문종을 만났다. 그들은 형제의 정에 겨워 연석을 베풀었고, 모든 대신이 즐겁게 마셨다. 4일 후 명종의 천막에서 갑자기 울음소리가 들려왔다. 알고 보니 명종이 의문사를 당했다. 엔테무르는 이미 준비한 듯 바로 장막으로 뛰어들어 옥새를 빼앗고는 문종을 말에 태우고 신속히 대도로 돌아왔다. 그는 큰 적이라도 닥칠 듯 친히 무기를 치켜들고 밤낮으로 문종을 호위했다. 이틀 후 대도로 돌아와 명종이 "붕어했다"고 선포한 후 문종은 용좌에 앉았다.

역사학자들에 따르면, 명종의 죽음은 문종과 엔테무르가 세밀하게 계획한 결과로, 엔테무르의 독약에 죽은 것으로 추정된다.

후에 명종의 아들 순제는 부친의 원수를 갚을 때 삼촌 문종이 "규례에 어긋나게 행동해 명종이 원한을 품고 붕어하게 했다"고 말하면서 조서를 내려 조묘로부터 문종의 위패를 축출했다.

| 세계사 연표 |

1340년

인도 마바의 총독 하산이, 델리 술탄의 잔혹한 통치에 대항해 관원들을 죽이고 독립을 선포했다. 이에 술탄 무하마드가 진압하려다 대패해 술탄의 통치가 붕괴 상황에 직면했다.

076

《원사元史·엔테무르전燕鐵木兒傳》 출전

엔테무르가의 종말

권세를 얻자 교만해 지니, 그 자손이 그 해를 받게 되었다.

일인지하, 만인지상

엔테무르는 문종의 등극을 위해 큰 공로를 세웠다. 이에 엔테무르는 중서우승상으로 책봉되었는데, 그 관직과 귀족 작위의 명칭이 무려 50자나 되었다. 국가의 대권이 모두 그의 손아귀에 있었으니 그는 '일인지하一人之下 만인지상萬人之上'이라고 할 수 있었다.

권력을 쥐자 사욕이 생긴 엔테무르는 군주의 위세를 빌려 거리낌 없이 행동했고, 황음무도한 생활을 했다. 그는 늘 연회를 열었으며, 40여 명의 종실 여자를 소유했다. 심지어 죽은 태정제의 부인도 자기의 여자로 삼았는데, 첩이 너무 많아 자신도 알아보지 못할 정도였다.

한 번은 엔테무르가 한 관원의 집에서 연회를 즐겼는데 남녀를 쌍으로 앉히고 '원앙회'라 이름 붙였다. 그때 그는 요염한 한 여인을 보자 마음을 빼앗겨 "저 여인은 누구인가?"라고 물었다. 그의 수하가 태사의 부인이라고 아뢰자 주위에 있던 사람들은 소리 없이 웃음을 터뜨렸다.

영종이 요절하다

문종이 명종을 살해한 후, 황후 부다시리ト答失里는 명종의 황후 바부사八不沙를 박해해 죽였다.

문종은 뒤이어 명종의 장자 토곤테무르妥歡帖睦爾를 고려의 외딴섬으로 유배했고, 그 다음해 명종이 생전에 토곤테무르를 그의 친아들로 인정하지 않았다고 선포하고서 토곤테무르를 다시 광서 정강靜江, 지금의 계림으로 좌천 시켰다.

그러나 1332년, 죽음을 앞둔 문종은 유언장에 명종의 장자 토곤테무르를 황제로 임명했다. "천자의 지위는 매우 중요한데 나의 아들은 너무 어려 감당하기 어려울 것이다. 광서에 있는 토곤테무르는 이미 열세 살이나 되었고, 또 명종의 장자이므로 대통을 계승할 수 있다."

하지만 권신 엔테무르는 권력을 유지하기 위해 일곱 살밖에 안 되는 문종의 둘째아들을 황제로 임명한다고 유언을 고치고 그를 영종이라 칭했다. 가련한 영종은 43일간 황제로 있다가 요절했다.

빈번한 대외교류의 증표 - 누란사 묘비 (위 사진)
원나라 시대 중국의 해상 대외 교류는 매우 빈번했는데, 당시 항구 천주泉州는 외국 상인의 집단 주거 구역이었다. 묘비의 주인공 누란사는 콰라즈무(서아시아 나라)의 귀족이다. 비문은 아랍어로 "그는 지고 무상한 진주의 세계에 이미 도착했으니, 진주께서 그의 무덤을 비추어 영락 세계로 이주케 하옵소서"라고 새겨 있다. 이 비석은 1322년에 세워졌다.

원나라 시대 각본 경서 (왼쪽 그림)

원본院本. '행원行院 출연 극본'의 약칭. 행원은 금나라 시대 배우의 거주 장소다

| 중국사 연표 |

1342년 지정 2년 7월 교황 베네딕 12세의 사절이 중국의 상도에 도착했다.

네가 내 아버지를 죽이면 난 네 아들을 죽인다

엔테무르가 문종의 아들 엔테구시燕帖古思를 황제로 임명하려 할 때, 문종의 아내 부다시리는 어린 아들이 궁전 내의 투쟁에 희생물이 될까 우려했다.

이에 엔테무르는 할 수 없이 토곤테무르를 데려오라 하고, 직접 의장대를 거느리고 마중을 나갔다. 엔테무르는 예전에 명종을 살해한 사건을 생각하니 새 황제가 자신에게 복수할까 봐 두려워 토곤테무르의 등극을 미루면서 옹립하려 하지 않았다.

몇 달 후, 엔테무르는 과도한 주색에 빠진 나머지 병이 들어 죽고 말았다.

문종의 황후는 대신들과 상의해 토곤테무르를 새 황제로 옹립했는데, 그 조건은 무종과 인종의 사례를 본받아 후에 인종의 아들 엔테구시를 황위 계승자로 정하는 것이었다.

원나라 시대 황공망과 〈천지 석벽 그림〉

황공망黃公望(1269~1354)의 본성은 육陸이고 이름은 견堅으로 강소성 상숙 사람이다. 그는 후에 절강 영가 황씨의 양자가 되었는데 그 부친이 나이 구십에 "황공이 아들을 오래 바랐다"고 하여 이름을 황공망이라고 지었다. 자는 자구子久이고, 호는 일봉一峰으로 '원 4가' 중 한 명이다. 중년에 아전으로 취직했으나 상사의 탐오 사건에 연루되어 투옥되었다가 출옥 후 호를 대치大痴로 개칭했다. 그는 이때부터 도교를 신봉했으며 시화로 위안을 삼았다. 이 그림은 《역대명신상해》에 실려 있다.

●●● 역사문화백과 ●●●

[원나라 시대의 '시장']
원나라 시대 도시에는 쌀·채소·가축 등 같은 종류의 물건을 전문적으로 파는 시장이 형성되었다.

| 세계사 연표 |

1343년
영국 의회가 상·하 양원으로 분리되었다.

1333년 6월 새 황제가 즉위했는데 그가 바로 순제다. 7년 후 순제는 명종의 피해 사건을 조사해 문종의 위패를 종묘에서 축출하고, 문종의 왕후 부다시리를 도성에서 쫓아냈으며, 그의 아들 엔테구시를 유배 도중에 살해했다.

"네가 내 아버지를 죽이면 난 네 아들을 죽이리라." 황실의 내전은 이처럼 잔혹했다.

권신의 투쟁

비록 엔테무르는 죽었지만 그의 동생 사둔撒敦은 좌승상으로, 아들 타키세唐其勢는 어사대부로, 딸 버야우伯牙吾는 황후로 책립되었다. 후에 사둔은 죽고, 일찍이 무종을 따라 북정하고 순제 옹립에도 공로가 있었던 권신 바얀伯顏이 떠올랐다. 순제는 바얀을 중서우승상으로 다시 발탁하고, 태사에 진왕秦王으로 봉해, 그의 관직과 귀족의 작위 길이는 무려 400자가 넘었다.

그의 권세는 이미 엔테무르의 자손들 위에 있었지만, 중서좌승상 타키세는 승복하지 않았다. 타키세와 그의 동생 타라하이塔剌海, 사둔의 동생 다리答里 등이 궁정 정변을 일으켜 바얀을 죽인 뒤 순제를 폐하고 새로운 군주를 옹립하려 했으나 누군가가 그 계획을 순제에게 밀고했다.

6월 30일 타키세는 동쪽 교외에 군마를 매복시킨 후, 자신이 직접 결사대를 거느리고 궁전으로 쳐들어 갔다가 바얀이 사전에 매복시킨 군대에게 일망타진

●●● 역사문화백과

[원나라 시대 역참]

역참驛站은 원나라 시대 관영 교통 시설로 주로 관청 왕래 인원에게 음식·등유·신탄 등을 제공한다. 역참은 육참과 수참 두 가지 유형으로 구분되는데 육참은 주로 말·소·당나귀·차·가마 등을, 수참은 배를 제공한다.

원나라 시대 경작과 방직

중원에 진입한 원나라 통치자들은 그들의 유목 관습을 그대로 중원에 들여와 방목하고 말을 수탈해 농업을 크게 파괴시켰다. 후에 강남의 발전된 농업 경제의 영향 아래 유목을 포기하면서, 이 과정에서 한족화하여 남자가 농사를 짓고 여자가 천을 짜는 생활 방식을 받아들이기 시작했다. 이 그림은 강남의 농경 생활 모습이다.

되었다. 타라하이는 황급히 황후의 의자 밑으로 기어 들어갔고, 황후 버야우는 치마로 그를 숨겼다. 하지만 바얀이 그를 끌어내 그 자리에서 죽여 버리니 붉은 피가 황후의 온몸에 튀었다. 그리고 바얀은 "형제가 모반하는데 황후가 모를 수 있는가?"라며 병사들에게 황후를 묶으라고 했다. 황후가 큰 소리로 "폐하, 살려 주소서"라고 외치니 순제는 냉정하게 "너의 형제가 모반하는데 짐이 어떻게 구한단 말이냐?"라며 황후를 궁전에서 쫓아내고 독주를 내렸다. 세상에 당할 자 없다고 자부하던 엔테무르의 가족은 이렇게 사라졌다.

형영험마도荊營驗馬圖

고고관姑姑冠 또는 고고관故故冠 237

| 중국사 연표 |

1344년 지정 4년 5월, 황하의 제방이 터져 산동·하북이 모두 재해를 입었다.

077

톡토가 대의멸친하다

누군가 뜻밖에 황제에게 장·왕·유·가·조 5성 한족을 전부 멸하자고 건의했다.

타키세가 죽은 후 순제가 더 이상 좌승상을 설치하지 않아, 우승상 바얀은 승상을 독점하고 대승상으로 호를 덧붙이는 등 권세가 대단했다.

남인을 초개처럼 여기다

바얀은 승상으로 부임할 때만 해도 순제를 보좌해 농경을 장려하고, 가혹한 요역과 잡세를 경감했으며 이재민을 구제했다. 그러나 권력이 커지면서 탐욕적이고 잔혹해졌다. 누구든 승진하고 싶으면 먼저 그에게 뇌물을 바쳐야 했고, 그가 문을 나설 때면 의장대가 앞뒤로 옹위했다. 천하 모든 공물은 바얀의 창고로 들어가고 천하 사람들은 바얀밖에 몰랐다.

몽골 귀족인 바얀은 한족 문화를 적대시하고 한족 관원을 배척해 순제에게 이렇게 말했다. "태자에게는 한인의 책을 가르치지 마소서."

우후공림도雨後空林圖 (원나라 예찬 그림)

예찬倪瓚(1301~1374)의 자는 원진元鎭이고, 호는 운림雲林으로 '운림 선생'으로 불렸다. 그는 원나라 시대의 화가, 서예가, 문학가로 '원 4가' 중의 한 사람이다. 그는 산수화에 능했으며, 고목·평원·죽석·초가를 잘 그렸다. 이 그림은 강과 양안의 정경을 그렸는데, 필법이 빠르고 뛰어나다. 그리고 먹의 건습 용법을 병용했는데, 그중 건필이 특히 뛰어나 초탈한 경계에 도달했고, 청아하고 아늑한 느낌을 준다.

한 점쟁이가 바얀의 명을 점치면서 그가 남인南人의 손에 죽는다고 말했다. 이에 바얀은 한인과 남인은 병기를 휴대하지 못하고 북방 사람이 남인을 구타해도 대항하면 안 되며, 한인과 남인은 몽골 문자를 배우지 못한다고 규정했다. 당시 광동 등의 지역에서 백성의 봉기가 폭발했는데, 봉기를 일으킨 자들이 모두 한인임을 알게 된 바얀은 "장·왕·유·가·조의 5성 한인을 모두 죽여 화근을 근절해야 한다"고 건의했지만 순제가 응낙하지 않았다.

임금과 신하가 같이 울다

바얀이의 횡포가 날로 거세지자 다른 관원들은 물론, 순제도 몹시 화를 냈다.

바얀은 조카 톡토脫脫를 어려서부터 길러 친아들처럼 생각했는데, 문무를 겸비한 톡토는 친군도지휘사로 있었다. 그는 백부인 바얀이 나쁜 짓을 많이 하자, 자기 집에 화가 닥칠까 우려해 은밀히 친아버지에게 말했다.

"백부가 너무 교만해 천자께서 진노하면 우리 집은 멸족 당할 것이니 우리가 먼저 백부를 제거해 버립시다."

그의 아버지도 같은 생각이었지만 차마 손을 쓸 수가 없었다. 톡토는 순제에게 자

| 세계사 연표 |

체코 프라하에 성 비투스 성당이 착공되었다.

출전 《원사元史·바얀전伯顔傳》 《원사元史·톡토전脫脫傳》

신의 충성심을 표했으나 황제는 심복관원을 통해 톡토의 충성심을 확신한 다음에야 그를 중용했다.

바얀은 한인을 염방사廉訪使로 쓸 수 없다고 상주하자, 톡토는 순제에게 한인을 배척하면 안 된다고 했다. 이에 대노한 바얀이 말했다. "톡토는 신의 양자이지만 한인을 감싸니 반드시 벌을 받아야 마땅하나이다." "톡토는 좋은 사람이네. 한인을 쓰는 것은 짐의 뜻이네."

바얀의 횡포에 몹시 분개한 순제는 톡토와 이런 일들을 상의할 때 참지 못해 눈물을 흘렸고, 톡토도 흐느껴 울었다. 이에 그들은 바얀을 없애기로 결심했다.

대의멸친하다

1340년 2월, 바얀이 성 밖에서 사냥을 하는데 톡토가 성문을 봉쇄하고 순제의 명에 따라 조서를 작성했다. 그리고 바얀의 죄를 나열하고 그를 하남행성의 좌승상으로 좌천시켰다. 바얀이 사람을 보내 그 일에 대해 알아보게 하자 톡토는 이렇게 말했다. "바얀을 내쫓은 건 황제의 성지다. 다른 사람은 죄가 없으니 빨리 돌아가라." 이 말을 들은 바얀의 부하들은 뿔뿔이 흩어졌고, 바얀은 이를 승복하지 않고 황제에게 고발하겠다고 했다.

바얀이 남행하는 도중 황제는 또 영을 내려 그를 영남으로 가게 했다.

청변은거도青卞隱居圖 (원나라 왕몽 그림)

왕몽王蒙(1308 또는 1301~1385)의 자는 숙명叔明(또는 叔銘)이고, 만년에 황학산에 거주하며 향광거사로 자칭했다. 호주湖州(절강 경내) 사람인 그는 원나라 시대 화가, 서예가, 문학가로 '원 4가' 중 한 명이다. 특히 산수화에 능해 5대 동원과 거연을 본받아 자체 풍격을 형성했고, 인물화에도 능하다. 그가 창조한 '수훈 묵장水暈墨章'은 민족 회화의 기법을 풍부히 했다. 이 그림은 그의 대표작 중 하나로 험준한 산세, 무성한 숲, 높은 폭포, 산 밑의 초가, 선비를 그려 문인의 한적한 은거 생활을 묘사했다.

자신의 양자에게 당할 줄은 꿈에도 생각지 못한 바얀은 분을 참지 못해 길가는 한 노인에게 물었다. "혹시 아들이 제 아비를 죽였다는 사실을 들어보았는지요?" 노인은 대답했다. "아들이 아비를 죽였다는 말은 못 들었지만 신하가 황제를 죽였다는 말은 들어보았네."

그러자 바얀은 위풍당당하던 자신의 모습을 생각하고 머리를 숙였고, 얼굴에 창피한 기색이 떠올랐다.

강서까지 걸어온 바얀은 병으로 누워 있다가 며칠 후 역참에서 죽었다. 강남의 한인들은 너도나도 손뼉을 치며 기뻐했고, 그의 죽음을 시로 써서 풍자했다. "남인을 초개처럼 호시탐탐 노렸으나 하늘은 그 악명을 남쪽 황야에 남겼더라."

●●● 역사문화백과 ●●●

[유학 수양을 가진 유의]

송과 원나라 때 '유의儒醫'는 의학에 힘써 연구하는 유생이거나 비교적 높은 유학 수양을 가진 의사를 가리킨다. 이는 중국 역사상 의사 신분의 일대 변혁이다.

1345년

| 중국사 연표 |

지정 5년 10월, 《요사》《금사》《송사》 편찬을 완성했다. 11월 《지정조격》을 완성했다.

078

원나라가 3사를 편찬하다

나라는 망해도 역사만은 사라지지 않는다.

1부의 24사는 어디서부터 말하면 좋은가? 송·요·금나라 3대 역사는 모두 원나라 때 완성된 것이다.

1276년 원나라 군사가 항주성에 진입하자 여섯 살인 어린 황제는 퇴위를 선포하고, 원나라군은 궁내의 보물과 미녀를 모두 약탈하고 성내는 불타올랐다.

한 사관史官이 원군 장수 바얀 앞에 말했다. "나라는 망할 수 있지만 역사는 없어지면 안 되나이다." 이리하여 송나라의 풍부한 역사 자료는 소각되지 않고 대부분의 보물과 함께 대도大都로 옮겨졌다.

원나라가 편찬한 《송사》는 서툴렀다

사관史官 제도는 송나라 시대에 가장 완벽했다. 사관史館에서 편찬한 기전체의 《국사》, 실록원에서 편찬한 편년체의 《실록》, 문건 휘집 《회요會要》, 황제 종실 지파의 《옥첩玉牒》, 안에 황제의 장부를 포함한 《기거주起居注》, 재상부의 《시정기時政記》, 모든 유형의 역사 자료는 모두 체제가 완벽해 하나의 완벽한 송나라 시대 역사를 편찬하기는 어렵지 않았다.

새로운 왕조가 건립된 후 전조 역사의 편찬은 빼놓을 수 없는 일과다. 그러나 원나라 말에 가서야 송·요·금나라 삼사가 비로소 편찬했다.

선비의 풍류와 시문의 운치를 논한다면 송나라는 첫손에 꼽힐 것이다. 송나라 시대에 수많은 우수한 역사 저서가 출현하고, 송나라 사람들은 모두 사관에 취직해 역사를 편찬함을 영광으로 여겼다. 그러나 《송사》는 너무나 속되고 조잡했다. 후세 사람들은 《송사》를 24사 중 제일 낮다고 한다.

총 496권인 《송사》는 24사 중 편폭이 가장 긴데, 태조 건륭 원년(960)부터 상흥 2년(1279)까지 남·북송 319년의 역사를 기록하고 당시 정치·군사·경제·문화 각 분야의 상황을 상세히 반영하고 있다.

이 책의 편자 구양현歐陽玄(1273~1358) 등은 도학의 영향을 깊이 받아 《송사》의 편찬은 "선유 성명의 설"과 "먼저 이理가 있고 후에 문사가 있으며 공리를 폐하고 도덕을 숭배한다"는 설에 기준을 두었다. 이렇게 거대한 저작이 고작 2년 반 만에 완성되니 송나라 시대에 이미 있던 역사학 성과를 이용할 수밖에 없었고, 자세히 고찰하고 연구할 시간이 없었다.

그러다 보니 착오도 많아 사건을 잘못 기재함은 물론, 심지어 한 사람의 전기가 두 개가 있거나, 한 문장에 여러 번 나오기도 하고, 편찬 순서가 뒤바뀌기도 했다. 《요사》는 총 126권인데, 이 역시 대충 편찬한 것이다.

원나라 편찬 3사 중 《금사》

《금사》 편찬은 원나라 세조 중통 2년(1261)에 처음 의논 되었으나, 의례를 결정하기 어려워 실행하지 않고 원 순제 지정 3년(1343)에 비로소 《요사》《금사》《송사》 3사를 각각 편찬했다. 도총재관은 우승상 톡토가 맡고, 《금사》 편찬은 테무르타지鐵木爾塔識·장기암張起岩·구양현歐陽玄·왕기王沂·양종서楊宗瑞 등이 맡았는데, 그 중 구양현의 공이 월등하다. 《금사》는 그가 직접 집필해 다음해 11월에 완성했다. 135권 중에 본기 19권, 지 39권, 표 4권, 전기 73권으로 여진족이 건립한 금나라의 성쇠를 반영한 중요한 역사 서적이다.

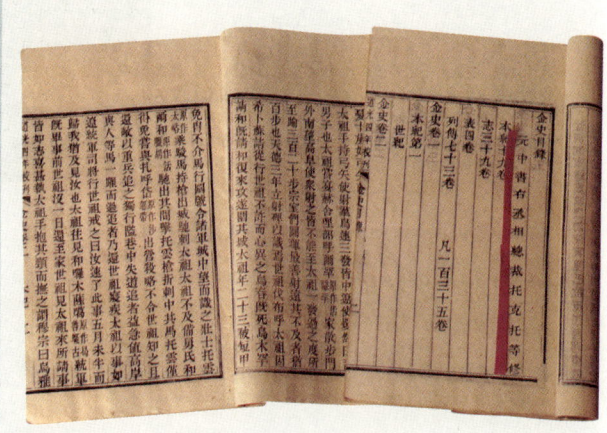

| 세계사 연표 |

1345년

오스만투르크인이 비잔틴 장군 요하네스 칸타쿠제누스의 부름을 받고 처음 바다를 건너 유럽으로 갔다.

《원사元史·구양현전歐陽玄傳》
《원사元史·톡토전脫脫傳》 출전

톡토가 '정통' 유관 논쟁을 중지시키다

원나라 초기에 원 세조 쿠빌라이는 송·요·금나라 3대의 역사를 편찬하라고 영을 내렸다.

인종 연우 연간 원각袁桷은 상주해 3사 유관 도서의 재 구입을 신청했고, 영종 지치 연간에 우집虞集에 영을 내려 3사를 편찬하게 했다. 그러나 몇 차례의 편찬은 모두 의논 단계에 불과했으며, 의논의 초점은 송·요·금나라 3대 중 어느 왕조가 정통인가를 문제 삼는 점이다.

지정 3년(1343) 순제 때 이르러서야 송·요·금나라를 모두 정통으로 하기로 결정했고, 승상 톡토를 도총재로, 테무르타지, 하유일賀唯一, 장기암張起岩, 구양현 등을 총재관으로 임명했다. 편찬 시 일반적으로 사관이 먼저 원고를 쓴 다음 총재가 수정했다.

지정 4년(1344) 《요사》와 《금사》를 완성하고 지정 5년(1345) 《송사》를 완성했다.

도총재 톡토(1314~1355)는 원나라 시대 몽골 메르키트 부락 사람으로, 일찍이 동지추밀원사를 지냈다. 지원 6년(1340) 순제의 지지 아래 톡토 부자는 정변을 일으켜 권력을 독점하던 우승상 바얀을 몰아내고 부자가 차례로 중서 우승상직을 맡아 바얀의 옛 정책을 폐지하고 과거 제도를 회복해 유가 학술로 나라를 다스렸다.

역사상 이를 '톡토 갱신'이라 한다. 3사 편찬은 이런 정치적 배경에서 시작되었다. 톡토는 먼저 3사를 각각 정통으로 하자는 의견을 채납했다. 이로써 80여 년간 지속된 논쟁을 끝내고 역사 편찬 사업을 순조롭게 전개했다. 그는 역사 편찬 경비를 마련하기 위해 강남 3성 공사장의 전량을 전용하라고 명을 내려 경제적 기초를 마련했다.

3사 편찬의 완성은 톡토의 노력의 결과라 해도 과언이 아니다. 그는 원나라 말기 각지의 봉기를 진압했으나, 지정 15년 조정 내부의 투쟁으로 죽었다.

많은 편찬자 중 구양현은 주요 역할을 한 인물이다. 구양현은 유양瀏陽(호남 경내) 사람이며 어릴 때부터 경서 백가를 숙독했

원나라 오진 〈어부 그림〉
오진吳鎭(1280~1354)은 자가 중규仲圭, 호가 매화도인, 매사미梅沙彌로 가흥(절강 경내) 사람이다. 그는 시골에서 은거하면서, 훈장을 하다가 후에 전당錢塘(항주) 등지에서 점쟁이로 연명했다. 그는 당시 화가 성무盛懋와 겨루었지만, 모두가 성무의 그림을 좋아해 오진의 집에는 사람의 왕래가 없었다. 오진은 이렇게 말했다. "20년 후에는 다를 것이다." 과연 오진의 그림은 명조 때 빛을 보았다. 그는 수묵산수화에 능하고 거연巨然을 스승으로, 간혹 마원馬遠, 하규夏圭의 부벽, 괄철 준법을 배우고 습묵으로 산천 임목의 울창한 경치를 잘 표현했다. 이 그림은 오진의 대표작 중 하나로 배경은 강남 일대의 수향水鄉이다. 높은 나무, 초가집, 오솔길, 호숫가의 버들, 멀리 보이는 산, 물결이 출렁이는 호수 위에 흔들리는 쪽배 등 풍경을 생동감 있게 묘사했다.

원나라 정부가 편찬한 지리총지地理總志

| 중국사 연표 |

1351년

지정 11년 4월, 황하의 수리에 민부 13만 명, 군대 2만 명을 동원했다. 5월 영주潁州 유복통劉福通이 봉기했고, 8월에는 서수휘徐壽輝가 봉기를 일으켰다. 국호를 천완天完으로, 연호를 원치평元治平으로 고쳤고, 비주邳州에서 이이李二, 조군용趙君用, 팽조주彭祖住가 봉기해 서주 등지를 공격했다. 11월에 황하 제방이 완성되었다.

고, 정주 이학에 정통했다. 예문소감을 지냈으며 《경세대전》을 편찬했고, 한림직학사를 제수 받고 4조 실록의 편찬에도 참여했다. 그리고 지정 3년 한림학사로서 3사 총재로 임명되어 일체를 직접 썼다.

최고의 관청 편찬 정사

《금사》는 총 135권인데, 이는 최고의 관청 편찬 정사正史라는 명예를 얻었다.

금나라는 존속 시간이 요나라보다 짧지만 그 풍격은 판이했다. 요나라를 멸한 후 금나라 왕자들은 모두 한어와 거란문을 배워 종실에는 문무를 겸비한 왕자가 많았다.

금나라는 사관 제도도 매우 완벽했고, 국사, 일력, 기거주起居注, 실록 등도 편찬했다. 금나라 실록은 상당히 상세하다. 금나라가 멸망할 때 원나라 장군 장유張柔가 변경을 공격하고 홀로 사관에 들어가 금나라 실록과 비밀부서의 도서를 가져갔다.

금나라의 재자 원호문元好問은 실록이 장만호張萬戶의 집에 있음을 알고 그의 집에 들어가 머슴을 살면서 실록에 쓰인 국사를 읽으려고 계획했지만, 친구가 반

[기이한 책, 기이한 인물]

몽골과 원나라의 역사를 말하려면 《몽골비사蒙古秘史》를 언급하지 않을 수 없다. 이는 몽골족의 첫 사서인데 저자와 편찬 연대는 미상이다. 원문은 위을체 몽골 문자로 되어있고, 궁전의 밀실에 있다가 원나라 멸망 후 발견되었다. 명나라 초 사이관 관원이 한자로 음역했고, 단어 대역과 중문 의역 첨부해 한몽 번역 교재로 만들었다. 후에 원문은 유실되었으나, 전서는 이런 기이한 형식으로 보존되었다. 이 책은 칭기즈 칸의 선조에서부터 오고타이에 이르기까지 기록되어 있는데, 칭기즈 칸의 영웅 사적을 중심으로 썼다. 사료의 기이한 점은 피비린내 나는 전쟁사를 상세히 기록했고 산문과 서술을 결부했다는 것이다. 언어 문자는 더욱 기이해 세상에 유일하다.

대해 그만두었다.

당시 금나라 좌우사 낭중 왕악王鶚이 재능이 있다는 소식을 듣고 그를 집으로 데려왔다. 이에 왕악은 금나라 실록과 요나라 역사를 통독하게 되었다. 원 세조 때 한림학사였던 그는 국사원을 책임졌고, 지원 원년에 요와 금나라 역사 편찬을 청해 금나라 역사를 기초하고, 직접 집필해 규모는 갖추었지만 미처 인쇄하지 못했다. 원나라 말기에 편찬한 《금사》는 주로 왕악이 쓴 원고와 원호문 등이 쓴 야사를 베껴 단 일 년 만에 만들었다.

청나라 조익趙翼은 "이 책은 사실이 가장 상세하고 문필이 아주 깨끗하여 《송사》《요사》를 뛰어넘는다."라고 말했다.

나라는 망해도 역사가 소실되면 안 된다

왕악은 이렇게 말했다. "자고로 망하는 나라는 있어도 그 역사는 소실되지 않았다. 전대의 역사는 반드시 새로 흥기한 왕조가 편찬한다." 하지만 역사 편찬은 보통 전 왕조의 늙은 대신들이 맡았는데, 그들은 망국에 대한 한탄, 고국에 대한 그리움이 절실해 훌륭한 역사를 편찬하게 한다.

금나라의 왕악, 원호문은 역사 편찬을 자신의 책임으로 여겨 수 십년의 노력끝에 마침내 훌륭한 성과를 이룩했다.

청나라 만사동萬斯同은 선비들의 부탁을 받고 평민 신분으로 사국史局에 들어갔고, 황종의黃宗羲는 시를 써 환송하며 그 기세를 북돋았다. 이리하여 《명사》는 생기발랄하고 엄연한 정기가 넘쳤다.

관청에서 편찬한 사서 중 뛰어난 작품으로 이전에 《금사》가 있었다면 후에는 《명사》가 있다는 말은 거짓이 아니다.

| 세계사 연표 |

1351년 인도 투글루크 왕조의 이븐 투글루크가 죽자, 피로스 샤 가 제위에 올랐다.

079 목수 살인 사건

《의옥집疑獄集》 출전

뜻밖에 도둑이 큰 사건을 해명했다.

1314년, 원나라의 도읍에서 의심쩍은 사건이 발생했다.

고문에 못 이겨 허위 자백을 하다

원나라 도읍에 일하는 사람이 수백 명에 달하는 목공소가 있었다. 그곳에서 목수 한 명과 도목수 사이에 말다툼이 벌어져 서로 반년이 지나도록 반목하며 지냈다. 그러자 그곳의 노동자들이 술과 안주를 사들고 그 목수를 도목수 집으로 데려가 두 사람을 화해시켰다. 그날 저녁 모두 취하도록 술을 마시고서야 각자 집으로 돌아갔다.

목수의 아내는 경박하고 음탕한 여인이었는데 전부터 정부와 함께 남편을 죽이려고 했다. 그날 그녀는 만취해 들어온 남편을 죽이고서 다급한 김에 시체를 토막 내어 온돌 안에 파묻고 위에 벽돌을 펴 놓았다.

다음날 목수의 아내는 눈물을 흘리며 도목수의 집에 찾아가 행패를 부렸다. "제 남편이 어제 당신 집에서 돌아오지 않았으니 당신이 죽인 게 분명해요."

그리고 그녀가 아문에 고발하자 법관은 두 사람의 사이가 좋지 않았던 것을 알고, 도목수를 잡아들여 고문을 했다. 도목수는 혹형에 못 이겨 자기가 목수를 죽였다고 자백했다.

희생양을 찾다

법관이 도목수에게 목수의 시체를 유기한 곳이 어디인지 따져 묻자 도목수는 큰 도랑에 버렸다고 대답했다. 법관의 영을 받은 두 명의 아전이 반나절이나 시체를 찾았으나 허사였다.

원나라 말기의 대문호 양유정 (명나라 오위 吳偉 그림, 일부분)
〈철적도鐵笛圖〉의 주인공은 원나라 말기 대문호 양유정楊維楨(1296~1370)으로 자가 염부廉夫이고, 호가 철애鐵崖이며 만년의 호는 동유자東維子, 제기諸暨다. 그는 절강 경내 사람으로 원나라의 저명한 문학가이자 서예가로 원나라 태정泰定 4년(1327) 진사에 합격해 천태 윤天台尹을 제수받았고, 관직이 건덕로총관부추관建德路總官部推官에까지 올랐다. 상전의 미움을 받아 송강松江(상해 경내)으로 이주해 화양건華陽巾과 깃옷 차림으로 배에 앉아 뭇사람 앞에서 쇠 피리를 불었고, 때론 시녀에게 〈백설가〉를 부르게 하고 자기는 봉파를 연주하며 화답하기도 했다. 후에 명나라 주원장이 출마를 권했으나 거절했다.

1352년

| 중국사 연표 |

지정至正 12년 2월, 호주濠州의 곽자흥郭子興, 손덕애孫德崖 등이 봉기를 일으켰다. 윤 3월, 주원장朱元璋이 곽자흥에 투신했다. 8월, 서주가 원나라 군사에 함락, 이이李二가 죽었다. 이 해에 천완天完 홍건군紅巾軍이 장강 중·하류의 넓은 지역을 점령했다.

형부에서 열흘 안에 사건을 마무리하라고 재촉하자 시체를 찾지 못한 두 아전은 도랑 옆에 앉아 탄식했다. "이러다 조만간 맞아죽고 말 테니 희생양을 찾아야겠네."

황혼 무렵 강가에 앉아 있던 그들은 당나귀를 타고 다리를 건너는 한 노인을 물에 빠뜨려 죽였다. 10여 일이 지나 노인의 시체를 알아볼 수 없게 되었다고 짐작한 두 아전은 관부에 시체를 찾았다고 보고했다.

목수의 아내에게 시체를 확인하라고 하니 그녀는 시체를 보자마자 붙잡고 통곡하면서 "당신 너무 처참하게 죽었어요"라고 넋두리까지 했다. 그녀는 자기의 비녀와 귀고리를 팔아 관을 사다가 남편의 시체를 매장했다. 그제서야 그 사건은 마무리가 되었다.

두 사람이 억울하게 죽다

노인의 가족은 노인이 돌아오지 않자 이곳 저곳 수소문을 하며 찾아 다녔다. 그들은 길에서 한 사나이가 메고 가는 당나귀를 보았는데, 털색이 자기 집 것과 똑같았다. 털에는 아직도 피 흔적이 남아 있어 그들은 사나이를 관부로 잡아갔다. 그는 고문을 견디지 못해 자기가 노인을 죽이고 당나귀를 빼앗았다고 자백했으나 시체를 찾을 수가 없었다. 모진 고문에 그는 결국 옥에서 죽고 말았다.

중국 현존 최초 회족 의서 – 원나라 《회회약방》 영인본
《회회약방回回藥方》은 총 36권인데, 잔존 서적은 최초 회족 의약학 종합 전적이다. 완성 연대는 원나라 또는 명나라로 대부분이 한문으로 기술되어 있으나, 아랍과 페르시아어의 약명과, 전문용어 원문과 음역 단어 등으로도 기술되어 있다. 내과·외과·부인과·소아과·피부과 등의 내용이 포함된 풍부한 의학서다.

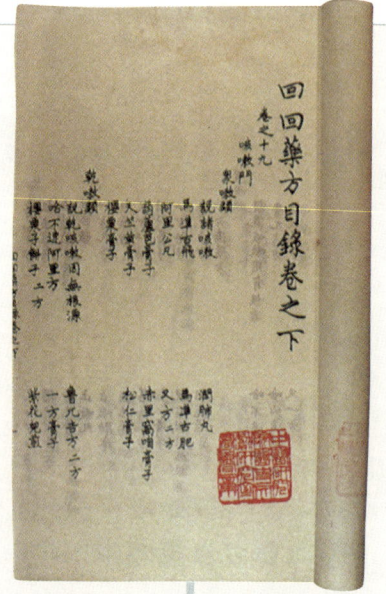

일 년 뒤, 목수 살인사건에 대한 판결이 내려져 도목수는 사형을 선고받았다. 목공소 사람들은 도목수가 억울하다고 생각했으나 증거를 찾을 수 없었다.

도목수는 끝내 목숨을 잃었고, 목공소의 노동자들은 돈을 모아 길어귀에 사건의 진상을 알리는 자에게 은 100덩이를 상으로 준다는 방을 써 붙였다.

진상이 백일하에 드러나다

당초 그 부인이 남편의 일로 법사를 벌일 때 한 무리의 걸인들이 왔었는데, 그중에 도둑이 한 명 있었다. 그 후 그 도둑은 부인의 집에 가서 도둑질을 할 기회를 노리기 위해 구석에 숨어있었다. 그런데 저녁이 되자 술에 취한 한 남자가 들어와 그 부인을 실컷 두들겨 패더니 드러누워 드렁드렁 코를 골았다. 부인은 등잔불 아래서 울며 탄식했다. "당신 때문에 남편을 죽였잖아요. 시체를 온돌 밑에 파묻은 지도 2년이 되었는데, 당신은 양심도 없이 날 괴롭히는 거예요."

●●● 역사문화백과 ●●●

[빈곤한 사람들의 치료 기구 – 혜민 약국]
원나라 때 정부가 출자해 빈곤한 사람들을 치료해 주는 기구가 있었다. 태종 오고타이 때 연경燕京 등 12곳에 약국을 설립해 태의를 파견하고, 은 500덩이를 자본금으로 삼았으나 경영이 안 되어 폐지했다. 혜민惠民 약국이 문을 닫은 뒤 백성들이 불편해 하자, 성종 때 다시 설립해 각 로路의 장관이 책임을 맡게 했다. 상로上路에 의사 2명, 하로下路와 부·주에 의사 1명씩을 배치한 후, 관부에서 자금을 제공했다. 관부는 또 각 로에 통보해 백성을 기만해하는 돌팔이 의사를 단속하고, 백성이 병이 생기면 혜민국을 찾아 치료받게 했다.

| 세계사 연표 |

1352년 제노바 사람들이 보스포루스 해협에서 베니스 함대에 전승했다. 비잔틴 황제 존 6세가 흑해 무역의 독점권을 제노바에 부여했다.

산서 직산현稷山縣 청룡사青龍寺 벽화
이 원나라 벽화는 규모는 크지 않으나 그 수준은 영락궁의 벽화에 뒤지지 않는다. 요전腰殿 서쪽 벽에 그려진 연직年直 사자, 용왕, 오온五瘟 사자는 화법이 극에 달해 인물의 표정과 조합이 자연스러워 신선 세계에 들어선 듯하다. 민간 화가의 작품으로 이름은 남기지 못했으나 당시 문인의 그림에 비해 짙은 민간 색채를 풍긴다.

이 소리를 똑똑히 들은 도둑은 다음날 목공소로 달려가 "도목수가 억울하게 죽은 진상을 알아냈으니 빨리 상금을 주쇼"라고 고래고래 소리를 질렀다. 도둑은 사람들에게 멀찌감치 뒤따르라 하고서 술 취한 척 가장해 부인 집에 들어가 그녀를 밖으로 쫓아냈다.

이웃들이 부인을 도와 도둑을 쫓아내려 하자, 도둑은 구들에서 벽돌장을 꺼내 들고 반격 태세를 취했다. 그러자 구들 밑에 숨겨 둔 뼈가 드러났다. 그것을 본 목수들은 부인을 아문으로 압송했다.

결국 부인은 남편을 죽인 일을 고백했고, 노인을 죽인 두 아전도 사실의 경위를 밝혔다.

진상이 백일하에 드러나자 간통한 남녀와 그 두 아전은 뭇사람들 앞에서 능지처참을 당하고, 처음에 이 사건을 맡았던 관리도 문책을 받았다.

그리고 당나귀 가죽을 메고 다니다 잡혀 옥사한 사람에 대해서는 관련된 재직 관리가 너무 많아 그대로 덮어 버렸다.

| 중국사 연표 |

1353년 지정 13년 1월, 회동淮東의 장사성張士誠이 봉기를 일으켜 고우高郵 등지를 점령했다. 그 해에 원나라 군사가 반격을 했는데 천완天完 홍건군은 계속 패배했다.

080

놀음으로 망한 노반천자

황실의 부패와 사치를 관리들이 그대로 본받았다.

"당당한 원나라, 간신이 독재하고, 도적이 벼슬하고, 관리가 도적이 되니 오호애재, 가련하도다." 이는 원나라 말기의 민요로, 당시 관청의 부패상을 잘 보여 준다.

부패의 괴수는 우선 황제였다. 무한한 권리와 재물을 가지고 있는 황실이 사치함을 자랑하니 관리들이 그 본을 그대로 받았다.

순제 때 이르러 모든 관청과 관리들이 부패할 대로 부패해 각지에서 민간폭동이 끊임없었다. 향락만을 추구하는 나날을 보낸 순제는 마침내 조상이 세운 나라를 망하게 했다.

노반 천자

순제는 놀음을 좋아해 노반魯班 천자라고 불렸다. 당시 도읍에는 기근이 들고 역병이 돌았으나 순제는 황실 화원에서 용주龍舟(황제가 타는 배)의 제작에만 정력을 쏟았다. 그가 제작한 용주는 길이가 120자에 폭은 20자로, 위에는 휘장을 친 방, 복도, 누각, 전각이 있고, 선체와 꼭대기는 금은으로 장식했다. 앞에는 두 개의 커다란 용의 발을 설치했고, 양쪽에 24명의 삿대를 쥔 뱃사공은 오색 비단 수건에 자색 적삼에 금띠로 단장했다.

배는 황실 화원의 호수를 왕복했는데, 용두, 용미, 용안과 용 발의 움직임은 진짜 용이 물에서 춤추며 노는 듯했다.

순제가 만든 궁루宮漏(물시계)도 아주 정교했다. 나무 궤로 만든 궁루는 높이가 6, 7자이며, 안에 기관이 있고 물이 동력이었다. 궤에는 세 성전聖殿이 있고, 중간에 시간을 알리는 옥녀가 산가지를 들고 서 있고, 그 옆에 두 금갑 선인이 각각 금종과 금방망이를 쥐고 있었다. 정각에 옥녀가 물 위로 솟아오르고 금갑 선인

원나라 순제가 총애하는 귀비
이 그림은 청나라 오우여吳友如의 《고금 백 미인 그림》에 실려 있다.

원나라 시대 천마天魔 무용 석조와 벽화

중국을 말한다

246 역사 시험장 〉 금나라 여자들의 치마는 주로 무슨 색깔이었나?

| 세계사 연표 |

1353년 일본 남조 군사가 북조 군사를 격파하고 교토京都에 진입했다. 북조 군사가 반격을 개시해, 아시카가 다카우지足利尊氏가 고코곤後光嚴 천황을 옹립하고 교토에 입성했다.

《원사元史·순제기順帝紀》 출전

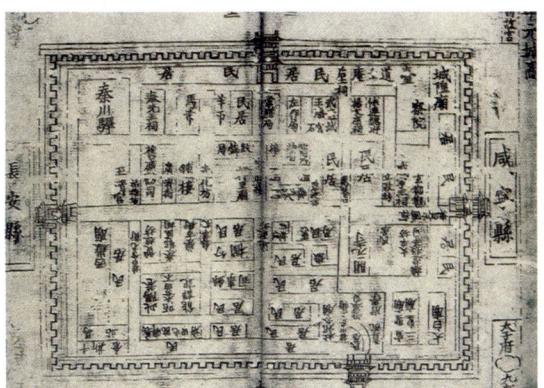

원나라 시대 〈봉원성 그림〉
원나라 때 봉원성奉元城은 지금의 서안西安인데 서북의 요충지였다. 원 지정 2년(1342)에 섬서성 행대行臺 치서시어사治書侍御史 이호문李好文이 선인의 장안성 그림을 보완·수정했다. 이 그림에는 봉원성의 규모·가두분포·관서·사원·시장 등을 포함 되어 있어 역사적으로 중요한 가치가 있다.

이 종을 두드렸는데 그 시각이 조금도 틀리지 않았다. 종소리가 울리면 양측의 금사자와 옥 봉황이 너울너울 춤을 추었다. 궤의 동서 양측에 있는 일월 궁 안에는 여섯 비인飛人이 있어, 자정과 정오가 되면 쌍쌍이 세 성전에 나타났다가 제자리로 돌아갔다.

16천마

순제는 또 '16천마天魔'라는 무용을 창작했다. 가무에 능한 열여섯 궁녀가 머리를 여러 갈래로 땋고 상아로 조각한 부처 관을 썼으며 몸에 붙는 금실 저고리를 입었다. 또 비단 솔과 긴 소매를 선녀처럼 드리웠으며, 아래에는 금 깃을 댄 붉은 치마를 입고 발에 오색 양말을 신고 손에 법기를 들었는데, 솔로 방울과 막대기를 쥐고 지휘했다.

다른 11명의 궁녀는 흰 수건, 흰 옷 차림에 용적龍笛, 두관頭管, 소고, 쟁箏, 호금胡琴, 향판響板, 박판拍板, 생笙, 비파 등의 악기를 연주했다.

순제의 환심을 사기 위해 승상 하마哈麻는 라마를 데려다 순제에게 방중술을 가르치게 했다. 그 라마가 순제에게 말했다. "폐하께서는 만승의 옥체로 사해의 재부를 소유하시나 금세만 있을 뿐이옵니다. 인생이 얼마이리까? 시절에 맞게 즐기시옵소서."

순제는 청녕전靑寧殿 주변에 백화궁을 짓고 닷새에 한 번씩 장소와 방을 바꿨다. 그는 천마 무녀를 지극히 총애했으나 대신들의 입이 두려워 궁내에 지하도를 내고, 밤낮이 천마 무녀를 찾아가 즐겼다.

원나라가 천수를 다하다

순제가 황음무도하게 지내면서 국사를 게을리 할 때 농민 봉기의 봉화는 이미 장강 남북에 퍼졌는데, 1351년 한산동韓山童과 유복통劉福通이 홍건 봉기를 일으켰다.

난세에 영웅들이 반기를 들 때 주원장은 뭇 영웅들을 평정하고 1368년 1월 응천부應天府, 지금 남경에 명나라를 건립했다. 7월 대장 서달徐達이 거느린 명나라 군사가 북상해 대도 성에 이르렀다.

순제는 청녕전에 후궁과 태자를 모아 놓고 도망갈 준비를 한 뒤, 대신들에게 북행 의사를 밝혔다. 그러자 환관 조불화趙不花가 통곡하며 간했다. "세조 쿠빌라이께서 어렵게 얻은 천하를 어찌 버리시려 하나이까? 신이 적을 막으려 하오니 폐하께선 성을 지키시옵소서." 순제는 하늘을 우러러 탄식했다. "짐이 밤에 천상을 보매 원나라는 천수를 다했노라." 그날 밤 순제는 후궁과 태자, 일부 근신과 함께 건덕문을 빠져나와 북으로 향했다.

8월 2일 명나라군이 대도를 점령해 원나라는 멸망했다. 2년 뒤 순제는 이질을 앓다가 응창應昌(내몽골 경내)에서 죽었다. 명나라 황제 주원장은 "천명에 순응해 물러서 피했다"라며, 그에게 '순제'라는 칭호를 추가했다.

| 중국사 연표 |

지정 15년 2월, 유복통劉福通이 한산동韓山童의 아들 한림아韓林兒를 황제로 옹립하고, 국호를 송宋으로, 연호를 용봉龍鳳으로 정했다. 한림아의 호는 소명왕小明王이다. 이 해에 천완 홍건군이 재기, 원나라 군대를 계속 격파했다.

081

꽃에 심취한 왕면

훌륭한 그 색깔 칭찬을 바라지 않건만, 청신한 기운만은 천지에 가득 차누나.

"회계의 왕면王冕은 관골이 높은데 매화를 사랑해 자칭 매화 신선이라 하네. 나부 산의 눈 덮인 나무 다 그리고 나서 수건을 벗으며 꽃 미치광이 된다고 고함치네. 때론 백금을 들여 한가히 동산의 나막신을 사고, 때론 주전자 하나 놓고 서호西湖의 배에서 고기를 낚더라. 저녁엔 매화 노래 고쳐 부르고 아침엔 매화 시편 높이 읊누나. 물가 울바자에서 운율을 찾다가 홀연 화광의 선禪을 깨치네. 내 옛적 봉래의 옛 성 밑에서 공을 보았거늘 초막의 누각에 가을구름 베고 누우니 소탈해라. 헝클어진 머리와 짧은 옷차림에 손을 맞는데, 매화 그림만은 높은 값을 당당히 받누나."

이는 원나라 말기 포암蒲庵 선사가 지은 〈매화가〉이다. 가사에 나오는 왕면(1310~1359)은 원나라 말기의 걸출한 시인이자 화가다.

주경야독

왕면의 조상은 작은 벼슬을 했으나 부친 대에 이르러 농민으로 전락했다. 왕면은 산 좋고 물 맑은 제기諸暨 구리산九里山의 수남촌水南村에서 외아들로 태어나 귀하게 자랐는데, 세 살 때 시를 지어 신동으로 불렸다.

왕면은 학구욕과 호기심이 특히 강했다. 하루는 아버지의 명으로 방목하다가 소를 풀밭에 두고 서당에 가서 또래들의 독서 소리를 듣다 저녁에 소를 찾지 못해 아버지에게 혼이 난 적도 있었다. 이렇듯 기회만 있으면 서당으로 가는 그를 본 어머니는 왕면이 그토록 독서에 빠져 있으니 하고 싶은 대로 내버려 두자고 왕면의 아버지에게 말했다.

그리고 왕면은 글을 배우기 시작했는데, 회계의 명

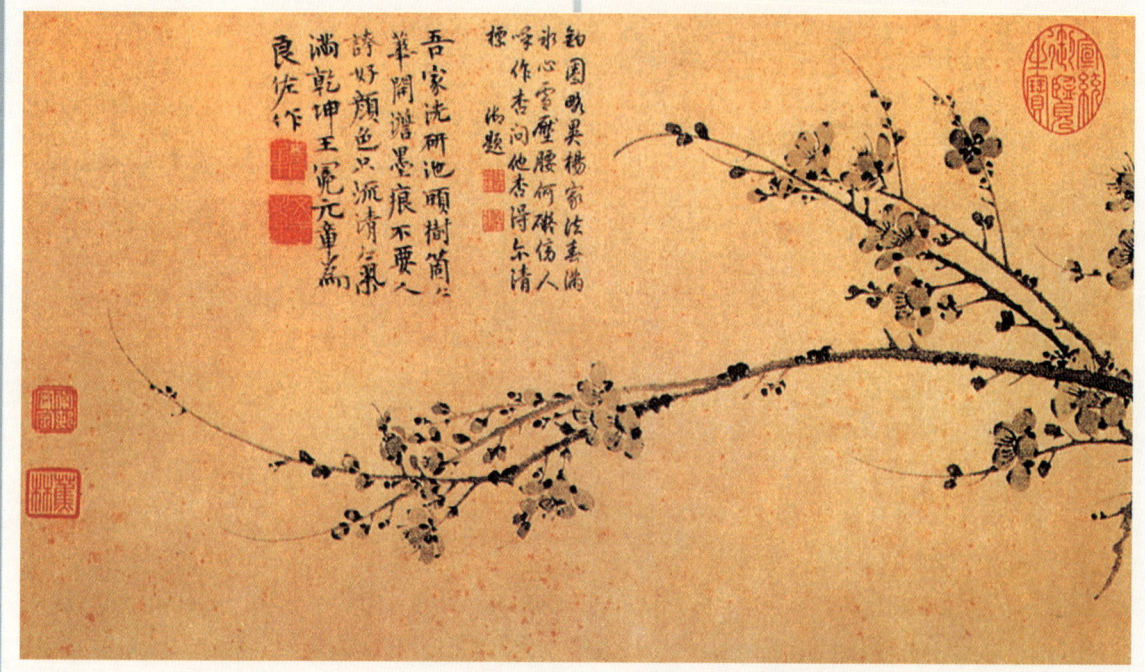

매화도梅花圖 (원나라 왕면王冕 그림)

| 세계사 연표 |

1355년 신성 로마 제국의 카를 4세가 황위에 올랐고, 그는 교황 클레멘스 5세와 맺은 협약에 따라 이탈리아를 포기했다.

《폭서정집曝書亭集 64권》
《명사明史·문완전文宛傳》

유 한성韓性은 이 아이가 보통이 아니라고 여겨 자기 문하에 두고 성심껏 가르쳤다.

몇 해 지나 왕면은 과연 당지의 박식한 유생이 되었다. 한성이 죽은 후 그의 학생들은 왕면을 스승으로 섬겼다.

주경야독의 생활은 아주 고달팠다. "낮에는 힘써 일하고 밤에는 독서하니 이웃들은 진부하고 아둔하다 깔보네. 이 빠지고 텅 빈 질그릇을 든 아내여, 별수 없어 황정을 캐다가 조반을 짓누나." "강남의 옛 나그네 한 치 땅도 없는데 반 자 길이 낡은 벼루로 조세를 갚네." "헌옷엔 솜이 없어 찬바람 스며드는데 등 넝쿨로 덮은 지붕 새는 비를 어이하리." 풍월만 읊조리는 사대부는 이렇듯 생동한 시구를 써낼 수가 없다.

왕면은 가난했으나 미신을 믿지 않아서 장작이 모

목동과 화가

원나라 말, 명나라 초기의 시인이자 화가인 왕면은 가난한 농가 출신으로 낮에는 목동일을 하고 밤에는 책을 읽었다. 그러나 진사 시험에 급제하지 못하자 은거하면서 그림을 팔아 생계를 유지했다. 그는 특히 매화를 잘 그렸다.

몽골 각본 〈가시편歌試編〉

자라면 부근의 사당 신상神像으로 불을 땠다. 그러자 미신을 믿는 이웃은 그때마다 신상을 다시 만들면서 복을 받으려 했다. 왕면의 식솔은 일 년이 지나도록 탈이 없었으나 오히려 그 이웃집에 좋지 않은 일들이 일어나자 이웃은 무당을 불러다 물었다. "신은 무엇 때문에 여러 차례나 욕보인 왕면의 죄를 묻지 아니하고 신을 공경한 나를 보우하지 않습니까?" 무당이 대답했다. "당신이 신상을 다시 세우지 않으면 그가 태울 수 있겠습니까?" 이 말에 이웃은 자기의 재수를 탓할 수밖에 없었고 더는 신상을 만들지 않았다.

무예도 닦고 책도 읽은 왕면은 자신을 제갈량에 비하면서 언젠가 큰 뜻을 펴기를 기대했으나 현실은 그렇지 못했다. 과거시험에서 여러 번 낙방한 그는 벼슬의 꿈을 접었다.

●●● 역사문화백과 ●●●

[아랍 원산의 과일 음료]

샤르바는 아랍어 'Sharbah'의 음역으로 한문 문헌에서 '갈수' 또는 '해갈수'로 번역하는 과일 음료다. 흔히 레몬·모과·귤·소귀열매·포도 등을 사용해서 만든다. 중앙아시아를 거쳐 중국으로 전해졌다.

원나라 궁정 보물 – 기악무늬 쌍인 옥잔

흰색에 붉은색이 섞여 있다. 양쪽에 손잡이로 동자를 대칭으로 조각했고, 동자는 머리가 잔의 윗면보다 높아 잔을 잡고 안을 엿보는 모양이다. 잔 내벽과 밑면에 32개의 구름송이 있으며, 어귀에는 구슬무늬, 중앙에는 10명의 시녀가 악기를 연주하고 있다. 화려하고 조각이 정교해 궁정 용품으로 추정된다.

옥같이 얼어붙은 꽃송이들, 피리 소리에도 내려오지 않누나

후에 왕면은 그림을 팔아 각지를 돌아다녔는데, 항주, 남경, 대도 등을 유람했다.

대도에서 그는 몽골 관료 태불화泰不花 댁에 머문 적이 있는데, 태불화는 왕면을 막료로 삼으려 했다. 그러자 왕면은 사양하며 말했다. "상서 선생, 다르게 생각지 마십시오. 이곳은 지금 더없이 번창하나 몇 해가 지나면 쑥대밭이 될지도 모릅니다."

그리고 한림학사 위소危素도 왕면의 명성을 흠모해 찾아왔으나 냉대를 받았다.

대도에서 원나라의 부패한 통치를 꿰뚫어본 그는 대도의 남쪽 성벽에 올라 시를 읊었다. "누각에 올라 바라보니 황량한데 서산 동해는 기운이 망망하도다. 거란의 종적은 잡초에 파묻히고 여진의 안개는 벽을 사이에 두었네. 예악으로 새 제도 알 수 있거늘 강산에 누가 옛 경계 물으랴. 서생은 강개해 한도 많은데 석경당을 죽여 이 한을 풀리라."

이 시에는 다른 민족의 통치에 대한 강한 불만이 나타나 있다. 그는 매화 그림에 시구를 적어 벽에 걸어 조정에 협력하지 않고, 관료 귀족에게 그림을 그려 주기 싫은 마음을 표시한 후 강남으로 돌아왔다.

"옥같이 얼어붙은 꽃송이들, 피리 소리에도 내려오지 않누나."

미친 유생이 망언하다

고향으로 돌아온 왕면은 항상 사람들에게 "천하가 혼란스러워진다"고 말했다.

사람들은 미친 유생의 망언이라며 질책했지만 왕

1357년

| 세계사 연표 |
일본의 고오곤光嚴, 스코오崇光 두 천황이 교토로 돌아왔다.

면은 조금도 개의치 않았다.

그는 굴원의 옷차림을 본따 높은 모자에 큰 두루마기 차림으로 어머니와 함께 목검을 건 수레를 몰고, 채찍을 휘두르며, 타령을 부르며 마을을 지나 갔다. 그 모습을 본 그의 친구가 관리로 추천하려 하자 "농사지을 밭이 있고 읽을 책이 있는데 왜 하필 남의 심부름을 하겠나?"라며 거절했다.

부모가 죽자 왕면은 가족과 함께 구리산九里山으로 들어가 은거생활을 했다. 그는 산에 1000그루의 매화, 복숭아, 살구 등을 심고, 연못에 1000여 마리의 물고기를 길렀으며, 초가삼간을 짓고 '매화옥주'라 자칭하면서, 낮에는 밭을 일구고 밤에는 그림을 그리며 생활을 했다.

고인이 매화를 그리다

"매화는 고인高人이 그려야 하거늘, 그 사람이 아니면 용속해지노라. 회계의 거사 왕면은 묘필로 찬 옥을 그렸어라."

왕면은 수묵화에 능해 그의 손끝에서 눈, 달, 바람, 안개는 각각 기이한 자태를 나타내고, 특히 매화는 '먹 왕'으로 불렸다. 또한 그가 그린 매화는 줄기가 곧고 힘이 있어 자연의 본성과 그의 정직한 성품을 나타냈다. 매화는 송이마다 웃음을 머금고 가지가 왕성하며 향기가 배어 있어 낙관 향상의 기운이 넘쳤다.

그는 매화에 이런 시구를 적었다. "우리 집 못가의 나무는 꽃이 피면 먹 흔적이 있다네. 훌륭한 그 색깔 칭찬을 바라지 않건만, 청신한 기운만은 천지간에 가득 차누나."

왕면의 매화 그림은 명·청의 화가들에게 큰 영향을 주었다. 왕면을 숭배한 서위徐渭는 그의 묘에 조문하면서 시를 지었다. "군은 매화로 쌀을 바꿨는데 나 역시 매화로 쌀을 바꾸네. 어쩌면 왕 거사를 불러일으켜 꽃과 쌀로 함께 웃어 보리오."

《원사》에는 왕면은 만년에 매화 그림으로 생계를 이어갔는데, 그림을 사는 자들이 줄지어 그림의 길이로 쌀을 계산했다고 기록되어 있다.

그림으로 쌀을 바꿈은 어쩔 수 없는 생활의 핍박이었다. 수많은 호매한 문인들처럼 왕면도 시종 포부를 버리지 않고 세상과 백성을 구하는 큰일을 할 수 있기를 바랐다. 그는 만년에《주관周官》이란 책을 모방해 저서를 펼치면서 말했다. "밝은 군주를 만나면 이윤·태공의 뜻도 이루기 어렵지 않도다." 주원장은 절강을 점령한 뒤 왕면에게 자의참군諮議參軍이란 직위를 주었으나, 공교롭게도 바로 이튿날 병사했다.

정치와 예술 중 어느 것이 더 중요한가? 주원장의 모사 유기劉基는 왕면을 잘 평가했다.

"회계의 왕면은 분별없다 하지만 매화 그림은 절기를 지녔네. 봄 창문에 필을 날리면 요염한 그 자태 경국지색이라. 인생의 한가함이 좋기도 한데 한가해도 한가하지 못한 자 노옹뿐이라네. 포목 두루마기에 헝클어진 머리 졸렬하지만 평생을 매화 때문에 번민했어라. 천생 매실은 그 맛을 알지만 옹의 매화는 열매를 맺지 못하누나. 세간의 꽃은 모두 미인이라 하지만 피고 지는 일 없는 그림보다는 못하리라."

●●● 역사문화백과 ●●●

[영원히 사라져 버린 성문]

완전하게 보존된 북경 옛 성벽을 1950년대에 철거했고, 1969년에 또 서직문西直門 전루箭樓를 철거했다. 그런데 당시 명나라 성문 안에 있는 원나라 대도 화의문和義門 옹성 성문을 발견하자 고고학계가 진동했다. 대도는 1283년에 축조했는데, 명나라 축성 시 그것을 새 성문으로 싸두었기에 700년 가까이 존재할 수 있었다. 기록에 따르면, 성문의 평균 높이는 22m이고, 문 안에 원나라 지정 18년(1358)의 제사가 있으며, 성루 위에 물을 대어 불을 끄는 설비가 있는데, 흔적만 남아 있다. 예전의 번화하던 국제도시 대도는 지금 흙을 다져 만든 한 구간의 성벽만 남아 있을 뿐이다.

916~1368 원

| 중국사 연표 |

1366년

지정 26년 8월, 주원장이 '주周 평정 격문'을 반포하고 장사성張士誠을 공격했다. 12월 주원장이 한림아韓林兒를 죽이자 송나라 정권은 멸망했다.

082

황하를 휘저으니 천하가 반란하다

하늘이 파견한 마군이 불평등을 다 죽여 없애면 천하가 태평하리.

관리의 핍박으로 백성이 반란함은 원나라도 예외가 아니었다.

"당당한 원나라, 간신이 집권하네. 물길을 빼며 화폐를 바꿔 화근을 심으니 천만 홍군을 격노시켰네. 법이 문란하고 형법이 중하니 백성이 원망하네. 사람이 사람을 잡아먹고 돈으로 돈을 사는 일 그 언제 보았더냐? 도적이 벼슬하고 관리가 도적 되어 시비가 뒤섞였으니, 오호 애재라!"

주원장의 향도 곽자흥
원나라 말기 장강·회하 지역 홍건군의 두령으로, 백련교에 가입했다. 지정 11년(1351)에 농민 봉기를 인솔했으며, 후에 주원장의 지지에 힘입어 저주滁州에 주둔했고, 15년(1355) 봄에 병사했다. 그 봉기군은 후에 주원장이 건립한 명나라의 주력군이 되었다.

작가 미상의 〈태평에 취하노라〉는 이 산곡은 당시 아주 유행했다. 작자는 예리한 필봉을 원나라 말기의 어둡고 부패한 사회 정치에 돌렸고, 관가의 핍박으로 백성이 반란하는 인과관계를 제시했다. "물길을 뺀다"는 것은 순제가 17만 명의 인부를 동원해 황하 옛길을 소통한 일과 관리들이 동원된 인부들의 식대를 떼어 먹어 길가에는 죽은 자가 쌓이고 통곡소리 하늘을 진동한 것을 말하며, "화폐를 바꾼다"는 것은 여러 차례 화폐 제도를 개혁해 그 값이 떨어져 백성이 피해 받음을 가리키고, "천만 홍군 격노시킨다"는 건 원나라 말기의 농민 봉기를 가리킨다.

황하를 휘저으니 천하가 반란하다

지정 12년(1351), 영주潁州 황릉강黃陵岡 강파기 공사장에서 민부들이 땅을 파다 외눈박이 돌사람을 파

'동방 제일 항구' 천주泉州
바다 실크로드의 기점이고, 당나라 때 중국 4대 항구 중 하나이기도 하며, 고대 주요 대외통상 무역항이다. 송·원나라 때는 '자동항刺桐港'이란 이름으로 해외에 알려졌으며, 국제적 대도시로 많은 이국 문화의 자취를 남겼다.

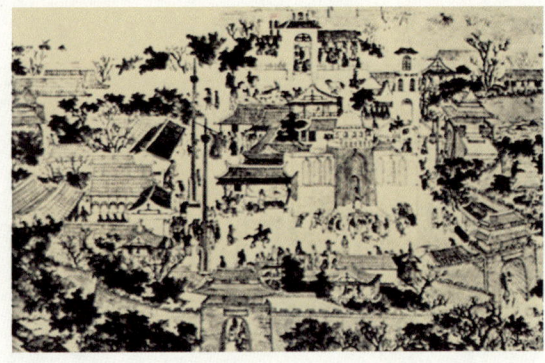

| 세계사 연표 |

1366년

세르비아의 왕 스티븐 상이 죽고 알바니아에 '바르사'라는 토착 왕조가 출현했다.

《원대농민전쟁사료회편元代農民戰爭史料滙編》
《국초군웅사략國初群雄事略》 출전

내었는데 자세히 보니 등에 "돌사람이 외눈박이라 업신여기지 마라, 이 물건이 나타나면 천하가 뒤집히리"라는 글이 새겨 있었다. 근간에 도처에 떠도는 "외눈박이 돌사람이 황하를 휘저으니 천하가 반란하도다"라는 말이 생각나 사람들은 놀랐다.

"하늘이 원나라를 멸망시키려는 조짐 아닌가? 조대가 바뀔 때가 되었구나!"

돌사람이 땅에 묻힌 것은 조정에 불만을 품은 사람의 소행임은 물론이나 자고로 민의가 곧 하늘의 뜻이었으니 얼마 안 되어 바로 영주에서 한산동韓山童, 유복통劉福通이 이끄는 농민 봉기가 일어났다.

백련교白蓮敎 수령인 한산동은 그 조부가 "백련회가 분향으로 백성을 미혹시킨다"는 죄명으로 조정의 추방을 받았으나, 계속 백련교를 이용해 백성을 선동했다. 1351년 한산동과 유복통 등은 "미륵불이 강생해 명군이 나타났다"면서 백녹장白鹿庄에 3000명의 백성을 모아 놓고 흑소와 백마를 잡아 천지에 맹세했다. 이에 모두 한산동을 명왕으로 추대했고, 붉은 두건을 표식으로 봉기를 준비했다.

그런데 밀고자가 생겨 한산동이 붙잡혀 죽고, 그의 아내 양씨는 아들 한림아韓林兒를 데리고 무안武安, 지금의 하북 형태邢台로 도망갔다. 유복통 등은 포위를 뚫고 정식으로 반원反元 깃발을 치켜들었다. 중원은 백성의 원망이 컸기에 봉기에 응하는 자가 구름처럼 몰려들었다.

기록에 따르면, "그때 천하태평이 오래되어 법도가 무르고 빈부차가 심해 모두 난리에 동참하니, 한 달이 안 되어 따르는 자가 수만 명이었다."

봉기는 빠르게 장강 남북에 휘몰아쳤다.

원나라 초기의 4대 명사名士

〈명현 4인 초상(원나라 무명씨 그림)〉의 네 주인공은 원나라 초기의 저명한 대학사로, 왼쪽부터 차례로 오징吳澄·우집虞集·구양헌歐陽玄·게혜사揭傒斯다. 저자는 배경 없이 진실하고 자연스럽게 인물만 그렸다. 오징(1249~1333)의 자는 유청幼淸이며, 초려 선생으로 불렸고, 무주 숭인崇仁(강서 경내) 사람이다. 19세에 《도통도統》편을 저술했으며, 국자사업, 국사원 편수를 역임했다. 그리고 《영종실록》을 주최해 편찬하기도 했으며, '경학의 스승'으로도 불렸다. 저서로는 《5경찬언纂言》이 있다. 우집(1272~1348)의 자는 백생伯生이고, 호는 도원道園이며, 인수仁壽(사천 경내) 사람이다. 저명한 문학가인 그는 가정의 감화로 '성리학'에 통달했다. 후에 한림직학사 겸 국자제주·규장각시서학사 역임했다. 영을 받들어 《경세대전》을 편찬했고, 저서로는 《도원학고록桃園學古錄》 등이 있다. 구양헌(1273~1358)의 자는 원공元功이고, 호는 규재圭齋이며, 장사 유양 사람이다. 《태정제실록》《명종실록》《문종실록》《영종실록》 등을 주최해 편찬했으며, 요·금·송나라에서 총재관을 역임했다. 학식이 많고 문필이 뛰어나 '일대 종사'라 불렸다. 게혜사(1274~1344)의 자는 만석曼碩이고, 용흥, 지금의 강서 풍성豊城 사람이다. 저명한 시인이며, 연우 초기에 한림국사원 편수관을 제수 받았다. 지정 초기에는 칙령에 따라 송·요·금나라의 3사를 편찬했고, 총재관을 역임했다. 시집으로는 《추의집秋宜集》이 있다.

| 중국사 연표 |

1368년

지정 28년 정월, 주원장이 황제로 칭하고 국호를 대명大明으로 정했다. 8월, 북벌군이 대도大都에 진주했다. 원나라 순제는 북으로 도주해 응창應昌으로 갔다.

홍의가 천하에 널리고 고함소리 천지를 울리다

유복통이 봉기군을 거느리고 영주를 점령하자 원나라는 즉시 대응했다.

관군과 봉기군이 접전할 때 홍의가 천하에 널리고 고함소리 천지를 울렸다. 봉기군의 기세는 밀물 같아 관군은 싸우기도 전에 무너졌다. 봉기군은 승리의 기세를 타고 항성項城(하남 경내), 나산羅山(하남 경내), 진양眞陽(하남 정양正陽) 등지를 잇달아 점령했다. 가난한 자가 모두 봉기에 동참해 대오는 10여 만 명으로 늘었고, 각지 영웅들도 봉기를 일으켰다.

서주徐州 소현蕭顯의 이이李二는 집의 참깨로 기민을 구제했는데, 유복통의 봉기 소식을 듣고 8명의 호걸과 연계해 짐꾼으로 가장해, 밤을 틈타 넷은 서주 성안으로 들어가고, 넷은 성 밖에 숨어 있다 날이 밝기 전 성 안팎에서 동시에 불을 지르고 고함쳐 성문을 탈취했다. 날이 밝은 뒤 성루에 큰 깃발을 내걸고 봉기군을 모집했는데, 대오는 10여 만 명으로 늘어났고 전략 요충지 서주와 그 주변 지역을 점령해 원나라 정권을 크게 위협했다.

1351년 8월, 서수휘徐壽輝와 팽영옥彭瑩玉 등은 기주蘄州에서 군대를 일으켜 기수현蘄水縣과 황주黃州를 점령했다. 10월, 서수휘는 스스로 황제라 칭하고, 기수를 도읍으로, 국호를 천완天完으로 정했다. 그리고 그는 군사를 두 갈래로 나누어 한 갈래는 강을 거슬러 무창, 강릉을 점령하고, 한 갈래는 강을 따라 장강 중하류 일부 주·현을 점령한 뒤 복건과 절강으로 진군해 이듬해 7월 강남의 요충지 항주로를 점령했다.

그때 부랑자들이 모여들어 열흘 만에 수만 명이 되었는데, 모두 짧은 옷에 짚신을 신고, 몽둥이와 참대창을 들었으며, 붉은색 수건과 저고리 차림으로 들판이 붉은색으로 덮였다.

1352년 2월, 정원定遠의 부호 곽자흥郭子興 등이 봉기를 일으키고 호주濠州를 점령했다. 호주 종리현鐘離縣의 한 농가의 자제 주원장은 25세로 조실부모하고 황각사皇覺寺의 승려로 있었는데, 봉기를 진압하던 관군이 절을 불태우자 곽자흥의 홍건 봉기군에 투신해 곽자흥이 죽은 후 봉기군의 수령이 되었다.

불평등을 없애면 천하가 태평하리

각지에서 농민군이 궐기한 뒤 흥미로운 현상이 나타났으니, 천하를 평정하기도 전에 이 봉기군 수령들은 앞 다퉈 황제라 자칭했다.

서수휘의 뒤를 이어 1354년 정월 장사성張士誠이 고우高郵에서 황제라 칭하고 국호를 '대주大周'라고 했으며, 1355년 유복통은 한림아를 황제로 옹립하고 국호를 '대송大宋', 연호를 '용봉龍鳳'이라고 했다. 그리고 1359년에는 진우량陳友諒이 서수휘와 투쟁하며 국호를 '한漢', 연호를 '대의大義'라고 했고, 1362년 명옥진明玉珍이 중경에서 국호를 '대하大夏', 연호를 '천통天統'이라 했다.

관군의 진압과 봉기군의 내란 속에서 기존의 황제들은 차례로 무너졌지만, 제위에 늦게 오른 주원장은 뒷심으로 뭇 영웅을 평정하고 1368년 응천應天, 지금의 남경에서 등극해 명나라를 건립했다. 그리고 같은 해 북벌해 대도를 점령하고 조정을 소탕해 황제의 옥좌를 차지했다.

"하늘이 파견한 마군이 불평등을 죽여 없애니 불평

●●● 역사문화백과 ●●●

[농토와 뽕나무를 비추는 농사 풍속]
송·원나라 평강(강소) 소주와 송강(상해 경내) 일대 농민들은 음력 12월 25일 누에, 곡물 풍작을 기원하는 의식을 거행했다. 그들은 삼대와 대가지를 묶은 후, 횃불을 긴 장대에 매어 그 불길의 명암과 방향으로 풍작과 흉작을 점쳤다. 이 풍속은 명·청 시대까지 전해졌다.

| 세계사 연표 |

1368년 베니스가 터키 수단 무라드 1세한테 대표를 파견해 통상 권리를 요구했으나, 제노바 사람들이 방해해 터키가 이를 거절했다.

등한 자가 불평등한 자를 죽이누나. 불평등을 다 죽여 없애면 천하가 태평하리."

피로써 바꿔 온 '태평', 한 차례의 성세 호대한 농민 봉기는 끝내 조대를 바꾸는 결과로 서막을 내렸다.

원나라 시대 자수 부동명왕 화상

서장 부다라궁의 자수 부동명왕不動明王 화상은 원나라 때 완성되었고, 높이 90cm, 너비 56mm로, 형상이 생동하고 위엄 속에 특유의 자태를 보인다. 주와 부수적인 것이 분명하고 화려하며 장엄해 드문 예술 진품으로 평가받는다.

칼로 얼굴을 에어 피가 나오게 하는 기념식이다 255

초점: 916년부터 1368년까지의 중국

요·서하·금나라는 한족漢族에 동화되어 본래 중국의 범위를 벗어나지 않지만 몽골은 그렇지 않다. 칭기즈 칸은 흥기한 후 먼저 서북 방향으로 정벌했고, 태종·헌종 때에 이르러 그 영토가 이미 지금의 내외몽골·천산 남북·중국 서북부·아프가니스탄·페르시아 북부·러시아 남부를 점유해 4대 한국汗國으로 구분되었다. 그리고 세조 때 이르러서는 송나라를 멸하고 중국의 전부를 차지했다. 그러므로 몽골이 흡수한 문화는 중국·인도·대식·유럽의 성격을 망라했다. 이 역시 중국 역사상 특수한 사례다.

류이정柳詒徵

요·서하·금나라의 사회 발전 정도는 송나라를 따르지 못하지만, 각각 중국 북부와 서부의 개발에서 진전을 이룩해 각 민족의 화합을 촉진하고 사회문화 분야에서 송나라에 접근했다. 이들의 사회생활, 풍속은 송나라처럼 화려하고 사치스러우며 다채롭지 못하지만, 각각 민족 특색을 띠었고, 일부 풍속은 송나라 한족에 흡수되어 송나라 백성 풍속의 한 구성 부분이 되었다.

주루이시朱瑞熙

원나라 정치는 위에서 크게 바뀌었지만 사회는 크게 바뀌지 않았고 학술 문화 전통도 별로 변함이 없었다. 당시 이미 문벌이 없었고 백의 선비 계층은 여전히 사회 지도층이 되었다. 선비 계층이 무슨 힘으로 바뀌었는가는 호원胡瑗·범중엄范仲淹 이하 학술의 잠재 정신에서 원천을 추구해야 한다. 염濂·낙洛·관關·민閩 이학의 공헌도 그 속에 있다.

쳰무錢穆

원나라는 천하를 차지해 그 강토의 광활함과 물품의 풍부함, 병력, 재력이 한·당을 넘어섰다. 장성 밖의 3세대 황제부터 중원의 7세대 황제까지 모두 용맹한 자태로 군림했고, 우매한 군주나 폭군이 없었다. 또한 내적으로는 정권 쟁탈이나 환관의 화가 없었고, 외적으로는 강대한 지방 관료나 외적의 교란이 없어 안정됨도 한·당을 넘어섰다.

웨이위안魏源

문학계의 태두와 학술계의 명가들이 916년부터 1368년까지의 중국에 초점을 모았다. 그들은 거시적, 또는 미시적 관점의 독특한 시각으로 요·서하·금·원의 정치·경제·사회문화의 각 차원에 대하여 깊게 분석하고 이를 쉬운 말로 해석했다. 고도의 지혜를 응집한 이런 학술 정화는 세월의 세례를 경과하면서 항상 읽어도 항상 새로운 맛이 나며 중국 역사 문화의 전당에 들어가도록 우리를 인도하고 있다.

원나라 사람들의 해운은 그 목적이 연경燕京의 식량 해결에 지나지 않았다. 해사를 익숙히 함은 본래 목적이 아니었다. 바로 북경의 번영함은 남송 이래 황폐해진 북경을 구제하려는 목적에서 이룩된 것이 아니었다. (중략) 원나라는 본래 북경을 번화하게 하려는 뜻이 없었지만 북경은 원나라 때문에 부유하고 화려하게 변모했다. 왜냐하면 북경은 북부의 물류 중심이기 때문이다. 요나라가 연燕에 도읍하면서부터 금·원·명나라를 거쳐 청나라 말기, 민국 초년에 이르기까지 북평은 북방의 대도로서 거의 1천 년을 경과했다.

천덩위안陳登原

요·금·원나라 3국은 건국 정형이 서로 다르다. 거란은 비록 중국 일부분을 점유했지만 건국의 근본은 시종 부족에 의탁했고 한족과는 밀접한 관계가 생기지 않았다. 금나라가 점령한 중요한 지역은 오직 중국에만 있었다. 그의 고유 영토와 부족 문화가 아직 발전하지 않아 빈곤하면서도 약탈 성향을 띠고, 그 진화의 부족함과 단순한 사회 조직과 내부 모순의 적음으로 말미암아 용감한 기풍으로 일시 궐기했지만 결국 여진의 토지와 여진의 인재만으로는 하나의 대국을 건립하지 못했다. 그러므로 해릉이 천도해서부터 그 국가의 생명은 이미 그가 점령한 중국의 토지에 기탁하게 되었다. 그러므로 그는 한족을 비교적 심하게 압박하는 반면, 한족에 대한 이해도 비교적 깊었다. 몽골은 정복한 영토가 넓어 중국은 그 일부분에 지나지 않았다. 원 세조 이후부터 대제국이 이미 와해되어 원나라는 그 생명을 역시 중국에 기탁했지만 그 자체가 제국으로 자칭했으므로 중국을 스스로 점령한 지역의 한 부분으로만 보는 관념이 계속 바뀌지 않았다. 그러므로 중국에 대해 잘 이해하지 못했다. 이 점은 원나라의 여러 황제가 대부분 한문과 한어에 능하지 못한 상황만 보아도 알 수 있다.

뤼쓰몐呂思勉

조정에 대한 외족 통치자의 통제는 결코 중국 사회 중 문인의 영향을 약화시키지 못했고 한족 백성은 여전히 그들을 지방의 천연적인 수령으로 간주, 그들은 여전히 당지 자위 조직과 종족 조직 내에서 활약했고 문화 분야에서의 그 책임도 여전히 유가 전통의 보위자로 자처했다. 특히 원나라 시대에 그들은 많은 서원書院을 설립했다. 이런 서원은 국가 정치 범위 이외에 선택 가능한 문화 중심이 되었다. 서원에서 유생들은 문文을 선양하고 무武를 억제하며 도덕과 정신의 독립성에 대한 자신감을 확보했다.

Patricia Buckley Ebrey(美國)

916년부터 1368년까지의 사회 생활 및 역사 문화 백과

눈 덮인 망망한 초원, 준마와 큰 독수리, 다리 밑으로 흐르는 작은 내, 서쪽 사랑채의 풍월. 다차원적 시대의 다차원적 색채. 낙후가 선진을 정복했든, 문명이 야만을 동화했든 간에 요·하·송·금·원나라의 혼전에서부터 원나라의 통일에 이르기까지 적어도 후대에 더욱 광활한 강역과 더욱 풍부한 문화를 남겨 주었다.

1. 제왕과 황가의 생활

동단왕출행도東丹王出行圖 (요나라 이찬화李贊華 그림) 38
와루타 궁장 제도 – 황족 사유재산제 42
지혜가 출중한 요나라 소 태후 44
거란 왕자 기사도騎射圖 (요나라 이찬화 그림) 44
요나라 부부의 합장 묘 45
요나라 진국 공주의 도금 가면 45
사계절 황궁 46
황제의 호화 생활을 재현한 부장품 55
서하 군주의 성씨는? 58
장원 황제 62
서하 왕릉 유적지 64
동방 금자탑 66
요나라 시대 유명 연회 – 첫 백조 연회 76
황권을 강화하는 발극렬 보좌 제도 77
황권을 강화하는 천권天眷 신행 제도 80
해릉이 음욕을 절제하지 않아 몸을 망치다 83
여진족의 성지 91
장종《고제희告諸姬》서 102
몽골 칸의 궁전 장막 – 와얼도 127
한 세대의 천하 영웅 칭기즈 칸 134
테무친이 칸으로 즉위하는 그림 134
칭기즈 칸의 가족 137
칭기즈 칸과 친족 139
칭기즈 칸의 손자들 139
칭기즈 칸 연설과 오고타이 즉위 장면 141
어주연과 환의등연 142
칭기즈 칸의 말안장 142
출정 후 귀국한 칭기즈 칸 142
귀족들의 헌례를 받는 칭기즈 칸 149
칭기즈 칸의 능 163
몽골 칸 장막 속의 투례 167
오고타이 즉위도 169

원나라 태종 오고타이 (몽골 칸) 170
차가타이 칸의 장례 171
〈찰철札撒〉을 선포하는 오고타이 칸 172
쿠빌라이의 수렵도 (원나라 유관도劉貫道 그림) 180
몽골 궁정 186
가업을 잘 지키는 원나라 성종 189
원나라 세조 황후 차비 초상 192
원나라 세조 쿠빌라이의 전국 통일 193
서역 승려를 존경하는 원나라 무종 214
상당한 성과를 이룩한 원나라 문종 217
원나라 시대 황제의 질손 연회 219
원나라 태정제 즉위 조서 231
천력의 보배 234
원나라 순제가 총애하는 귀비 246

2. 군사와 전쟁

요나라 거란 무사 초상 30
전쟁 장면이 새겨진 구리종 32
기사도騎射圖 (요나라 이찬화李贊華 그림) 37
서하 무사 복원도 61
북송·요·서하의 주요 전쟁터 62
여자 군대와 싸우면 불길하다 63
금나라 군사 편제 – 맹안·모극 제도 72
금나라 구리 호부 72
원나라 시대 긴급 배달 영패 101
원나라 시대의 검을 멘 무사 126
'대원 군마 주둔' 석각 140
자기 질려 – 지뢰의 원초 형태 159
친병을 심복으로 159
세계 최초의 금속 관형화기 159
원나라 시대 화승총 165
몽골 서정 무사 화상 178
몽골 기병의 진용 179

916년부터 1368년까지의 사회 생활 및 역사 문화 백과

몽골군 서정 중 몽골군 교전도 179
회회 화포 190
일본 동정 좌절 194
원나라 시대 원수 인감과 그 정면 195
원나라 시대의 해청패 234
형영험마도荊營驗馬圖 237

3. 경제와 무역

한족 화폐와 모양이 같은 요나라 '대강통보' 31
금나라 최초 주조 화폐 72
금나라 시대 지폐 인쇄용 동판 88
승안 보화 92
금나라의 동칙銅則 97
원나라 시대의 추 138
중통원보 지폐 147
'10문' 짜리 중통원보 지폐 147
원나라 시대의 동전 171
서장에서 발견한 원나라 지폐 181
노구운벌도盧溝運筏圖 183
원나라 동전 대원통보大元通寶 219
원나라 시대의 '시장' 236
'동방 제일 항구' 천주泉州 252

4. 귀족의 생활

마노 바둑알 32
요나라 흰 유약 화구花口 사발 35
거란인 인마도引馬圖 (요나라 묘 벽화) 38
요나라 시대 목판화 〈시위도〉 52
요나라 시대 보산 1호 묘 벽화 — 비단 증송 그림 64
금나라 시대 귀족 장식물 열섭 81
요나라 시대 귀족 가면 113
꽃무늬 은 화장함 145
활을 당겨 독수리 쏠 줄밖에 모르다 177

5. 과학기술 성과

서하문 약방문 조각 68
금나라 시대 명의 장원소 94

금나라 시대 명의 유완소 95
금나라 시대 명의 장종정 100
금나라 시대 명의 이고 108
요·금·원나라의 중요 과학 성과 일람표 109
아라비아 숫자 사각 철판 151
원나라 시대 부녀자의 의약과 위생 161
원나라가 여동빈을 의약의 신으로 모시다 161
장대 저울 199
곽수경이 설계·제조한 원나라 시대 방형 해시계 204
유럽보다 300년 앞선 곽수경 간의 205
등봉 원나라 시대 천문대 205
원나라 시대 계시 공구 207
선인 성과를 집대성한 원나라 시대 수학 208
원나라 시대 회전식 활자판 210
곽수경의 주관하에 개통된 통혜하 211
원나라 《서죽당 경험방》 231
세계 최초 음식 영양 위생 계통 논저 — 원나라 《음선정요》 233
유학 수양을 가진 유의 239
빈곤한 사람들의 치료 기구 — 혜민 약국 244
중국 현존 최초 회족 의서 — 원나라 《회회약방》 영인본 244

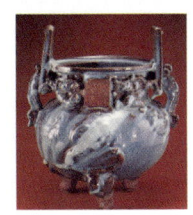

6. 생활과 풍속

팽양도烹羊圖 (내몽골 오한기敖漢旗 요나라 묘 벽화) 31
거란 출렵도 (요나라 호환胡瓌 그림) 33
한족 문화의 영향인 다도茶道 (요나라 장문조張文藻 묘 벽화) 34
문리도門吏圖 (요나라 시대 그림) 36
요나라 시대 여자들 사이에 유행한 '불장' 36
들짐승 고기를 잘 먹는 요나라 사람들 38
기마족 생활의 표현 39
요나라의 자기 베개 43
길상을 뜻하는 요나라 '첩승' 패물 43
요나라 시대 목판화 〈시위도〉 52
백색 유약 피낭 모양 주전자 58
거란인의 음식과 '색色' 58
서하 인물상 60

916년부터 1368년까지의 사회 생활 및 역사 문화 백과

금나라 문학가 채송년《소한노인 명수집》(금나라 각본) 76
금나라 시대 생활용품 자기 베개 78
북방 민족의 특징이 나타나는 비단 저고리 79
금나라 시대 정요 자기 닭을 탄 동자 80
거란인의 유육乳 제품 87
금나라 시대 벽돌 조각 풍작 무용 89
어로와 수렵으로 살아가는 여진족 90
금나라 시대 채색 유약 도자기 인형 96
여진족의 성명 101
연음도宴飮圖 (금나라 시대 묘 벽화. 모사본) 105
거란 혼례 중 모계 사회 유풍 106
금 벽사 향낭 111
거란 생육 풍속 습관 111
〈24효도孝圖〉 113
청화 유약 인물 조형 자기 베개 114
원나라 시대 장기 놀이 그림 118
온돌 120
양박이거도楊璞移居圖 (원나라) 129
요·금나라 절도 허용일 131
요·금나라의 차 138
민간 정취가 다분한 자주 흰 유약 검은 꽃 영아 그림 자기 단지 146
독특한 특색이 있는 연구절燕九節 155
원나라 시대 수공업의 업종 신神 166
세조도歲朝圖 (원나라) 188
원나라 시대의 건면 식품과 습면 식품 199
원나라 시대의 육류 215
당시 생활을 엿볼 수 있는 〈두다도斗茶圖〉 226
아랍 원산의 과일 음료 249

7. 요·서하·금·원의 명인

요나라 시대 여 작가 소관음 48
금나라 시대 도가 인감 78
완안희윤 가족묘지 제3구역 신도神道 90
구처기 (명나라 간본《열선전전列仙全傳》) 154
구처기가 식량을 나누어주어 구제하다 156
장춘 종사가 영해에서 스승을 배알하다 156

원나라 때의 저명한 의학자·이학가 두묵 173
원나라의 저명한 군사가 바얀 196
당나라 의사가 능을 매장해 보답을 받다 202
중봉명본상中峰明本像 (원나라 일암유절一庵宥節 그림) 215
저명한 서화가 조맹부 220
원나라 시대 황공망과 〈천지 석벽 그림〉 236
목동과 화가 249
주원장의 향도 곽자흥 252
원나라 초기의 4대 명사名士 253

8. 종교와 종교 제기

요나라 시대 조각의 진품 35
묘법연화경妙法蓮花經 (요나라 각본) 41
불교 명찰 화엄사 상사 대웅보전 46
요나라 불화佛畵 49
요나라 시대 11면 관음상 50
불경을 사리로 하는 요나라 도금 사리탑 51
요나라 시대 거란 장경권藏經卷 53
서하 승려의 지위 57
경화사慶華寺 꽃탑 60
서하 부처 머리 66
서하여자공양도西夏女子供養圖 (벽화. 감숙성 안서 유림굴 제29굴) 66
서하문 나무 활자판 불경 69
현무상玄武像 (서하 무명씨 그림) 70
금나라 시대 도가 인감 78
원시 종교 샤먼교 116
원나라 시대 영하 백팔탑百八塔 116
거란의 부처님 탄생일 133
원나라 시대의 예리커원 종교 휘장 136
원나라 시대의 영혼 병 148
승려가 아내를 얻다 149
절강 항주 진교사 152
이슬람교도의 묘비 152
원나라 시대《고란경古蘭經》사본 153
성도의 발자취 153
진귀한 도교 예술 157

916년부터 1368년까지의 사회 생활 및 역사 문화 백과

원나라 시대 동악 신앙 169
원나라 시대 각본 경서 235

9. 문화예술
오락이 특색인 가무 산악 31
요나라 시대 벽화 32
길상의 의미를 가진 요나라 건통 7년 4봉鳳 구리거울 35
치성광 9요도熾盛光九曜圖 (요나라 시대 인쇄 정품) 39
산혁후약도·죽작쌍토도 (요나라 무명씨) 40
도종 소문자 거란문 애책문哀冊文 53
거란 대문자 구리 도장 날인 53
도종 능묘에서 출토된 전서체 비문 53
거란 소문자 — 〈선의황후 애책문〉 54
채지도采芝圖 (요나라 시대) 57
서하 능 석각 63
현존하는 가장 완전한 서하문 비석 64
서하왕비공양도西夏王妃供養圖 65
서하 석각 문헌 서하 비석 67
서하문 자전 —《문해》 68
최초의 나무 활자 인쇄품 69
서하의 중요 사료《번한합시장중주番漢合時掌中珠》 69
서하 문자 70
서하문 칙패 71
서하문 흑색 유약 각자 도기 병 71
거용관 운대에 새긴 서하 문자 71
송·금나라 문화의 빈번한 교류 73
여진 문자 73
정요 제품 특징의 금나라 시대 백자기 식기 74
유일한 여진 문헌《여진역어》 74
금나라 시대 문학가 채규蔡珪의 유일하게 보존된 문장 75
금나라 시대 오둔양필 전음비奥屯良弼餞飲碑 79
백호가 날인한 금나라 각본《남풍 증자고 선생집南豊曾子固先生集》 84
잡극 무대 출토 85
문희귀한도文姬歸漢圖 (금나라 장우張瑀 그림. 일부분) 85
신구도神龜圖 (금나라 장규張珪 그림) 87
금나라 시대 조각판 인쇄 정품《금장》 93

여진 진사과 장원 96
거란 대소문자 103
적벽도赤壁圖 (금나라 무원직武元直 그림. 일부분) 110
돈황 막고굴 6체 문자 석각 113
조맹부의 10찰 중 하나 — 금옥 같은 작품 119
정밀하게 조각한 상아 곡판 120
금나라 시대 원호문 〈중주악부〉 사진 121
금나라 시대 희극 출연 122
금·원나라 시대에 성행한 제궁조 122
이마도二馬圖 (원나라 임인발任仁發 그림) 127
원조 잡극 중 반주 인원 128
전면적이고 계통적인 운율 서적《몽고자운》 131
원나라 광승사 잡극 벽화 131
팔사파 문자 성지와 〈팔사파 문자 백가성百家姓〉 131
마르코 폴로의 여행 140
죽지도竹枝圖 (원나라 예찬倪瓚 그림) 150
원나라 시대 백화비 156
연거도宴居圖 (원나라 묘 벽화) 162
원나라 시대의 번역 문체 170
원나라 시대 유인《정수집靜修集》 187
'세계 일대 기서'《마르코 폴로 여행기》 중역본 191
원나라 공자 추봉 비석 194
과거 시험 놀이 203
서원이 관학으로 변하다 206
한·몽 합벽《효경》 208
역사 거작 — 마단림《문헌통고》 209
과거의 쇠락 211
원나라 시대 고극공과 〈추산모애도秋山暮靄圖〉 213
선우추 〈소식 해당시 초록〉 216
원나라 시대 주달관《진랍 풍토기》 219
각각 다른 필법으로 구성된 〈2양도〉 221
순풍에 말을 걷게 하는 〈조량도調良圖〉 221
조맹부사경영환다도趙孟頫寫經換茶圖 (명나라 구영仇英 그림) 222
장엄하고 화려한 용주 224
〈두아의 원〉 책표지와 그림 225
진가眞假 인생 227

원나라 시대의 희곡 227
원곡 연구의 귀중한 자료 – 종사성《녹귀부》 228
후세에 물려줄 〈서상기〉의 삽화 229
원나라 시대 희극 작가 230
우후공림도雨後空林圖 (원나라 예찬 그림) 238
청변은거도靑卞隱居圖 (원나라 왕몽 그림) 239
원나라 편찬 3사 중《금사》 240
원나라 오진 〈어부 그림〉 241
기이한 책, 기이한 인물 242
원나라 말기의 대문호 양유정 243
산서 직산현稷山顯 청룡사靑龍寺 벽화 245
원나라 시대 천마天魔 무용 석조와 벽화 246
매화도梅花圖 (원나라 왕면王冕 그림) 248
몽골 각본〈가시편〉 249
원나라 자수 부동명왕 화상 255

10. 자연물을 뛰어넘는 공예품
요나라 시대 물고기모양의 청자 등 40
요나라 시대 도금 용무늬 은관 42
요나라 시대 청백색 옥패 43
요나라 시대 도금 마구 장식물 45
요나라 삼채 마갈 주전자 47
거란 소문자 구리거울 54
금은 기물을 좋아하는 요나라 사람 54
빛이 나는 사발 주전자 57
피낭에서 발전한 서하의 갈색 유약 꽃무늬 자기 주전자 59
서하 청동 도금 소 62
서하 갈색 유약 꽃병 67
평범하고도 기이한 청자기 주전자 74
정요 백색 유약 꽃 용무늬 접시 77
풍설송삼도風雪松杉圖 (금나라 이산李山 그림 일부분) 99
원나라 시대 균요 두 손잡이 세 발 화로 112
명가의 유작 – 주벽산 은용 쪽배 117
적색 유약 꽃무늬 회전 술잔 123
경덕진 명산 원영元影 청자기 132
중요한 대외무역품 자기 133
유럽에서 명성을 떨친 원나라 시대 청화자기 133

청화운룡 문양 덮개 매화 병 135
청화자기 모란 문양 짐승 귀 모양 덮개 단지 136
청화 연적 138
붉은 가지 모란사발 143
유명한 장인이 만든 은 옥호춘玉壺春 병 149
조각칠기 공예의 정상 작품 156
용천요 연꽃 덮개 큰 단지 158
'거울에 맞춰 꽃을 붙이던' 은제 거울 틀 166
연회에서의 시동 168
천성적인 호기심을 보이는 시동 169
원나라 시대의 휘파람 부는 조각 (벽돌 용) 198
청화자기 유목민족 풍속 주전자 199
청화자기 공명 초가 세 번 방문 그림 덮개 병 200
청화자기 모란 당초도 물주전자 203
만천 경개의 여의如意 베개 232
원나라 궁정 보물 – 기악무늬 쌍인 옥잔 250

11. 농업 생산
수박의 전파 50
원나라 시대 왕 어사 수로 유적지 115
여진족의 주식 136
원나라 시대의 농업 전문 저서 – 원나라 왕정《농서》 140
원나라 시대《농상집요》를 반포, 농업 생산을 지도 144
식량 가공 작업장 203
노명선과《농상의식촬요農桑衣食撮要》 218
원나라 시대 경작과 방직 237
농토와 뽕나무를 비추는 농사 풍속 254

12. 요·서하·금·원의 복장과 방직물
남북 생활 풍속의 융합을 구현하는 폐슬 82
금나라 복장의 출토 82
금나라 귀족의 수놓은 신 84
짙은 낙타색 능라비단 꽃무늬 통바지 92
담갈색 도금 능라 허리띠 98
방직 여신 169
정수리에 보석을 상감한 사모 195
금실을 대량사용한 원나라 시대 직금 202

916년부터 1368년까지의 사회 생활 및 역사 문화 백과

고고관 224
원나라 시대 여인의 장신구 230

13. 경 · 승상과 중신들
요나라의 개국 공신 야율갈로 30
땅을 분봉해 보호하다 107
대권을 쥔 다루가치 147
기병 속의 선비 야율초재 174
야율초재 묘 175
유병충 화상 206

14. 요 · 서하 · 금 · 원의 건축
요나라 말기 목조 건물의 발전 42
최초 목조 누각, 최대 관음 소상 46
현존 최초 목조 탑식 건물 47
요나라 벽돌 조각 예술의 진품 각산사탑 48
요나라 중경中京 유적지 49
조형이 기이한 요나라 관음사 백탑 51
오랜 시련을 겪은 서하 배사구 쌍탑 63
금나라 시대 건축 연구의 실물 자료 — 정토사 대웅보전 천장 86
노구교 새벽달 93
금나라 시대 예술 박물관 — 숭복사 미타전 98
정밀하고 아름다운 금나라 광혜사 화탑 103
금나라 중도 수관 유적지 107
거용관 과가탑過街塔 118
요나라 시대 건축의 방향 118
북경 백운관 155
원나라 시대 거용관 동벽洞壁 부조 160
네팔 사람이 백탑을 축조 171
원나라 시대 산서 홍동 광승사 하사 190
북경 원 대도 유적지 193
중국 현존 최대 장식 라마탑 — 원나라 시대 묘응사 백탑 201
원나라 시대 금산사 천불 사리탑 212
중국 이슬람교의 4대 고찰 중하나 — 원나라 시대 봉황사 217

원나라 시대 〈봉원성 그림〉 247
영원히 사라져 버린 성문 251

15. 기타
요나라 시대 5경 분포도 36
서요국 53
거란의 후예는 지금 어디에? 55
서하 강역도 56
요 · 서하 · 금 · 원 고금 도읍 지명 대조표 75
요나라 불교도의 자발적인 사회단체 — 읍사 87
살토혼 모극 인감 96
우물 안에 앉아서 하늘을 보다 97
송골매와 응로 109
원나라의 노예 '구민' 142
정복왕조론 153
차가타이 칸 면전의 처형 그림 164
가장 개방된 조대 164
사람을 4등급으로 나누다 172
원나라 시대 역참 승마 동패와 역참 시의도 173
관용의 풍도 178
3차 서정 후 형성된 몽골 179
아전이 벼슬하다 181
회족의 형성 187
마르코 폴로가 중국에 다녀왔는가? 189
팔백부인국 192
성의 기원 197
빈번한 대외교류의 증표 — 누란사 묘비 235
원나라 시대 역참 237

263

찾 아 보 기

ㄱ

가준賈俊　109
가중명賈仲明　230
개봉開封　75, 91, 106~107, 111, 159, 162, 176, 180
개평開平　75, 184, 190~191, 205
거연巨然　239, 241
경주慶州　46, 51
고극공高克恭　213, 223
고기高琪　106, 108~109
고우高郵　246, 254
공주鞏州　117
공창鞏昌　117~118
곽수경郭守敬　109, 204~208, 211
곽자흥郭子興　244, 252, 254
곽하마郭蝦蟆　117~118
관노官奴　115
관농關娘　190
관성冠城　122
관한경關漢卿　225~227, 230
구양현歐陽玄　240~242, 253
구처기丘處機　141, 154~157
귀덕歸德　115, 120, 158
귀유貴由　125, 178, 180~185, 188
균주鈞州　112, 118~120
금릉金陵　80
기수蘄水　254
기주蘄州　254

ㄴ

나방령羅龐嶺　61, 64
나복성羅福成　67, 71
나복장羅福萇　71
나산羅山　254
낙양洛陽　75, 121~122, 225, 228
남양南陽　122
내향內鄕　122
녹주錄州　61

ㄷ

대도大都　71, 75, 105, 133, 140, 147, 164, 169, 171, 173, 178, 183, 193, 198, 199, 201, 206, 211~213, 217, 222, 226, 229, 232~234, 240, 247, 250~251, 254, 257
대동大同　36, 46, 75, 159, 176, 196
대동부大同府　36
대명부大名府　86
대창원大昌原　120
더세찬德薛禪　137~138
도선徒單　91
동경東京　36, 75, 95, 104, 225
동평東平　39, 97, 144
동해원董解元　228~230
두묵竇默　109, 173
두우杜佑　41, 209~211

ㅁ

마가승馮加升　153

찾 아 보 기

마단림馬端林　41, 209~211
맹진孟津　206
목아木雅　65~67
몽가蒙哥　125, 178~180, 183~190, 201
몽리커　143, 148, 150
무원직武元直　110
무주武州　119, 253
문희현聞喜縣　159

ㅂ

바얀伯顔　196~197, 213, 237~241
반악潘岳　123
발흑跋黑　73
법보法寶　86~87
변경汴京　32, 80, 96, 104, 114, 118, 120, 133, 158, 160~162, 164, 180, 187, 193, 196~197, 218, 242
보단차르字端察兒　126~128
봉상鳳翔　117, 159
불루간　213~216
비주邳州　97, 242
빈주賓州　50

ㅅ

사충思忠　90~91, 105
상경上京　36, 51, 75~76, 95, 109
상주祥州　50
상해上海　230, 243, 254
서경西京　36, 46, 75~76, 159, 176
서안주西安州　60

서주徐州　242, 244, 254
석거石琚　99
석진부析津府　36
섬사贍思　109
성무기成無己　109
소봉선蕭奉先　52, 54~55, 76
소슬슬蕭瑟瑟　52
소식蘇軾　110, 216, 222
소옥蕭玉　81
소유蕭裕　79, 81, 164, 167
송덕방宋德芳　157
수덕綏德　117
수용秀容　121~122
순창順昌　96
술율평述律玶　34, 41

ㅇ

아골타阿骨打　20, 22, 27, 29, 50, 72~78, 82, 90~91, 97, 101
아리호阿里虎　83
아성阿城　72~73, 75, 79, 82, 95
아허마阿合馬　197~200, 212
알란고아阿蘭豁阿　126~127
양유정楊維禎　243
야속간也速干　139~140
야수也逑　139~140, 165, 171
야율갈로耶律曷魯　30
야율덕광耶律德光　34, 37, 39
야율배耶律倍　34, 37, 39

찾아보기

야율서성耶律庶成　109
야율아보기耶律阿保機　30, 34, 37, 53
야율여도耶律余睹　53~55
야율연희耶律延禧　52
야율옥질耶律屋質　42, 44
야율우耶律羽　35, 54, 58
야율완耶律阮　38, 41~43
야율이호耶律李胡　37
야율준耶律浚　50~51
야율찰할耶律察割　44
야율초재野律楚材　122, 154, 166, 174~177, 211
양련진가楊璉眞嫁　201~203
양백웅楊伯雄　88~89
양옥연楊沃衍　119
양운익楊雲翼　109
양주涼州　64, 67, 153, 217
양주揚州　84, 98
양향良鄕　94
양휘楊輝　109
역주易州　94, 228
연경燕京　87, 95, 102, 107, 154, 157, 159, 174, 176, 189, 192~193, 205, 244, 257
연도燕都　151, 173, 178, 190
연북燕北　50
영강주寧江州　50, 78
영도永蹈　100~101, 104
영성寧城　36, 49, 75, 101
영주靈州　61, 64
영주永州　46

영주穎州　242, 253~254
영중永中　101, 104
영풍永豊　140
영하穎河　35, 58, 60, 65~66, 69, 116, 160, 205~206
예성芮城　161
예수게이也速該　134~135, 137~138, 148
예찬倪瓚　150, 238
오고타이窩闊台　125~126, 141, 143, 152, 154, 156, 158, 160~161, 163, 165~178, 180~188, 194
오진吳鎭　241
완안경完顔璟　100, 102, 108
완안량完顔亮　79~80, 83, 92, 100
완안수서完顔守緒　114
완안순完顔珣　105, 112
완안승휘完顔承暉　107
완안안完顔晏　82, 92, 98
완안앙完顔茳　97~98
완안오대完顔烏帶　84
완안옹完顔雍　92
완안원의完顔元宜　92
완안합주完顔合周　110
왕거王綱　115
왕국유王國維　227
왕면王冕　248~251
왕몽王蒙　239
왕문통王文統　194~195, 198
왕세정王世貞　224
왕실보王實甫　227~230
왕악王鄂　189, 242

266

찾아보기

왕정王禎　48, 109, 140, 210
왕중양王重陽　154
왕진붕王振鵬　224
왕한王罕　138, 141~144, 148
요성聊城　122
요양遼陽　36, 39~40, 75, 92, 104
요양부遼陽府　36
요주饒州　209~210
오림답씨烏林答氏　93~94, 100~101
우주禹州　112, 119
울란바토르　163~164
웅자득熊自得　226
원결元結　121
원호문元好問　77, 121~123, 187, 189, 205, 242
원호元昊　56~58, 60, 65, 68~71, 77, 121~122
위시테무르　212~213
유기劉基　96, 251
유무遊茂　106
유병충劉秉忠　193, 204, 206
유산遺山　121
유양瀏陽　242, 253
유예劉豫　86
유완소劉完素　94~95, 100, 109, 225
유주幽州　34~36
유중록劉仲　154~155
은천銀川　35, 58, 63~64, 66, 75, 160
응주應州　54~55
응천부應天府　82
이고李皐　108~109, 225

이단李亶　194~195, 198
이범문李範文　71
이사아李師兒　102~104
이사원李嗣源　40
이석李石　61, 95~96, 99
이세민李世民　189
이이李二　242, 244, 254
이전李全　150, 194
이종가李從珂　40
이준쇄李遵頊　62
이지상李志常　155
이찬화李贊華　37~38, 44
이치李治　109
익도益都　150
익주益州　194
임경희林景熙　202
임득경任得敬　60~61, 64
임안臨安　196~197, 202, 204
임황부臨潢府　36
임황臨潢　75

ㅈ

자무카札木合　138, 141~142, 144~146
자주磁州　146, 204, 244
자현磁縣　146, 204
장방창張邦昌　82
장사성張士誠　246, 252, 254
장성張成　156, 160
장우張瑀　85

찾아보기

장원소張元素 94, 108~109
장자화張子和 109
장종정張從正 100, 225
장주張澍 67
장치張致 136
전당錢塘 215, 241
정강靜江 235
정덕禎德 140
정양正陽 254
정정正定 76, 106, 108
정흥定興 228
제베哲別 140, 146~148
조맹부趙孟頫 119, 215, 220~224, 226, 239
조빈趙彬 44, 196
조어釣魚 190
조익趙翼 121, 185, 242
조지미趙知微 109
조현趙顯 197
종사성鍾嗣成 228
종안宗安 82
종의宗義 82
주세걸朱世杰 109, 208
주원장朱元璋 243~244, 247, 251~252, 254
주진형朱震亨 109, 225
주치朮赤 140, 165, 171, 178, 180
중경中京 36, 49, 75, 254
중봉中峰 215
중흥부中興府 160~161
직로고直魯古 109

진양眞陽 38, 254
진정眞定 76~77
진주眞州 220, 235
진주鎭州 108
진촉秦蜀 190
진충盡忠 107~109
진평鎭平 122
질부迭部 67

ㅊ

차가타이察合台 160, 164~166, 168, 170~171, 175, 178, 184~185, 188, 194
채규蔡珪 77
채석진采石鎭 91
채송년蔡松年 76~77, 88
채주蔡州 115~117, 119, 122, 158, 160, 162
천주泉州 164, 169, 217, 235, 252
청수淸水 150
최립崔立 112~113, 120, 122~123
친킴眞金 190, 199~200, 212, 232
칭기즈 칸成吉思汗 62~64, 68, 114, 125~128, 132, 134, 136~137, 139~142 145~185, 188, 193, 196, 212~213, 242, 256

ㅋ

쿠빌라이忽必烈 122, 125~126, 131, 164, 172~173, 178~180, 183~186, 188~201, 203~207, 210, 212~214, 220, 222, 232, 241, 247

찾아보기

ㅌ

태류승呆劉勝　119
테무거鐵木哥　144, 149~150
테무르鐵木耳　62, 66, 125, 189, 196, 202, 208, 210, 212~213, 222, 224, 226, 230, 232~237, 240~241
테무친鐵木眞　62, 110, 126, 134~145, 147, 164, 168
토하土河　30
톡토脫脫　214~216, 238~241
투레拖雷　125, 150, 154, 156, 158, 160~161, 165~168, 171, 175, 178, 180~181, 183, 185, 188~189

ㅍ

파라波羅성　75
팔사파八思巴　68, 113, 118, 131, 156, 165, 171, 185, 188~189, 219
평양平陽　99, 213
평주平州　31

ㅎ

하라하슨　213~214
하랍화림蛤剌和林　75
하량준何良俊　224
하원랑何元朗　230
하이두海都　128, 131, 202, 208, 212
하이산海山　125, 214~217, 231, 233
하주夏州　58
하중부河中府　156, 228
학경奄經　190~191
한림아韓林兒　248, 252~254

한연휘韓延徽　34, 36
함보函普　72
함주咸州　50
합주合州　110~111, 190
항성項城　254
해릉海陵　79, 81~95, 97~98, 100, 102, 104, 109, 257
해미시海迷失　125, 178, 184, 186, 188
해운海云　189, 206, 257
해주解州　226,
핵리발劾里鉢　73
카불合不勒　132~133
형주邢州　204~206
형태邢台　204, 208, 253
호사호胡沙虎　105~106, 112
호주湖州　220, 239
호주濠洲　244, 254
화림和林　75, 183, 189~191, 226, 234
황공망黃公望　236
황룡부黃龍府　72, 78
황종의黃宗羲　242
황주黃州　254
황하潢河　30, 42, 63, 115~116, 159, 206, 238, 242, 247, 252~253
회계會稽　201~202, 248, 251
회주會州　117
흑수성黑水城　62, 70~71
흥경부興慶府　56, 58, 61, 66, 75

편집위원

김경선
문학박사
북경 중앙민족대학 한국어학과 졸업, 부산대학교 국어국문학과 박사과정
현재 북경 외국어대학교 한국어학과 교수
저서 : 《한국문학선집》《중·한 30년대 소설 비교 연구》 외 다수

문일환
문학박사
북경 중앙민족대학 조선언어문학 학과 졸업, 김일성종합대학 박사원, 연변대학 연구생원
현 북경 중앙민족대학 언어문학학원 교수, 중국 사회과학원 학술위원회 및 직함평의위원, 중국 소수민족문학 학회 부이사장, 중국 인민대학 국학원 전문가 위원
저서 : 《조선 고대 신화연구》《조선 고전문학 연구》《조선 고전문학사》 외 다수

서영빈
문학박사
북경 중앙민족대학 졸업, 북경대학 대학원 및 한남대학교 대학원 졸업
홍익대학교 및 한남대학교, 신라대학교 초빙교수 역임
현 중국 대외경제무역대학교 교수, 외국어대학 부학장, 한국경제연구소 소장
저서 : 《한국현대문학》《서사문학의 재조명》《중국의 불가사의》 외 다수

이선한
문학박사
연변대학 조선어문학과 졸업
오사카 경제법과대학 객원교수, 숭실대학교 국어국문학과 및 서울대학교 국어국문학과 객원 연구원
북경대학 조선문화연구소 소장, 북경대학 한국어학과 교수 역임.
현 북경대학 조선문화연구소 고문, 북경대학 외국어학원 동방학부 교수
저서 : 《패설작품집》《한국고전문학선집》《중국 조선민족 문학선집》《중국 조선민족문화사 대계》 외 다수

장춘식
문학박사
북경 중앙민족대학 조선언어문학 학과 졸업, 전북대학교 국어국문학과 박사과정
현 중국사회과학원 민족문화연구소 교수
저서 : 《시대와 우리 문학》《해방전 조선민족 이민소설 연구》《일제 강점기 조선족 이민문학》 외 다수

최순희
문학박사
연변대학 조선어과 졸업, 인하대학교 대학원 졸업
현 북경 언어문화대학교 교수, 한국문화연구센터 센터장, 중국 비통용어교육연구회 이사
저서 : 《한국어 어휘 교육연구》《사랑차 한잔 둘이서》 외 다수

번역위원

김동휘
장춘광학정밀기계학원 졸업
중국조선어규범위원회 상무위원, 연변번역가협회 부회장, 연변인민출판사 사장·주필·편심 역
번역서 : 《청대철학》《중국유학사》《중국오천년황궁비사》《치국방략》《상도와 인도》 등

김봉술
길림공업대학, 연변대학 조문학부 졸업
동북과학기술신문사 사장·주필·고급기자 역임
문학, 과학보급 및 번역 작품 다수 발표

김순림
연변대학 조문학부 졸업
중학교 조선어문 교연실 부실장 역임
현 연변교육출판사 편집

김춘택
길림사범대학 중문학부 졸업
정부 통·번역, 고등학교, 사범학교 교원 역임
현 연변교육출판사 부편심
번역 서 : 1980~90년대 소설, 시 및 2007년 고등학교 역사교재 등

남광철
연변대학 한어학부 졸업
연변번역국 부역심, 정부 통·번역 역임
번역 서 : 중국 방송대학 교재 (중한번역), 한국 산업(한중 번역. 합작 및 주역),
《한방 치료법 해설》《돈을 버는 사람은 따로 있다》《한국 명가 요리》 등

남흥화
연변대학 한어학부 및 한어학부 한어문 석사 졸업
연변대학 학보 편집
문학 및 번역 작품 다수

남희풍
연변대학 조문학부 졸업
연변대학 교수, 중국조선족가사문학연구소 소장
저서 : 《알기 쉬운 우리 민족역사》《중국항일전쟁과 조선족》《중국조선족가사문학대전》《가사 학창작연구》《음악문학창작의 길》, 시조 가사 집《푸른 하늘 푸른 마음》 및 대학교과서 다

박기병
연변대학 중문학부 졸업, 길림성 대학학보연구회 부이사장, 연변대학 농학학보 주임 역임
저서 : 《신문출판이론과 실천》《연변농업과학기술사 개론》 등 다수

이원길
연변대학 및 중앙민족대학, 북경대학 대학원 졸업
현 중앙민족대학교 소수민족언어문학대학 부학장·교수
저서 : 《설야》《춘정》《땅의 아들》《한국어의 표현방식과 그 체계》 등
번역서 : 《지낭》《천년상도》《인물과 사건으로 보는 중국상하오천년사》 등

이인선
연변대학 역사학부 졸업
중국 흑룡강신문사 기자·편집, 중국 전국인대 통·번역 역임
시, 산문, 수필, 소설 등 번역 작품 다수 발표

중국을 말한다
12 철기와 장검

초판 1쇄 인쇄 2008년 8월 5일
초판 1쇄 발행 2008년 8월 10일

총기획 ㅣ 허청웨이
지은이 ㅣ 청위, 장허성
옮긴이 ㅣ 김춘택, 이인선
펴낸이 ㅣ 신원영
펴낸곳 ㅣ (주)신원문화사

편집 ㅣ 최광희, 김은정, 김숙진, 장민정
교정·교열 및 디자인 ㅣ 인디나인
영업 ㅣ 윤석원, 이정민, 박노정
총무 ㅣ 양은선, 최금희, 전선애, 임미아, 김주선
관리 ㅣ 조병래, 김영훈

주소 ㅣ 서울시 강서구 등촌1동 636-25
전화 ㅣ (02) 3664-2131~4
팩스 ㅣ (02) 3664-2130
출판등록 1976년 9월 16일 제5-68호

ISBN 978-89-359-1451-7 (04910)
ISBN 978-89-359-1439-5(세트)

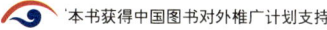 '本书获得中国图书对外推广计划支持'
이 도서는 중국 도서 대외 보급 계획의 번역 원고료 지원을 받았음.